U1018628

华东政法大学
课程和教材建设委员会

主　任　何勤华
副主任　杜志淳　顾功耘　刘晓红　林燕萍　唐　波
委　员　刘宪权　吴　弘　刘宁元　罗培新　杨正鸣
　　　　孙占芳　余素青　范玉吉　张明军　何　敏
　　　　何明升　杨忠孝　丁绍宽　王　戎　孙黎明
　　　　何益忠　金其荣　贺小勇　徐永康
秘书长　唐　波（兼）

主编简介

张璐　男，1976年6月出生，法学博士，华东政法大学教授，现任经济法学院环境法教研室主任，研究方向为环境与资源保护法学。主要学术兼职：中国环境资源法学研究会副秘书长、上海市法学会环境资源法研究会秘书长。

Environmental Law (2nd edition)

环境与资源保护法学

（第二版）

主 编 张 璐
撰稿人 （按撰写章节先后为序）
张 璐 刘 毅 孙 哲
曹 炜 曲 阳

北京大学出版社
PEKING UNIVERSITY PRESS

图书在版编目(CIP)数据

环境与资源保护法学/张璐主编. —2 版. —北京:北京大学出版社,2015.2
(高等学校法学系列教材)
ISBN 978-7-301-25478-3

Ⅰ. ①环… Ⅱ. ①张… Ⅲ. ①环境保护法—法的理论—中国—高等学校—教材 ②自然资源保护法—法的理论—中国—高等学校—教材 Ⅳ. ①D922.601

中国版本图书馆 CIP 数据核字(2015)第 027828 号

书　　名	环境与资源保护法学(第二版)
著作责任者	张　璐　主编
责任编辑	徐　音　朱　彦　王业龙
标准书号	ISBN 978-7-301-25478-3
出版发行	北京大学出版社
地　　址	北京市海淀区成府路 205 号　100871
网　　址	http://www.pup.cn
电子信箱	sdyy_2005@126.com
新浪微博	@北京大学出版社
电　　话	邮购部 62752015　发行部 62750672　编辑部 021-62071998
印 刷 者	三河市博文印刷有限公司
经 销 者	新华书店
	730 毫米×980 毫米　16 开本　27.25 印张　519 千字
	2010 年 2 月第 1 版
	2015 年 2 月第 2 版　2015 年 8 月第 2 次印刷
定　　价	58.00 元

未经许可，不得以任何方式复制或抄袭本书之部分或全部内容。

版权所有，侵权必究

举报电话：010-62752024　电子信箱：fd@pup.pku.edu.cn

图书如有印装质量问题，请与出版部联系，电话：010-62756370

前　言

近年来，伴随经济的快速发展，我国逐渐步入环境问题的高发期，环境保护日益受到我国政府和民众的重视。通过加强环境立法，健全和完善环境法律体系，把环境保护纳入法治化轨道，以有效促进我国环境问题的解决，已成为社会各界的普遍共识。2014 年 4 月 24 日，《环境保护法》修订案由第十二届全国人民代表大会常务委员会第八次会议表决通过，自 2015 年 1 月 1 日起施行。《环境保护法》的修订，将成为我国环境与资源保护法制建设新的起点，也为我国环境与资源保护法学的理论研究与相关实践带来新的历史机遇。

从 20 世纪 70 年代以来，环境与资源保护法学一直是我国法学理论研究与实践中最活跃的领域之一，经过三十余年发展，我国的环境与资源保护法日趋完善，环境与资源保护法学也正在发展成为一门新兴的法学二级学科。2007 年 3 月，教育部高等法学学科教学指导委员会全体委员会议将环境与资源保护法增列为法学学科核心课程之一，环境与资源保护法学的教学与研究在我国法学本科教学中的重要性不言而喻。

本教材立足于环境与资源保护法学理论的独特性和体系的完整性，紧密联系我国环境与资源保护法制建设的实践和环境与资源保护法学研究前沿，完整体现 2014 年《环境保护法》修订后所提出的新的法律理念和制度设计，全面、系统地介绍环境与资源保护法学的基本概念、原则、制度、法律责任以及环境与资源保护立法各具体领域主要的法律规定，着重培养学生对环境与资源保护法学理论体系整体上的认知和把握，同时也注意训练学生运用环境与资源保护法学的基本理论解决实际问题的能力。

本教材具体编写分工如下：张璐，第一、四、十一、十二、十三章；刘毅，第二、八章；孙哲，第三、五、十五、十六章；曹炜，第六、七、十四章；曲阳，第九、十章。由张璐负责全书框架结构的策划和统稿审定。

由于编者水平所限，本教材还存在不少需要进一步探讨和改进之处，敬请使用本教材的广大师生批评指正。

张　璐

2014 年 12 月 20 日

目　录

第一编　总　　论

第二编 污染防治法

第三编 自然资源法

第四编 特殊区域保护法

第一编 总　论

第一章 导 论

【导言】

环境、环境问题、环境保护等概念是环境与资源保护法学的基础理论知识。环境与资源保护法学所涉及的环境主要是人类环境，人类环境分为自然环境和人工环境；人类与环境的相互作用表现为环境是人类生存和发展的基础，人类不断地干预和改造环境；环境问题分为原生和次生环境问题，环境与资源保护法学调整的主要是次生环境问题，次生环境问题分为环境污染和生态环境破坏两类；环境问题的产生与发展有其特定的根源；与环境问题的产生与发展相对应，环境保护也经历了相应的发展。

第一节 环 境

一、环境

环境，是一个人们在日常生活中使用频率很高的词汇，人们会在很多场合、在不同意义上使用环境这一概念，但如何在科学和规范意义上理解和把握环境的概念，却很少受到关注。在环境与资源保护法学的学习和研究中，必须首先对环境这一概念进行准确界定，因为它是环境与资源保护法学进行理论推演和体系构建的起点。

概括而言，“环境是相对于一定的中心事物而言的，与某一中心事物相关的周围事物的集合就称为这一中心事物的环境。”①环境是一个具有很强相对性的概念，具有一定的可变性，会因中心事物的不同而发生含义和范围上的变化。而中心事物是环境最主要的属性，是环境的主体因素，它往往决定了环境的范围和基本构成。因此，当提及环境这一概念时，必须首先确定其中心事物，以此为前提才能准确理解和把握某一特定的环境概念的含义和范围。

二、人类环境

环境与资源保护法学中所涉及的环境，是以环境科学中对环境概念的界定

---

① 左玉辉编著：《环境学》，高等教育出版社 2002 年版，第 1 页。

为基础的。在环境科学中，环境是指“围绕着人群的空间，及其中可以直接、间接影响人类生活和发展的各种自然因素的整体”①。也就是说，环境科学研究的环境，即人类环境，其主体是人类，客体是人类周边的相关事物。

以环境科学中对人类环境概念的界定为基础，充分考虑法律调整的可操作性和明确的针对性，对于环境这一基本概念，我国《环境保护法》第 2 条对其作出明确的界定：“本法所称环境，是指影响人类生存和发展的各种天然的和经过人工改造的自然因素的总体，包括大气、水、海洋、土地、矿藏、森林、草原、湿地、野生生物、自然遗迹、人文遗迹、自然保护区、风景名胜区、城市和乡村等。”因此，我国法律意义上的环境主要是指人类环境。

三、人类环境的分类

人类环境是一个复杂的体系，其涉及的范围之广泛是很多其他学科研究的环境所无法比拟的。因此，从理论研究的角度来说，有必要根据研究需要对其进行分类归纳，以厘清研究思路，明确研究重点。对于人类环境这样外延宽泛的研究对象，根据不同的标准，比如形成原因、特征、功能、范围、要素等，可以对其作出不同的分类，究竟采用何种分类标准，可视研究目的而定。在环境科学的研究中，通常根据环境特征和功能的差别，将人类环境划分为自然环境和人工环境两个基本类型。

（一）自然环境

自然环境是指所有能够对人类产生直接或间接影响的、自然形成的物质、能量和现象的总体，包括阳光、空气、水、土壤、岩石、动植物等自然因素。自然环境是人类产生、生存和发展的物质基础。在人类发展的不同阶段，自然环境的范围也有所不同，随着科学技术的进步以及随之而来的人类活动对自然界影响范围的不断拓展，自然环境的范围也在不断扩大。

生态环境是一个容易与自然环境相混淆的概念，有必要对二者进行明确的区分。生态环境与自然环境不是在同一个层次上相并列的概念。生态环境又称“生境”，是生态学中的一个基础性概念，它是指以生物为中心事物的生物周围相关事物的集合。因此，生态环境与人类环境各有不同指向，自然环境只是人类环境的组成部分之一，不能与生态环境相提并论。

（二）人工环境

人工环境是指在自然环境的基础上，通过人类长期有意识的社会劳动，对自然物质加工和改造所形成的环境体系，包括城市、乡村、名胜古迹、风景游览区等。人工环境是人类为不断提高自身的物质和文化水平，在自然的基础之上形

---

① 《中国大百科全书·环境科学卷》，中国大百科全书出版社 1983 年版，第 164 页。

成的创造性的劳动成果,是人类精神文明和物质文明进步与发展的重要标志。相对于漫长自然演化而形成的自然环境,人工环境出现的时间非常短,但与人类自身的发展进化同步,人工环境的表现形态也得到了迅速的发展和极大的丰富。与自然环境不同,人工环境蕴含了人类的体力和脑力劳动,具有更为符合人类多样化需求的结构和功能。

需要注意的是,人工环境不同于社会环境。所谓社会环境,是指人类社会制度等上层建筑条件,包括社会的经济基础、城乡结构以及同各种社会制度相适应的政治、经济、法律、宗教、艺术、哲学的观念和机构等。[①] 由此可见,人工环境与社会环境之间存在根本的差异,人工环境是指人类在自然基础上通过社会劳动形成的创造性成果,主要表现为物质性要素,而社会环境则侧重于上层建筑和意识形态领域。因此,不能想当然地把人工环境和社会环境混为一谈。

四、人类与环境的相互作用和影响

科学理解和把握人类与环境的相互作用和影响及其发展变化的规律,是环境科学的核心命题,同时也是环境与资源保护法学进行理论和制度构建的基本前提。从根本上说,人类与环境的相互作用和影响概括地表现为以下两个方面:

(一) 环境是人类产生、生存和发展的物质基础

环境是在人类出现之前就存在的。在人类出现之前的几十亿年时间里,地球经过了漫长的演化过程,并经过了复杂的物理和化学变化过程,逐步形成了适合生物产生并能够得以延续和进化的环境条件。经过了漫长的从简单到复杂、从低级到高级的生物进化过程,出现了人类。在人类产生和繁衍的过程中,太阳、月亮以及地球上的大气、水、土壤、岩石、生物等环境要素,不但为人类提供了生存发展的空间,提供了生命支持系统,还为人类的生活和生产活动提供了食物、矿产、木材、能源的原材料和物质资源。因此,环境是人类产生、生存和发展的物质基础,换而言之,人类是环境的产物。地表大气中氧的形成、臭氧层的形成以及人体血液化学元素平均含量与地壳各种元素含量在比例上的近似等典型科学事例,都可以充分地说明这一点。[②]

所以,人类不是大自然的主人,迄今为止,人类仍然不能从根本上摆脱自然环境的决定性影响,任何企图征服自然的意识和观念,在理论上都是错误的,在实践中都是不可能行得通的。

(二) 人类不断干预和改造着环境

人类作为生命演化高级阶段的产物,与其他动物相比,其根本的区别在于人

---

① 参见钱易、唐孝炎主编:《环境保护与可持续发展》,高等教育出版社 2000 年版,第 1 页。

② 参见金瑞林主编:《环境与资源保护法学》,北京大学出版社 2006 年版,第 6—7 页。

类能够进行劳动,并具有明确的主观能动性。因此,不像其他动物只是完全被动地依赖和适应自然环境而生存,人类为创造更适合自身生存和发展的外部环境条件,通过劳动尤其是通过有组织的社会性的生产活动,有目的、有计划地干预和改造原有的自然环境,使之发生符合人类目的和要求的变化。而且,随着人类科学技术的发展,人类对自然环境进行干预和改造的广度和深度也与日俱增。因此,自从人类出现之后,自然环境的发展和演化已经不再是纯粹的自然过程,而是不可避免地受到来自人类活动的影响。

所以,人类必须充分认识到自身活动对环境进行干预和改造所产生的影响。尽管人类可以不断干预和改造环境,而且当代人类对其生存环境的改变之大前所未有,但环境对人类生存、发展的决定性作用并未改变。因此,人类对环境进行的干预和改造必须遵循环境自身发展和演化的规律,人类可以在掌握和运用这一规律的前提下认识自然,改造自然,建设环境,从而不断提高人与环境的和谐程度。如果人类对环境的干预和改造背离了环境自身发展演化的规律,必然导致人类不能承受的恶果。对此,恩格斯曾深刻地指出:“但是我们不要过分陶醉于我们人类对自然界的胜利。对于每一次这样的胜利,自然界都对我们进行报告。每一次胜利,起初确实取得了我们预期的结果,但是往后和再往后却发生完全不同的、出乎意料的影响,常常把最初的结果又消除了。美索不达米亚、希腊、小亚细亚以及其他各地的居民,为了得到耕地,毁灭了森林,但是他们做梦也想不到,这些地方今天竟因此而成为不毛之地,因为他们使这些地方失去了森林,也就失去了水分的积聚中心禾贮藏库。”①

总体而言,在人类与环境相互作用和影响的过程中,环境发挥着决定性作用,而人类则是其中的能动性因素,是否能够实现人类与环境良性的相互影响和作用,从而实现人与环境的和谐,关键在于人类自身的选择。

第二节 环境问题

一、环境问题的概念与分类

环境问题,是指由于自然界的变化或人类活动的影响导致环境结构和状态发生了不利于人类生存和发展的变化,由此给人类的生产和生活带来的有害影响。环境问题的表现复杂多样,人们对环境问题的认识和理解也在不断发生着变化。

从引起环境问题的根源来考虑,可将环境问题分为两类。由自然力引起的

① 《马克思恩格斯文集》第九卷,人民出版社 2009 年版,第 559—560 页。

为原生环境问题，又称“第一环境问题”，它主要指地震、洪涝、干旱、滑坡等自然灾害；由人类活动引起的为次生环境问题，也叫“第二环境问题”，它又可以分为环境污染和生态环境破坏两类。① 在环境科学和环境与资源保护法学中都将次生环境问题作为研究重点。

环境污染，是指因为人为的因素，使某些物质或能量进入环境之中，引起环境的物理、化学、生物性质发生改变，导致环境质量恶化，扰乱并破坏了生态系统和人们正常的生产、生活条件的现象。从具体表现上看，环境污染包括大气污染、水体污染、土壤污染、生物污染等由物质引起的污染和噪声污染、热污染、放射性污染、电磁辐射污染等由物理因素（能量）引起的污染。

生态环境破坏，又称“环境破坏”，是指人类在自然环境的开发利用过程中，过度地向环境索取物质和能量，引起某种或某几种环境要素发生数量减少、形态改变、质量降低，导致这些环境要素固有的环境功能弱化或丧失，从而使环境产生不利于人类和其他生物生存、发展的影响的一种现象。环境破坏的根本原因在于人类对自然环境的开发利用违背了自然规律和自然环境的承受限度，主要表现为因环境功能退化而形成的生态失衡、资源枯竭等，比如，乱砍滥伐引起的森林植被破坏、过度放牧引起的草原退化、大面积开垦草原引起的草原荒漠化、滥采滥捕导致的物种灭绝、林草植被破坏引起的水土流失等。

环境污染和环境破坏作为环境问题的不同类型，二者之间既有差异也存在共性。从差异的角度来看，环境污染主要发生在生产和生活的排放环节，而环境破坏则主要产生于人类对环境要素尤其是自然资源的开发利用过程中；环境污染更多地表现为对环境要素性质上的改变，而环境破坏则主要表现为对环境要素形态的改变。当然，二者也存在非常明显的共性，即无论发生在哪个环节，无论是性质的改变还是形态的改变，环境污染和环境破坏最终都表现为对环境要素固有结构或功能的损害，从而使环境发生不利于人类的变化。

需要明确指出的是，无论对环境问题作出原生环境问题和次生环境问题的类型划分，还是将次生环境问题分为环境污染和环境破坏，都只是在理论分析中相对简化的研究思路。实际上，不可能对原生环境问题和次生环境问题、环境污染和环境破坏进行截然的划分，在现实中，自然环境自身的发展演化和人类的生产、生活活动都是非常复杂的过程，原生和次生环境问题几乎难以截然分开，环境污染和环境破坏也并非泾渭分明，它们之间往往相互影响、相互作用。比如，山区的泥石流和山体滑坡，虽然主要属于原生的自然灾害，但事实上很多泥石流和山体滑坡的形成往往与此前人们对该区域林草植被的破坏有着密切的关系。又比如，中国和以色列的科学家研究发现，我国大气污染的加重加剧了西北地区

---

① 参见何强、井文涌、王翊亭编著：《环境学导论》（第3版），清华大学出版社2004年版，第12页。

的干旱,同时也引发了北太平洋更多的风暴。①

对环境问题分类研究不仅仅是环境科学的任务,对于环境与资源保护法学而言同样具有重要意义。无论从何种角度理解环境与资源保护法的作用和目的,有效解决环境问题始终是其核心命题,因此,环境问题的分类决定了对环境与资源保护法学进行理论研究和立法实践的基本走向和体系构建。尽管环境与资源保护法学的体系在不断丰富和发展,但将污染防治法和自然资源法作为其两个基本的组成部分,无论在理论研究还是在相关实践中,对此已经形成基本的共识。显然,这是以对环境问题进行环境污染和环境破坏的基本类型划分为基础的。

二、环境问题的产生与发展

在以往环境与资源保护法学的理论研究中,谈及环境问题的产生和发展,往往把人类社会早期的原始社会作为环境问题产生和发展的第一个阶段,事实上,这样的划分方法并无太大的现实意义。因为原始社会的早期人类社会属性体现得并不十分充分,劳动技能和生产力水平极其低下,在很大程度上依然受自然属性的支配和影响,主要靠采摘、捕猎获得食物,对环境只能被动适应,不可能形成对环境大的改变和影响,也就无所谓环境问题的存在了。即使存在比如用火不慎而导致大片森林和草地被烧毁的情形,这也和现代意义上的环境问题相去甚远。因此,环境问题的产生,一定是在人类能够形成规模化、社会化的生产活动,并因此能够对环境产生相当的影响之后。据此,大体可以将环境问题的产生和发展分为以下三个阶段:

(一)农业文明时期

农业文明在人类发展的历史上占据了很长的时间,经历了奴隶社会和封建社会。在这一时期,社会生产力初步发展,粮食供应较原始社会更为稳定和充足,人口密度不断增加,人类对环境的干预和改造能力有所增强。“刀耕火种”是这一时期农业生产的主要特征,为盲目扩大耕地而滥伐森林、毁坏草原的情形大量存在,造成了严重的环境破坏,有些甚至对后世的影响深远。我国的黄河流域,在周朝的时候黄土高原的森林覆盖率达50%以上,但西汉时大规模的军垦和民垦活动破坏了生态环境,直接导致了严重的水土流失,黄河泥沙含量剧增,并开始出现泛滥。类似的情形在国外的历史上也客观存在,不少人类古代文明的湮没都与此不无关系。

除此之外,在以农业生产为主的奴隶社会和封建社会已经出现了一定规模人口聚集的城市和各种手工业作坊,也出现了一定数量的手工业作坊废弃物和

① 参见黄永明:《大气污染加重西北干旱》,载《南方周末》2007年3月22日第B16版。

居民生活的垃圾排放,但总体上并未超出环境卫生的范畴,没有形成典型的、规模性的环境污染。

(二)产业革命之后到20世纪80年代

18世纪后期,工业革命开启了人类文明进步的新篇章。工业革命以来,生产力得到极大的解放和发展,科学技术的进步也日新月异,人类社会开始进入工业化的时代,人类对环境影响的广度和深度也远非往昔可比。人们在迅速积累物质财富的同时,大规模的环境污染和严重的环境破坏也伴随而生。

首先,环境污染愈演愈烈。工业生产排放的大量废水、废气和固体废物,以及在农业生产中大量使用的化肥和农药,还有新出现的化学合成品,不加限制地被排入环境之中,大大超出环境的自净能力。各种污染因素不断积累,局部地区的环境污染日益严重,尤其是在20世纪30年代到60年代,美国、日本、英国等工业化国家相继发生了震惊世界的"八大公害事件"①,使得以环境污染为主要表现的环境问题开始引起世界各国的普遍关注。

其次,环境破坏日趋严重。早期的工业化生产是以大量的自然资源和能源的消耗为支撑的,工程技术水平的迅速提高以及制造业、采掘业、采伐业、捕捞业等产业形态的出现和迅猛发展,导致对自然资源的掠夺性开发,对环境的索取急剧膨胀,其发展势头远远超出环境的承载能力,从而造成自然资源的短缺甚至耗竭,环境遭到严重的破坏。

(三)20世纪80年代以后

从20世纪80年代中期英国和美国的科学家相继发现并证实南极上空出现"臭氧空洞"开始,环境问题进入了一个新的发展阶段。如果说在此之前的环境问题更多局限于特定的国家和地区,主要表现为局部性的影响,那么进入20世纪80年代以后,环境问题开始逐渐表现为全球性的影响。酸雨、臭氧层破坏、全球变暖这三大全球性的环境问题已经影响到世界各国,与此同时,淡水危机、湿地丧失、生物多样性锐减等严重的环境问题也在世界各国普遍存在。可以说,全球面临环境危机,人类社会必须作出抉择。因为,在这一阶段,"人类环境的问题,不是如同人们平常所理解的仅仅是自然环境因素如空气、水、土地的恶化的问题,而是一个当前人类的社会经济发展方向和发展模式与地球的生命支撑能力相悖的问题。从根本上说,人类环境问题是当代人类重新选择发展方向和发展模式的问题,是人类向何处去的问题。"②

① "八大公害事件"是指20世纪30年代到60年代人类所遭受的重大环境灾难,这些由工业污染造成的悲剧给人们留下了惨痛的记忆和教训,它们是比利时马斯河谷烟雾事件、美国多诺拉烟雾事件、伦敦烟雾事件、美国洛杉矶光化学烟雾事件、日本水俣病事件、日本富山骨痛病事件、日本四日市哮喘事件、日本米糠油事件。

② 王曦编著:《国际环境法》,法律出版社1998年版,第9页。

三、环境问题产生的根源①

人类对环境问题产生的原因的认识,有一个逐步深化的过程。刚开始,人们认为环境问题就是由于科学技术发展的不足而引起的,倾向于仅从技术角度来研究环境问题的解决之道。但是,环境问题并没有随着科技的发展而得以解决,反而变得更为严重。后来,人们又从经济学、伦理学等角度来研究环境问题,环境经济学、环境哲学、环境伦理学、环境法学等新兴的学科由此而诞生。我们认为,环境问题的产生是相当复杂的,应当从多学科、多维的视角予以研究。在当代社会,环境问题不仅仅是技术问题和经济问题,还是哲学问题、宗教问题、伦理问题。

(一) 环境问题产生的哲学根源

哲学是科学的科学,是时代精神的反映。环境问题的产生与西方世界"主客二分"的哲学传统有密切的关系。古希腊哲学家柏拉图开"主客二分"思想之先河,近代的伽利略、培根和笛卡儿,特别是笛卡儿,对"主客二分"式的机械论哲学的最终确立和占据统治地位作出了最有成效的努力。在著名的"心物二元论"中,笛卡儿在精神和肉体之间划出了一道截然分明的界限,他"以外科手术般的精细态度,从物质本性中剔除精神的每一丝痕迹,留下一片由惰性的物质碎片杂乱堆积而成的、没有生命的疆域"②。"主客二分"的哲学模式对于确立人的主体性和科技的发展的确发挥了进步的历史意义,但是它忽视了大自然的整体性和价值尊严,导致了人类对自然界盲目的、肆无忌惮的征服和改造。"现在,深刻化的地球规模的环境破坏的真正原因,在于将物质与精神完全分离的物心二元论西方自然观,以及席卷整个世界的势头。"③

(二) 环境问题产生的宗教根源

西方的基督教对环境问题的产生负有不可推卸的责任。传统基督教对人与自然关系的经典解释是:唯有人是按上帝的形象造的;上帝造人是要人在地上行使统治万物的权利。根据这些教义,传统基督教认为,只要为了人的利益,征服和掠夺自然是天经地义的。在《旧约全书·创世记》的第 1 章第 28 节,"神就赐福给他们,又对他们说,要生养众多,遍满地面,治理这地,也要管理海里的鱼、空中的鸟和地上各样行动的活物。"在《创世记》的第 9 章,"神就赐福给挪亚和他的儿子,对他们说,你们要生养众多,遍满了地。凡地上的走兽和空中的飞鸟都

---

① 本部分内容参见张梓太、吴卫星等编著:《环境与资源法学》,科学出版社 2002 年版,第 11—14 页。

② 〔美〕韦斯特福尔:《近代科学的建构——机械论与力学》,彭万华译,复旦大学出版社 2000 年版,第 32 页。

③ 〔日〕岸根卓郎:《环境论——人类最终的选择》,何鉴译,南京大学出版社 1999 年版,第 199 页。

必惊恐,惧怕你们,连地上一切的昆虫并海里一切的鱼都交付你们的手。凡活着的动物都可以作你们的食物。”在环境危机日益严重的今日,基督教也面临着如何生态化、绿色化的问题。“当前,基督教共同面临的最大挑战是为生态保护问题肩负起伦理责任。生态不仅仅是技术问题或财政资源问题。归根结底,生态问题要求一种新的信仰角度,根据这种信仰,人类同其余被造物的关系既是领袖群伦的关系,也是合作搭档的关系,简言之,需要一种新的伦理,新的属灵式,新的宗教仪式。”①

(三)环境问题产生的伦理学根源

在传统的伦理学中,所谓伦理即是人伦之理。伦理学的研究对象,仅限于人与人之间的社会关系,而人与自然的关系则被排除在外。自然界只有工具价值,没有自身的内在价值,它的价值仅是满足人类永无止境的欲望。由于自然界没有获得“道德关怀”的资格,由于大自然没有自身的价值和尊严,人类在征服和利用大自然的过程中就缺少了必要的伦理准则的制约。

(四)环境问题产生的技术根源

一方面,很多环境问题的产生,是由于技术发展的不足。由于人类理性的有限性,人们对自然规律和社会规律的认识总是具有一定的片面性。一些反自然、反科学的人类行为,必然会遭到大自然的报复。另一方面,技术就像是一把高悬在人类头顶之上的达摩克利斯剑,对技术的滥用往往会使人类反受其害。例如,对核能和生物技术的滥用,会导致不可估量的生态恶果。

(五)环境问题产生的经济根源

1. 经济行为的负外部性和共有资源的非排他性

所谓行为的负外部性,是指人们的行为对他人或社会不利的影响。它既包括生产的负外部性,也包括消费的负外部性。例如,工矿企业排放废水、废气、废渣等行为,以及居民在使用助力车或汽车的过程中车子排出尾气,对他人和周围的环境均有负面影响。为有效减少和控制经济行为的外部负效应,就应当使得外部成本内在化。根据科斯定理,如果私人各方可以无成本地就资源配置进行协商,那么,私人市场就将总能解决外部性问题,并能有效地配置资源。但是,由于交易成本的存在和交易人数众多等原因,科斯定理难以适用于现实。为此,就需要政府采取管制、征收庇古税等公共政策来应付外部性问题。然而,与“市场失灵”一样,也存在“政府失灵”现象,从而使得负外部性问题难以得到有效克服。

在经济学中,根据物品是否具有排他性和竞争性,可以把物品分为私人物

① 安希孟:《自然生态学与基督教神学》,载何光沪、许志伟主编:《对话二:儒释道与基督教》,社会科学文献出版社 2001 年版,第 338 页。

品、公共物品、共有资源和自然垄断物品。私人物品是既有排他性又有竞争性的物品;公共物品是既无排他性又无竞争性的物品;共有资源是有竞争性而无排他性的物品;自然垄断物品是有排他性但没有竞争性的物品。清洁的空气和水、石油矿藏、野生动物等是典型的共有资源。1968 年,美国加州大学的哈丁教授就人口资源等问题撰写了一篇题为《共有地的悲剧》的论文,深刻地说明了由于外部性的存在和人们追求个人利益最大化而导致共有资源的枯竭。“共有地悲剧是一个有一般性结论的故事:当一个人用共有资源时,他减少了其他人对这种资源的使用。由于这种负外部性,共有资源往往被过度使用。”①当今社会,资源的枯竭、环境质量的退化,都与共有资源的非排他性和经济行为的负外部性有密切的联系。

2. 传统的生产方式和消费方式

传统的生产方式和消费方式呈现出如下形态:大量开采资源—大量生产—大量消费—大量废弃。这种模式是建立在高能耗、高物耗、高污染的基础之上的,是不可循环的,因而也是不可持续的。“虽然贫困导致某些种类的环境压力,但全球环境不断退化的主要原因是非持续消费和生产模式,尤其是工业化国家的这种模式。这是一个严重的问题,它加剧了贫困和失调。”②恩格斯在《家庭、私有制和国家的起源》中就精辟地指出:“鄙俗的贪欲是文明时代从它存在的第一日起直至今日的起推动作用的灵魂;财富,财富,第三还是财富,——不是社会的财富,而是这个微不足道的单个的个人的财富,这就是文明时代唯一的、具有决定意义的目的。”③他还引用摩尔根的话,说明人与自身创造的财富之间的异化现象:“自从进入文明时代以来,财富的增长是如此巨大,……以致这种财富对人民说来已经变成了一种无法控制的力量。人类的智慧在自己的创造物面前感到迷惘而不知所措了。”④美国哲学家和精神分析学家弗洛姆则从精神分析学和社会心理学的角度对资本主义社会的工业生产、高消费与人的异化作了精彩的分析,他指出:“我们的社会越来越被工业官僚阶层和职业政治家所控制。人们被社会影响所左右,他们的目的是尽可能多地生产和尽可能多地消费,并把这作为自我目标。一切活动都从属于经济目标,手段变成了目标。人变成了物,成为自动机器:一个个营养充足,穿戴讲究,但对自己人性的发展和人所承担的任务却缺乏真正的和深刻的关注。……应该使得人不再同自己的力量产生

① 〔美〕曼昆:《经济学原理》,梁小民译,生活·读书·新知三联书店、北京大学出版社 1999 年版,第 237 页。

② 联合国环境与发展大会:《21 世纪议程》,国家环境保护局译,中国环境科学出版社 1993 年版,第 16 页。

③ 《马克思恩格斯选集》第四卷,人民出版社 1995 年版,第 177 页。

④ 同上书,第 178—179 页。

异化并且不再通过崇拜新偶像——国家、生产、消费——的方式去体验自己的力量。”①我们认为,传统的生产模式和消费模式在经济上是不可持续的,从社会心理学和文化学的角度而言,则是一种病态的与人类自身异化的现象,不克服这种异化,环境问题就不会得到真正的解决。

3．经济的贫困化

与发达国家的高消费和享乐主义不同,在广大的发展中国家特别是最不发达国家,由于发展不足而导致的经济贫困是环境恶化的根源之一。这些国家没有建立起本国的工业体系,为了生存和偿还外债,它们不断开采本国的自然资源廉价出口到发达国家。由于缺乏资金和技术,一些发展中国家无法解决因过度开采资源所导致的环境问题:土壤肥力的降低、水土流失、森林等资源的急剧减少以及由此带来的各种自然灾害,而这些环境问题反过来又加剧了经济的贫困化。于是乎,很多国家陷入了经济贫困和环境退化的恶性循环之中。联合国《人类环境宣言》指出:“在发展中国家中,环境问题大半是由于发展不足造成的。千百万人的生活仍然远远低于像样的生活所需要的最低水平。他们无法取得充足的食物和衣服、住房和教育、保健和卫生设备。因此,发展中国家必须致力于发展工作,牢记它们的优先任务和保护及改善环境的必要。”

第三节　环 境 保 护

一、环境保护的提出

环境保护,是指综合运用行政的、法律的、经济的、科学技术以及宣传教育等多种措施,合理利用自然资源,防止环境污染和生态破坏,以协调社会经济发展与环境之间的相互关系,保障人类的生存和发展。

环境保护的观念和意识并不是从来就有的,它作为一个较为明确的科学概念,是在1972年联合国人类环境会议上提出来的。工业革命之后,环境问题开始在工业化国家逐步显现,直至20世纪中叶环境污染进入了高发期和爆发期,“八大公害事件”的相继出现令人震惊。1962年美国出版的R. 卡逊的《寂静的春天》所描绘出的农药滥用而带来的生态危机,引起了欧美各工业化国家的反思。正是在这样的时代背景中,联合国在1972年召开了人类环境会议,会议通过《人类环境宣言》。该会议及其宣言都明确指出:环境问题是世界各国所共同面临的问题,它不仅是个技术问题,更事关各国人民的生活和社会经济发展,因此,保护和改善人类环境是世界各国政府的责任。至此,“环境保护”作为一个

① 〔美〕弗洛姆:《爱的艺术》,李健鸣译,商务印书馆2000年版,第92页。关于他对资本主义社会和人的异化的病态研究,另可参见〔美〕弗洛姆:《健全的社会》,孙恺详译,贵州人民出版社1994年版。

专用的术语被广泛使用，环境保护工作也越来越成为世界各国关注的重点。

从根本上说，环境保护是要采取必要措施协调人类与环境的关系，维持生态平衡，保护人类发展。但由于人类和环境之间的相互影响和作用非常复杂，环境保护也必然是一个庞大的系统工程。世界各国针对本国特定时期环境问题的特点，分别采取了一些必要的保护措施。尽管在一些具体的措施上有所差异，但总体而言，可以将环境保护工作的主要内容概括地归纳为两个方面：一是防止环境污染和破坏，保护和改善环境质量，防止不良环境条件对人体健康的损害；二是合理利用自然资源，提高资源利用效率，减少资源消耗，降低或消除有害物质排放，促进和保护自然资源的恢复和扩大再生产。

二、环境保护的发展

随着环境问题在世界各国乃至全球范围内的不断发展演变，以及人们对环境问题发生作用机理认识的不断深入，环境保护也经历了不同阶段的发展。

20 世纪 70 年代到 80 年代，环境保护在发达工业化国家备受重视，有效预防和治理环境污染成为环境保护的重中之重。美国、日本等国加大了环境保护投资，建立并完善环境管理体制，大力开展相关科学研究，积极推广各种环保技术，并及时颁布相关环境法律法规，较好地解决了国内突出存在的污染问题，在一定程度上缓和了经济发展与环境的矛盾。发展中国家在这一时期也开始逐步重视环境问题，并且仿照发达国家的做法采取了一些措施，取得了一些成效。

20 世纪 80 年代中期以后，随着各种全球性环境问题日益显现，环境问题前所未有地真正成为全球共同关注的热点问题，环境保护也开始成为世界各国合作与交流的重要议题之一。环境保护受到空前的关注，各种以环境保护为主要内容的国际会议、区域性会议、多边和双边会议，成为这一时期世界政治舞台的主流。各发达国家和发展中国家分别立足于本国现实国情，提出了一系列应对环境问题加强环境保护的政策措施，也在相关领域达成了一定的共识。

1992 年联合国环境与发展大会召开并正式提出可持续发展战略，当代人类的环境保护意识空前高涨。各国对环境保护的认识，不再局限于环境问题本身，而是遵从可持续发展战略的指引，不再将环境保护与经济发展对立起来，而是从协调环境保护与经济发展的角度认识环境问题，对环境保护有了新的理解和认识，环境保护与经济发展密不可分的道理已成为人类环境保护的基本指导原则。但随着环境保护工作在国际及世界各国的纵深发展，也出现了一些新的问题。比如，当前环境保护越来越成为与国际贸易、信贷、经济援助、技术转让等活动密切相关的一项重要的制约因素，各国在环境保护领域的合作与斗争形势也日趋复杂，事关削减温室气体排放方面的谈判一直进展缓慢就是一个典型表现。

总体而言，几十年以来，世界各国的环境保护工作都取得了不同程度的进展，局部地区的环境质量有所改善，环境保护的观念也深入人心，但在全球范围内环境恶化的趋势并未得到根本的扭转，环境保护领域机遇与挑战并存，人类的环境保护工作任重而道远。

思考题

1. 环境与人类环境之间有什么样的区别和联系？人类环境分为哪几类？

2. 环境问题的产生和发展经历了哪几个阶段？环境问题逐步表现出全球性影响是在哪个阶段？

3. 环境问题包括哪些类别？对于环境问题的产生原因，各学科提出了哪些理论？

4. 环境保护经历了哪几个发展阶段？

推荐阅读

1. 何强、井文涌、王翊亭编著：《环境学导论》（第 3 版），清华大学出版社 2004 年版。

2. 莽萍：《绿色生活手记》（修订版），中国政法大学出版社 2005 年版。

3. 〔美〕丹尼斯·A. 科尔曼：《生态政治——建设一个绿色社会》，梅俊杰译，上海译文出版社 2006 年版。

第二章　环境与资源保护法概述

【导言】

环境与资源保护法有其自身的特点，这些特点表现在其概念、特征、目的、作用等多个方面。本章将从环境与资源保护法的定义、特征、目的、作用、渊源、法律体系以及法律关系等基础理论问题出发，对环境资源法的基本原理进行介绍和讨论，为进一步的学习打下基础。

第一节　环境与资源保护法的概念

一、环境与资源保护法的概念

（一）环境与资源保护法的名称

在环境与资源保护立法发展的过程中，世界各国对有关该领域的法律称呼并不相同。西欧一些国家的有关法律，主要是由控制污染的立法发展而来，因此称为“污染控制法”；俄罗斯和东欧一些国家的有关法律，主要是在对生态环境及自然资源的法律保护基础上建立起来的，因此称为“自然保护法”；日本的有关法律，最初主要侧重于公害的防治，称为“公害法”，后来逐渐演变为“公害基本对策法”；美国的有关法律，则由于在环境管理和污染防治的相关领域中涉及许多公法和私法问题，称为“环境法”“环境保护法”或“环境政策法”。

我国的环境保护工作兴起于20世纪70年代，最初将有关环境与资源方面的法律称为“环境保护法”。由于有关法律的任务并不仅仅局限于对环境的保护，还包括治理和改善环境、提高环境质量、合理开发利用自然资源等，因此在80年代前后，逐渐用“环境法”代替了“环境保护法”。国务院学位委员会于1997年将“环境与资源保护法学”设立为法学二级学科，从而出现了“环境与资源保护法”这一名词。

（二）环境与资源保护法的概念

我国学界对环境与资源保护法的概念有不同的表述：“环境与资源保护法是由国家制定或认可，并由国家强制保证执行的关于保护环境和自然资源、防治污染和其他公害的法律规范的总称”①;“环境保护法是调整因保护和改善生活环境和生态环境,防治污染和其他公害而产生的各种社会关系的法律规范的总称”②;“环境法是以保护和改善环境、预防和治理人为环境侵害为目的,调整人类环境利用关系的法律规范的总称”③;“环境法是国家制定或认可的,为实现经济和社会可持续发展目的,调整有关保护和改善环境、合理利用自然资源、防治污染和其他公害的法律规范的总称”④。

上述概念之间虽有差别,但所涉及的内涵和外延大同小异。一般认为,环境与资源保护法是指调整因保护和改善环境、防治污染和其他公害、合理开发与利用自然资源而产生的社会关系的法律规范的总称。对这一概念的含义,可以从以下几方面进行理解:

1. 环境与资源保护法具有法的一般属性。环境与资源保护法作为调整特定社会关系的法律领域,与民法、刑法、行政法等传统部门法一样,是由国家制定或认可的,由国家强制力作为后盾保障其得以有效实施,从而区别于环境行政管理制度、环境保护政策以及其他环境保护道德规范等。

2. 环境与资源保护法调整的是因环境问题而产生的社会关系。环境与资源保护法调整保护和改善环境、防治污染和其他公害、合理开发与利用自然资源过程中所产生的特定的社会关系,是围绕着环境问题展开的社会关系。这种社会关系不仅仅是人的社会属性所表现出的人与人之间的关系,还投射作用到人与自然之间的关系。因为环境与资源保护法所调整的社会关系与其他部门法调整的社会关系不同,其人与人之间的社会关系是依靠环境作为媒介而联系在一起的。

3. 环境与资源保护法是有关环境与资源方面的法律规范的总称。环境与资源保护法不是某一部法律或某一项法规,而是有关环境与资源方面的所有的法律规范的总和。既包括实体法也包括程序法;既包括法律法规、行政规章、地方性法规,也包括国际条约、国际惯例和判例;从规范性质上涵盖从宪法、刑法、行政法到民法、诉讼法等各传统部门法。

二、环境与资源保护法的特征

环境与资源保护法作为新兴的法律领域,与其他部门法有许多相似之处,但由于环境问题的特殊性,环境与资源保护法也有其自身的特点,主要表现在以下几方面:

---

① 金瑞林主编:《环境法学》,北京大学出版社 1999 年版,第 31 页。
② 韩德培主编:《环境保护法教程》,法律出版社 2003 年版,第 25 页。
③ 汪劲:《环境法学》,北京大学出版社 2006 年版,第 43 页。
④ 周珂:《环境法》,中国人民大学出版社 2005 年版,第 18 页。

(一) 调整对象的特殊性

环境与资源保护法的调整对象是以人与自然关系为媒介和基础的人与人的关系。调整人与人的关系是所有法律部门的共性,而环境与资源保护法调整对象的独特性在于,其调整人与人关系的过程是以自然环境为媒介,并且最终目标是为了协调人与自然的关系。我们说环境与资源保护法是调整因开发、利用、保护以及改善环境与资源,防治污染和破坏而产生的社会关系的法律规范的总和,也就是说,这种社会关系本身是依托于人与自然的关系,其最终的目标不仅仅是实现人与人之间关系的调整,更是为了实现人与自然关系的改善,使人与自然和谐共处。正如《人类环境宣言》指出的那样,"为了在自然界里取得自由,人类必须利用知识在同自然合作的情况下建设一个较好的环境"。因此,环境与资源保护法是通过协调人与人的关系,而实现调整人与自然关系之目的的法律。

(二) 技术性

环境与资源保护法是调整因环境问题而产生的社会关系的法律规范的总和,而环境问题本身就是科学技术发展带来的副产品,同时环境问题的解决也要依赖科学技术的进步,因此环境与资源保护法必然反映自然科学规律。首先,环境与资源保护法的许多理念,都来自于环境科学的研究成果,建立在生态规律基础之上,体现着全新的价值观。其次,环境与资源保护法的许多规范,往往是由一系列技术规范、环境标准、操作规程等发展而来,例如环境标准制度、环境监测规程、合理开发利用资源的操作规程等。再次,环境与资源保护法律规范不同于一般法律规范"行为模式加法律后果"的模式,而是依据科学原理对不是法律事实的现象确立事前的行为模式,例如环境影响评价制度、限期淘汰落后生产工艺设备制度。复次,环境与资源保护法中大量有法律效力的名词,常常是立法直接吸纳了环境科学中的技术名词和术语。最后,在环境与资源保护法的司法实践中,许多环境纠纷的解决与环境执法的落实,都需要运用科学技术的手段与方法才能保证环境与资源保护法的有效实施。因此,环境与资源保护法与其他部门法不同,是一门科学技术性极强的法律学科。

(三) 综合性

环境与资源保护法保护的对象相当广泛,所调整的社会关系也非常复杂,因此其调整的方式也具有多样性,所以说环境与资源保护法具有综合性。首先,环境与资源保护法是以法学为基础,吸收和借鉴了政治学、经济学、哲学、社会学、伦理学、管理学、生态学和环境科学等学科的精神而产生的新兴的边缘性学科。其次,环境与资源保护法的内容包含了宪法规范、行政法律规范、民事法律规范、刑事法律规范、经济法律规范、诉讼法律规范、科技法律规范、国际法律规范等不同性质的法律规范。最后,环境与资源保护法的体系涵盖了环境与资源保护基本法、环境与资源保护单行法，以及环境与资源保护国际条约等多层次、多领域的法律法规。

（四）社会性

环境与资源保护法是人类整体与自然之间矛盾的产物。环境与资源保护法所保护的是人类生存和发展所依赖的环境与资源，整体的环境不可能为某个国家、某个阶级、某个阶层或者某个个人所独占，而是为人类整体所享有；环境与资源保护法所关注的是社会公共利益和基本人权的保障，反映的是全体社会成员共同的愿望，代表的是整个人类共同的利益。因此，环境与资源保护法具有较强的社会性，体现的是社会的整体利益与价值追求。同其他法律部门相比，各国环境与资源保护法有许多共同的、可以互相借鉴的内容，包括环境保护原则、手段、措施、标准、制度和程序等。

（五）区域性

不同国家、不同地区的自然环境条件有差别，人们生活水平、价值观念以及文化传统等也存在着差异，造成不同区域的环境问题呈现不同的特点，决定了环境与资源保护需要因地制宜，因此，环境与资源保护法具有区域特殊性。例如，我国沿海地区主要是大气污染、水体污染、噪音污染等环境问题，而我国西部地区则主要是水土流失、土地荒漠化、自然资源破坏等环境问题；再如，我国的大气污染主要是煤烟型污染，而欧美国家的大气污染主要是石油型污染。由于充分考虑到环境问题的区域性，在我国不仅有国家权力机关和行政机关制定的环境与资源保护法律、行政法规、部门规章，还有省、自治区、直辖市以及省会城市和国务院批准的较大的市的立法机关和行政机关，根据本辖区内的环境状况，制定的符合本地区环境问题特点的地方性环境与资源保护法规与规章。另外，省、自治区、直辖市人民政府还可以制定严于国家污染物排放标准的地方污染物排放标准。

（六）国际共同性

地球是一个整体，环境是不可被人为分割的，因此当今环境问题已经不是一个国家、一个地区的问题，而是超越国界成为全人类共同的挑战。一方面，由于环境因子往往具有流动性，许多环境污染和破坏的损害结果会在不同国家和地区间造成影响，如各国温室气体的排放深刻地影响着气候的变化，使得全球气温升高、两极冰川融化、海平面上升。另一方面，在资源开发、利用和保护方面，由于需要投入大量的资金、技术和设备，有的时候不是单个国家可以完成的，需要国际间的通力合作，例如英国、荷兰等国在北海油田的合作开发。另外，生物的多样性是人类共享的基因库，风景名胜、文物古迹、历史遗迹等是人类共同的遗产，对其进行有效保护，不只是某个国家的任务，也是全人类共同的使命。总之，环境问题使得世界各国更紧密地联系在了一起，其中既有相互斗争，维护各自的环境权益,又有相互合作,分享借鉴环境与资源保护方面的理念、制度、技术和资金等。由于环境与资源保护法是为了解决全球共同面临的难题而产生的,因此在其理念、制度、规则以及司法实践中必然会体现出国际共同性的特征。

第二节 环境与资源保护法的目的与作用

一、环境与资源保护法的目的

环境与资源保护法的目的,是指国家在制定或认可环境与资源保护法时希望达到的目标或欲实现的结果。环境立法的目的决定着整部法律的指导思想、调整对象以及适用效能。明确立法目的有利于正确解释法律和执行法律,有利于修改和完善法律。

在我国,《环境保护法》作为环境与资源方面的综合性立法,其第1条明确规定了立法目的:"为保护和改善环境,防治污染和其他公害,保障公众健康,推进生态文明建设,促进经济社会可持续发展,制定本法。"据此,我国环境与资源保护法有两大目的,一是保护和改善环境,保障人体健康;二是推进生态文明建设,促进经济社会的可持续发展。

(一)保护和改善环境,保障人体健康

保护和改善环境,保障人体健康是环境与资源保护法的根本目的和基本出发点。健康、无害的生活环境是人们能够维持身体健康、享受幸福生活以及有效工作的物质基础和客观条件,是普遍认可的一项基本人权。而日益严重的环境污染和破坏损害了人类生存与发展的基础,给人们的身心健康带来了极大的伤害,甚至危及人的生命,有时还会造成遗传性疾病,危及子孙后代。因此,环境与资源保护法首先就要保障提供一个安全、无害、卫生的生活环境,保证人体健康。

(二)推进生态文明建设,促进经济社会的可持续发展

生态文明制度是我国现阶段国家治理体系的重要内容。建立和完善生态文明制度,是我国国家治理体现现代化的重要组成部分。2014年政府工作报告对努力建设生态文明的美好家园作出重大安排,要求必须加强生态环境保护,下决心用硬措施完成硬任务,要出重拳强化污染防治,推动能源生产和消费方式变革,推进生态保护与建设。加强环境保护,不断改善环境,是推进生态文明建设的根本途径。

1987年,世界环境与发展委员会发表《我们共同的未来》,提出可持续发展的概念。1992年6月,联合国环境与发展大会通过的《里约环境与发展宣言》以及《二十一世纪议程》明确指出,世界各国应以可持续发展战略为导向,将经济发展与环境保护有机结合。作为一种指导思想和发展战略,可持续发展是指既

满足当代人的需要,又不对后代人满足其需要的能力构成威胁的发展,其核心在于对发展权益的肯定、要求实现代内公平和代际公平。可持续发展理念是对传统的以环境污染和破坏为代价的发展方式的反思。

二、环境与资源保护法的作用

(一)进行环境资源管理的法律依据

在环境保护领域需要依靠法律法规来规范政府管理环境与资源的行为。在实践中,由于部门利益、地方利益的冲突,以及个人权利的滥用等原因,许多环境污染和破坏的纠纷不能得到及时有效的处理,侵害公民的合法环境权益等现象屡禁不止。而环境与资源保护法规定了各级环境与资源管理部门的职责、权限,规定了环境与资源的管理制度、措施和相应的执行程序,规定了环境与资源管理对象与范围,为国家和各级政府进行环境与资源管理活动提供了法律依据。

(二)防治环境污染和其他公害、实现合理开发利用自然资源的法律武器

环境与资源保护法规定了人们环境保护的责任和义务,限制各种污染和破坏环境的行为,从而起到防治污染、保护和改善环境的作用,使人们能拥有一个良好、舒适的生活环境,这就有效地阻止了因环境污染和破坏对人体造成的各种危害,保障了人体健康。环境与资源保护法规定人们应合理利用各种自然资源,对破坏自然资源的行为规定了严格的法律责任,这就有效地防止了对自然资源的破坏,促进了自然资源的合理利用,有利于实现资源的合理配置,为市场经济的健康发展奠定了物质基础。

(三)提高公民环保意识、维护公民环境权益的法律保障

环境与资源保护法规定了保护环境与资源的行为规范和管理措施,以法律的形式向公众宣示了环境与资源保护的是非标准,通过环境与资源保护法的宣传教育,可以提高公民的环境意识和环境法制观念,倡导良好的环境道德风尚,普及环境科学知识,促使公民积极参与、监督和管理环境保护工作。同时,环境与资源保护法通过规定公民在环境与资源开发、利用、保护和改善过程中的权利与义务、法律责任以及救济手段,实现对公民环境权益的有效保护。例如《环境保护法》第53条第1款规定,"公民、法人和其他组织依法享有获取环境信息、参与和监督环境保护的权利";第56条第1款规定,"对依法应当编制环境影响报告书的建设项目,建设单位应当在编制时向可能受影响的公众说明情况,充分征求意见";第57条第1款规定,"公民、法人和其他组织发现任何单位和个人有污染环境和破坏生态行为的,有权向环境保护主管部门或者其他负有环境保护监督管理职责的部门举报"。

(四)协调经济社会可持续发展的法律手段

经济增长、社会发展与环境保护之间要建立一种和谐的关系,以实现整个社

会的可持续发展,环境与资源保护法正是建立这种协调关系的有效手段。要建立这种和谐的关系,就需要由环境与资源保护法加以调整,规范人类开发、利用自然的各种行为,并把这种行为控制在一定限度或范围之内,合理开发、利用自然资源。在开发、利用的同时,运用法律手段,对自然环境和自然资源进行保护,为人类提供一个良好的生存环境。环境与资源保护法既可以防止只顾发展经济、忽视环境保护的现象,又可以防止借口保护环境而阻碍经济正常发展的行为,特别是在克服"先污染后治理"的错误观点上,环境与资源保护法有着特殊的作用,它可以运用强制手段,要求人们必须履行某一方面的义务,实现环境与经济的协调发展。

(五)维护我国环境权益、促进环境保护国际合作的法律工具

随着对外开放政策的进一步加强,我国与世界各国在经济、政治、文化各方面的交流进一步加深,在环境与资源保护方面也同样面临着冲突与合作的问题。一方面,随着对外贸易、招商引资和跨国旅游等事业的发展,我国的环境权益受到了巨大的挑战,例如外来物种入侵、生物遗传资源的外流、废弃物的入境转移、非法野生动植物的国际贸易等;另一方面,环境污染遍及全球,环境问题日趋严重,各国需要在经济、政策、技术、立法等各个方面通力合作与资源共享。环境与资源保护法作为环境与资源保护方面对外交流的重要工具和纽带,是保障国家生态环境安全、保护国家环境利益、促进环境保护国际合作的重要法律工具。在维护我国环境权益方面,《海洋环境保护法》第 2 条第 3 款规定,"在中华人民共和国管辖海域以外,造成中华人民共和国管辖海域污染的,也适用本法";《固体废物污染环境防治法》第 24 条规定,"禁止中华人民共和国境外的固体废物进境倾倒、堆放、处置"。除国内相关立法之外,在促进环境保护国际合作方面,我国签署或参加了《保护臭氧层维也纳公约》《生物多样性公约》《控制危险废物越境转移及其处置巴塞尔公约》《气候变化框架公约》等与环境与资源保护相关的国际条约。

第三节　环境与资源保护法律关系

一、环境与资源保护法律关系的概念

环境与资源保护法律关系,是指由环境与资源保护法所规定的,以环境与资源保护法主体之间的权利、义务为内容的社会关系。主要包括以下几层含义:

(一)环境与资源保护法律关系是一种以环境保护为主要内容的社会关系

环境与资源保护法律关系是一种人与人之间的社会关系,这种人与人之间的社会关系,是为了实现人与自然相和谐的目的而形成的社会关系,因此具有其

独特性。

（二）环境与资源保护法律关系是由环境与资源保护法确认的社会关系

环境与资源保护法律关系是以环境与资源保护法的存在为基础，脱离了法律规范，就不存在相应的法律关系。有关环境与资源保护方面的社会关系有很多种，如果不是由法律规范确定的，则应当由其他社会规范予以调整。例如，道德规范对环境与资源保护社会关系的调整，此时形成的就不是环境与资源保护法律关系，而是道德关系。

（三）环境与资源保护法律关系是以权利、义务为主要内容的社会关系

环境与资源保护法律关系是以权利、义务为内容的，是由国家强制力保障的以权利、义务为纽带的社会关系。环境与资源保护法通过对主体设定相应的权利、义务来调节主体的行为，从而形成相应的法律关系。

二、环境与资源保护法律关系的特征

（一）环境与资源保护法律关系具有手段和目的的双重性

环境与资源保护法律关系是在开发、利用、保护和改善环境与资源过程中形成的人与人之间的权利、义务关系，但这种人与人之间的社会关系，又体现了人与自然之间的关系：一方面，人与人之间关系的发生是以环境为媒介；另一方面，人与人之间关系的调整是为了实现人与自然之间的和谐。

（二）环境与资源保护法律关系受社会规律和自然规律的双重制约

法律关系属于上层建筑的一部分，其内容由经济基础决定，即由生产力与生产关系的总体水平决定，反映着一定的社会规律。而环境与资源保护法律关系除了受社会规律的制约，又体现着人与自然的关系，因此必须受到自然规律的制约，这种制约是客观的、不以人的意志为转移的。因此，环境与资源保护法律关系受社会规律和自然规律的双重制约。

（三）环境与资源保护法律关系具有广泛性与综合性

环境与资源保护法调整的是主体在开发、利用、保护和改善环境过程中形成的社会关系，因此，这种社会关系涉及的主体十分广泛，包括国家、国家机关、法人组织和其他团体、自然人等，同时其涉及的客体也十分复杂，包括大气、水、海洋、土地、矿藏、森林、草原、野生生物、自然遗迹、人文遗迹、自然保护区、风景名胜区、城市和乡村等自然物以及各种开发、利用、管理和保护环境的行为。正是环境与资源保护法律关系的广泛性，使得这种社会关系涵盖了平等主体之间的民事关系、不平等主体间的行政关系，以及刑事关系等多种性质的法律关系。而环境与资源保护法律关系正是由多种不同性质的法律关系相互交织、共同构成的综合性的法律关系体系。

三、环境与资源保护法律关系的构成要素

(一)主体

环境与资源保护法律关系的主体,是指依法享有权利和承担义务的环境与资源保护法律关系的参加者。由于环境与资源保护法律关系的复杂性,不同的主体参与到具体的环境与资源保护法律关系时,所享有的权利和承担的义务有所不同。按照我国现有法律的规定,环境与资源保护法律关系主体主要包括以下几类:

1. 国家

国家作为环境与资源保护法律关系的主体,主要体现在以下三个方面:首先,根据国家主权理论,国家作为主体参与国际环境与资源保护法律关系,缔结国际条约或公约,承担国际环境与资源保护方面的权利和义务,参与解决国际环境与资源纠纷。其次,国家作为一国最高主权者,享有环境与资源保护方面的权力,并履行相应的环境与资源保护方面的职责。我国《宪法》第26条第1款规定:"国家保护和改善生活环境和生态环境,防治污染和其他公害。"最后,国家是自然资源的所有者,作为特殊民事主体参与环境与资源保护法律关系。我国《宪法》第9条规定,"矿藏、水流、森林、山岭、草原、荒地、滩涂等自然资源,都属于国家所有";第10条规定,"城市的土地属于国家所有。农村和城市郊区的土地,除由法律规定属于国家所有的以外,属于集体所有"。

2. 国家行政机关

国家行政机关作为管理主体参与到环境与资源保护法律关系,实施国家的环境与资源保护法律,执行环境与资源保护的职能。主要包括:(1)各级人民政府。各级人民政府对环境与资源保护和管理负有全面责任。《环境保护法》第6条第2款规定:"地方各级人民政府应当对本行政区域的环境质量负责。"(2)环境保护行政主管部门。行政主管部门依法对环境与资源保护领域实施专门、统一管理,在人民政府的领导下,统筹领导对环境与资源保护领域活动的监督管理。《环境保护法》第10条第1款规定:"国务院环境保护主管部门,对全国环境保护工作实施统一监督管理;县级以上地方人民政府环境保护主管部门,对本行政区域环境保护工作实施统一监督管理。"(3)承担环境保护特定义务的其他有关部门。其他有关部门在环境与资源保护特定领域行使一定管理职能。《环境保护法》第10条第2款规定:"县级以上人民政府有关部门和军队环境保护部门,依照有关法律的规定对资源保护和污染防治等环境保护工作实施监督管理。"

3. 法人与其他组织

法人与其他组织作为受控主体参与环境与资源保护法律关系,既享有开发

利用环境与资源的权利，又承担遵守法律法规、服从国家行政机关监督管理的义务。《环境保护法》第 6 条第 1 款规定："一切单位和个人都有保护环境的义务。"《环境保护法》第 58 条规定，依法在设区的市级以上人民政府民政部门登记，专门从事环境保护公益活动连续五年以上且无违法记录的社会组织，可以对污染环境、破坏生态，损害社会公共利益的行为，向人民法院提起诉讼。

4. 自然人

自然人是环境与资源保护法律关系最主要和最广泛的参与者。由于自然人与环境息息相关，因此在生产与生活过程中，自然人同样享有广泛的环境与资源方面的权利和义务。更重要的是，自然人对环境与资源不但享有开发利用的权利，还享有在健康无害的环境中生活的权利，不仅注重环境与资源的经济价值，还应注重环境与资源的生态价值与美学价值。

（二）内容

环境与资源保护法律关系的内容，是指环境与资源保护法律关系主体所享有的权利和应承担的义务。环境与资源保护法律关系的权利，是指环境与资源保护法律赋予主体为追求某种利益，而为一定行为或者要求他人为或不为一定行为的资格；环境与资源保护法律关系的义务，是指环境与资源保护法律对主体的必须为一定的行为或者不为一定的行为的约束。由于环境与资源保护法律关系的权利义务是一种全新的权利义务形式，处于不断丰富和发展之中，因此，目前学术界对其认识并未达成一致意见，其中有代表性的观点主要有：

有学者将环境与资源保护法律关系的权利划分为环境管理主体的权利和环境受控主体的权利。前者包括环境管理规范制定权、环境行政处理权、处罚强制权、物权、环境司法权；后者包括参加环境管理权、环境使用权、保障权、收益权、申诉和控诉权。将环境与资源保护法律关系的义务划分为环境管理主体的义务和环境受控主体的义务。前者包括管理性义务、服务性义务、接受监督的义务；后者包括遵守和维护环境法律秩序的义务、服从国家环境管理的义务、服从制裁的义务。[①] 另有学者将环境与资源保护法律关系的权利与义务，划分为国家环境管理的权力及义务和环境利用权及义务。前者包括环境管理的权力以及防卫或抵抗环境污染和破坏的义务，不污染和破坏本国及管辖范围以外环境的义务，法律行为上的不作为和监控义务，对有利于环境保护的给付义务，保障环境行政决策的正当化、建立环境情报公开制度和保障公众参与环境决策的义务；后者包括享受优美舒适环境质量的权利及义务，利用环境容量排污的权利及义务，开发利用自然资源的权利及义务，忍受一定限度的环境污染或破坏的义务。[②]

① 参见吕忠梅：《环境法学》（第二版），法律出版社 2008 年版，第 68—69 页。

② 参见汪劲：《环境法学》，北京大学出版社 2006 年版，第 85—87 页。

(三) 客体

环境与资源保护法律关系的客体,主要是指环境与资源保护法律关系主体的权利与义务所共同指向的对象。环境与资源保护法律关系的客体,是主体与权利义务的纽带,如果没有客体,权利义务就失去了依托。环境与资源保护法律关系的客体主要包括物和行为。

1. 物

环境与资源保护法律关系中的物,是指人类所控制和支配的各种环境要素和自然资源,例如大气、水、海洋、土地、矿藏、森林、草原、野生生物、自然遗迹、人文遗迹、自然保护区、风景名胜区、城市和乡村,不同的环境综合体,单个的天然环境体和人工环境体,以及环境容量等。值得注意的是,人所不能控制的环境要素和资源虽然是环境的重要组成部分,但因其不能由人类的行为所控制和支配,因而不能称为环境与资源保护法律关系的客体,例如地球以外的其他星球;另外,脱离了自然界固有状态或环境,不再具有自然环境要素功能的自然物也不能成为环境与资源保护法律关系的客体,而只能归属于其他法律关系的客体,例如人工饲养的动物。

2. 行为

环境与资源保护法律关系中的行为,是指环境与资源保护法律关系主体所从事的对环境有影响的各种活动,包括作为与不作为。例如排污行为,开发、利用和保护行为,环境行政管理行为等。

第四节　环境与资源保护法的体系

一、环境与资源保护法体系概述

环境与资源保护法的体系,是指调整因防治污染和其他公害,开发、利用、保护和改善环境与自然资源而产生的社会关系的各种现行法律规范,按照一定的原则、功能、层次所组成的相互联系、相互配合、相互协调的统一整体。

我国的环境与资源保护法体系,按照不同的标准可以有不同的分类:按法律规范渊源标准,可以分为宪法关于环境与资源保护的规定、环境与资源保护法律、环境与资源保护行政法规和部门规章、环境与资源保护地方性法规和规章、环境与资源保护国际条约;按法律规范性质标准,可以分为环境与资源保护宪法、环境与资源保护行政法、环境与资源保护民法、环境与资源保护刑法、环境与资源保护诉讼法;按法律规范的内容和功能标准,可以分为环境与资源保护综合性立法、污染防治法、自然资源法、特殊区域保护法。目前,国内学界较为普遍的做法是将环境与资源保护法体系划分为:环境与资源保护综合性立法、环境与资源保护单行法、宪法及其他部门法中有关环境与资源保护的规定。

二、环境与资源保护综合性立法

环境与资源保护综合性立法是以宪法为依据，将环境作为一个有机的整体加以保护和改善的综合实体法，在环境与资源保护法体系中处于中心地位，是国家环境保护方针、政策、原则、制度和措施的基本规定。2014年4月第十二届全国人大常委会第八次会议通过修订的《环境保护法》，是我国环境与资源保护的综合性立法，其中关于环境与资源保护的基本问题主要有以下规定：

1. 环境保护法的立法目的

环境保护法的立法目的是，保护和改善环境，防治污染和其他公害，保障公众健康，推进生态文明建设，促进经济社会可持续发展。

2. 环境保护的对象

环境保护的对象是，影响人类生存和发展的各种天然的和经过人工改造的自然因素的总体，包括大气、水、海洋、土地、矿藏、森林、草原、湿地、野生生物、自然遗迹、人文遗迹、自然保护区、风景名胜区、城市和乡村等。

3. 环境保护的权利与义务

环境保护的权利主要有，公民、法人和其他组织依法享有获取环境信息、参与和监督环境保护的权利；公民、法人和其他组织发现任何单位和个人有污染环境和破坏生态行为的，有权向环境保护主管部门或者其他负有环境保护监督管理职责的部门举报；对污染环境、破坏生态，损害社会公共利益的行为，符合条件的社会组织可以向人民法院提起诉讼。除此之外，该法还明确规定，一切单位和个人都有保护环境的义务。

4. 环境监督管理体制

国务院环境保护主管部门，对全国环境保护工作实施统一监督管理；县级以上地方人民政府环境保护主管部门，对本行政区域环境保护工作实施统一监督管理。县级以上人民政府有关部门和军队环境保护部门，依照有关法律的规定对资源保护和污染防治等环境保护工作实施监督管理。

5. 环境保护的基本原则和制度

环境保护坚持保护优先、预防为主、综合治理、公众参与、损害担责的基本原则，实行环境规划制度、环境标准制度、环境监测制度、环境影响评价制度、生态保护补偿制度、环境与健康评估制度、三同时制度、总量控制和排污许可制度、环境保护目标责任制和考核评价制度等。

6. 保护和改善环境的基本要求

例如，各级人民政府对具有代表性的各种类型的自然生态系统区域，珍稀、濒危的野生动植物自然分布区域，重要的水源涵养区域，具有重大科学文化价值的地质构造、著名溶洞和化石分布区、冰川、火山、温泉等自然遗迹,以及人文遗迹、古树名木,应当采取措施予以保护,严禁破坏。

7. 防治污染和其他公害的基本要求

例如,排放污染物的企业、事业单位和其他生产经营者,应当采取措施,防治在生产建设或者其他活动中产生的废气、废水、废渣、医疗废物、粉尘、恶臭气体、放射性物质以及噪声、振动、光辐射、电磁辐射等对环境的污染和危害。

8. 环境保护的法律责任

环境保护的法律责任主要包括环境行政责任、环境民事责任以及环境刑事责任等。

三、环境与资源保护单行法

(一) 污染防治法

目前我国已制定的污染防治法律主要有:《大气污染防治法》《水污染防治法》《海洋环境保护法》[①]《固体废物污染环境防治法》《环境噪声污染防治法》《放射性污染防治法》等。

目前我国已制定的污染防治行政法规主要有:《水污染防治法实施细则》《危险废物经营许可证管理办法》《医疗废物管理条例》《危险化学品安全管理条例》《建设项目环境保护管理条例》《防治海岸工程建设项目污染损害海洋环境管理条例》《防治海洋工程建设项目污染损害海洋环境管理条例》《防治陆源污染物损害海洋环境管理条例》《海洋倾废管理条例》《防止船舶污染海域管理条例》等。

(二) 自然资源法

目前我国已制定的自然资源法律主要有:《土地管理法》《水法》《森林法》《草原法》《野生动物保护法》《渔业法》《矿产资源法》《煤炭法》《水土保持法》《防沙治沙法》《进出境动植物检疫法》等。

目前我国已制定的自然资源行政法规主要有:《濒危野生动植物进出口管理条例》《取水许可和水资源费征收管理条例》《退耕还林条例》《森林法实施条例》《土地管理法实施条例》《进出境动植物检疫法实施条例》《野生植物保护条例》《水土保持法实施条例》等。

(三) 特殊区域保护法

目前我国已制定的特殊区域保护行政法规主要有:《风景名胜区条例》《自

---

① 我国《海洋环境保护法》从体例上看包括海洋生态保护和海洋环境污染防治两个主要方面,但海洋环境污染防治方面的法律规定在该法中占有明显优势,因此,通常将《海洋环境保护法》归入污染防治法一类。

然保护区条例》等。

目前我国已制定的特殊区域保护部门规章主要有:《国家级自然保护区监督检查办法》《地质遗迹保护管理规定》《水生动植物自然保护区管理办法》《风景名胜区建设管理规定》等。

四、宪法及其他部门法中有关环境与资源保护的规定

(一) 宪法中有关环境与资源保护的规定

宪法关于环境与资源保护的规定是环境与资源保护法体系的基础,是各种环境与资源保护法律规范的立法依据。我国《宪法》关于环境与资源保护的规定主要有以下几方面:

1. 对国家环境保护职责的规定。《宪法》第 26 条第 1 款规定:"国家保护和改善生活环境和生态环境,防治污染和其他公害。"

2. 对公民环境权利与义务的规定。《宪法》第 51 条规定:"中华人民共和国公民在行使自由和权利的时候,不得损害国家的、社会的、集体的利益和其他公民的合法的自由和权利。"虽然《宪法》没有直接规定公民的环境权利与义务,但是该规定为公民主张环境权益奠定了宪法性基础。

3. 对自然资源所有权的规定。《宪法》第 9 条第 1 款规定:"矿藏、水流、森林、山岭、草原、荒地、滩涂等自然资源,都属于国家所有,即全民所有;由法律规定属于集体所有的森林和山岭、草原、荒地、滩涂除外。"《宪法》第 10 条第 1、2 款规定:"城市的土地属于国家所有。农村和城市郊区的土地,除由法律规定属于国家所有的以外,属于集体所有;宅基地和自留地、自留山,也属于集体所有。"

4. 对自然资源和文化遗迹保护的规定。一方面,《宪法》第 9 条第 2 款规定:"国家保障自然资源的合理利用,保护珍贵的动物和植物。禁止任何组织或者个人用任何手段侵占或者破坏自然资源。"《宪法》第 10 条第 5 款规定:"一切使用土地的组织和个人必须合理地利用土地。"《宪法》第 26 条第 2 款规定:"国家组织和鼓励植树造林,保护林木。"另一方面,《宪法》第 22 条第 2 款规定:"国家保护名胜古迹、珍贵文物和其他重要历史文化遗产。"

(二) 行政法中有关环境与资源保护的规定

《治安管理处罚法》是行政法的重要组成部分,其中有不少关于环境与资源保护的规定,它对尚不构成犯罪的环境违法行为作出了给予行政处罚的规定。例如,第 25 条第 2 项规定,投放虚假的爆炸性、毒害性、放射性、腐蚀性物质或者传染病病原体等危险物质扰乱公共秩序的,处五日以上十日以下拘留,可以并处五百元以下罚款;情节较轻的,处五日以下拘留或者五百元以下罚款。第 58 条规定:"违反关于社会生活噪声污染防治的法律规定,制造噪声干扰他人正常生

活的,处警告;警告后不改正的,处二百元以上五百元以下罚款。”

(三)民法中有关环境与资源保护的规定

1. 有关自然资源权属的规定

《物权法》第46条至第49条对自然资源的国家所有权作了规定:矿藏、水流、海域属于国家所有;城市的土地,属于国家所有;法律规定属于国家所有的农村和城市郊区的土地,属于国家所有;森林、山岭、草原、荒地、滩涂等自然资源,属于国家所有,但法律规定属于集体所有的除外;法律规定属于国家所有的野生动植物资源,属于国家所有。《物权法》第58条对自然资源的集体所有权作了规定。《物权法》第122、123条对自然资源用益物权作了规定:依法取得的海域使用权受法律保护;依法取得的探矿权、采矿权、取水权和使用水域、滩涂从事养殖、捕捞的权利受法律保护。

2. 有关相邻关系的规定

《物权法》第84条至第92条对环境相邻关系作了规定:不动产的相邻权利人应当按照有利生产、方便生活、团结互助、公平合理的原则,正确处理相邻关系;建造建筑物,不得违反国家有关工程建设标准,妨碍相邻建筑物的通风、采光和日照;不动产权利人不得违反国家规定弃置固体废物,排放大气污染物、水污染物、噪声、光、电磁波辐射等有害物质;不动产权利人因用水、排水、通行、铺设管线等利用相邻不动产的,应当尽量避免对相邻的不动产权利人造成损害,造成损害的,应当给予赔偿。

3. 有关民事责任的规定

《侵权责任法》第八章第65条至第68条专门对环境污染责任作了规定:因污染环境造成损害的,污染者应当承担侵权责任;因污染环境发生纠纷,污染者应当就法律规定的不承担责任或者减轻责任的情形及其行为与损害之间不存在因果关系承担举证责任;两个以上污染者污染环境,污染者承担责任的大小,根据污染物的种类、排放量等因素确定;因第三人的过错污染环境造成损害的,被侵权人可以向污染者请求赔偿,也可以向第三人请求赔偿,污染者赔偿后,有权向第三人追偿。

(四)刑法中有关环境与资源保护的规定

《刑法》在第六章“妨碍社会管理秩序罪”中,专门规定了“破坏环境与资源保护罪”,并对各种严重污染环境和破坏自然资源的犯罪行为规定了相应的刑事责任。2011年2月颁布的《刑法修正案(八)》第46条将《刑法》第338条的“重大环境污染事故罪”修改为“污染环境罪”,即违反国家规定,排放、倾倒或者处置有放射性的废物、含传染病病原体的废物、有毒物质或者其他有害物质,严重污染环境的,处三年以下有期徒刑或者拘役,并处或者单处罚金;后果特别严重的,处三年以上七年以下有期徒刑,并处罚金。除此之外,《刑法修正案(八)》

第47条还将《刑法》第343条第1款修改为:“违反矿产资源法的规定,未取得采矿许可证擅自采矿,擅自进入国家规划矿区、对国民经济具有重要价值的矿区和他人矿区范围采矿,或者擅自开采国家规定实行保护性开采的特定矿种,情节严重的,处三年以下有期徒刑、拘役或者管制,并处或者单处罚金;情节特别严重的,处三年以上七年以下有期徒刑,并处罚金。”

2013年6月,最高人民法院和最高人民检察院联合发布司法解释——《关于办理环境污染刑事案件适用法律若干问题的解释》,对有关环境污染犯罪的定罪量刑标准作出了新的规定:界定了严重污染环境的十四项认定标准;依法严惩非法处置进口的固体废物罪、擅自进口固体废物罪、环境监管失职罪;对于环境污染犯罪的四种情形应当酌情从重处罚;从严惩处单位犯罪;加大对环境污染共同犯罪的打击力度;对于触犯多个罪名的从一重罪处断;明确界定了“有毒物质”的范围和认定标准;规范环境污染专门性问题的鉴定机构及程序。

思考题

1. 什么是环境与资源保护法?环境与资源保护法具有哪些区别于传统部门法的特征?

2. 环境与资源保护法的目的和作用包括哪些?我国《环境保护法》的立法目的是什么?

3. 环境与资源保护法律关系的主要内容是什么?

4. 环境与资源保护法的渊源有哪些?按法律规范的内容和功能标准,环境与资源保护法可以分为哪几类?

推荐阅读

1. 张梓太、李传轩、陶蕾:《环境法法典化研究》,北京大学出版社2008年版。

2. 汪劲:《环境法律的理念和价值追求——环境立法目的论》,法律出版社2000年版。

3. 蔡守秋:《调整论——对主流法理学的反思与补充》,高等教育出版社2003年版。

4. 杜群:《环境法融合论:环境资源生态法律保护一体化》,科学出版社2003年版。

第三章 环境与资源保护法的形成与演变

【导言】

环境与资源保护法有其自身形成和演变的历史，系统地学习和研究环境与资源保护法，需要对其形成和演变的历史发展过程进行必要的回顾。本章对国外以及我国环境与资源保护法的形成和演变过程，以及以污染防治为中心的认知模式作了全面的探讨。

第一节 国外环境与资源保护法的形成与演变

一、工业革命之前的环境与资源保护法

这个时期的经济以农牧业为主，工商业并不发达，手工劳动是主要的生产方式，开发利用环境资源的规模小、范围窄，人类活动对环境资源的影响不大，环境污染和资源利用引发的问题并不突出。各国制定的与环境资源相关的法律以自然资源管理为主要内容，立法中出现了一些有关环境资源保护的零散规定。例如，公元前两千多年的《乌尔纳姆法典》关于使用土地的规定，《伊新国王李必特·伊思达法典》有关保护荒地和林木的规定，公元前 18 世纪巴比伦王国的《汉谟拉比法典》关于土地、森林、牧场的耕种、垦荒和保护的规定以及防止污染水源和空气的规定，公园前 3 世纪古印度《摩奴法典》关于荒地、矿山和湖泊、山川的规定，等等。此外，印度皇帝阿什泰克曾发布一个保护动植物的法令，宣布"下列动物不受到捕杀：鹦鹉、八哥……和所有可利用和食用的四足动物，决不能放火烧林"；在古希腊的某些通都大邑，为了防止噪声，禁止夜间喧嚣，铁匠一律不准在室内工作；公元 5 世纪，罗马发生了控告城市污水造成泰比亚河严重污染以及抗议从城市各处的手工业作坊发出的臭气等事例。

自中古时期的 11 世纪起，随着城市在西欧的兴起，环境卫生和空气污染问题开始产生，欧洲一些国家以保护公民健康和生命财产安全为目的进行相应的环境立法。1306 年，英国国会发布了禁止伦敦工匠和制造商在国会开会期间用煤以防止煤烟污染的文告；同年，英国国王爱德华一世颁布了禁止在伦敦使用露天燃煤炉具的条例。14 世纪，法国的查尔斯六世发布禁止在巴黎"散发臭味和

令人厌恶的烟气”的命令。[①] 1448 年,德国颁发《森林法条例》(巴登州)。1669 年,法国国王路易十世颁布了森林和水方面的法令。[②] 在俄国,彼得大帝时期曾实施了严格的森林保护措施,某些树种和水源地被宣布为禁区,1719 年曾对污染、堵塞涅瓦河和其他河流的行为进行严厉处罚。

这一时期的环境与资源保护法具有以下特点:第一,内容极为零星、分散,相互之间没有有机联系,远未形成系统的环境与资源保护法律;第二,关于自然资源保护的规定,主要是为了保护资源所有权人的经济利益,没有与保护生态平衡相联系,内容上集中在与城市发展、生产生活密切相关的森林、能源(特别是煤炭)、河流等领域;第三,关于污染防治的规定,大多是从卫生角度和生活舒适角度出发,没有与环境质量的恶化相联系。因此,这一阶段的立法只能称为环境与资源保护法的萌芽,并非现代意义上的环境与资源保护法。

二、工业革命至二战时期的环境与资源保护法

18 世纪从英国发起的工业革命是人类历史上的一次巨大革命,开创了以机器代替手工工具的时代。工业革命不仅是一次技术变革,更是一场深刻的社会变革。从生产力方面来说,工厂制代替了手工工场,机器代替了手工劳动,创造出了比人类有史以来的生产力之和更大的生产力;从生产关系来说,依附于落后生产方式的自耕农消失了,工业资产阶级和无产阶级出现并逐步壮大。随着大规模机器生产和世界市场的形成,人类开发、利用环境资源的规模越来越大。与此同时,各主要资本主义国家相继出现了严重的自然资源破坏和区域环境污染问题,主要表现为煤烟尘和二氧化硫造成的大气污染和采矿、冶炼及无机化学工业造成的水污染,例如 1873 年、1880 年和 1891 年,英国伦敦发生了三次严重的因燃煤造成的毒雾事件,导致死者逾千。严重的环境污染和资源破坏演变为社会问题,从而产生了控制污染和管理环境的客观要求,为环境法的产生和发展提供了动力和条件。

英国于 1848 年制定《公共卫生法》,1857 年制定关于防烟的法令,1860 年制定《公共改良法》。1863 年,为控制因制碱工厂排放大量的氯化氢而造成的大气污染,英国国会颁布了《制碱业管理法》,规定了制碱工厂必须采取防止氯化氢等有毒气体逸散的措施。1865 年,英国成立了防治河流污染的“河流污染委员会”,并颁布了禁止向河流倾倒垃圾的规定。1876 年,在当时“人民公共卫生运动”的压力下,英国颁布了《河流污染防治法》。该法运用普通法中的“河岸权”原则和理论作为保护水环境的依据。为防治大气污染,英国在 1926 年制定

① 参见汪劲:《环境与资源保护法学》,北京大学出版社 2006 年版,第 94 页。
② 参见蔡守秋:《环境与资源保护法》,湖南大学出版社 2005 年版,第 19 页。

了《公共卫生法》(消烟法)。此法规定由地方政府负责对工业设施和生活设施产生的大气污染实行控制,规定煤烟排放黑度不得大于林格曼2级,规定新安装锅炉须先申报,地方政府可以划定烟尘控制区;还规定排放黑烟为侵权行为,邻居可对此提起诉讼。另外还包括:1882年的《历史纪念物保存法》,1906年的《空地法》,1934年的《特别地区(开发和改良)法》,1938年的伦敦及其周围六郡的绿化带法,等等。

美国的相关立法活动十分频繁。在1785年和1787年制定了关于土地勘测、开发的法律,此外还包括1862年的《耕地分配法》、1864年的《煤烟法》、1866年的《矿业法》、1872年的《黄石国家公园法》、1881年芝加哥市和辛辛那提市的烟尘控制法令、1888年的《港口管理法》,以及1899年的《河流和港口法》。进入20世纪之后,美国于1906年颁布了《古物保护法》,1912年颁布《公共卫生署法》,1916年颁布《家畜饲养土地法》和《国家公园服务体制法》,1918年颁布《迁徙候鸟协定法》,1920年颁布《联邦水利法》和《矿产租用法》,1921年颁布《联邦道路法》,1924年颁布《防止油污染法》等。

在日本,较早的自然保护制度是在明治六年(1874年)由太政官布达建立的自然公园制度。之后,由于城市化进程加快以及欧美国家公园制度的影响,1912年,日本帝国议会审议了"关于将日本山建成大日本帝国公园的请愿"以及以富士山为中心的"关于国家设置国立大公园的建议",①并于1932年制定了《国立公园法》。此外,日本于1898年制定了《森林法》;1919年制定了《狩猎法》,其目的是禁止和限制捕获野生鸟兽;1920年颁布了《都市计划法》,规定了"风致地区保全制度"。为保护历史环境,1872年,太政官公布了《古器旧物保存法》;1876年,太政官布达还公布了《官国币社及府县乡社传统制式保存法》;1898年,制定了《古社寺保存法》。19世纪末,在发展工业的指导方针下,日本国内对资源和能源的需求急剧增加。1888年,在大阪因纺织厂产生的煤烟而诱发的大阪市民的防止煤烟运动,促使大阪府制定了《煤烟管理令》。之后,1912年,日本制定了《工场法》,其中对煤烟的利用作了许多规定。在1970年召开的第六十四届临时国会上,一次性通过了新制定和修改的14部环境与资源保护法律,以至于人们称这次国会为"公害国会"。从1971年到1973年,日本主要制定了《环境厅设置法》《公害等调整委员会设置法》《关于特定工场整备防治公害组织的法律》《自然环境保全法》《公害健康损害补偿法》《恶臭防止法》等环境与资源保护法律。②

除英国、美国、日本外,1810年10月,《法国民法典》被普遍适用于法国、比

---

① 参见汪劲编著:《日本环境与资源保护法概论》,武汉大学出版社1994年版,第159页。

② 参见汪劲:《环境与资源保护法学》,北京大学出版社2006年版,第99页。

利时和荷兰，其内容涉及消除从工厂货车间散发出来的不卫生的、危险的以及具有妨碍作用的臭气。1869 年，德国设立了专门机构消除空气污染问题，卢森堡也于 1872 年制定了控制工业空气污染的法律。芬兰于 1734 制定了《森林法》，波西米亚于 1852 年制定了《森林法》，瑞士于 1902 年制定了《森林法》，罗马尼亚在 1930 年通过了第一部关于保护自然遗迹的法律，并且还设立了 36 个自然保护区。[①]

从总体上看，这个阶段的环境立法主要有以下特点：第一，环境立法缺乏系统性。由于当时人们对环境问题的认识有限，并没有形成现代的整体环境观念，环境污染防治与自然资源保护被当作彼此孤立的问题，相互分离，缺乏有机联系，各国针对某种自然资源、某项环境要素或某个孤立的环境资源问题，大都采取“头痛医头，脚痛医脚”的办法。第二，环境立法主要采用专门的单行立法模式。自然资源保护立法是针对个别的环境要素和某种自然资源；污染防治立法是针对个别比较突出的环境问题，并大多局限于大气污染和水污染防治。第三，环境立法特别是污染防治立法中，强调技术性措施，包含许多技术性规范，这使得环境立法从一开始就有了技术性的特点。第四，环境与资源保护法的调整方式主要是民事救济，注重污染损害的赔偿和侵害自然资源财产权利的赔偿；其他方式，如经济激励、行政制裁和刑事处罚则很少采用。第五，环境法中规定的环境管理权力比较分散且地方性较强。由于对环境问题的整体联系和广泛影响认识不够，各国均认为环境污染和资源保护是地方性事务，即使有些环境立法规定了国家的环境管理职责，也被分散至诸多部门之中。在这一阶段，由于人们对环境和环境问题认识的局限性，加之受传统法律理论的影响，环境与资源保护法只是开始形成。

三、二战以后的环境与资源保护法

（一）二战后至 20 世纪 80 年代末

从第二次世界大战结束至 20 世纪 80 年代末，是现代环境与资源保护法全面发展的阶段。从 20 世纪 50 年代到 70 年代初，资本主义国家迎来了经济发展的“黄金时期”，城市人口集中程度大大提高，农业向大型机械化、化学化方向发展，科学技术成为经济发展的重要动力，各种新工艺、新产品、新合成物不断涌现。随着经济和科技的发展，人类对自然资源的需求量和开采自然资源的能力均显著提升，与此同时，人类生产和生活排放的废弃物也大大增加。环境污染和资源枯竭对经济社会发展的约束性作用成为经济社会发展的隐患，环境与发展的矛盾逐渐凸显，各国相继发生了环境资源危机，其中以震惊世界的“八大公害

① 参见汪劲：《环境与资源保护法学》，北京大学出版社 2006 年版，第 95 页。

事件”最具代表性。为此,1966 年,联合国大会专门讨论了人类环境问题。英、美、德、日等工业发达国家相继在环境立法方面取得突破,例如,美国于 1969 年制定了《国家环境政策法》,首次明确规定了环境影响评价制度。

1972 年 6 月,在斯德哥尔摩举行联合国人类环境会议,来自 113 个国家的一千多名代表参加了会议。这次会议通过了《人类环境宣言》《行动计划》等文件。其中,《人类环境宣言》是这次会议的主要成果,它阐明了与会国和国际组织所取得的 26 项原则,以鼓舞和指导世界各国人民保护和改善人类环境。这 26 项原则包括:人的环境权利和保护环境的义务,保护和合理利用各种自然资源,防治污染,促进经济和社会发展,使发展同保护和改善环境协调一致,筹集资金,援助发展中国家,对发展和保护环境进行计划和规划,实行适当的人口政策,发展环境科学、技术和教育,销毁核武器和其他一切大规模毁灭手段,加强国家对环境的管理,加强国际合作,等等。会议还庄严宣布:人类有权在一种能够过尊严和福利的生活环境中,享有自由、平等和充足的生活条件的基本权利,并且负有保护和改善这一代和将来的世世代代的环境的庄严责任;为了这一代和将来的世世代代的利益,地球上的自然资源,其中包括空气、水、土地、植物和动物,特别是自然生态类中具有代表性的标本,必须通过周密计划或适当管理加以保护;为了保证人类有一个良好的生活和工作环境,为了在地球上创造那些对改善生活质量所必要的条件,经济和发展是非常必要的。这些内容集中反映了第一次国际性环境保护高潮。会后,许多国家纷纷制定环境专门法律、成立环境管理专门机构、建立环境社会团体,从而促进了环境与资源保护法的迅速发展。

这个阶段环境与资源保护法发展的特点主要表现在以下几个方面:第一,许多国家在宪法中增加了环境保护的内容,有的国家把环境保护规定为国家的一项基本职能,这不但提高了公民和政府对环境保护的重视程度,而且为下位立法提供了宪法依据。例如,《希腊共和国宪法》第 24 条就明确规定:“保护自然和文化环境,是国家的一项职责,国家应当就环境保护制定特别的预防或强制措施。”第二,环境立法初现综合化趋势,环境法各子系统的相互交叉、渗透加强,跨子系统的法律或综合性环境立法开始出现,有些国家已经制定了综合性的环境保护基本法,例如 1969 年美国制定的《国家环境政策法》、瑞典制定的《环境保护法》。第三,环境与资源保护法在调整方法上更加多样化。环境立法采取了民事、刑事、行政等多种调整方法来调整人们在开发、利用、保护和改善环境过程中形成的权利(力)和义务关系。第四,环境与资源保护立法开始重视设立统一的环境监督管理机构,逐步形成统一的环境监督管理体系。这种统一性,在中央与地方之间,表现为环境管理权力逐渐向中央政府集中,中央政府在环境管理中的作用增大;在同一层次的政府部门之间,表现为权力逐渐向专门环境保护部门聚集。这一阶段各国的环境与资源保护立法发展不平衡,工业发达国家已形成比较健全的环境与资源保护法律体系，而广大发展中国家的环境与资源保护法还比较薄弱。另外，环境与资源保护法学虽然已经建立，在环境与资源保护法律理论上有所突破，但其对环境立法的指导作用仍然有限，尚待深化。

（二）20 世纪 80 年代末至今

20 世纪 80 年代末至今，是现代环境与资源保护法全面、蓬勃发展的阶段。这一时期以 1987 年世界环境与发展委员会提出的可持续发展战略为开端，以 1992 年联合国环境与发展大会为契机，世界环境保护又掀起新势头，各国环境保护战略发生了新的变化。1987 年，世界环境与发展委员会发表了著名的《我们共同的未来》的研究报告，该报告提出："可持续发展（sustainable development）是既满足当代人需求而又不妨碍后代人满足其需要能力的发展。"1992 年 6 月，在巴西里约热内卢召开的联合国环境与发展会议，即里约会议，有 183 个国家和地区的代表团和联合国及其下属机构等 70 多个国际组织的代表出席了会议，有 102 位国家元首或政府首脑亲自与会，有 500 多个非政府组织的 2 万名代表参加了同时举行的非政府组织大会，会议通过、签署了《里约环境与发展宣言》《21 世纪议程》《气候变化框架公约》《生物多样性公约》和《关于森林问题的原则声明》5 个体现可持续发展新思想、贯彻可持续发展战略的文件。这次大会标志着全球中心议题从"斯德哥尔摩时期"的环境保护向"可持续发展时期"的环境保护的重大转变。会后，许多国家和国际组织纷纷制定、贯彻可持续发展战略、环境与资源保护法律、国际法律政策文件和行动计划，掀起了一场可持续发展的社会变革运动。例如，欧盟国家于 1997 年签署的《阿姆斯特丹条约》已经将实现可持续发展作为欧盟的中心目标。2002 年 8 月 26 日至 9 月 4 日，为纪念人类环境会议 30 周年、里约环境与发展大会 10 周年，在南非约翰内斯堡举行了联合国可持续发展世界首脑会议（又称"第二届地球首脑会议"），有 190 多个政府、100 多个国家的元首或政府首脑、5 000 多个非政府组织、2 000 多个媒体组织出席会议，会议通过了名为《约翰内斯堡可持续发展宣言》的政治宣言和《可持续发展实施计划》，形成了 220 多项"伙伴关系倡议"，又一次在全球范围内掀起了可持续发展的热潮。

这一阶段环境与资源保护法的特点如下：第一，立法指导思想发生了新的变化，可持续发展成为环境法的指导思想。环境与资源保护立法更加重视预防原则、全过程管理、清洁生产、源头控制和总量控制。在环境保护与经济发展的相互关系上，各国更加注重二者的协调，随着环境质量的改善，各国开始追求环境的舒适性，从而把环境保护的重点转移到制定协调经济增长与环境保护之间关系的长远政策上，力求所制定的环境长远规划既有经济效益，又能不断改善环境。第二，环境民主原则成为环境与资源保护法的基本原则。近年来，许多国家在修改或制定环境与资源保护法时，都规定了公众参与制度，逐步实现环境立法、环境执法和环境与资源保护法律监督的民主化。第三,环境与资源保护法的综合化程度进一步加深。随着可持续发展时代的来临,环境与资源保护法的综合化已经成为一种普遍的现象和发展趋势。环境与资源保护法越来越多地涉及经济、社会发展问题,表现为环境与经济、社会的“一体化”。第四,环境与资源保护法越来越多地采用经济手段。无论是发达国家还是发展中国家的环境立法,都在尝试采用经济手段,如:建立健全环境资源市场,发挥市场机制的作用;通过环境资源税费进行宏观调控;建立绿色贸易壁垒,保护国内产业,保证产品质量,等等。第五,环境与资源保护立法越来越多地采用科学技术手段和科学技术规范,环境标准制度、环境标志制度、环境监测制度、环境影响报告制度、清洁生产制度或源削减制度等有关环境科学技术的法律制度逐步推广并日益成熟。

第二节 我国环境与资源保护法的形成与演变

一、新中国成立前环境与资源保护相关立法的形成与演变

(一) 古代时期

在污染防治方面,早在公元前 16 世纪的商朝,已经出现了一些防止污染的零散规定。据《韩非子 · 内储说上》记载:“殷之法,弃灰于公道者断其手。”董说《七国考 · 秦刑法》指出,战国时,商鞅在秦国实行变法,制定了“步国六尺者有罚,弃灰于道者被刑”①的法令。我国著名历史学家范文澜在《中国通史简编》中认定,“商朝法律在街上弃灰的要斩手”②。古代思想家对这一条法令曾经展开过热烈而尖锐的争论,秦始皇的丞相李斯认为:“商君之法,刑弃灰于道者。夫弃灰,薄罪也;而被刑,重罚也。”③但是,孔子和韩非子却有不同的看法。《韩非子 · 内储说上》写道:“殷之法,刑弃灰于街者,子贡以为重,问之仲尼。仲尼曰:知治之道也,夫弃灰于街必掩人,掩人,人必怒,怒则斗,斗则三族相残也。此残三族之道也,虽刑之可也。”在这里,韩非子借孔子的话分析了垃圾污染街道对人体和社会安定的危害,阐明了用刑法惩罚污染犯罪和处理环境污染纠纷的道理。在其他朝代,也有防止废物和噪声污染的法律规定,如《唐律 · 杂律下》规定“穿垣出秽者,杖六十”“诸在市及人众中故相惊扰者杖八十”。清朝乾隆皇帝曾下旨,命令污染严重的琉璃厂迁往北京城外。

我国古代的环境保护立法更多地体现在自然资源开发和保护方面。在林业

---

① 董说:《七国考(三)》(卷十二 · 秦刑法),商务印书馆 1936 年版,第 492 页;董说:《七国考 · 秦刑法》,转引自《盐铁论注》。

② 范文澜:《中国通史》(第一册),人民出版社 1994 年版,第 53 页。

③ 司马迁撰:《史记》(第八册)(李斯列传第二十四),中华书局 1959 年版,第 2539 页。

资源保护方面,先秦时期的法律反对乱砍滥伐,只允许在特定时期砍伐林木。如《逸周书·文传》写道:“山林非时不登斧斤,以成草木之长。”《荀子·王制》写道:“草木荣华滋硕之时,则斧斤不入山林,不夭其生,不绝其长也。”“斩伐养长不失其时,故山林不童,而百姓有余材也。”《孟子·梁惠王上》写道:“斧斤以时入山林,林木不可胜用也。”《管子·八观》写道:“山林虽广,草木虽美,禁发必有时。”《礼记·王制》写道:“山麓川泽以时入而不禁。”禁止砍伐林木的时间主要是春季和夏季“草木荣华滋硕之时”。《逸周书·大聚》规定的禁期是“春三月”,即整个春季。《管子·禁藏》有“当春三月……毋伐木,毋夭英,毋焚山林”,孟夏之月“毋伐大树”,季夏之月“毋有砍伐”等记载。《云梦秦简·田律》则有“春二月,毋敢伐材木山林……唯不幸死而伐绾享者,是不用时”的条文,意即除了做棺材之用外,一律禁止在春天砍伐山林。《管子·轻重己》云:“春尽而夏天始,天子岭毋斩大木,毋斩大山,毋戮大渊,灭三大而国有害,天子之夏禁也。”

在渔业资源保护方面,《荀子·王制》认为:“污池渊沼川泽,谨其时禁,故鱼鳖优多而百姓有余用也。”《逸周书·文传》写道:“川泽非时不入网罟,以成鱼鳖之长。”《荀子·王制》写道:“鼋鼍鱼鳖鳅鳝孕别之时,网罟毒药不入泽,不夭其生,不绝其长也。”在野生动物保护方面,《逸周书·文传》记载:“畋猎以时,童不夭胎,马不驰骛,土不失宜。”《礼记·王制》有“天子不合围,诸侯不掩群”“不麛不卵,不杀胎,不夭牝,不覆巢”的记载,又有“禽兽鱼鳖不中杀,不粥于市”的规定。

秦始皇统一中国以后,为加强对自然资源的管理,在全国范围内以统一的法令规定土地私有,实行盐铁官营,并对掌管采矿事务的官吏规定了考核以及严格的处罚办法。1975 年,在湖北云梦县睡虎地 11 号秦墓中,发现了一批秦代竹简,其中在《秦简十八种》之中,有一种原题为《田律》的秦简。《田律》的主要内容是有关农业生产的,其中一部分是关于对生物资源保护的规定。《田律》的规定主要体现了“以时禁发”的原则。显然,先秦萌芽状态的生态学思想和各种保护生物资源的理论,对这些规定是有着深刻影响的。[①]

汉代在环境保护方面的规定以诏令形式出现。在西汉,《淮南子》在对先秦各家学说进行融合、吸收的同时重点继承了老、庄“道”的思想,在其《主术训》(卷九)中专门阐述了“顺天意,遵时序”的思想,强调保护野生动物资源,合理利用、培植植物资源,使自然资源的开发、利用和保护渐入正轨。

唐代则在《唐律·杂律》中具体、详细地对自然资源的保护、生活环境、自然环境和植树造林等方面作出了规定。《明律》《清律》多沿用《唐律》,也有类似

① 参见袁清林编著:《中国环境保护史话》,中国环境科学出版社 1990 年版,第 170 页。转引自汪劲:《环境法学》,北京大学出版社 2006 年版,第 1 页。

自然资源保护的法律规定。

(二) 鸦片战争以后

1840年鸦片战争后,中国从封建社会逐渐沦为半殖民地半封建社会,由于未能实现工业化大生产,该时期我国环境与资源保护立法的发展远远落后于西方国家。但是,即使在如此落后的时期,当时的政府仍然制定过一些与保护自然资源有关的法规。例如,在中华民国初期,孙中山先生为了振兴中华,在他于20世纪第二个十年后期撰写的《建国方略》①中,曾提出一个比较全面的国土资源开发利用规划方案,并大力提倡植树造林,曾提出将农历清明节定为法定植树节。中华民国政府曾先后颁布一些保护环境和自然资源的法律,如《森林法》(1929年)、《土地法》(1930年)、《渔业法》(1932年)等。特别值得注意的是,中国共产党领导的苏区、抗日革命根据地和解放区的革命政权,在极端艰苦的战争年代,也制定了不少环境资源法规,如《中华苏维埃共和国土地法》(1931年)、《植树运动决议案》(1932年)、《晋察冀边区保护公私林木办法》(1939年)、《陕甘宁边区森林保护条例》(1941年)等。

二、新中国成立之后的环境与资源保护立法

(一) 1949年至20世纪70年代末

新中国建立之初,社会主义建设事业刚刚起步,百废待兴。为满足人民群众的基本生活需要,集中力量发展经济是当时政府工作的重点所在,与此同时也出现了一些污染环境、破坏资源的局部现象。新中国成立后第一座大型水库——官厅水库,是北京市重要的饮用水源之一,也是国家明确规定的重点保护水源地之一。然而,1972年发生了震惊全国的官厅水库污染事件,这直接导致我国通过立法在全国范围内禁止生产和使用滴滴涕,启动了我国环境治理与环境保护进程。

在这一阶段,我国制定了一系列有关合理开发、利用和保护、改善环境与资源的法规或规范性文件。如1951年4月的《矿业暂行条例》、1953年7月的《政务院关于发动群众开展造林、育林、护林工作的指示》、1953年12月的《国家建设征用土地办法》、1956年5月的《国务院关于加强新工业区和新工业城市建设工作几个问题的决定》、1956年10月的《狩猎管理办法(草案)》、1957年3月的《农业部关于帮助农业生产合作社进行土地规划的通知》、1957年4月的《水产资源繁殖保护暂行条例(草案)》、1957年6月的《关于注意处理工矿企业排出有毒废水、废气问题的通知》、1957年7月的《水土保持暂行纲要》、1960年1月的《放射性工作卫生防护暂行规定》、1960年3月的《关于工业废水危害情况和

---

① 孙中山:《建国方略》,商务印书馆1920年版。

加强处理利用的报告》、1961 年 11 月的《关于加强水利管理工作的十条意见》、1962 年 9 月的《国务院关于积极保护和合理利用野生动物资源的指示》、1963 年 5 月的《森林保护条例》、1965 年 12 月的《矿产资源保护试行条例》等。

1972 年,我国派出代表团参加了联合国人类环境会议。这次会议要求所有国家改善本国环境政策,不应该损及发展中国家现有或将来发展潜力,也不应该妨碍公众生活条件的改善;必须委托适当的国家机关对国家的环境资源进行规划、管理或监督,以期提高环境质量;必须促进各国,特别是发展中国家在国内和国际范围内从事有关环境问题的科学研究及其发展;人类有权在一种能够过尊严和福利的生活环境中,享有自由、平等和充足的生活条件的基本权利,并且负有保护和改善这一代和将来的世世代代的环境的庄严责任。正是在这种背景下,我国的环境保护事业开始起步。第一次全国环境保护会议草拟了《关于保护和改善环境的若干规定(试行草案)》,1973 年 11 月 13 日由国务院发布。这是我国政府首次对环境保护作出较为全面和系统规定的文件,对开创我国的环境保护事业起了重要作用。该法规明确规定了"全面规划,合理布局,综合利用,化害为利,依靠群众,大家动手,保护环境,造福人民"的环境保护方针;并以此为出发点,对做好全面规划、加强水系和海域的管理、植树造林和绿化祖国、开展环境监测、发展环境保护的科学研究和宣传教育、安排落实环境保护投资和设备等作了具体规定。该文件还规定了发展生产和环境保护"统筹兼顾、全面安排"的原则、"三同时"制度以及奖励综合利用的政策。这些内容对我国环境与资源保护法的发展具有重要意义。

另外,我国还制定了《防治沿海水域污染暂行规定》(1974 年)、《关于治理工业"三废",开展综合利用的几项规定》(1977 年)和《工业"三废"排放试行标准》(1973 年)等环保法规和标准。

这一阶段我国环境与资源保护立法有以下一些特点:第一,自然资源保护与环境污染防治领域都有相关立法,但两者之间缺乏必要联系,未能形成统一理解,污染防治立法相对集中于治理工业"三废"。第二,从整体上看,环境与资源保护法律规范的内容十分零散,政策性、宣示性强,操作性和可执行性弱,缺乏程序性规则。综合性环境保护基本法的缺失,使得环境与资源保护法律制度未能形成明晰的体系,但已经出现了制度雏形,如 1973 年的《关于保护和改善环境的若干规定(试行草案)》确立了环境保护的目标、原则和方针,具有一定的综合性、全面性。第三,除宪法中一些关于土地和自然资源的简单规定外,环境与资源保护立法的层级较低,主要是一些行政法规和行政规章。第四,环境与资源保护法的调整机制单一、僵硬,仍然以行政强制手段为主,缺乏行政指导和经济激励等混合调整手段。

（二）20世纪70年代末到80年代末

1978年《宪法》明确规定:“国家保护环境和自然资源,防治污染和其他公害。”这是我国首次将环境保护工作写入国家根本大法,把环境保护确定为国家的一项基本职责,将资源保护和污染防治确定为环境保护和环境立法的两大领域,从而奠定了中国环境法体系的基本架构和主要内容,并为中国环境保护进入法治轨道开辟了道路。同年,中共中央批转的国务院环境保护领导小组的《环境保护工作汇报要点》将加强环境法制建设、制定环境保护法律作为环境保护工作的重点之一,由此拉开了我国环境与资源保护法迅速发展的序幕。

1979年9月,第五届全国人大常委会第十一次会议通过了《环境保护法(试行)》。该法依据《宪法》制定,参考借鉴国外立法的经验教训,规定了七章内容(总则、保护自然环境、防治污染和其他公害、环境保护机构和职责、科学研究和宣传教育、奖励和惩罚、附则)。并明确指出我国环境保护法的任务是“保证在社会主义现代化建设中,合理利用自然资源,防治环境污染和生态破坏,为人民创造清洁、适宜的生活和劳动环境,保护人民健康,促进经济发展”;环境保护工作的方针是“全面规划,合理布局,综合利用,化害为利,依靠群众,大家动手,保护环境,造福人民”。1982年我国再一次修改《宪法》,在第26条中规定:“国家保护和改善生活环境和生态环境,防治污染和其他公害。”与1978年《宪法》相比,这次修改扩大了“环境”这一重要概念的外延,同时还增加了一些合理开发利用自然资源的条款。

此后,环境与资源保护立法取得较快发展,我国连续制定了《海洋环境保护法》(1982年)、《水污染防治法》(1984年)、《矿产资源法》(1986年)、《土地管理法》(1986年)、《渔业法》(1986年)、《大气污染防治法》(1987年)、《水法》(1988年)、《野生动物保护法》(1988年)等污染防治和自然资源保护方面的法律。国务院通过的环境污染防治方面的行政法规有:《防止船舶污染海域管理条例》(1983年)、《海洋石油勘探开发环境保护管理条例》(1983年)、《海洋倾废管理条例》(1985年)、《防止拆船污染环境管理条例》(1988年)、《环境噪声污染防治条例》(1989年)、《放射性同位素与射线装置放射防护条例》(1989年)、《水污染防治法实施细则》(1989年);自然资源保护方面的行政法规有:《水土保持工作条例》(1982年)、《土地复垦规定》(1988年)、《森林防火条例》(1988年)、《森林病虫害防治条例》(1989年)等;环境管理方面的行政法规有:《征收排污费暂行办法》(1986年)、《建设项目环境保护管理办法》(1986年)、《对外经济开放地区环境管理暂行规定》(1986年)等。另外,国务院有关部委还制定了大量的环境资源保护的行政规章,各地结合本地方实际情况制定了大量的地方环境资源保护法规和规章。

这一时期我国环境与资源保护立法有以下特点:第一,环境与资源保护的单行立法迅速发展，涉及各个环境要素，如大气、水、噪声、固体废物等，基本涵盖了现代环境与资源保护法的主要防治领域；第二，有关环境保护的法律规范数量大增，不仅包括综合性或单行的污染防治和资源保护的法律、行政法规，还有一些环境污染防治的专项规章和环境标准，各个地方也根据本地的经济社会发展状况、地域特点制定了许多地方性的法规、规章；第三，这一时期的立法依然受到计划经济的影响。

（三）20 世纪 80 年代末至 90 年代末

1989 年，第七届全国人大常委会第十一次会议通过了《环境保护法》，标志着我国环境与资源保护法的发展进入了一个新阶段。《环境保护法》作为“我国有史以来第一部环境保护基本法”[①]，规定了“谁污染谁治理”等原则，确定了环境影响评价制度、“三同时”制度、排污收费制度、限期治理制度、环境标准制度、环境监测制度等一系列规则体系，确立了我国环境保护法律制度的框架基础，还建立起环境监督管理体制，为我国环境保护事业全面法制化作出了重要贡献。

环境与资源保护的单行立法在这一阶段也取得了较大发展。20 世纪 90 年代实际上是我国市场化转型的启动时期，随着以市场为导向的转型逐步深入，政府职能逐步转变，社会经济发展进入了快车道，伴随而来的各种环境问题也日益显现，并与计划经济时期所积累的环境问题相互叠加，环境与资源保护立法所面临的社会情势发生了巨大变化。为积极应对这种变化，我国加强了环境与资源保护的立法工作，1993 年全国人大成立了环境与资源保护委员会，全面展开环境与资源保护的立法工作，相继制定和修改了一批重要的环境与资源保护的单行立法，如 1995 年颁布的《固体废弃物污染环境保护防治法》，1998 年对《森林法》进行修改，1999 年对《海洋环境保护法》进行修改，不仅完善了环境与资源保护单行立法的涵盖范围，而且更新了立法观念，进一步增强了我国环境与资源保护单行立法的现实针对性和适应性。

（四）2000 年以后

为了迎接 21 世纪和加入 WTO 以后的挑战，我国再一次加快环境与资源保护立法进程，显示出了不同于以往的特点。随着经济的迅速增长和法制建设的逐步完善，在经济发展与环境保护的天平中，政府对环境保护提出了新的目标和要求。最为引人注目的是国家环保总局发起的四次“环保风暴”，大大遏制了对经济发展的盲目追求。2005 年 1 月 18 日，国家环保总局宣布停建金沙江溪洛渡水电站等 13 个省市的 30 多个违法开工项目，并表示要严肃环保法律法规，严格环境准入，彻底遏制低水平重复建设和无序建设，这是第一次环保风暴。2006 年 2 月 7 日，国家环保总局对 9 省 11 市布设在江河水边的环境问题突出企业实

① 吕忠梅：《环境法学》，法律出版社 2004 年版，第 227 页。

行"挂牌督办";对127个投资共约4 500亿元的化工石化类项目进行环境风险排查;对10个投资共约290亿元的违法建设项目进行查处,这是第二次环保风暴。2007年1月10日,国家环保总局又一次掀起了环保风暴,82个项目涉及1123亿元的投资被叫停,环保总局吸取了前两次风暴中的教训,采用了"区域限批"的措施,这是环保部门成立近三十年来首次启用这一行政惩罚手段。2008年7月3日,国家环保总局发起第四次环保风暴,针对长江、黄河、淮河、海河四大流域部分水污染严重、环境违法问题突出的6市2县5个工业园区实行"流域限批";对流域内的32家重污染企业及6家污水处理厂实行"挂牌督办"。

另一方面,全球气候变化已经成为各国政府的共识和探讨焦点,加上能源的高消耗以及由此造成的环境污染和生态破坏的影响,在政策和规划中有关环境和资源保护的内容显得越来越突出,重要性进一步得到认可。如我国"十一五"规划纲要明确指出,"十一五"期间单位国内生产总值内耗降低20%左右,主要污染物排放总量减少10%。这是推进经济结构调整、转变增长方式的必由之路,是维护中华民族长远利益的必然要求。2007年6月,我国成立了国家应对气候变化及节能减排工作领导小组,这说明我国政府已经充分认识到做好节能减排和应对气候变化工作是建设资源节约型和环境友好型社会的任务,是关系经济社会可持续发展全局的课题,也是我国对国际社会应该承担的责任。

与此同时,我国又有许多新的法律颁布,2001年颁布《防沙治沙法》《海域使用管理法》,2002年颁布《清洁生产促进法》《农村土地承包经营法》《环境影响评价法》,并修改了《水法》《草原法》,2003年颁布《放射性污染防治法》,2005年颁布《可再生能源法》,2008年颁布《循环经济促进法》。尤其引人关注的是2014年我国对《环境保护法》进行修订,并于2015年1月1日起实施,这是我国环境与资源保护法发展过程中又一里程碑。

这一阶段的环境与资源保护立法有以下特点:第一,立法调整主要对象由企业向政府进行拓展。我国立法调整对象最初以对环境资源造成污染和破坏的企业为主,但是当时人们认识到我国环境问题的产生和发展的重要原因在于政府失灵而非市场失灵,对政府的缺陷和不足进行立法调整逐渐成为新的立法趋向,对政府失灵的规制逐渐成为热点问题。第二,立法领域的拓展。我国环境与资源保护立法已经从传统的污染防治和资源保护发展到新的阶段。如2002年通过的《清洁生产促进法》,强调依靠有关部门共同推行清洁生产,并规定了政府及有关部门支持清洁生产的具体要求,包括制定有利于清洁生产的政府规划、为企业提供技术信息和支持、组织技术规范和技术研究、开展宣传培训、优先采购清洁产品等内容;2005年通过的《可再生能源法》明确提出了政府和社会在可再生能源开发利用方面的责任与义务及改善不合理的能源结构;2009年1月1日起实施的《循环经济促进法》有力地促进了我国循环经济发展,提高资源利用效率,保护和改善环境,实现可持续发展。这些立法是以往的历史时期中未曾涉及的新型、综合性立法。第三,立法的协调性增强。我国环境与资源保护法已经形成完整的体系,但许多立法缺乏条理性,应为法律者却被制定成了法规或更低级别的文件,有的立法内容与环境基本法所确定的原则不相协调,甚至有些法律、法规的内容之间存在矛盾和冲突,从而影响了环境与资源保护法的实施效果。目前许多国家正对现有的环境立法进行全面、系统的调整,并对一些法律、法规进行修改,我国也正在努力促进整个环境与资源保护法律体系的协调配套。

第三节 以污染防治为中心的认知模式

一、环境问题形成与演变的一般轨迹

总体而言,从历史发展的角度来看,环境问题的形成与演变是具有一定的规律性的。尽管不同学者有不同的看法,①但基本上可以把在历史上环境问题的发展与演变分为农业文明时期和工业文明时期两个阶段。在进入农业文明之前以采集或捕猎为主要内容的人类早期阶段,即便人为活动导致出现一些局部的环境质量退化,也很难将其作为现代意义上所说的环境问题;而所谓的当代环境问题,无非是在农业文明时期和工业文明时期所形成的不同类型的环境问题在当代的相互作用和纵深发展。因此,将历史上环境问题的发展与演变划分为农业文明时期和工业文明时期两个阶段,具有环境问题在类型上的代表性和一定的理论合理性。

人类从以采集捕猎为生的游牧生活到以耕种和养殖为主的定居生活的转变,拉开了农业文明的序幕。尽管从广义的角度来说,农业包括不同的社会生产形态,但其最核心的部分是种植业。在种植业生产规模不断扩大的过程中,烧荒、垦荒、兴修水利等对自然的改造活动开始出现并愈演愈烈,逐步引发了水土流失、土壤盐渍化或沼泽化等问题,这是农业文明时期环境问题的基本表现形式。从本质上说,农业文明时期的环境问题主要是对与发展种植业密切相关的自然条件和资源要素的破坏,按照现在环境法理论研究中对环境问题划分的标准,属于环境破坏。但农业文明时期的环境问题并没有引起当时社会广泛的关

---

① 在环境法的理论研究中,对于环境问题发展阶段的划分,学者们各有不同的看法。比如,有学者认为可将其划分为原始采集捕猎阶段、农业阶段、现代工业阶段,参见韩德培主编:《环境保护法教程》(第四版),法律出版社 2003 年版,第 6—7 页;有学者认为可将其划分为局部环境问题阶段和全球性环境问题阶段,其中局部环境问题阶段又可分为环境问题的萌芽、发展与爆发三个时期,参见吕忠梅主编:《环境资源法学》,中国政法大学出版社 2005 年版,第 16—21 页;有学者认为可将其分为生态环境的早期破坏、近代城市环境问题、当代环境问题阶段,参见张梓太主编:《环境与资源保护法学》,北京大学出版社 2007 年版,第 47—51 页。

注,主要原因在于,当时的环境破坏限于局部,其影响范围还是很有限的,而且没有任何直接的毒害作用,并没有对人类的生存和社会的发展产生令人关注的显著负面影响。

环境问题真正引起社会的严重关注是在工业文明时期。人类的工业文明以18世纪后期发生在欧洲的产业革命为起点。产业革命之后,随着生产力的迅速提升和城市化进程的加速,对自然资源的消耗激增,大量的废弃物被排入自然界,远远超出环境的自净能力,各种表现形式的污染开始出现并蔓延发展。在工业文明时期出现的环境污染与农业文明时期的环境破坏相比,影响的范围更大、对人产生的毒害作用更为直接和明确,因环境污染所造成的各种损害也远非往昔的环境破坏可比。也正是因为这些原因,环境污染作为环境问题的表现形式之一,受到了社会前所未有的关注。工业文明时期环境问题的特点及其主要表现,在很大程度上导致了后来社会对环境问题及环境立法的认知局限:环境问题即环境污染,环境法即污染防治法。

二、以污染防治为中心的环境立法传统

从理论上来说,环境立法的形成主要是针对环境问题的,但实际上,环境立法最初的形成与环境问题的出现并不同步。前文曾提及,环境问题的形成最早可以追溯至农业文明时期,主要表现为对与发展种植业密切相关的自然条件和资源要素的破坏,但并没有同时出现针对并以解决这些环境问题为主要内容的相关立法。一方面原因在于当时处于法律发展的早期阶段,立法不可能细化分工到如此的程度,更重要的原因在于,当时以农业生产的自然条件破坏为主要表现方式的环境问题并没有形成广泛的社会影响及明确的立法诉求,缺乏有针对性的环境立法所形成的社会现实基础。因此,环境立法传统的形成不可能以自然条件和资源要素的破坏为起点。

环境问题真正形成广泛的社会影响是在工业文明时期,大工业生产所导致的环境污染的蔓延发展是其根本的推动因素。环境污染不同于农业文明时期以与种植业密切相关的自然条件和资源要素破坏为主要内容的环境问题类型,其之所以能够引起社会各界的高度关注,不仅在于其明显的毒害性,而且还在于由于其与农业文明时期积累的自然破坏之间的相互作用和恶性循环,环境污染已经演变为显著的社会问题并产生明确的立法诉求,而在此阶段业已形成的传统法律部门对环境污染又无能为力,环境立法应运而生。因此,环境立法的最初形成是以工业污染的主要作用领域——大气污染和水污染的防治为起点。在18世纪中叶至20世纪初叶环境立法的萌芽时期,就主要是以防治水和大气的污染为主,当时的一些工业化程度较高的国家纷纷出台了以此为主要内容的立法,比

如英国的《制碱业管理法》《空地法》,美国的《煤烟法》《河流域港口法》等。[①] 这些早期以城市的工业污染防治为核心内容的环境立法对世界各国后来的环境立法产生了不可忽视的影响。更进一步分析,在环境立法形成的早期阶段,防治的污染主要是工业企业的污染,所以,从一般意义上来说,环境立法传统形成的起点是工业以及由此带来的污染,这样的立法传统助长了在环境法理论研究和立法实践中以污染防治为中心的认知模式的形成,而这将对后来的环境立法产生了明确而深远的示范性影响。

三、新中国成立后环境污染对环境问题认知的强势影响

环境问题在我国的发展与其形成与演变的一般轨迹并不同步,但就新中国成立之后的情况而言,环境问题形成与演变的过程与其一般的发展规律相比,在发展阶段及认知观念形成上表现出一定的相似性。

新中国成立之后相当长的时期内,我国依然是一个典型的农业社会,尤其是初期在"以粮为纲"的思想影响下,毁林开荒、毁草垦田、围湖造田的情况在各地非常普遍,引发了水土流失、湖泊萎缩、草地沙化、洪涝灾害等环境破坏。[②] 虽然这些环境破坏是环境问题的典型表现,但当时并没有从环境问题的意义上认识这些环境破坏,一般观念中还是将其作为农业基础设施建设的问题看待,并不认为此时已经出现了环境问题。

环境问题真正在我国被列上议事日程是在 20 世纪 70 年代之后,以决策层对环境污染的关注为起点。与美国、英国、日本等先发展的国家情况类似,我国环境污染的出现是与工业化的进程同步的。我们虽然在新中国成立初期就实施了以工业化为主体的第一个五年计划,但工业生产所带来的环境污染并没有马上出现,这不仅因为当时农业经济仍然是国民经济的主要组成部分,而且基于环境污染的滞后性与缓发性的特点,从原因到结果之间必然要经过一段时期的积累过程,因此环境污染不可能在我国工业化的起步阶段出现。进入 20 世纪 70 年代,我国已经建立了比较完整的工业体系,加之潜在污染因素的长期积累,环境污染开始在我国逐步出现并日益严重。尤其是 20 世纪 70 年代初期官厅水库及北京西郊污染的出现,给我国的决策层以极大的触动,针对该问题,"国务院第一次向全国发出注意环境污染的警告,并提出要对区域性的水污染和空气污染进行规划和治理"[③]。1973 年,国务院召开了第一次全国环境保护会议,通过了《关于保护和改善环境的若干规定(试行草案)》,把环境保护提上了国家管理

① 参见吕忠梅主编:《环境法原理》,复旦大学出版社 2007 年版,第 26 页。

② 参见《抓粮食生产不能重提"以粮为纲"》,http://news. xinhuanet. com/comments/2008-02/15/content_7601530. htm,2008 年 12 月 27 日访问。

③ 金瑞林主编:《环境与资源保护法学》,北京大学出版社 2006 年版,第 50 页。

的议事日程。

不难看出,环境问题和环境保护在我国得到充分重视,最初是围绕环境污染展开的,这一点直到目前为止仍没有在根本上有所改变。[①]

思考题

1. 外国环境与资源保护法的发展经历了哪几个阶段?各阶段有什么特征?

2. 我国环境与资源保护法的发展经历了哪几个阶段?各阶段有什么特征?

3. 什么是以污染为中心的认知模式?该认知模式形成的原因有哪些?该认知模式造成了什么样的影响?

推荐阅读

1. 汪劲:《从环境基本法的立法特征论我国环境保护法的修改定位》,载《中外法学》2004 年第 4 期。

2. 张璐:《论我国环境立法涉农观念的缺失》,载《华东政法大学学报》2009 年第 4 期。

3. 孙佑海:《超越环境"风暴"——中国环境资源保护立法研究》,中国法制出版社 2008 年版。

① 参见张璐:《论我国环境立法涉农观念的缺失》,载《华东政法大学学报》2009 年第 4 期。

第四章　环境与资源保护法部门法属性批判

【导言】

尽管对于“环境法是否是独立的部门法”这一命题已经进行了长时间的讨论,学界对此仍然没有形成统一的认识。本章拟从方法论上对环境与资源保护法部门法属性的局限性进行分析,指出部门法研究范式在环境法学研究领域中的不适应性,对该研究范式对环境法学研究所造成的负面效应进行批判。

第一节　环境与资源保护法部门法属性分析的局限

一、“环境与资源保护法是独立部门法”的认识误区

如何确定环境与资源保护法的法律属性,即环境与资源保护法是否是独立的部门法,是长期以来一直困扰环境与资源保护法理论研究的重要命题之一。围绕该问题,环境与资源保护法与传统部门法的学者曾展开热烈的争论,虽然近年来对于环境与资源保护法成为独立的部门法似乎在表面上已经形成结论,不少主流的环境与资源保护法教材均对此有所表述,但实际上对于环境与资源保护法部门法属性的认识仍未达成一致。“环境与资源保护法是独立的部门法”这一命题在表面上的成立,不过是传统部门法学者对该命题的倦怠以及环境与资源保护法学者封闭的自我理论演绎,其法律逻辑的合理性是令人质疑的。深究环境与资源保护法部门法属性研究困局形成的根源,其中固然有环境与资源保护法自身理论发展不成熟的原因,但更具决定性意义的因素实质上在于在我国法学理论研究中根深蒂固的部门法研究范式的影响,以及由此所决定的部门法研究范式对环境与资源保护法的误读。从根源上说,“环境与资源保护法是独立的部门法”本身就是一个无法证成的命题,因为部门法研究范式并不适用于对环境与资源保护法法律属性的研究。因此,有必要在理论上对该问题予以澄清,以消除部门法研究范式应用于环境与资源保护法理论研究的负面效应,从而为环境与资源保护法的法律属性研究寻求合理的理论进路。

二、部门法研究范式对环境与资源保护法理论研究先入为主的影响

根据既定的思维模式和标准,确定某一领域法律规范的部门法归属,是长期

以来我国法学理论研究的一个基本出发点。这种以确认部门法归属为主要内容和基本目标的理论分析方法,实际上已经成为我国法学理论研究中的一个基础性的研究范式,并对法律规范性质和归属的理论研究走向产生了明确而积极的支配性影响。

从渊源上来看,部门法理论源于苏联,该理论的引入是我国在新中国成立初期全盘照搬苏联法学理论的结果之一,尽管"它在世界范围内并不具有普适性"①,但在我国的法学理论研究中却将部门法的研究方法坚持了下来,并逐步将其演化成为法学理论研究中一个占据基础性地位的研究范式。受部门法研究范式的影响,在我国的法学理论研究中,对于某一法律规范,总是习惯于首先将其归于某一部门法之中,并以此作为对该法律规范进行理论定位并进行后续细化研究的基础。这样的思维模式实际上体现了部门法研究范式所隐含的基本逻辑要求,即以部门法的划分为基础、以部门法学为价值判断参照的理论推演进程。基于该理论进路,一个法律规范作为研究对象,首先需要做的是按照一定的标准确定是否能够将其归入既有的某一部门法。如果能够将其归入既有的某部门法之中,那么该部门法已有的理论原理、学科体系、研究团体等学术资源将对归入该部门法的法律规范产生强大的同化作用,这同时也意味着该部门法的壮大发展;而如果一个法律规范作为研究对象无法将其归入既有的任一部门法之中,那么接下来面临的很可能就是新的部门法的构建问题。显然,对于传统部门法而言,对于后一种情况是很难接受的,因为新的部门法的出现不仅将改变原有部门法所享有的学术资源分配格局,而且也将打破原有部门法学在法学理论研究中对话语权的垄断。

因此,对于环境与资源保护法这样的新兴法律领域而言,在部门法研究范式的影响下,必须不遗余力地争取独立部门法的地位,因为如果它不能成为独立的法律部门,那么环境与资源保护法律规范将被原有的部门法瓜分,环境与资源保护法理论研究独立的话语权将无法产生,它只能作为已有部门法的附属而存在。但是,基于前文所述原因,在部门法研究范式所造就的既有部门法学对学术资源垄断的前提下,环境与资源保护法在我国从其产生之初即受到部门法研究范式先入为主的影响,否认其成为独立的部门法。这一点,在我国环境与资源保护法理论研究发展演变的过程中清晰可见。一般认为,环境与资源保护法在我国形成实质意义上的起点是1979年《环境保护法(试行)》的颁布,但在其之后,我国1984年出版的《中国大百科全书·法学卷》是将环境与资源保护法纳入经济法之中,1989年出版的《中华人民共和国法律全书》也是将其列入经济行政法之中,直至90年代的法理学研究中,依然有学者持类似的观点,认为在包含四个层

① 何文杰:《部门法理论革新论》,载《兰州大学学报(社会科学版)》2007年第4期。

次部门法的社会主义法的体系中，环境保护法属于第二个层次部门法中行政法的子部门。[①] 对于理论研究中对环境与资源保护法成为独立部门法的排斥倾向，环境与资源保护法的学者当然没有坐视不理，为争夺独立的理论研究的话语权，环境与资源保护法的学者对否认环境与资源保护法是一个独立部门法的论断进行了积极的回应，纷纷从调整对象、调整方法等角度极力地论证环境与资源保护法的独立法律部门地位，几乎所有的环境与资源保护法教材都将环境与资源保护法的独立部门法地位作为总论部分的重要内容。而实际上，环境与资源保护法学者不遗余力对环境与资源保护法独立部门法属性的论证，已经逐步地将自身陷入理论研究的两难境地：一方面不得不预设"环境与资源保护法是独立部门法"前提的正确性并竭力进行论证，另一方面又难以完成具有合理性内涵的理论构建。这种局面的形成在根本上源于部门法研究范式对环境与资源保护法的不适应性，这一点决定了对"环境与资源保护法是独立部门法"的研究工作成为一项"不可能完成的任务"。

三、部门法研究范式在环境与资源保护法研究领域的不适应性

对部门法的划分是部门法研究范式的基础，部门法研究范式在环境与资源保护法研究领域的不适应性集中体现于部门法划分的方法上。

尽管部门法的研究范式在我国法学理论研究的影响根深蒂固，但对于部门法的划分方法，学者们并没有达成非常一致的结论。对此，在我国法理学的研究中影响较大是"双重标准说"，其基本观点是根据调整对象和调整方法两个标准划分部门法。当然，除此之外还有一些其他的看法，比如有法理学的学者认为"在划分部门法时仅依靠调整对象和调整方法这两个客观标准是不够的，还应考虑一些原则，使法律部门的划分更加科学、合理。"[②]但是不难看出，该观点并不否认把调整对象和调整方法作为部门法划分的基本参照。因此，尽管在认识上仍存在一定的差异，但总体而言，以调整对象和调整方法为标准作为部门法划分的基本前提，在理论研究中基本上是可以达成共识的。但是就环境与资源保护法的理论研究而言，无论是调整对象还是调整方法，将其作为对环境与资源保护法进行部门法划分的标准在理论上都是难以自圆其说的，也正是这一点集中体现了部门法研究范式在环境与资源保护法研究领域的不适应性。

（一）以调整对象为标准对环境与资源保护法进行部门法划分的不适应性

调整对象是指法律规范所调整的社会关系。之所以将调整对象作为部门法划分最主要的标准，其初衷在于，不同的社会关系决定了要由不同的法律规范来

---

① 参见孙国华、朱景文主编：《法理学》，中国人民大学出版社1999年版，第301—302页。

② 葛洪义主编：《法理学》，中国政法大学出版社2002年版，第257页。

调整,当某些构成调整对象的社会关系在性质上属于同一类时,调整这些社会关系的法律规范即形成一个独立的部门法。因此,形成同类性质的社会关系是产生独立部门法的基本前提条件。

在传统的法学理论研究中,对社会关系在性质上的判断实际上是以公与私的划分为基本参照,即以在社会关系构成中是否存在国家权力或管理因素的介入将社会关系划分为两个基本类型:其一,在社会关系的构成中国家机关以社会管理者的身份作为一方,而且该社会关系的主要特征表现为双方地位的不平等以及以国家强制力为后盾的命令与服从关系;其二,在社会关系的构成中没有国家机关作为社会管理者的介入而只存在地位平等的双方,该类社会关系的形成与运行主要基于社会关系双方以平等为基础的意思表示一致。这两种基本社会关系的类型构成了我国部门法划分的基础。事实上,在谈及部门法时,最典型的无非是宪法、行政法、刑法、民法、商法等,而这些部门法又可以分为两个基本类型,其中宪法、行政法、刑法自成一家,而民法、商法则另成一类。究其原因,宪法、行政法、刑法的共性在于所调整的社会关系构成中均有国家机关以管理者的身份为一方,而之所以作出宪法、行政法、刑法的划分,则是考虑到参与具体社会关系的国家机关不同而已;同样道理,民法与商法的共性在于社会关系双方的平等性,而对二者的划分则以社会关系具体内容的差异为考量。因此,将调整对象作为传统部门法划分的首要标准,实际上隐含了一个基本前提,即社会关系的构成要么是公的要么是私的,换而言之,社会关系的参加双方要么是不平等的,要么是平等的,如果不能满足这种非此即彼的要求,就无法将其纳入部门法体系之中。

对于环境与资源保护法而言,则无法满足上述研究思路。从现实来看,环境保护而产生的社会关系在公与私的考量方面表现出一定的不确定性,双方当事人的相互地位也具有一定的复杂性,这一点在环境与资源保护法的多个领域均有体现。以污染控制为例,有关污染的对策设计在环境立法中日趋多样化,以传统排污许可的管制模式为基础,排污权交易、行政指导与行政合同等法律机制也正方兴未艾,排污者与环境保护行政主管部门之间的关系日趋复杂,除了传统的管理与服从之外,二者之间的协商与合意也逐渐成为污染控制的重要路径选择。在自然资源的开发利用与保护领域也存在类似情况,有学者曾指出,“矿业权仍然是受行政权力控制的民事权利”[①]。上述这些情形都十分清楚地表明,环境保护的社会关系已经打破了传统法学研究中对社会关系的基本类型划分,公与私的因素、平等与不平等的关系构成,在环境保护社会关系的不同环节均有体现。

---

① 李显冬:《从历史脉络看〈矿产资源法〉的修改方向》,http://app.chinamining.com.cn/focus/Law/2007-07-09/1184830428d6258.html,2008年12月10日访问。

换而言之，环境保护社会关系已经在一定程度上涵盖了传统的社会关系类型，并导致传统的部门法规范在环境与资源保护法领域中有大量的应用，在环境与资源保护法的理论研究中，有关环境行政法、环境刑法、环境民法等方向的研究，就很好地说明了这一点。而恰恰是这一点，从根本上决定了试图用部门法的研究范式去套用环境与资源保护法只能是事倍功半。

（二）以调整方法为标准对环境与资源保护法进行部门法划分的不适应性

除了调整对象作为进行部门法划分的主要依据之外，调整方法也往往作为划分部门法的次要和派生的标准。所谓调整方法，是指在调整社会关系时，用以影响社会关系的手段。比如通常所说的民事手段、刑事手段、行政手段等，而且在传统的法律理论中也往往以此为依据作出了民法、刑法、行政法等典型传统部门法的区分，例如刑法之所以能成为一个独立的法律部门的重要原因之一就在于它是以刑事制裁（刑罚）来调整刑事社会关系的。

但就环境与资源保护法而言，以调整方法为标准对环境与资源保护法进行部门法划分的研究，在理论上不具有合理性，可以从以下两个方面说明这个问题：

首先，对法律调整手段作出民事、行政和刑事的划分，从某种意义上来说，其划分标准主要是根据强制程度的不同，然后把不同强制程度的法律调整手段适用于不同类型的社会关系。那么在这样的一种研究范式中，隐含的一个基本前提是对于一类社会关系只适用于一种强制程度的法律调整手段，要么是民事的，要么是行政的，要么是刑事的。这样的调整模式或划分标准从根本上决定于传统社会形态中相对简单的社会关系类型和较为单一的社会利益格局。然而时至今日，新的社会关系层出不穷，社会利益格局也日趋立体与复杂，即便是同类的社会关系，为平衡与协调其中多重的利益主张与冲突，也往往需要不同强制程度的法律调整手段与之相适应并加以调整。因此，在这样的情况下，如果仍坚持一类社会关系只能适用一种调整方法，并以此为依据作出法律部门的划分，客观而言，是缺乏合理性前提的，因为它忽略了社会客观存在对法律调整的现实需求。

其次，环境问题的特点和内在规律决定了环境与资源保护法调整方法的综合性和某些法律制度的综合性。“就环境和自然资源要素自身的特点来看，环境资源自身功能的多样性及其开发利用的多目标性决定了其承载的利益必然是多重的，即便其包含的公共利益，也是多元主体利益的整合，它既可能体现在国家身上，也可能体现在个人身上。”①那么，对环境问题的解决就不仅要对利益主张的正当性进行判断，而且还必须在多种正当的利益主张中进行衡量与取舍。因此，对该问题的法律调整不可能只局限在或公或私的视野内，而必须遵循一种

① 吕忠梅主编：《环境法原理》，复旦大学出版社 2007 年版，第 146 页。

混合和兼容的思路,力争实现利益的共生。而且,换个角度来看,当前如此严峻的环境资源局势,实际上反映的是环境资源在整体上自然供给的短缺,要从根本上解决问题,必须通过人力作用的介入弥补自然更新的不足,扩大环境资源的供给。以此为前提,就必须确认环境资源的社会资产属性,进而在一定程度和范围内实现环境资源的社会化生产与供给。那么在这样的情况下,仅有传统单一的法律调整手段与模式是不够的,就当前的情况而言,“相关的环境资源法律理论研究也从单一的政府主导向政府与市场并重拓展,以既存的以政府为中心的管理之法为依托,促进以培育和规范环境资源市场为主要内容的经营之法的逐步形成与发展。”①环境与资源保护法这样的理论进化趋势也必然决定了在法律调整手段的选择上,只能是综合性的,根据实际的需要选择强制程度不同的调整方法与手段。这也决定了,以调整方法为标准对环境与资源保护法进行部门法划分的研究是不符合环境与资源保护法自身特点的,也根本无法得出具有合理内涵的令人信服的结论。

第二节 部门法研究范式应用于环境与资源保护法理论研究的负面效应

一、导致环境与资源保护法研究思路的封闭性

从形成和发展的过程来看,在短短的三十多年时间里,现代意义上的环境与资源保护法在我国得到了长足的发展,并表现出强劲的发展势头,环境与资源保护法的理论研究在表面上也是空前繁荣。然而,不容否认的是,在环境立法在我国快速发展的同时,环境与资源保护法从其产生之初就一直是一个备受争议的法律领域,在环境与资源保护法的成长过程之中始终伴随着来自外部的责难和非议,其中为争夺话语权而展开的对环境与资源保护法能否成为独立部门法的论战尤为引人注目。伴随而来的是,环境与资源保护法研究思路的封闭性日趋明显,环境与资源保护法理论的自身完善也举步维艰。

法学的理论研究具有天然的保守倾向,这一点在传统部门法的研究中表现得尤为明显。对于那些在理论研究中拘泥于传统法学思维的研究者而言,更为看重的是既有的部门法格局的完整性和稳定性,对于环境与资源保护法理论与实践中不断出现的新思维和新问题,一些传统部门法的研究者纷纷从本部门法的基本理论出发,并立足于对自身所属法律部门的理论偏向以及对环境与资源保护法的片面理解,不遗余力地论证环境与资源保护法的某一部分或几部分甚

① 张璐:《环境产业的法律调整——市场化渐进与环境资源法转型》,法律出版社2005年版,第62页。

至全部都应该归属于该部门法,应由该部门法的理论进行统帅和指导,力求避免环境与资源保护法成为独立法律部门而打破沿用已久的法学理论体系。而对于环境与资源保护法学者来说,则从根本上无法接受上述理论倾向和做法。在环境与资源保护法学者的观念中,环境与资源保护法的理论和实践是具有鲜明个性的,传统部门法对环境与资源保护法的分割和划分也将最终导致环境与资源保护法的支离破碎,危及环境理论自身的完善发展。要改变这种局面,就必须对环境与资源保护法能够成为独立部门法进行充分的理论论证。但基于前文所述原因,部门法研究范式因其在方法论上固有的缺陷,导致“环境与资源保护法是独立部门法”本身就是一个不具有合理性前提的理论命题,这在根本上决定了环境与资源保护法学者无法对环境与资源保护法能够成为独立部门法的命题作出令人信服的论证。这样的结果表现为两个方面的影响:一是环境与资源保护法难以在事实上与传统部门法相并列而成为被广泛认可的独立的法律部门;另外就是因部门法研究范式对环境与资源保护法理论研究的不适应性而导致环境与资源保护法学者对传统法学研究方法在整体上的质疑和排斥。后一个方面直接导致了环境与资源保护法理论研究思路的封闭性。

环境与资源保护法理论研究中这种封闭的研究思路,主要表现为抛开传统的法学理论资源与研究方法,构建并发展环境与资源保护法自身特有的逻辑结构和理论体系。显而易见,这种封闭性体系化的研究思路,实际是一种闭门造车的做法,不利于环境与资源保护法理论自身的成熟和完善。封闭性的思路实际上使环境与资源保护法的理论研究放弃了既有的法学理论资源,导致对环境与资源保护法理论体系的构建缺乏正当的理论背景和基础,最终将导致环境与资源保护法理论研究中的法学背景的欠缺和不足。法学背景的欠缺无疑从根本上不利于环境与资源保护法理论的成熟和完善发展,因为这一点在事实上导致了环境与资源保护法理论与法学理论的隔离。同时,也为外界对环境与资源保护法的批评和质疑提供了理由,因为在对环境与资源保护法理论封闭性的自我求证过程中,对环境与资源保护法理论个性的强调在一定程度上导致了对法学共性的忽略,其结果是大量经济学、伦理学、工程技术等方面的内容在环境与资源保护法的研究成果中占据了大量的篇幅,手段和目的的混同对环境与资源保护法学基础理论的形成和发展产生了严重影响。

二、影响环境与资源保护法体系的完整性

无论在何种意义上理解环境与资源保护法的目的和功能,至少有一点在理论研究中是能够达成共识的,即有效解决环境问题是环境与资源保护法追求的基本目标。因此,在应然层面上,环境与资源保护法的体系构建必须以环境问题为基础,环境问题的基本类型应决定环境与资源保护法的体系构成。一般认为,

环境与资源保护法所解决的次生环境问题可分为两个基本类型,即环境污染与环境破坏,因此,环境与资源保护法的体系构建至少应包含两个方面的内容——针对环境污染的污染防治法以及针对环境破坏的自然资源法。但众所周知,污染防治法和自然资源法同作为环境与资源保护法的重要分支,二者的发展是非常不均衡的,各自在环境与资源保护法体系中所表现出来的重要性也不可相提并论。污染防治法在事实上几乎占据了环境与资源保护法全部的空间,而自然资源法则难以找到立足之地,这种局面虽然在近年来有所改善,但环境与资源保护法在体系构建方面对自然资源法的忽略和排斥依然存在,这严重影响了环境与资源保护法体系的完整性。

客观而言,导致上述局面形成的原因是多方面的,但部门法研究范式的影响是其中不可忽略的重要因素之一。在部门法研究范式的影响下,对环境与资源保护法独立部门法属性的论证首先需要解决的问题是,作为环境与资源保护法调整对象的社会关系必须在国家权力因素介入方面或者在双方当事人地位对比方面表现出单一的特征,而这一对社会关系的基础性要求正是对环境与资源保护法体系完整性产生影响的重要原因所在。污染防治的社会关系与自然资源开发利用与保护管理的社会关系虽然都包含于环境保护的社会关系,但作为环境与资源保护法的调整对象,二者表现出一定的差异性。

负的外部性是产生环境污染的重要原因,而负的外部性作为“市场失灵”的典型表现,问题的解决主要依赖于政府的有效介入。换而言之,政府是解决环境污染问题的基本依靠力量,这决定了污染防治社会关系主要在环境保护行政主管部门与排污者之间构建,二者之间存在不平等地位以及命令与服从关系。而自然资源开发利用与保护管理而产生的社会关系则与此大相径庭。同样表现为环境问题,环境污染和环境破坏的作用机理有所不同,环境污染所指向的环境纳污能力表现出明显的公共物品属性,而环境破坏所针对的各种自然资源则具有较为典型的私人物品特征。这决定了围绕自然资源开发利用和保护管理而形成的社会关系与污染防治的社会关系有所不同,自然资源所具有的私人物品特征决定了围绕其产生的社会关系必然是以自然资源的产权界定为前提的,在法律制度的框架内,对物品的产权界定表现为权属关系,而权属关系的双方必然是平等的,否则将丧失物品的权利归属以及流转应有的法律内涵。换言之,以平等为基础的自然资源权属关系是围绕其产生的各种社会关系的逻辑起点,虽然在很多情况下国家仍然是社会关系的一方,但此时国家大多是以自然资源所有者的身份出现的,与自然资源开发利用者之间在法律上的身份是平等的。当然,基于自然资源自身的多功能性及其所承载的多重利益需求,国家公权力对自然资源开发利用和保护管理的介入不容忽视,但这并不能从根本上改变自然资源社会关系以平等的权属关系为基础的事实。

因此,对环境与资源保护法成为独立法律部门法的论证必须面对这样的现实:按照传统的判断标准,环境与资源保护法所应包含的两个主要组成部分在调整对象上表现出明显的不一致,污染防治法主要调整不平等主体之间的管理关系,而自然资源法所调整的社会关系则是以平等主体之间的权属关系为基础。显然,这样的情况是无法迎合环境与资源保护法成为独立部门法的论证需求的。为体现环境与资源保护法调整的社会关系在类型上的"纯粹性",只能二者取其一,再加上污染防治法在环境与资源保护法形成与演变过程中的强势影响,在强化环境与资源保护法独立部门法的过程中,污染防治法逐渐成为了环境与资源保护法的"代言人",与此同时,自然资源资法也就逐渐地为环境与资源保护法的理论研究所放逐。因此,从这个意义上来说,只要坚持运用部门法研究范式对环境与资源保护法成为独立部门法的研究倾向不能从根本上得到纠正,自然资源法就只能游离于环境与资源保护法的边缘,而环境与资源保护法在体系上的完整性则无从谈起。

三、逐步消除部门法研究范式对环境与资源保护法学的影响

尽管将部门法研究范式应用于环境与资源保护法的法律属性研究并不适合,但在事实上作为一种在我国传统法学理论研究中的思维定式,部门法研究范式对环境与资源保护法理论研究的影响无处不在。任何的法学理论研究都是一个主观的认知过程,尤其是在特定的历史阶段,研究者的基本情绪将在很大程度上影响甚至决定所从事研究的基本理论定位和发展方向。针对这一点,一位德国的法学家有过精辟的论述:对于任何一个理论研究者来说,观察和思考都不是纯粹的"客观"过程,每一个声称客观的感知都源于当时特定的"立足点"。[①] 而在对环境与资源保护法的基础理论研究中,部门法的研究范式恰恰成为学者们不约而同选择的"立足点",这也正是研究范式的力量所在,它体现了部门法研究范式对我国法学理论研究所产生的常规化和群体化的影响,这是由范式的学术功能所决定的。[②] 但客观而言,以部门法研究范式为起点对环境与资源保护法法律属性的研究实际上犯了前提性的错误,从而在环境与资源保护法的理论研究中产生了明显的负面效应。

实际上,就其自身而言,"部门法理论的消极影响是严重的,并且是多方面的,积极影响则是非常有限的。而这些有限的积极影响,也只存在于苏联模式这一特定历史条件。由于我国已经放弃了苏联模式,部门法理论积极影响的存在

① 参见〔德〕伯恩·魏德士:《法理学》,丁小春等译,法律出版社 2003 年版,第 10 页。

② 有关范式所具有的科学常规化、革命化、群体化的学术功能的内容,参见张文显:《法哲学范畴研究》(修订版),中国政法大学出版社 2001 年版,第 372—373 页。

的基础已经不存在了,因此应该抛弃部门法理论。"[①]具体到环境与资源保护法领域,部门法研究范式对环境与资源保护法的法律属性分析具有明显的不适应性,也给环境与资源保护法的理论研究带来了不可忽视的负面影响。因此,在环境与资源保护法的理论研究中应肃清部门法研究范式的影响,放弃"环境与资源保护法是独立部门法"这一缺乏合理理论内涵的命题,寻求新的理论进路为环境与资源保护法的法律属性进行合理论证。

思考题

1. 试述部门法研究范式在环境与资源保护法研究领域的不适应性。

2. 部门法研究范式应用于环境与资源保护法理论研究的负面效应主要表现在哪些方面?

推荐阅读

1. 何文杰:《部门法理论革新论》,载《兰州大学学报(社会科学版)》2007年第4期。

2. 刘诚:《部门法理论批判》,载《河北法学》2003年第3期。

3. 吕忠梅主编:《环境法原理》,复旦大学出版社2007年版,第6章。

4. 张文显:《法哲学范畴研究》(修订版),中国政法大学出版社2001年版,第13—14章。

① 刘诚:《部门法理论批判》,载《河北法学》2003年第3期。

第五章　环境管理体制

【导言】

环境管理是现代政府公共管理的基本职责之一。本章首先对环境管理与环境管理体制概念、构建原则、发展与演变的一般规律进行论述；其次，对美国、日本等发达国家的环境管理体制的概况进行归纳梳理；最后，对我国环境管理体制的历史沿革及现状进行介绍。

第一节　环境管理体制概述

一、环境管理的概念

广义上的环境管理是指运用行政、经济、法律、政策、科学技术、宣传教育等手段，对各种影响环境资源的行为进行规划、调控和监督，以协调环境保护与经济、社会发展的关系，人与自然的关系和人与人的关系，达到保护和改善环境资源、保障人体健康、促进经济社会与环境资源可持续发展的目的。狭义上的环境管理专指环境行政管理，即中央和地方各级人民政府及其环境行政主管部门，为了在不超出环境容量的前提下通过促进发展经济满足人类的基本需求，依照有关政策、法规对所辖区域内的环境保护工作实行统一监督管理的行政活动。[①]通常所说的环境管理是指狭义上的环境管理。20 世纪 70 年代以来，随着环境问题的日益突出，许多国家把环境保护提高到国家基本职能的地位，环境管理相应地成为现代政府实施公共管理的一项基本职责。

二、环境管理体制的概念

环境管理体制是指国家环境保护行政管理机构的设置及其职权划分，具体包括各种环境行政管理机构的设置及其相互关系，各种环境行政管理机构的职责、权限划分及其运行机制，协调环境行政管理事务中有关权力、责任、相互关系的方式等。其中，组织结构是环境行政管理的组织形式和组织保证，职权结构是环境行政管理的职能形式和功能保证，运行方式是环境行政管理组织形式和职

① 参见蓝文艺：《环境行政管理学》，中国环境科学出版社 2004 年版，第 22 页。

能形式的动态结合形式和协调保证。环境行政管理机构是环境管理体制的核心和重要组成部分,主要包括环境行政机关和根据法律授予环境行政管理职权的其他组织。

环境行政管理机关是按照宪法和有关组织法的规定设立,行使环境资源行政权,对国家环境资源行政事务进行监督管理的国家机关。根据所辖区域的不同,可以分为中央和地方的环境行政管理机关。中央环境行政管理机关的管辖区域及于全国,地方环境行政管理机关的管辖区域及于某一地区。根据法律授予环境行政管理职权的其他组织,包括法律授权的非行政机构和环境行政机关依法授权的非行政机构。

环境管理体制是国家环境管理的基础和组织保障,是进行卓有成效的环境管理所应当具备的先决条件,是实现环境保护目标的基本制度保证。其作用不仅表现在可以大大提高环境管理工作的效率、充分发挥环境管理在环境保护工作中的作用,而且能够在一定程度上弥补政策不合理、法规不健全、经济技术不发达所带来的不足,因此各国的环境管理体制均由国家宪法及相关立法明确规定。

三、环境管理体制发展演变的一般规律

世界上并不存在一个统一的环境保护管理体制模式,各国环境管理体制因其政治体制、经济体制、社会传统的差异性以及环境问题的特殊性而大相径庭。但就其发展规律而言,各国环境管理体制大致都经历了一个从分散管理到单一管理再到综合管理的过程。

1. 分散管理体制

分散管理体制是指并不设立专门的环境行政管理机构,环境管理职权分散在各个相关部门之中。这种环境管理体制常见于环境问题尚不太严重的时期,其优点表现为主管部门熟悉相关业务,可以把环境管理与其业务管理相协调。但是,其缺点同样明显。主管部门的工作人员作为经济人同样具有最大化其自身利益的偏好,在实际工作中通常将环境保护作为其附带职能让位于主管业务,导致环境保护工作流于形式,难有作为;另一方面,负责环境管理的机构众多,部门利益博弈和权力博弈交织,有利互争、有弊互推的现象大量存在。

2. 单一管理体制

20 世纪 70 年代后,随着环境问题的日益严重,许多国家相继在中央设立专门的环境管理机构,将环境保护职权集中于一个机关,并不断强化其职权。在这一阶段,大多数国家通过宪法和专门环境立法授予环境管理机构广泛的环境管理职权,使之能够管理跨区域、跨行业、跨部门的环境事务,并制定相应的环境标准,甚至具有准司法的性质,有些国家的环境管理机构直接由总统或总理来主管

和监督。

通过组建单一的环境管理机构,能够实现对环境问题的统一管理,降低决策过程中的交易成本,提高决策效率。但是,由于环境管理职权过分集中,导致环境管理机构膨胀,灵活性和适应性较差;更重要的是,专门环境管理机构只管环境、不管发展,而主管部门只管发展、不管环境,将环境问题和发展问题割裂开来。环境问题本质上是发展问题,是经济发展链条的末端环节,脱离了经济问题谈环境问题无异于"头痛医头,脚痛医脚"的形而上学思维,难以从整体上和源头上解决环境问题。而且,环境管理机构与主管部门的相互掣肘,必将带来巨大的政治交易成本,降低社会整体福利水平。

3. 综合管理体制

20世纪80年代末以来,随着环境资源、经济和社会的一体化以及环境与资源保护立法的综合化,各国逐渐开始实施综合管理的环境管理体制。

综合管理体制在赋予专门环境管理机构较大环境管理职权的同时,又保留了其他国家机关在各自职权范围内一定的环境管理权,集合了分散管理体制和单一管理体制的优点,同时也避免了两者的缺点,因此成为当今世界大多数国家所采用的主流环境管理体制。

第二节　各国环境管理体制概述

一、美国环境管理体制

在20世纪70年代以前,美国的环境管理权力分散于不同的行政机关,如卫生福利部、商业部、内政部、农业部等,每个行政机关的环境管理权力都相对有限,对于40年代以后出现的跨区域、跨部门的严重环境问题往往束手无策。直到70年代美国加强环境立法之后,这种状况才有所改善。

目前,美国实行的是综合环境管理体制。联邦政府制定基本政策、法规和排放标准,由州政府负责实施;与此同时,国会、州议会和各级司法部门都有环保的义务和责任。另外,民间环保组织在美国环境保护中也起到了重要作用。

(一)联邦政府的环境管理机构设置及其职能

1. 联邦环境保护局

1970年12月,尼克松总统发布《第三号重组令》,把卫生福利部、农业部等行政机关的环保职能、机构、人员分离出来,组建一个新的专门管理机关——联邦环境保护局(Environmental Protection Agency, EPA),[①]这也是美国联邦层面上

① 参见王曦编著:《美国环境法概论》,武汉大学出版社1992年版,第176页。

最为重要的环境管理机构,在美国环境管理体制中占据首要地位,其任务是保护人类健康和环境。

从内部管理体制看,横向上联邦环境保护局由十三个部门组成,分别是局长/副局长办公室、财务办公室、法律咨询办公室、监察办公室以及行政与资源、空气和辐射、执法与守法保证、环境信息、国际事务、预防/农药/有害物质、研发、固体废弃物/紧急反应和水资源九个职能办公室。其中执法与守法保证办公室是专门的执法机构。环保局设局长一名,负责环保局的全盘工作,直接向总统负责;设副局长一名,辅佐局长;下设九名局长助理,分别管理上述九个职能部门;另外环保局还设有一名总法律顾问和一名监察长。这些职位均由总统提名并经过参议院的认可。纵向上除了位于华盛顿的环保总局外,其组织结构中还包括分布在全美各地的十个地区办公室,负责监督州或地方政府执行环保法规和政策,并在实施环保法规和政策方面协调与州或地方政府的关系。[①]

由于 EPA 得到联邦政府的授权,直接向美国总统负责,不附设在任何常设部门之下,因而具有较强的独立性。从其地位看,EPA 比联邦政府的其他执法机构地位更高,它的主要职责为:根据联邦政府的授权制定和执行环境保护法规及环境标准;管理环保超级基金[②];为州政府环境项目提供经济援助;为自愿制定污染管理目标的合作伙伴提供赞助;从事环境研究工作及环境教育工作。

2. 总统环境质量委员会

根据《国家环境政策法》的规定,美国总统办公室于 1969 年设立了直属于总统的环境质量委员会(Council on Environment Quality ,CEQ)。委员会由三人组成,委员人选须由总统任命并经参议院批准。该委员会是总统的一个环境咨询机构,协助总统编制国家环境质量报告,收集、分析和解释有关环境条件和趋势的情报,向总统提出有关改善环境的政策建议,帮助总统起草环境政策报告。同时,该委员会还是一个行政机关间的协调机构,帮助总统协调解决行政机关间有关环境影响评价的意见分歧。

3. 联邦政府中其他与环保有关的部门

联邦政府中还存在着一些非专门性的环境管理机构,它们通过行使各自职权来承担部分环境保护职责,在环境管理方面同样发挥着重要作用。这些机构包括:内政部及其下属的土地管理局、渔业和野生动物局;农业部及其下属的林业局和土地保护局;商务部及其下属的国家海洋与大气局;劳工部及其下属的职

---

① 参见王曦编著:《美国环境法概论》,武汉大学出版社 1992 年版,第 176 页。

② 环保超级基金是美国最大的环保专项基金,由 EPA 管理,主要用于治理全美范围内的闲置不用或被抛弃的危险废物处理场,并对危险物品泄漏作出紧急反应。其资金来源主要包括对石油和 42 种化工原料征收的原料税、对年收入在 200 万美元以上公司所征收的环境税、一般财政中的拨款以及向对危险废物处置环境损害负有责任的公司及个人追回的费用等。

业安全与健康局；司法部及其下属的环境与自然资源处。

联邦环保局以签订谅解备忘录、签署协调管理和执法的合作协定或设立常设性组织机构等形式与这些机构开展合作，并确定其在环境保护方面的职责权限。

（二）州政府的环境管理机构设置及其职能

州一级的环境管理机构主要是各州设立的环境保护局。在联邦政体下，州环保局并不隶属于联邦环保局，而是保持其相对独立性，依照本州法律履行其职责，只在联邦法律有明文规定时才在某些事项上与联邦环保局进行合作。联邦环保局下设十个区域分局，作为州环保局与联邦环保局之间的纽带，综合管理全国环境事务。

州环境保护局的职责主要体现在两个方面。一方面，州环保局负责联邦的基本环保法律、环境标准等在本州的具体实施。根据联邦法律的授权，联邦环保局通常将执行环境法律的权力委托给州环保局，由审查合格的州环保局具体实施联邦环境法律。据统计，90%以上的环境执法行动由州启动，94%的联邦环境监测数据由州收集，97%的监督工作由州开展，大多数环境许可由州颁发。另一方面，州环保局和其他州级行政机关可以根据本州的环保法律享有独立的环境行政管理权。由于环境保护属于联邦与州共同管理的领域，因此州环境立法不得与联邦立法相抵触，但州可以制定严于联邦法律的规定，以实现更高的环境保护目标。

（三）美国民间环保组织

美国有形形色色的民间环保组织，如塞拉俱乐部、环境保护基金、环境保护协会、自然资源保护理事会、环境行动、地球之友等。虽然它们关注问题的重点不同，但目的是共同的，即环境保护。这些组织历史悠久，人数众多，机构遍布全国各地，是公众在环境问题上的代言人。尽管没有政府的授权，但当政府或企业违反环境法时，它们会大呼“犯规”，因此在监督环境执法方面起着不可替代的作用。

二、日本环境管理体制

二战后，为了实现经济的复兴，日本政府采取了高速发展政策，在加快工业化步伐的同时却几乎无视产业活动所带来的巨大环境破坏，造成了严重的环境问题，20世纪世界“八大公害事件”中有四件就发生在日本。但自1970年的“公害国会”以来，日本仅用了短短的几十年时间就从一个“公害岛国”一跃成为一个环保强国，创造了成功防治产业污染的奇迹，这与其日益完善的环境管理体制是分不开的。

（一）中央政府的环境机构设置及其职能

1. 环境省

1970 年“公害国会”后，日本成立了由首相直接领导的公害防治总部，结束了中央环保专门机构缺位的局面。但这一机构只是临时应急性机构，首相只是挂名，其职能依然分散在几个省、厅，这就造成综合性环境保护措施实施的困境。为解决这一问题，1971 年 7 月，根据《环境厅设置法》和《环境厅组织法》，日本环境厅正式成立，它不仅要防治公害，还要促进对自然资源的保护。总体而言，环境厅主要负责环境政策及计划的制定，统一监管全国的环境保护工作，而其他相关省、厅负责本部门具体的环保工作。

日本环境厅主要由长官官房、计划调整局、自然保护局、大气保护局、水质保护局、环境厅审议会以及研究部门等组成。环境厅成立之后，虽然其职责范围不断拓展，但随着环境管理工作广度和深度的增加，特别是在生活污染、城市化问题和全球环境问题提上议程后，日本的这种环境管理体制在协调管理上受到了极大挑战。在环境厅成立之前，公害问题主要由厚生省主管。环境厅成立时，其官员是从相关省、厅抽调过来的，且在人事关系上不属于环境厅而仍属于原省、厅，这便会出现环境厅在工作过程中因官员代表不同部门的利益而意见难以统一的问题。此外，因为环境厅管理职能分散，有关省、厅还延续其所管辖范围内的环保事务，所以常导致部门之间的矛盾难以协调解决。因此，有必要对环境厅进行机构改革，将部分省、厅的环境管理职权进行统一。

在 2001 年 1 月日本机构改革中，日本政府将环境厅升格为环境省，形成了目前以环境省为核心的中央环境管理体制。根据《环境省基本法》，现阶段日本环境省的主要职能为：制定和实施国家总体性的环境保护基本政策和基本计划、环境基准等；统一管理专门以环保为目的的各项业务①；与其他环保相关部门共同处理以环保为部分目的的业务并协调其与这些部门之间的关系；制定与环保相关的各项预算及经费分配计划；负责与环保有关的国际合作；加强环境保护的宣传和教育。

在内部机构设置上，环境省下设大臣官房、四局及七处地方环境事务所。四局是指负责拟定环境基本政策及环境影响评价工作的综合环境政策局、负责全球环境问题相关事务的地球环境局、负责公害问题对策及拟定环境标准的环境管理局、负责自然保护和动物保护的自然保护局。为了及时、详细地把握各地的环境现状，并迅速地将之反映到环境政策的规划与立案上，2005 年日本修改了

① 由环境省统一管理的专门环保业务主要包括：对有害废弃物的进出口、搬运及处理的限制，南极地区的环境保护，因公害而导致健康损害的补偿和预防，在自然环境良好地区的自然环境保护，野生动植物种群的保存，增进健全利用自然环境，以及对固体废物实行统一管制等。

《环境省基本法》,在全国设置了七处地方环境事务所作为环境省的派出机构,分别是北海道地方环境事务所、东北地方环境事务所、关东地方环境事务所、中部地方环境事务所、近畿地方环境事务所、中国①—四国地方环境事务所和九州地方环境事务所。此外,级别相对较低的两部也是环境省的重要机构,分别是大臣官房下所设的废弃物与再生利用对策部及综合环境政策局下所设的负责公害受害者救助与化学物质对策的环境保健部。

2. 中央政府中其他与环保相关的部门

在日本的中央政府机构中,除环境省外,经济产业省、厚生劳动省、国土交通省、农林水产省、外务省等部门也监理部分环境保护事务,和环境省一起共同管理某些环境事务。例如,促进废物循环利用、二氧化碳排放方面规定、保护臭氧层、防治海洋污染、化学品生产和检查条例、环境辐射的监测、通过污水处理系统处理废水、河流和湖泊的保护、森林和绿地的保护等。

此外,内阁大多数的省、厅下都设有各种省议会,如厚生省下设的生活环境省议会等,这些省议会由专家学者、已退休的中央和地方政府官员以及来自企业、市民及非政府组织的代表组成,相当于专业决策咨询机构。省议会一方面搜集相关数据并进行科学分析,研究环境污染对人体健康的影响,通过宣传其研究成果来提高公众的环境意识;另一方面为企业和政府提供技术支持和决策建议,在政府环境政策的制定和实施过程中发挥重要的辅助作用。

(二) 地方政府的环境机构设置及其职能

1. 中央政府与地方政府在环境管理体制上的关系

日本宪法规定实行地方自治制度,采取都道府县与市町村的二重自治组织形式,②公害防治、环境保护直接与当地居民生活息息相关,具有地方自治事务性质,因而地方政府对此拥有十分广泛的权力。可以说,目前日本实行的是由地方政府主导的自主型环境管理体制。

在环境管理过程中,中央政府主要通过颁布全国性的法律、确定基本政策框架、制定环境标准等方式来指导地方环境管理事务,此外还会通过发放财政补贴

---

① 此处的"中国"是指日本九州与近畿地区之间的地区(不包括四国)。

② 由于实行地方自治制度,日本的地方政府不同于我国的地方政府,其性质为地方自治团体,权限上远大于我国的地方政府。在具体分权上,日本的中央政府主要承担在国际社会中的国家事务以及那些以实行全国性统一规定为宜的事务等。有关居民日常生活方面的行政事务则主要由地方政府承担。日本全国共分为47个管辖区:一都(东京都)、一道(北海道)、二府(京都和大阪府)和43个县,统称为都道府县。除北海道之外,都、府、县还可进一步划分为市、町、村。市町村作为最基础的地方公共团体,担负着向本市町村居民提供综合服务的责任;都道府县则包括市町村在内,是对市町村起补充、支援作用,并发挥跨市町村界限的广域功能的广域自治团体。都道府县与市町村相互独立,虽然权限依法各不相同,但两者之间不存在制度上的上下关系,不过都道府县有权从广域性角度出发对市町村各领域的工作提供指导和建议,并且还实行对有关事项的批准认可等事务。此外还有政令指定市,其性质类似于我国的计划单列市,在某些事务上拥有与都道府县相同的权限。

及发行债券等方式对地方施加影响;地方政府则在中央政府的指导下制定本地方的环境政策、法规、标准等,并实施具体的环境管理事务。为了保证环境法律的顺利实施,环境省会在某些情况下授权地方政府行使部分环境管理职权,此时,环境省就成为地方政府的上级机构,地方政府在授权范围内受到环境省的指导和监督。

从日本环境保护的历史看,地方政府在环境保护尤其是解决产业问题和城市污染治理问题上发挥了十分重要的作用。一方面,迫于反公害运动对地方政治格局的决定性作用,地方政府一般先于中央制定有关防治公害的条例,并且其所制定的环境标准及实施的环保措施大多都严于中央政府。另一方面,地方政府在环境管理制度创新方面起到了先锋模范作用,为中央政府进行全国范围内的统一环境管理提供了理论、政策和技术上的准备。甚至可以说,日本环境管理成功乃至环境保护成功的重要因素之一就是地方政府的主导作用。

2. 地方环境管理机构

各都道府县与市町村都设有地方环境主管机构,但在与环境省的关系上,地方环境主管机构与其相互独立,不存在上下级关系,而只对当地政府负责。各地方政府所设的环境主管机构名称不完全相同,一般是与生活保健业务合并为生活环境部,也有单设为环境部或环境局的。其主要职责为:负责环境质量监测,进行污染发生源与环境污染的关系分析;制定地方环境工作的目标和对策;指导污染源污染控制工作;指导新开发项目的环保工作(审查、技术指导)等。

此外,地方政府一般还设有诸如环境审议会、公害审查会、环境影响评价审议会、大气污染受害者认定审查会等环境审议和咨询机构以及环境科学研究中心等研究机构,这些机构为地方环保工作提供咨询服务,帮助地方政府作出科学的决策,同时作为政府与公民之间的桥梁和纽带,在政策制定过程中广泛吸收公众意见,使政策能够反映当地民众的环境要求,减少了政策实施的阻力,提高了环境管理工作的绩效。

三、德国环境管理体制

德国环境管理体制的构成主要包括:环境管理的权责体系、环境管理机构的设置、环境管理的运行机制。根据法律规定的不同,权责体系在联邦、州和地方三个不同层次设定了相应的组织机构,同时有相应的运行机制予以保障。[①]

(一)权责体系

德国的基本法、法律及其他规章对环境保护权责有明确规定,其环境行政管

① 参见胡涛、李丽平、田春秀:《德国环境行政管理体制及其启示》,载《中国环境报》2005年5月20日。

理权责体系分为三级:联邦、州、地方(市、县、镇)。

联邦政府的环境管理职能主要包括一般环境政策的制定、核安全政策的制定与实施及跨界纠纷的处理。联邦政府环境立法范围涉及废物管理、大气质量控制、噪声消除、核能管理及其他自然保护、景观管理和水资源管理等。具体环境政策包括:水与废物管理,土壤保护与受到污染的场地管理,环境与健康,污染控制,工厂安全,环境与交通,化学品安全,自然与生态保护,核设施安全、辐射防护、核材料的供给与处置,以及环保领域的国际合作。

州政府的环境管理职能主要表现为实施环境政策,同时也有权制定部分环境政策,具体包括:制定州环境法规、政策、规划,具体实施欧盟、国家污染控制、自然保护法规政策,以及对各区环境行为的监督等。在与联邦或州的法律法规没有冲突的情况下,地方(市、县、镇)对解决当地环境问题享有自治权,同时也接受州政府直接委派的一些任务。

从立法方面看,联邦在环境立法和政策制定方面具有领导和统帅作用,州的职能是在联邦立法框架内对联邦立法进行细化规定,如对水资源管理、自然保护、景观管理及区域发展立法的详细规定;而在执法方面,州则负有主要责任。联邦、州与地方的环境管理职责具体体现在以下几个方面:

第一,立法权责。联邦法是环境法的主体,特别是在大气污染控制、噪声消除、废物管理及化学品、遗传工程、核安全等方面。宪法规定了联邦专有立法权、联邦与州共有立法权、联邦框架立法。州则在水管理、自然保护和景观保护方面享有立法权,但即便是在这些领域,联邦框架法也只是给州立法留下了极小的空间。同时,法律还规定,在和平利用核能、核污染防治、废物处置、大气污染控制以及噪声控制、遗传信息分析等方面,联邦法律优先于州法适用。

第二,法律和政策的实施权责。根据《德国基本法》(第 30 条和第 83 条),州对环境法实施负主要责任。联邦只是在重要的环境监测、评估,全民环境意识提高,遗传工程,化学品管理,废物越境转移,以及濒危物种贸易等方面负有一定责任。地方参与辖区内主要项目的环境影响评价、水管理监督、废物管理、噪声管理事务。另外,地方也负责对污染场所进行恢复的资金支持、再耕作和监测事务。

第三,环境规划权责。德国没有总体的环境规划,只有技术性的、具体环境介质的规划。例如,联邦负责核设施的选址;州负责大气污染控制的排放申报、调查领域的确定、烟雾区的确定、清洁大气计划、保护区的建立等;地方负责噪声消除计划、大气污染控制项目等。

总之,对联邦与地方职责权限划分的基本依据是环境因子的外部性程度。环境因子外部性越大,环境管理机构级别就越高;反之亦然。例如,外部性程度较大的大气质量由较高行政级别的联邦环境管理机构负责,而外部性程度较小的噪声则由地方环境管理机构具体负责。

(二) 环境保护机构的设置

根据宪法对环境管理权责体系的规定,德国各级政府设置了相应的环境管理机构。

在联邦层面,德国建立了两个环境管理机构,分别为联邦环境、自然保护与核安全部(以下简称联邦环境部)和国家可持续发展部长委员会。德国联邦环境部于 1986 年成立。根据联邦议院的决议,联邦环境部设有六个司,分别是中央司、政策法规司、管理司、控制司、自然保护司、核安全司。除内设机构外,联邦环境部另有三个主要的技术支持部门:联邦环境局、联邦自然保护局和联邦辐射保护办公室。由于环境事务的复杂性和广泛性,单一的联邦环境部不足以应对所有环境问题,因此联邦其他部门,如外交部,财政部,经济与技术部,消费者保护、食品与农业部,交通、建筑与房屋部,卫生部,以及经济合作与发展部等也涉及部分环境管理事务。

在州层面上,德国有 16 个州级区域行政单位(13 个普通州和 3 个州级城市):其中 8 个普通州设有三层管理机构:州部委、区机构和低层次的州机构(包括县和不设县的市);剩余的 5 个普通州有两层体系,没有中间层次的区机构。各州自行决定其环保管理机构模式,环境管理机构设置各不相同。以巴伐利亚州为例,其在州层面设有区域发展与环境事务部和州环保局,区层面设有州水管理办公室和自然保护委员会,县和镇层面设有自然保护委员会。

在地方层面,德国地方政府一般由县、市及不设县的市组成,各地方政府根据其规模和实际情况自行决定地方管理机构设置。但是,由于环保政策的执行主要由州负责,地方层面的环境管理模式具有一定共性,表现为不设立专门的环境管理机构,环境管理职权分散在规划、法规、市政工程、卫生等部门。

(三) 运行机制

1. 政策制定机制

前已述及,联邦和州都有制定环境法律和政策的权力。联邦立法权由国家基本法予以明确规定,在基本法未予规定的领域,州政府拥有相应的立法权。但在一些特定领域联邦能发布超越州法规的“竞争性法规”(《德国基本法》第 74 条),如在废物管理、大气质量控制、噪声污染防治、核能利用等方面,如果州政府立法与联邦立法相冲突,则以联邦立法为准。而在自然保护、景观管理和水资源管理领域,联邦只有发布框架法的权力,具体政策由州政府制定(《德国基本法》第 75 条)。

2. 决策机制

在决策方面,德国法律通常要求决策过程中实行广泛的公众参与。如《联邦污染控制法》第 51 条规定:“授权批准颁布法律条款和一般管理条例,都要规定听取参与各方意见，包括科学界代表、经济界代表、交通界代表以及州里主管侵扰防护最高部门代表的意见。”

除公众参与外，德国法律中的“共同部级程序规则”对决策过程中相关部门间的合作机制作出了具体规定：一是部门间存在职责交叉时，各部门应该相互合作以确保联邦政府对该事件作出统一的陈述和应对。二是其他部门要求联合签发条例和文件时，主要负责部门要迅速作出处理并予以返还，同时应当把意见通知受影响部门。当其他部门有不同意见时，主要负责部门不能独自作出决定。三是当遇到职责交叉时，主要负责部门还可以依照“共同部级程序规则”第15条的规定，提交内阁法案。

3. 执行机制

依照《德国基本法》的规定，通常情况下州政府可以独立实施联邦的法律、法令和行政规章。而在核安全和辐射保护等领域，州政府的执法行为受到联邦的监督，州可以代表联邦执行联邦法律。在一些特殊领域，如化学品、废物越境转移、基因工程或排放贸易等，则部分或完全由联邦管理。

在州层面，环境管理表现为两种主要形式：一种是直管，一种是委托管理。直管就是州环境管理机构自己直接管理环境事务，在各区（介于州、县之间）设立派出机构，直接到污染企业核查，这也是最主要的环境管理方式；委托管理即委托县、市进行部分环境管理。

4. 协调机制

为方便各部门之间进行环境管理工作的协调，2000年，德国联邦政府成立了国家可持续发展部长委员会，其成员由来自环境部门和其他与环境相关部门的代表组成，其主要任务是制定可持续发展战略。联邦总理任该委员会主席。

联邦与州以及州与州之间的协调主要是通过环境部长联席会进行。环境部长联席会由联邦、州的参议员组成。联席会议由不同州轮流举行，每年定期举行两次。同时，“共同部级程序规则”中也规定联邦部委在起草相关文件之前必须咨询相关州。通过环境部长联席会议制度和共同部级程序规则，州的利益和要求得以充分地体现在立法草案中。

5. 监督机制

联邦对州环境政策法规实施情况的监督主要依靠法律和司法监督，州对环境政策法规的实施要经过上议院批准，州环境部或环保局除是环境政策法规的主要实施机构外，同时还是主要监督机构，此外，州还可以对企业直接进行监督。

另外，德国环境行政管理的监督机制还表现在通过环境信息公开制度，方便公众、媒体和非政府组织监督。

6. 资金保障机制

德国各级环境管理机构的资金通常来源于同级政府的财政预算，而财政预算由法律规定的税收体系作为支撑。此外,依据“污染者付费原则”向污染者征收的排污费同样也是德国环境保护资金的重要来源。由于州在环境政策实施方面承担主要责任,因此由各州负担财政资金的主要部分。

第三节 我国环境管理体制

一、我国环境管理体制的历史沿革

新中国成立以来,我国环境管理体制先后经历了四个主要阶段,在环境管理实践中不断汲取经验,发展完善,已经基本形成了一个独具特色的完整体系。

(一) 起步阶段(1972—1978 年)

新中国成立之初,由于工业基础薄弱,我国环境问题尚不突出,未成立独立的环境管理机构,由各行业管理部门在其业务范围内附带行使环境管理职权,开展环境管理工作,即由农业部、卫生部、林业部、水产总局以及有关的工业部门分别负责本部门的污染防治与资源保护工作。

1972 年,联合国在斯德哥尔摩召开人类环境会议,发表了《人类环境宣言》。为响应这次会议的号召,加强环境管理工作,我国于 1973 年召开第一次全国环境保护会议,并于 1974 年在国务院内成立环境保护领导小组,作为主管和协调全国环境保护工作的机构。环境保护领导小组的主要职责是制定环境保护政策,审定全国环境保护规划,组织与协调各部委、各地区的环境管理工作,但是具体的环境管理工作仍由各行业主管部门主持。

这一时期可以说是我国现代环境管理体制的起步阶段,成立了专门的环保机构,政府也逐渐意识到设置环境管理机构的重要性。

(二) 初创阶段(1979—1981 年)

1978 年《宪法》明确规定了“国家保护环境和自然资源,防治污染和其他公害”,首次将环境保护确定为政府的一项基本职能,也确定了我国环境行政管理的主要内容。1979 年《环境保护法(试行)》颁布,专设了“环境保护机构与职责”一章,明确规定各级环境管理机构的设置原则及其职责,为各级环境管理机构的建设提供了法律依据,标志着我国环境管理机构建设法制化道路的开端。

在这一阶段,我国国务院有关部门、大部分省级人民政府和一些市人民政府相继设立了环境管理机构,负责本部门或地区的环境管理工作,环境管理体制得到进一步发展。

(三) 徘徊阶段(1982—1987 年)

在 1982 年的政府机构改革中,为提升环境管理机构的规格,国务院环境保护领导小组办公室与国家建委、国家城建总局、建工总局、国家测绘总局合并,组建城乡建设环境保护部，在其内部设立了司局级的环境保护局，并实行计划单列和财政、人事权的相对独立。受国家环境管理机构设置模式的影响，绝大多数地方政府也纷纷将本已独立设置的环境管理机构与城建部门合并，在全国形成了“城乡建设与环境保护一体化”的管理模式。

这次机构改革本来旨在加强环境保护工作，但由于忽视了环境保护与城乡建设内涵的差异性，片面强调二者在个别方面的一致性，把本应由不同机构承担的不同性质的管理职能合二为一。这种设置不仅未能达到加强政府环境管理职能的预期目标，反而使得环境管理机构失去了独立行使管理权的地位，严重冲击了已经形成的环境管理体制，削弱了政府的环境管理职能。

随着环保工作的深入开展，“城乡建设与环境保护一体化”管理模式的弊端在实践中日益明显，环境管理机构调整再次被提上政府议事日程。1984 年 5 月，我国成立了国务院环保委员会，以加强环境管理工作的统一领导和部门协调。1984 年底，城乡建设环境保护部下属的环境保护局改名为国家环境保护局，由司局级机构提升为部委管理的国家局，具有相对独立性，被授予一些具体的环境管理职能。这样，环境保护委员会和国家环保局共同组成了环境保护的专门机构，国家环保局负责具体环境管理事务，国务院环境保护委员则对各部门的环境管理工作进行有效协调。

随后，各级地方政府也建立了环境保护委员会，大部分省市恢复了环境管理机构的局级建制，设立了独立的环境管理机构，但也有相当一部分地方环境管理机构仍然由建设系统管理。应该说，该模式具有一定的科学性，不足之处在于国家环保局设置在目标与环境保护并不一致的城乡建设保护部下，因而在实践中受其制约较多，国家环境保护局要求独立的呼声也越来越高。

（四）发展和完善阶段（1988 年至今）

随着经济的高速发展，环境保护在我国社会经济发展中的地位越来越高。为了进一步加强环境管理，1988 年，国务院将国家环境保护局从原城乡建设保护部中独立出来，成为国务院直属局，统一监督管理全国的环境保护工作。国家环境保护局的独立标志着中国环境保护机构建设进入了一个新的历史阶段。

1989 年《环境保护法》中明确规定，县级以上各级人民政府的环境保护行政主管部门对本辖区内的环境保护工作统一监督管理。1998 年，国家环保局被升格为正部级的国家环境保护总局，为了减少职能交叉，新建国土资源部，全面负责土地、矿产、海洋等自然资源的保护和管理工作。2008 年，为了进一步提升环境保护部门在国家社会经济发展综合决策中的地位，国务院将国家环境保护总局提升为环境保护部，以便加强其职能配置。

在这一阶段，我国环境管理体制得到了长足发展，各级环境保护行政主管部门对环境保护工作实施统一监督管理，各有关部门在其主管业务范围内承担相应的环境管理职责,逐步形成现行的统一管理与部门管理相结合、中央管理与地方管理相结合的环境管理体制。

二、我国环境管理体制设置现状

(一)统管与分管相结合的管理体制

2014年4月第十二届全国人大常委会第八次会议通过的《环境保护法》第10条原则性地规定了我国统一管理与部门管理相结合、中央管理与地方管理相结合的环境管理体制:"国务院环境保护主管部门,对全国环境保护工作实施统一监督管理;县级以上地方人民政府环境保护主管部门,对本行政区域环境保护工作实施统一监督管理。县级以上人民政府有关部门和军队环境保护部门,依照有关法律的规定对资源保护和环境污染防治等环境保护工作实施监督管理。"

具体而言,在横向上,我国设置独立的环境管理专门机关作为统管部门统一管理本辖区内的环境保护工作,这一统管部门在中央是指环境保护部,在地方则是指各级人民政府的环境保护主管部门;其他相关部门,如林业部门、海洋部门、交通部门等,作为分管部门分别在各自业务范围内对环境保护工作实施监督管理。统管部门与分管部门之间并不存在行政上的隶属关系,在行政执法上都代表国家行使行政执法权,其法律地位平等,无领导与被领导、监督与被监督的关系。

在纵向上,由中央与地方分级管理环境保护工作。中央对全国各地的环境保护工作进行宏观调控,例如制定法规、政策、标准等;地方政府及地方环境保护行政主管部门负责本地方的环境保护工作,强调发挥地方的积极作用。此外,地方环境保护行政主管部门除了作为本级政府的职能部门接受本级政府的领导之外,还要受到上级环保主管部门的监督。

2014年修订前的《环境保护法》第7条关于环境管理体制的规定中,对除环境保护部门以外的其他相关部门作了列举,规定国家海洋行政主管部门、港务监督、渔政渔港监督、军队环境保护部门和各级公安、交通、铁道、民航管理部门,依照有关法律的规定对环境污染防治实施监督管理;县级以上人民政府的土地、矿产、林业、水利行政主管部门,依照有关法律的规定对自然资源的保护工作实施监督管理。此次修订对此作了技术处理,没有再一一列举这些部门的名称,统一用"县级以上人民政府有关部门和军队环境保护部门"予以表述,并将原来的两款规定合为一款,这样处理从立法技术上看更加简洁、全面。

(二)各管理机构及其职权

1. 环境保护行政主管部门

国家的环境保护部和地方的环境保护厅、环境保护局等环境保护部门作为环境保护主管部门，对环境保护工作实施统一监督管理，是环境保护法的主要执法部门。其中，环境保护部负责对全国环境保护工作实施统一监督管理，省级、地级、县级环境保护厅（局）负责对本省、本地（市）、本县的环境保护工作实施统一监督管理。

根据《环境保护法》的规定，环境保护部门的主要职责包括：

一是编制环境保护规划。环境保护部会同有关部门，根据国民经济和社会发展规划编制国家环境保护规划，报国务院批准并颁布实施。地方环境保护部门会同有关部门，根据国家环境保护规划的要求，编制本行政区域的环境保护规划，报同级人民政府批准颁布实施。

二是制定国家环境质量标准和污染物排放标准。环境保护部负责制定环境质量标准，并根据这一标准和国家经济、技术条件，制定国家污染物排放标准。

三是建立健全环境监测制度。环境保护部负责制定监测规范，会同有关部门组织监测网络。统一规划环境质量监测站（点）的设置，建立监测数据共享机制，加强对环境监测的管理。

四是依法审批建设项目环境影响评价文件，依法实行排污许可管理制度。

五是环境保护的日常执法工作，包括对排放污染物的企事业单位和其他生产经营者进行现场检查，依法查封、扣押造成污染物非法排放的设施、设备，依法征收排污费，对违反《环境保护法》的行为依法进行行政处罚等。

六是依法公开环境信息。环境保护部统一发布国家环境质量、重点污染源监测信息以及其他重大环境信息。环境保护部和省环境保护厅（局）定期发布环境质量公报。县级以上环境保护主管部门依法公开环境质量、环境监测、突发环境事件以及环境行政许可、行政处罚、排污费的征收和使用情况等信息。地方环境保护主管部门应当将企业事业单位和其他生产经营者的环境违法信息记入社会诚信档案，及时向社会公布环境违法者的名单。

2. 其他分管环境保护工作的行政主管部门

（1）国家海洋行政主管部门，主要负责监督管理海洋石油勘探开发、海洋倾废、海上石油泄漏等造成的污染。

（2）港务监督管理机构，主要负责监督管理港区污染、水上拆船污染、机动船舶噪声污染等。

（3）渔政渔港航政监督管理机构，主要负责监督管理渔业污染事故、渔港污染事故和船舶污染事故。

（4）军队环境保护部门，主要职责是监督管理部队生活与训练、武器试验、军事科研与生产、军事运输中产生的环境问题。

（5）土地行政主管机构，主要职责是监督管理土地的规划、使用，土地使用权的买卖，耕地与草地等土地的保护，土地的复垦等事项。

(6) 国务院建设行政主管部门,主要负责城市园林、风景名胜区内野生动物保护的监管工作,国务院建设行政主管部门与县级以上环卫部门负责城市生活垃圾的清扫、收集、贮运、回收和处理处置工作。

(7) 海关行政主管部门,主要负责动植物进出口与过境检查、废弃物进出口、化学品进出口、野生动植物的进出口等监管工作。

(8) 各级公安机关,主要职责是监督管理社会生活与交通噪声污染、汽车尾气、放射性污染以及其他严重污染环境、破坏资源的行为。

(9) 铁道行政主管部门,主要职责是监督管理铁路机车所产生的烟气排放、鸣笛噪音、旅客丢弃的废弃物等。

(10) 民航行政主管部门,主要负责监督管理民用机场及飞机的噪声问题。

(11) 矿产资源部门,主要负责监督管理矿产的开发、尾矿与矿渣的污染、洗矿水污染、矿灰的粉尘污染以及矿区的复垦工作。

(12) 林业行政主管部门,主要负责监督管理森林资源、陆生野生动物、林区内野生植物等工作。

(13) 水利行政主管部门,主要职责是监督管理流域水体的功能划分、流域水体的水环境质量监测、水量调度等工作。

(14) 农业行政主管部门,主要职责是指导农药与化肥的合理利用,对草原、农田保护区实施监督管理。

(15) 城市综合执法机构,对环境污染危害较小,通过直观判断即可认定的环境违法行为,或者实施一次行政处罚即可纠正的环境违法行为,以及依法可以适用简易程序实施处罚的环境违法行为,集中行使环境行政处罚权。

思考题

1. 环境管理体制的概念是什么?其核心是什么?背后有什么经济学原理?
2. 环境管理体制包括哪几种类型?各有什么特点?
3. 美国联邦与州政府在环境管理上的关系是怎样的?
4. 日本地方政府在环境管理体制中承担了怎样的职责?
5. 我国环境管理体制的原则性规定是什么?环境保护部门承担了哪些职能?

推荐阅读

1. 〔美〕格里高利·曼昆:《经济学原理》,梁小民等译,北京大学出版社2012年版。
2. 金国坤:《依法行政环境研究》,北京大学出版社2003年版。
3. 王曦编著:《美国环境法概论》,武汉大学出版社1992年版。

第六章　环境与资源保护法的基本原则

【导言】

环境与资源保护法的基本原则是环境与资源保护法的基本理念与精神的集中体现，对环境与资源保护法运行的各个环节都具有重要的指导意义。本章首先对环境与资源保护法基本原则的概念、特征、存在样态、具体内容等基本问题作简要的介绍；其次对协调发展原则、预防原则、义务性原则以及公众参与原则的基础理论、历史沿革以及具体的适用展开论述。

第一节　环境与资源保护法基本原则概述

一、环境与资源保护法基本原则的理论基础

法律作为社会规范体系的一种，其要素不仅包括具体的规则，还包括抽象的原则。在诸多原则之中，最为根本、涵盖范围最广、能够体现法的基本精神的原则即法的基本原则。法的基本原则是“法律在调整各种社会关系时所体现的最基本的精神价值，反映了它所涵盖的各部门法或子部门法的共同要求。”[①]在特定的部门法中，基本原则连接了抽象的部门法的理念、目的和具体的部门法制度与规则。首先，基本原则是某一部门法的理念和根本目的的体现。每一个部门法之所以能构成独立的法律体系，乃是因为其“在自己的发展与演进之中，都会遵循法律发展的一般规律，形成自身特质与精神特征”[②]。这些特定的精神特质标识了某一部门法的“应然”范畴所在，经过学者们的抽象和概括，形成了某一部门法的基本原则。因此，基本原则体现了某一部门法的价值追求，是特定部门法在理念和精神层面的根本概括。其次，在实践层面上，基本原则贯穿于某一部门法的法律体系及其法律运行的全部过程之中，是具体的法律制度和法律规则的基础，在具体的立法、执法以及司法实践中具有重要的作用。

因此，环境与资源保护法基本原则可以概括为：贯穿环境与资源保护法整个法律部门始终，具有普遍指导意义和约束力，全面体现环境与资源保护法内在质的规定性与本质特征并构成该法律部门基础的根本性规则。环境与资源保护法

---

① 公丕祥主编：《法理学》（第二版），复旦大学出版社2008年版，第249页。

② 吕忠梅：《环境法学》（第二版），法律出版社2008年版，第48页。

的基本原则反映了对环境与资源保护法的理论研究从特殊到普遍、从具体到抽象的推进过程，是在理论研究中逐步形成的一个抽象概括的理论范畴，是对环境与资源保护法律精神的理论总结。

根据环境与资源保护法基本原则的定义，环境与资源保护法基本原则具有以下特点：①

第一，环境与资源保护法基本原则是环境与资源保护法的目的、理念和价值追求的体现，体现环境与资源保护法价值取向的独特性。法律原则在根本意义上界定了某一部门法和其他部门法之间的界限，是对不同法律部门进行区分的重要理论象征，任何法律部门的基本原则都是对该部门法所体现法律精神的抽象概括与总结。环境与资源保护法的基本原则应显示出环境与资源保护法作为一个新的法律领域在调整对象、运作机制、法律功能等方面价值取向的独特性，不仅能为环境与资源保护法自身的发展与完善提供理论上的指引，而且能明确区分环境与资源保护法与其他邻近法律部门之间的界限。

第二，环境与资源保护法基本原则表现环境与资源保护法自身法律价值的普遍性与整合性，是具有普遍指导意义的根本准则。环境与资源保护法基本原则的本质特征在于内容的根本性和效力的贯彻始终性，这就决定其应该是环境与资源保护法各个有机组成部分所体现法律价值的总结和归纳，是对该法律领域某一方面的原则和某个具体法律制度在法律价值方面的整合，反映了所有法律规范统一的内在规定性，具有普遍的指导意义。环境与资源保护法基本原则对环境与资源保护法自身法律价值普遍性与整合性的表现决定于法律原则的基本特点，“与其他法律的结构成分只分载法律的一两项价值不同，基本原则差不多是法律的所有价值的负载者，它对法律诸价值的承载通过两个方向进行：第一，以其自身的模糊形式负载法律的灵活、简短、安全的价值；第二，通过它对其他法律的结构成分运行的干预实现法律的正义价值，并实现其整合功能。”②

第三，环境与资源保护法基本原则体现了对具体环境与资源保护法律制度与规范的指导性，具有重要的指导法律解释、填补法律漏洞和平衡法律利益的功能。环境与资源保护法基本原则因为其高度的抽象性和不确定性，所覆盖的事实状态必然远远大于规则所涵盖的范围。这些规则一般表现为概括性的规定，没有明确的规范性，其法律功能主要体现为对具体法律制度与法律规范的指导与约束。基本原则的指导性主要作用于三个方面：一是表现为对规定不明确的法律制度与规范作出与法律精神相符合的解释，并指导其准确适用；二是主要表

---

① 参见张璐：《环境产业的法律调整——市场化渐进与环境资源法转型》，科学出版社 2005 年版，第 105—106 页。

② 徐国栋：《民法基本原则解释——成文法局限性之克服》，中国政法大学出版社 1992 年版，第 352 页。

现为在出现无法可依的情况下，弥补法律漏洞，替代法律规范予以适用；三是当出现多种利益之间的冲突时，通过价值判断对这些利益进行衡量，决定取舍。基本原则在功能上表现出来的指导性主要基于其对成文法局限的克服，环境与资源保护法基本原则所承载法律精神的一贯性使其可以有效填充成文法废、改、立的间隙，为现实中立法与司法的变动贡献出稳定的法律理论资源，同时也为法律应然与实然状态的衔接与沟通提供理论上的有力支撑。

二、环境与资源保护法基本原则的存在样态

所谓环境与资源保护法基本原则的存在样态，是指环境与资源保护法基本原则可以从何处得出或者推导出。有学者指出，法律原则的特点、地位和功能决定了其存在样态的多样化，法律原则的存在样态有：(1) 存在于制定法中，指宪法、其他制定法中明文规定的法律原则，学理上称为“一般概括条款”；(2) 存在于判例之中，在判例法国家，法律原则也存在于法官判决之中；(3) 存在于宪法法律的基础或推论，这类法律原则虽然不能从法律或判决的明文规定中找到，但却是构成法律明文规定的基础，是法律条文的必然内涵；(4) 存在于应然的法律价值、事物之理中，这种法律原则是居于实在法之上的与法律规范、法律目的实现相关的价值观念、事物固有之理，在法哲学上常称为“法理念”。① 我国不是判例法国家，因此，环境与资源保护法基本原则可以从以下三个方面得出：一是从法的明文规定中得出，二是由法律的规定推导出，三是由学者通过归纳环境与资源保护法的法理得出。

长期以来，我国环境立法之中并未明确规定环境与资源保护法的基本原则，因此，环境与资源保护法基本原则一直以通过法律规定推导以及学者归纳法理的样态存在。以法律规定推导而出的基本原则主要是协调发展原则，我国 1989 年《环境保护法》第 4 条明确规定：“国家制定的环境保护规划必须纳入国民经济和社会发展计划，国家采取有利于环境保护的经济、技术政策和措施，使环境保护工作同经济建设和社会发展相协调。”从这一条中能够推导出协调发展原则。至于以法理样态存在的基本原则，学者的观点各不相同。例如，有观点认为环境与资源保护法基本原则应该包括风险预防原则、环境公平原则以及公众参与原则。② 有观点认为环境与资源保护法基本原则应该包括预防原则、协调发展原则、受益者负担原则、公众参与原则以及协同合作原则。③ 有观点则认为环境与资源保护法基本原则应该包括环境保护和经济、社会持续发展相协调原则，

① 参见庞凌：《法律原则的识别与适用》，载《法学》2004 年第 10 期。

② 参见吕忠梅：《环境法学》(第二版)，法律出版社 2008 年版，第 50 页。

③ 参见汪劲：《环境法学》，北京大学出版社 2006 年版，第 152 页。

预防为主、防治结合、综合治理原则,合理规划、全面利用自然资源原则,环境责任原则以及国家干预原则。①

这种状况既有合理之处,又有不利之处。一方面,在没有成文法明文规定的情况下,这两种存在样态起到了很好的填补作用,有利于指导具体的制度与规则的运行。另一方面,这两种存在样态都存在着一定的缺陷。通过法律规定推导容易受到法律解释方法的影响,也不能充分体现法的基本理念和精神,在适用上容易引起歧义,例如协调发展原则在实践中往往会转化为经济利益优先原则,反而对环境保护工作造成负面影响。因此,从法律规定推导出的原则在适用时必须比明文规定的基本原则更为谨慎。而通过学者归纳法理容易受到学者个人学术观点的影响,难以达成统一、权威的结论,因此在具体的适用上也受到更为严格的限制。对于法理样态的基本原则,"除非适用成文法会造成极其严重的危害,并且没有其他类型法律原则可资援用,否则不能径直运用,以防对法安定的伤害和司法权的肆意扩张。"②因此,法律原则的存在样态应以法律的明文规定为主,以法律的推导以及学者的学理归纳为辅。在法律实践中的适用次序上,首先应当是法律明文规定的基本原则,其次是从法律中推导出的基本原则,最后才是学者归纳的基本原则。

在理论研究中,为了保持对实体法规定的批判性,拓展法律基本原则的理论深度,可以在现行法规定的基础上,对法的基本原则进行一定的理论上的拓展。因此,本书对于环境与资源保护法基本原则的研究,并不局限于现行法律的规定,而是从环境与资源保护法的特征属性与精神特质出发,通过借鉴和吸收国外先进的立法例以及国内外先进的理论研究成果,在对法律明文规定样态的基本原则进行一定的反思和批判的基础上展开更加深入的阐述,以期在保持批判性的同时,构建完整的环境与资源保护法基本原则理论框架。

三、环境与资源保护法基本原则的具体内容

环境与资源保护法基本原则的具体内容是指环境与资源保护法应当包括哪些基本原则。对此,各国环境与资源保护法的规定不尽相同。德国环境与资源保护法建立在三大基本原则基础之上,分别是预防原则(precaution principle),因果关系原则(causation principle)以及合作原则(co-operation principle)。③《法国环境与资源保护法典》在"一般条款"第1条对基本原则进行了规定,包括风险预防原则(the precautionary principle)、预防与矫正原则(the principle of pre-

① 参见陈泉生主编:《环境法学》,厦门大学出版社2008年版,第140页。

② 庞凌:《法律原则的识别与适用》,载《法学》2004年第10期。

③ See Horst Schlemminger, Claus-Peter Martens, German Environmental Law for Practitioners, 2nd Edition, Kluwer Law International, 2004, pp. 35-36.

ventive and corrective action)、污染者付费原则(the polluter pays principle)以及参与原则(the principle of participation)。[①]《瑞典环境与资源保护法典》在第二章“一般条款”中规定了十项基本原则,分别是证明责任转移原则、具备相应知识原则、预防原则、使用最佳可得技术标准原则、合理选址原则、资源管理和生态循环原则、产品选择原则、成本合理原则、污染者负担原则以及停止危险活动原则。[②] 从这些国家所确立的基本原则来看,尽管在个别原则上有所区别,但是有若干原则得到了各国的普遍承认,是公认的基本原则,这些原则是预防原则、义务性原则以及公众参与原则。

长期以来,我国环境立法并未对环境与资源保护法基本原则进行规定。2014 年 4 月 24 日,十二届全国人大常委会第八次会议表决通过了修订后的《环境保护法》,在新法中增加了基本原则的规定。新《环境保护法》第 5 条规定:“环境保护坚持保护优先、预防为主、综合治理、公众参与、损害担责的原则。”该条的规定与环保发达国家关于基本原则的规定以及学者们的理论归纳之间既有重合的地方,也有不同之处。为了兼顾理论研究的需要,提高环境与资源保护法基本原则研究的普适性和科学性,反映环保发达国家先进立法成果,为立法的进一步发展、完善提供理论借鉴,本书以该条规定为基础,参考发达国家的立法经验,将环境与资源保护法基本原则归纳为协调发展原则、预防原则、义务性原则以及公众参与原则。

第二节　协调发展原则

尽管西方环保发达国家的环境保护水平与环境与资源保护法治水平都要领先于我国,但这都建立在吸取“先污染,后治理”的错误发展思路所带来的惨痛教训的基础之上。我国目前正处于并将长期处于发展阶段,要破除“先污染,后治理”魔咒,推动我国发展转型,必须在环境与资源保护法之中确立协调发展原则。正因为如此,协调发展原则逐渐成为我国环境与资源保护法上独特的基本原则。

一、协调发展原则基础理论

(一) 协调发展原则的概念与特征

在环境与资源保护法的四项基本原则之中,协调发展原则处于最为重要的

① See Environmental Code(English Version), http://www.legifrance.gouv.fr/content/download/1963/13739/.../Code_40.pdf, visited on Aug. 17, 2014.

② See Environmental Code of Sweden(English Version), http://www.government.se/content/1/c6/02/28/47/385ef12a.pdf, visited on Aug. 17, 2014.

地位,对于整个环境与资源保护法律体系起全局性的指导作用。协调发展原则是指"环境保护与经济建设和社会发展统筹规划、同步实施、协调发展,实现经济效益、社会效益和环境效益的统一"①。《环境保护法》第 4 条第 2 款规定:"国家采取有利于节约和循环利用资源、保护和改善环境、促进人与自然和谐的经济、技术政策和措施,使经济社会发展与环境保护相协调。"对于这一原则的内涵,有学者曾指出:"确立'协调发展'原则,其理论依据主要是基于对环境保护与经济建设之间存在着的一种辩证关系的认识,环境保护与经济建设二者是对立统一的,即初始阶段表象上的对立与发展过程中实质上、目的上的统一。"②

协调发展原则具有以下几项特征:

第一,协调发展原则的义务主体是政府。由于受到经济发展优先论的影响,加之缺乏明确的制度约束,一些地方政府长期将经济发展放在优先地位,政府在协调经济社会发展和环境保护方面的义务不清晰、不明确。协调发展涉及经济社会发展战略、规划以及各种不同层面的决策,因此,要在环境与资源保护法律体系之中贯彻协调发展原则,首先必须明确政府作为经济、社会与环境三者的协调者角色,要求政府在各种战略、规划以及决策中贯彻协调发展原则的要求,并通过完善的制度设计明确政府环境保护的责任。

第二,协调发展原则的重心在于协调。一直以来,对于协调发展原则的重心问题,存在着发展优先论和保护优先论两种观点。发展优先论者强调经济与社会发展在现阶段的重要性,强调经济与社会发展的基础性作用,要求环境保护配合经济与社会发展的需要。保护优先论者则认为应当以保护优先,我国不应当走"先污染,后治理"的老路。对此,有学者指出:"两种貌似合理的论证都陷入了形而上学的窠臼。因为,他们都把环境保护与经济、社会发展问题割裂开来了,静态地分析它们之间的不可兼容性。"③事实上,协调发展原则的重心应当是"协调",即通过对经济利益与环境利益的动态平衡,推动社会的进步从单纯的经济增长走向环境保护、经济建设与社会发展的良性互动。"协调发展是一个衡平过程,是集并重、协同、兼顾、调整和共赢于一体的综合发展,具有浓郁的利益衡量色彩。"④

第三,协调发展原则的目的是实现可持续发展。可持续发展是对经济社会未来发展蓝图的构想,但不能从权利义务配置的角度为环境与资源保护法律体

---

① 韩德培主编:《环境保护法教程》,法律出版社 2007 年版,第 71 页。

② 张梓太:《论环境与发展——关于〈环境保护法〉"协调发展"原则的几点认识》,载《学海》1994 年第 2 期。

③ 李艳芳:《对我国环境与资源保护法"协调发展"原则重心的思考》,载《中州学刊》2002 年第 2 期。

④ 王继恒:《环境与资源保护法协调发展新论》,载《暨南学报(哲学社会科学版)》2010 年第 1 期。

系提供可资借鉴和遵循的实现目标的基本方法和途径，因而不能对环境与资源保护法的法律制度的构建和实施起到应有的指导作用。[①] 因此，对可持续发展的法律定位应当是环境与资源保护法的立法目的，是环境与资源保护法应当实现的目标。此次《环境保护法》修改将“促进经济社会可持续发展”写入立法目的之中，印证了这一观点。协调发展原则要求经济建设和社会发展考虑环境与资源的承载能力，同时也要求环境保持在满足当代人和后代人对环境质量的要求水平上，强调经济、社会与环境之间的协调平衡，为实现可持续发展提供了明确的实现路径，与可持续发展之间应当是手段与目的的关系。

（二）协调发展原则与环境优先原则的关系

所谓环境优先原则，是指“当经济发展的速度和规模超过环境的承载能力时，经济利益让位于环境利益，将经济发展的速度和规模控制在环境承载能力之内的原则。”[②]2000 年以来，随着环境的整体恶化，社会公众要求政府加大环境保护工作的呼声愈发激烈，学界对于协调发展原则的批判态度也愈发明显，要求用环境优先原则替代协调发展原则的观点也得到了越来越多的支持。环境优先原则的支持者认为，首先，从实践来看，协调发展原则在实际运作中往往成为经济优先原则的代名词，“协调”往往意味着环境保护让位于经济建设的需要。近年来，我国污染形势的愈发严峻与环境保护工作的薄弱都表明协调发展原则实效欠佳。[③] 其次，从环保发达国家的立法经验来看，环境优先原则也是一项得到普遍承认的基本原则，环境优先已经成为当今世界环境保护的发展趋势。根据学者的考证，日本、美国以及俄罗斯等环保发达国家在其环境与资源保护法律体系的基本法中都确立了环境优先原则。[④] 那么，如何认定环境优先原则与协调发展原则的关系？是否应当用环境优先原则替代协调发展原则？

本书认为，无论是从理论、实践还是国外立法例看，环境优先原则都不能替代协调发展原则。

首先，从理论上说，尽管环境与资源保护法与环境保护工作之间有着密切的联系，但是其首要的特征是“法”，其基本原则要实现统领整个法律体系的目标，

---

① 参见薄晓波：《可持续发展的法律定位再思考——法律原则识别标准探析》，载《甘肃政法学院学报》2014 年第 3 期。

② 钱水苗、魏琪：《关于修改我国〈环境保护法〉的几点思考》，载《甘肃政法学院学报》2013 年第 1 期。

③ 国外也有这样的情况。日本 1967 年《公害对策基本法》第 2 条第 2 款中将协调发展原则解释为“生活环境的保全应当与经济的健全发展相协调”，即“经济优先”条款。这个规定不仅没有起到协调三者之间关系的作用，反而起到了激化环境污染的反作用。因此，在 1970 年的修改中，日本删除了这一条款。

④ 参见赵旭东、黄静：《俄罗斯“环境保护优先性”——我国环境与资源保护法“协调发展”原则的反思与改进》，载《河北法学》2000 年第 6 期；钱水苗、魏琪：《关于修改我国〈环境保护法〉的几点思考》，载《甘肃政法学院学报》2013 年第 1 期。

首先必须坚持法律价值的调和以及多重目标的兼顾,避免向单一价值倾斜。协调发展原则所强调的协调和平衡并不是绝对的倾斜,而是通过合理的权衡,允许特定情况下发展的优先性与环境保护的优先性,以不断适应社会发展的实际需要,最终实现可持续发展。而环境优先原则过于绝对化,缺乏对不同价值观念和利益的调和,而片面地倾向于环境保护,它更适合作为环境保护工作的基本原则,而不是环境与资源保护法的基本原则。

其次,从实践上说,我国目前仍然是发展中国家,发展仍然是我国的首要任务,我国只有坚持进一步的发展,消除贫困,才能实现环境、经济和社会的可持续发展。因此,在现阶段,强调环境优先过于超前,不符合我国的实际情况。总的来说,现阶段的主要任务是转变发展方式,促进单纯的经济增长向更为综合的社会发展转变,而这正是协调发展原则的题中应有之义。

最后,单纯从文本上进行文义解释,上述几国的环境基本法中都未明确提到环境优先原则,相反都有涉及协调发展的论述。日本《环境基本法》第4条规定,"环境保全必须以健全经济发展的同时实现可持续发展的社会构筑为宗旨,并且以充实的科学知识防止环境保全上的妨害于未然为宗旨,实现将因社会经济活动以及其他活动造成对环境的负荷减少到最低限度"①。《俄罗斯联邦环境保护法》第3条规定,"为保证可持续发展和良好的环境,将人、社会和国家的生态利益、经济利益和社会利益科学合理地结合起来"②。《美国国家环境政策法》在"国会国家环境政策宣言"中也明确规定,"满足当代国民及其子孙后代对于社会、经济以及其他方面的要求"③。由此可见,简单地断定上述几国已经将环境优先原则作为其基本原则,并以此作为我国应当确立环境优先原则的依据,并不妥当。

综上,我国环境与资源保护法现阶段仍然应当将协调发展原则作为统领我国环境与资源保护法律体系的首要的基本原则,推动经济建设与环境保护之间的协调,但应当明确在经济建设与环境保护之间发生冲突时,优先考虑环境保护的需要。④ 此次《环境保护法》修改遵循了这一认识,将第3条中"使环境保护工作同经济建设和社会发展相协调"的表述改为"使经济建设和社会发展与环境

---

① 汪劲:《日本环境基本法》,载《外国法译评》1995年第4期。

② 《俄罗斯联邦环境保护法》,武汉大学环境与资源保护法研究所译,http://www.riel.whu.edu.cn/article.asp?id=2163,2014年8月20日访问。

③ National Environmental Policy Act of 1969, http://www.cr.nps.gov/local-law/fhpl_ntlenvirnpolcy.pdf, visited on Aug. 17, 2014.

④ 对此,有学者提出,当经济利益与环境利益之间不能从根本上协调时,应当以环境利益优先考量决策或行为的正当性,达成社会公正和实现实质正义。将"协调发展原则"发展为"环境利益优先的协调发展原则"。(参见唐双娥、吴胜亮:《协调发展原则:一个新颖性的界定与阐述》,载《社会科学家》2007年第6期。)本书认为,环境利益优先应当是协调发展原则在特定情况下适用的应有之义,不需要单独修改协调发展原则的具体表述,仍应当采用"协调发展原则"这一表述。

保护相协调”。而对于新《环境保护法》第5条中“保护优先”的表述,应当理解为立法者对于当前要求加强环境保护工作、提升环境质量水平的社会总体形势和现实的回应,要解决的是原来只注重开发、不注重保护,“先开发,后保护”“先污染,后治理”的问题,目的在于提升环境保护工作的地位与重要性,但是从根本上来说,仍然没有超出协调发展原则的范围,与环境优先原则之间也存在着根本性的差别。

二、协调发展原则的历史发展

总体来说,协调发展原则与可持续发展观之间有着深刻的、内在的联系,体现了可持续发展观对环境与资源保护法发展的总体要求。协调发展原则的历史发展,应当追溯到可持续发展观的产生与发展。

(一)可持续发展观的产生与发展

在前工业化社会,整体主义世界观长期占据主导地位,这种世界观的核心价值在于对稳态的追求。按照这一价值观的要求,各地区的人类社会都竭力地发展出与当地自然环境相适应的、可持续的生活方式,并坚持限制过分开发的经济需求和各种新技术的伦理价值观,“我们今天看来简直离奇古怪的一种故步自封的守旧意识,在当时往往有助于保护社群的稳定性并维持天人合一的生活方式。”[①]总体来说,在前工业化的漫长时期里,经济、社会与环境处在一个良性的互动关系之中。

随着现代资本主义的崛起和市场经济的成长,西方国家的经济重心从农业转向了工业,人类生活的重心也从对闲暇生活的追求转向了对财富积累的热爱,这使得以牺牲环境为代价的“高生产、高消费、高污染、高浪费”的发展模式成为主导。在这种发展模式下,经济增长被赋予了一种天然的合法性。在这背后,是有机价值观的死亡,是“不增长就死亡”价值观的胜利。[②] 然而,诚如恩格斯所言,我们对自然的每一次胜利,都会遭到严厉的报复。以超出环境承受能力的方式开发利用自然资源,造成了严重的环境污染和环境破坏。面对严重的环境问题,人类社会开始对经济增长、社会发展和环境保护之间的关系进行深刻的反思,并逐渐形成了几种不同的观点。

一是环境保护优先论。这一理论的代表是“罗马俱乐部”,代表作是1972年发表的研究报告《增长的极限》。该理论认为,在人类社会发展的诸多构成因素中,人口的增长是其他因素发展的推动因素。人口的增长要求提供更多的粮

---

① 〔美〕丹尼斯·A. 科尔曼:《生态政治:建设一个绿色社会》,梅俊杰译,上海译文出版社2006年版,第21页。

② 同上书,第64页。

食和工业品,进而使耕地和工业生产规模不断增长,并消耗越来越多的自然资源,从而排入环境的废弃物也越来越多,导致环境的状况越来越差。由于人类与环境系统存在着发展的无限性和地球的有限性这一基本矛盾,如果增长不停止而达到极限,便会导致全球性危机及人类社会的突然瓦解。为了使人类免于毁灭性的灾难,就必须让经济发展绝对服从于环境保护的需要,使人口和经济发展实现零增长。"罗马俱乐部"的悲观主义论点强调了人类无所作为,无论是发达国家还是发展中国家,对该理论都难以接受。该理论的作用在于促使工业化国家警醒,反思"高生产、高消费、高污染、高浪费"的发展模式,并将环境保护真正提上议事日程。

二是经济发展优先论。这是针对"罗马俱乐部"的悲观主义论调而提出的一种盲目乐观的理论。该理论认为,环境的退化不过是工业化进程中的暂时现象,而经济发展永远是处在第一位的,随着社会进步和人类生活水平的不断提高,现在所面临的问题会迎刃而解,人口、环境与资源将自然达到平衡。该理论认为,随着经济的发展、社会富裕程度和支付能力的提高,人们对清洁环境的要求相应提高,污染状况不断改善。污染程度在迅速下降,人口增长有利于经济发展,而经济发展才是解决污染的根本出路。该理论观点盲目乐观,虽然其中存在部分合理的成分,但过分夸大了人类的主观能动性。尽管由于对现实可见短期利益的推崇,使得无论是在过去和现在,其都有一定的市场,但从长远看,此观点在根本上是行不通的。

三是可持续发展理论。以上两种相对极端的理论无法为大多数国家所接受,人们期望一种新的理论为当代社会协调经济发展与环境保护提供科学的理论指导。经过了数年的调查与研究,由挪威前首相布伦特兰领导的世界环境与发展委员会在 1987 年 4 月发表了《我们共同的未来》的报告,正式提出可持续发展的战略和理论,指出"可持续发展是既满足当代人的需要,又不对后代人满足其需要的能力构成危害的发展"。该理论一方面承认当代社会发展的合理性,同时强调发展的健康性,既不赞成为了保护环境而使经济实现"零增长"或"负增长",更反对以牺牲环境为代价来换取经济的高速增长。可持续发展要求人类通过对技术和社会组织的管理和改善,在不超出地球生态系统承载能力的情况下,实现社会的进步与经济的发展,并同时维持可持续的环境资源的生态基础。可持续发展理论似乎是给各国政府开出的一剂济世良药,为人类社会的未来描述出了一幅美好的蓝图。该理论提出以后,不仅成为 1992 年联合国环境与发展大会通过的各项文件的指导思想,而且也为世界各国所普遍接受。从国际环境立法以及各国的历史实践和现实来看,可持续发展理论所体现的协调、均衡以及可持续的理念已经广为国际社会所接受。但是,可持续发展理论自身具有高度不确定性以及过分理想化的特点,这使得可持续发展理论对于各国自身特殊的实践缺乏指导意义。

（二）协调发展原则的产生与发展

可持续发展在理论上的模糊性和不确定性，决定了可持续发展的理念在我国只能作为一个具有宏观指导性的目标，而不能成为具有指导性的基本原则。可持续发展在我国的现实出路，表现为协调发展原则在我国的逐步确立。

在20世纪七八十年代，随着环境问题的逐渐产生，环境和资源保护工作逐渐被纳入政府工作的视野。早在1975年，《关于环境保护的10年规划意见》就规定，“把保护和改善环境的工作，纳入到生产建设计划中去，作为国民经济计划的不可分割的组成部门，统筹兼顾、适当安排”。此后，1979年《环境保护法（试行）》规定，“国务院和所属各部门、地方各级人民政府必须切实做好环境保护工作；在制定发展国民经济计划的时候，必须对环境的保护和改善统筹安排，并认真组织实施。”这一规定仍然带有计划经济的色彩，虽然包含了协调发展的思想，却极其含混。及至1981年，《国务院关于在国民经济调整时期加强环境保护工作的决定》中要求，“各级人民政府在制订国民经济和社会发展计划、规划时，必须把环境和自然资源作为综合平衡的重要内容，把环境保护的目标、要求和措施，切实纳入计划和规划，加强计划管理。”从“统筹安排”到“综合平衡”，这显然已经有了很大进步。1983年，我国召开了第二次全国环境保护会议，在这次会议上，明确了环境保护与经济建设统筹兼顾、同步发展的方针。到1989年，《环境保护法》第4条最终规定，“国家制定的环境保护规划必须纳入国民经济和社会发展计划，国家采取有利于环境保护的经济技术政策和措施，使环境保护工作同经济建设和社会发展相协调。”这标志着协调发展原则作为我国环境与资源保护法基本原则地位的确立。此后，协调发展原则不断在环境保护的法律、政府决策、规划中出现，其地位不断地得到巩固。国务院2006年下发的《国务院关于落实科学发展观加强环境保护的决定》中则将“协调发展、互惠共赢”作为指导环境保护工作的基本原则。到2014年，《环境保护法》修改进一步完善了协调发展原则，将1989年《环境保护法》第4条规定改为：“国家采取有利于节约和循环利用资源、保护和改善环境、促进人与自然和谐的经济、技术政策和措施，使经济社会发展与环境保护相协调。”由此可见，协调发展原则作为基本原则的重要地位在我国不仅没有削弱，而且正在不断加强，它在新形势之下必然会焕发出越来越大的活力。

三、协调发展原则的适用

协调发展原则的作用不同于具体的法律规范，它作为基础性的具有指导性的准则，对整个环境与资源保护法律体系的运行和具体的法律制度的设计都具有指导性作用。具体来说，其适用主要体现在以下几个方面：

(一) 将环境保护纳入经济、社会发展计划、规划和决策之中

与企业单个的排放行为不同,政府决策对于环境往往有着全面、广泛的影响。从历史上看,我国政府行政长期居于主导地位,即使是在经济领域,市场经济也长期被计划调控钳制。因此,“政府作为新中国建立后资源配置方式形成与改变的主要决定性因素,应对我国环境资源问题的形成负有不可推卸的责任。”①若干历史事件和政策也印证了这一观点,无论是1958年“大炼钢铁”、六七十年代“以粮为纲,围湖造田”、80年代矿产资源开发“有水快流”,还是90年代大力发展乡镇企业,都对我国生态环境和自然资源造成了严重的污染和破坏。而这些环境问题的产生,根本上是因为我国在经济、社会发展计划、规划和决策中没有充分考虑到对环境的影响,没能有效协调经济社会发展与环境保护之间的关系。因此,要贯彻协调发展原则,首先必须要求政府在进行决策,制定经济、社会发展计划与规划时,充分考虑到这些决策、计划和规划对环境的影响。2014年《环境保护法》针对这一问题作了专门规定,其第14条规定:“国务院有关部门和省、自治区、直辖市人民政府组织制定经济、技术政策,应当充分考虑对环境的影响,听取有关方面和专家的意见。”这一进步值得肯定。

(二) 加强政府环境责任,通过制度建设加强对政府的考核和监督

进一步说,要确保政府充分考虑其行为对环境的影响,必须通过完善的制度建设加强对政府的考核与监督。一方面,必须明确政府环境责任,进一步完善目标责任制度,通过目标考核与责任追究来引导和约束政府行为,推动全国与地方经济结构与发展方式转型;另一方面,要加大对地方政府的法律监督,发挥人大、上级人民政府以及公众的监督作用。

与之前相比,我国立法在这两方面已经有了较大的进步,修改后的《环境保护法》对这两方面都进行了专门规定。该法第6条第2款规定:“地方各级人民政府应当对本行政区域的环境质量负责。”第26条规定:“国家实行环境保护目标责任制和考核评价制度。县级以上人民政府应当将环境保护目标完成情况纳入对本级人民政府负有环境保护监督管理职责的部门及其负责人和下级人民政府及其负责人的考核内容,作为对其考核评价的重要依据。考核结果应当向社会公开。”第27条规定:“县级以上人民政府应当每年向本级人民代表大会或者人民代表大会常务委员会报告环境状况和环境保护目标完成情况,对发生的重大环境事件应当及时向本级人民代表大会常务委员会报告,依法接受监督。”除了这些变化之外,新《环境保护法》还增加了有关公众信息公开等方面的内容,这些都能够有效加强对政府的监督。

---

① 张璐:《环境产业的法律调整——市场化渐进与环境资源法转型》,科学出版社2005年版,第41页。

（三）加强对环境保护工作的资金支持

协调发展环境保护工作的成功有赖于资金、技术和法律三方面的条件。其中，资金的作用最为重要，只有在充分的资金支持下，环境保护工作才能获得有效的保障，这一经验已经为很多环保发达国家的实践所证实。因此，尽管在很多情况下，经济发展与环境保护之间存在着矛盾，但是从总体上来说，当政府的政策重心能够从单纯的经济发展转向经济、社会与环境协调发展之后，经济发展就能够发挥其保障作用，为环境保护提供强有力的资金支持，二者之间能够形成一种相互促进、相互保障的关系。近年来，我国经济高速发展，已经有条件和有能力加大对环境保护工作的资金投入，推动经济"反哺"环境保护，实现经济与环境之间的协调发展。此次《环境保护法》修改已经注意到了这一问题，强化了政府对环境保护进行资金投入的责任。新《环境保护法》第 8 条规定："各级人民政府应当加大保护和改善环境、防治污染和其他公害的财政投入，提高财政资金的使用效益。"下一阶段的问题是如何进一步贯彻这一规定，将这一规定落到实处。

（四）支持和引导环保产业的发展

协调发展的真正实现实际上是一种动态的平衡状态，这种平衡局面的形成主要表现为经济发展与环境保护两方面在一定的时间和空间内在数量与质量上的大致对等，通过双方的制约与促进，形成一种相对稳定的平衡状态，同时也为进一步的发展创造条件。但是，协调发展所追求的这种平衡是一种非常脆弱的动态均衡，甚至于往往是一种非均衡状态。这种局面的出现主要是因为作为矛盾对立的一个基本方面，经济发展总是处于扩张的状态，而环境保护工作却往往因为动力的缺乏而发展力度不足，这就必然形成力量失衡的局面，使经济发展与环境保护处于非均衡状态。所以，协调发展的实现必须有相应的力量推动环境保护的发展，促成经济发展与环境保护由非均衡状态向均衡状态的转变，环保产业正堪当此任。"经济合作与发展组织对环保产业有两种定义：一种是狭义的环保产业，即在污染控制与减排、污染清理及废弃物处理等方面提供设备与服务的企业集合；另一种是广义的环保产业，既包括能够在测量、防止、限制及克服环境破坏方面生产和提供有关产品与服务的企业，也包括能使污染和原材料消耗最小量化的清洁技术与产品。"①不管是狭义的环保产业还是广义的环保产业，都是促进经济发展与环境保护由非均衡状态向均衡状态的转变乃至实现两者共赢的重要力量。从功能和实际效果上看，环保产业将通过对环境保护事业力度的持续强化而成为促成协调发展实现不可或缺的结构性支撑力量。

此次《环境保护法》修改贯彻了这一认识，明确规定了政府支持和引导环保

① 刘国涛：《绿色产业与绿色产业法》，中国法制出版社 2005 年版，第 29 页。

产业发展的责任。新《环境保护法》第21条规定:“国家采取财政、税收、价格、政府采购等方面的政策和措施,鼓励和支持环境保护技术装备、资源综合利用和环境服务等环境保护产业的发展。”这一规定如果能够得到有效落实,必然能够对环保产业的发展起到有效的推动作用。

第三节 预防原则

环境问题不同于传统的社会问题。首先,环境问题造成的损害往往具有较大的破坏性,导致社会财富的巨大损失,且难以弥补和恢复。即使能够恢复和弥补,成本也十分高昂。其次,环境问题具有潜伏性与迟滞性,尤其是环境污染,其危害后果往往要经历漫长时间才能显现。最后,环境问题具有复杂性,形成和致害机理十分复杂,涉及复杂的技术与社会问题。近几十年来,随着经济与技术的飞速发展,大量具有科学不确定性、高度复杂性和不可逆性的环境风险也逐渐显现。正因为这些原因,环境与资源保护法逐渐从传统的侧重事后救济的思路中转换出来,开始关注如何从源头防止环境损害和环境风险的发生,预防原则逐渐成为一项公认的环境与资源保护法基本原则。

一、预防原则基础理论

(一)预防原则的概念辨析

一般来说,预防原则包含了对损害的预防和对风险的预防两层内涵。但需要注意的是,我国环境与资源保护法上的预防原则目前仅仅是指对损害的预防,并不包括风险预防。

1. 国际环境与资源保护法上的预防原则

在国际环境与资源保护法上,预防原则通常被认为是两个不同的原则,即“损害预防原则”(principle of prevention or principle of preventive action)和“风险预防原则”(precautionary principle)。[①] 损害预防原则是指,“国家的一项责任,即国家应尽早地在环境损害发生之前采取措施以制止、限制或控制在其管辖范围内或控制下的可能引起环境损害的活动或行为。”[②]而风险预防原则是指“为了保护环境,各国应按照本国的能力,广泛采取防范措施。遇有严重或不可逆转损害的威胁时,不得以缺乏科学充分确实证据为理由,延迟采取符合成本—效益原则的措施防止环境恶化。”[③]

---

① 参见王曦编著:《国际环境法》(第二版),法律出版社2005年版,第110—111页。

② 王曦编著:《国际环境法》(第二版),法律出版社2005年版,第110页。

③ 《里约宣言》原则15。

这两个原则存在着很大的区别：一是风险预防原则重在采取措施以避免环境恶化之可能性，而损害预防原则侧重于采取措施制止或阻碍环境损害的发生；二是风险预防原则仅针对严重或不可逆的环境损害的威胁或风险，而损害预防原则针对的环境损害范围更广，既包括环境损害风险，也包括实际发生或即将发生的环境损害；三是风险预防专门针对科学上具有不确定性，但如等到科学证实时才采取措施为时已晚的环境损害之威胁或风险，而损害预防并非专门针对此种情况。[①] 目前，在国际上，损害预防原则已经得到了广泛的承认，是国际环境与资源保护法公认的基本原则，而风险预防原则是否已经成为国际环境与资源保护法的基本原则尚存在争议。风险预防原则不仅缺乏相应的程序进行保障，在大多数国际环境与资源保护法案件之中也没有得到肯定。因此，亦有很多国际条约将风险预防原则称为“风险预防方法”（precautionary approach）或“风险预防措施”（precautionary measure）。例如《消耗臭氧层物质的蒙特利尔议定书》采用的是“风险预防措施”，而《卡塔赫纳生物安全议定书》第 1 条使用了“风险预防方法”。

2. 我国国内法上的预防原则

在我国，预防原则通常被称为“预防为主、防治结合、综合治理原则”“预防为主、防治结合原则”或者“预防为主、综合治理原则”，其中包含了两层或三层意思：一是预防的思想，通过预防避免新的环境损害的发生；二是防治相结合的思想，通过治理来解决已存在的环境问题，对新的环境问题，预防是主要的精神、治理则是辅助的措施；三是综合治理，即运用多种手段和制度对环境问题进行治理。由此可以看出，预防仅仅是这一原则中的一个部分，并不能突出预防的地位。此外，如果从法律的视角来看，“防治结合、综合治理”其实是环境保护的工作方法，并不能体现环境与资源保护法作为新的、特殊的法律领域所具有的根本属性和基本特征。必须注意的是，预防原则中的“预防”并不是指环境保护中的“预防”，而是法律上的“预防”，它不能也不应该与具有浓重的环境保护工作意味的“防治结合、综合治理”并列，合并成为一项指导环境与资源保护法的基本原则。因此，本书认为，应当统一称预防原则为我国环境与资源保护法上的基本原则，而不是“预防为主、防治结合、综合治理”原则。此外，尽管我国环境与资源保护法上的预防原则目前不包括风险预防的内涵，而仅仅是指对损害的预防，但是从普遍发展趋势来看，我国未来必然要逐渐拓展预防原则的内涵，将风险预防纳入其中。因此，本书除了探讨损害预防原则的历史发展与适用之外，还将对风险预防原则进行介绍。

---

① 参见王曦编著：《国际环境法》（第二版），法律出版社 2005 年版，第 110 页。

(二) 预防原则与传统法中谨慎注意义务的区别

预防原则中的预防是指法律意义上的预防。那么,这种预防的特殊性是什么?与传统法中与预防相关的理论有何区别?

谨慎注意义务是传统部门法中与预防关系最为密切的基本理论,它要求权利人谨慎行使其权利,避免对他人造成损害。但是,在传统部门法之中,除了刑法拥有预防功能以外,其他部门法并不以预防为其主要功能,而主要侧重于事后调整与救济。这是因为,传统的部门法,如民法和行政法,并不鼓励事前对产业活动以及人类生活进行干预。近代法治的基本前提之一就是给予主体以意思自治,鼓励个体自由地进行经济活动,追求个体利益,而在经济活动之中所产生的不确定风险与不虞之损害,则在法律所能够容忍范围之内。因此,尽管传统部门法并不鼓励违约、侵权以及违反行政管制的行为,并且也要求法律关系主体承担谨慎注意义务,谨慎行使其权利,避免对他人造成损害,但在传统部门法中,法律关系主体并不需要承担提前采取预防措施的义务,传统部门法也不以预防原则作为其基本原则。在很多情况下,法律义务甚至被转而施加于受害方。例如,在传统法中,相邻关系中所有权人、不可量物损害中的受害方、环境侵权的受害方以及公众人物等皆具有一定的容忍他人合理损害的义务。①

然而,随着环境问题特殊性的显现,预防原则逐渐发展起来,并成为环境与资源保护法中最为重要的基本原则。在预防原则之下,法律主体开始承担提前采取预防措施的义务。预防原则下法律主体所承担的预防义务与传统法中法律主体所承担的谨慎注意义务主要有以下区别:首先,预防原则下的预防义务并不以完全消除排放或者避免损害为目标,而是以最大化减少排放和避免损害为目标,而传统法要求权利人谨慎行使权利的目的在于完全避免损害;其次,预防原则下的预防义务主要是由公权力机关予以规定的强制性义务,而传统法中的谨慎注意义务主要取决于权利人的谨慎注意,并无其他力量的提前介入;最后,预防原则下的预防义务不仅针对可预见的损害,同时也针对不可预见的风险,而传统法中则不能以难以证明的风险对权利人施加预防义务。

由此可见,传统法中的谨慎注意义务无论在功能、性质以及程度上都无法与预防原则下的预防义务相比较,预防原则对于环境问题以及相伴随的社会关系具有高度的针对性,其对于环境与资源保护法主体的义务要求是环境与资源保护法的独特创造。

---

① 参见李友根:《容忍合理损害义务的法理——基于案例的整理与学说的梳理》,载《法学》2007年第7期。

二、预防原则的历史发展

(一) 国际环境与资源保护法上预防原则的历史发展

国际环境与资源保护法的发展经历了从最初的主要关注跨境环境责任的事后追究,到开始关注对跨境环境损害的预防,再到关注全球性大规模环境问题治理的过程。与此相对应,国际环境与资源保护法在基本理念上的发展也经历了从末端治理、事后补救,到全程控制、损害预防,再到风险预防的过程。

19 世纪末到 20 世纪初是国际环境与资源保护法的萌芽阶段。近代国际法的基本原则是国家主权、国家平等、不干涉内政等主要原则,就这些原则的基本精神来看,显然定位于"不受限制的国家自由"。[①] 因此,当时国际上的统一认识是各国可以自由地使用本国环境和自由开发本国资源,不需要对其他国家和国际社会负责。在这些原则之下,跨境资源纠纷和环境损害开始逐渐出现。例如,在 19 世纪,美国一直认为,根据主权原则,一个国家可以随意地使用其领土,而不用照顾到他国的利益。在这样的背景下,美国的农民于 1895 年将与墨西哥交界的界河——格兰德河分流,从而损害到墨西哥的利益。[②] 又如,加拿大特雷尔附近的铅锌冶炼厂从 1896 年建成以后就不断排放污染物,致使美国华盛顿州遭受大规模损害。对于这类问题,近代国际法只能依赖于国家间的谈判协商以及事后仲裁来解决。就这一阶段来说,涉及环境问题的国际法只表现为国家间所签订的契约性条约和司法判例,而这些条约和判例的主要目的也限制在处理跨境损害责任、资源配置和解决共同空间的冲突。[③] 其基本立足点在于事后的责任追究,环境与资源保护法的预防功能并未出现。

随着环境问题的逐渐发展,环境问题已经突破了边境损害的界限,开始出现长程越界空气污染、国际河流污染、危险废物倾倒与转移等新的跨区域的环境问题。为了有效治理这类环境问题,损害预防原则逐渐得到国际社会的普遍承认,这在许多国际环境与资源保护法文件和条约之中都能得到体现,例如 1979 年《长程越界大气污染防治公约》第 2 条规定:"所有缔约方,考虑到本公约所涉及的事实与问题,决定为保护人类及其环境,应努力限制并尽可能减少和预防大气污染,包括长程越界大气污染。"又如 1982 年《联合国海洋法公约》第 194 条第 1 款规定:"各国应在适当情形下个别或联合地采取一切符合本公约的必要措施,

---

① 参见王明远:《应对全球性环境问题的困境与出路:自治还是他治?》,载《清华法治论衡》2010 年第 1 期。

② 参见〔德〕沃尔夫刚・格拉夫・魏智通:《国际法》,吴越、毛晓飞译,法律出版社 2002 年版,第 563—564 页。

③ 契约性条约是指缔约方为了解决当前某个或某些具体问题而规定具体行为规则的条约。参见王铁崖主编:《国际法》,法律出版社 2011 年版,第 296 页。

预防、减少和控制任何来源的海洋环境污染。”在这一阶段,风险预防的理念也开始出现,如关于保护北海的《伦敦宣言》规定:“为了保护北海免于多数危险物质的可能损害,控制上述物质输入的预防措施必须提早采行,即使其明确的科学证据所构建的因果关系尚未建立。”

至20世纪末,全球气候变化、生物多样性丧失、转基因生物安全等全球性环境问题开始出现并迅速发展。与跨境的以及区域性环境问题不同,全球性环境问题往往缺乏科学上的确定性,并且具有不可逆转的重大危害,对于这些问题,损害预防原则已经无能为力,风险预防原则迅速发展起来。《里约环境与发展宣言》原则十五对风险预防原则作了权威的界定:“为了保护环境,各国应根据它们的能力广泛采取预防性措施。凡有可能造成严重的或不可挽回的损害的地方,不能把缺乏充分的科学肯定性作为推迟采取防止环境退化的费用低廉的措施的理由。”此外,1990年以后通过的所有关于环境保护的国际法律文件几乎都规定了风险预防原则,如1992年的《东北大西洋海洋环境保护公约》《保护波罗的海海洋环境公约》以及《保护和利用跨界河流和国际湖泊的赫尔辛基规则》等。[①] 尽管目前对于风险预防原则是否已经是一项国际环境与资源保护法上的基本原则尚存在争议,但是毫无疑问,“环境方面的国际法作为一个规则体系,起初主要限于处理跨境损害责任、资源配置和解决共同空间的冲突使用问题,但是现在的国际法已经在全球层面采用了预防性的(preventive)保护环境的方法,在一定意义上也是风险预防性(precautionary)方法。如果国际环境与资源保护法要处理主要的全球性和区域性环境问题,这就是一种必要的、不可避免的发展;这意味着更强调环境规制,而不是重心放到过去对有害环境活动的主要法律反应的损害责任问题上。”[②]

(二)国内环境与资源保护法上预防原则的历史发展

新中国建立后,我国长期忽视对环境污染的治理和自然资源的保护,但是在1972年我国参加斯德哥尔摩人类环境会议之后,环境问题开始得到重视,环境、经济以及社会综合协调发展的思路逐渐得到认可。国内环境与资源保护法逐步确立起了“预防为主、防治结合、综合治理”的原则。

1975年国务院环境保护领导小组发布的《关于环境保护的10年规划意见》提出了“预防为主”的要求,已经有了预防的思想。1976年,国家计划委员会和国务院环境保护领导小组发布了《关于编制环境保护长远规划的通知》,明确要求将“预防为主、防治结合”作为我国环境保护的指导方针。随着对环境问题认

---

① 参见〔法〕亚历山大·基斯:《国际环境法》,张若思编译,法律出版社2000年版,第94页。

② 〔英〕帕特莎·波尼、埃伦·波义尔:《国际法与环境》(第二版),那力、王彦志、王小钢译,高等教育出版社2007年版,序言第6页。

识的不断深入以及对环境保护工作经验的总结，一些具体的环境保护立法开始对预防原则作出规定。例如，1991 年的《水土保持法》第 4 条明确规定，“国家对水土保持工作实行预防为主，全面规划，综合防治，因地制宜，加强管理，注重效益的方针”；2001 年出台的《防沙治沙法》规定，“防沙治沙工作应当遵循以下原则：……（二）预防为主，防治结合，综合治理”；2008 年修订的《水污染防治法》第 3 条规定，“水污染防治应当坚持预防为主、防治结合、综合治理的原则，优先保护饮用水水源、严格控制工业污染、城镇生活污染、防治农业面源污染，积极推进生态治理工程建设、预防、控制和减少水环境污染和水生态破坏”。2014 年《环境保护法》也对预防原则作了明确规定，将“预防为主”作为环境与资源保护法的基本原则，尽管这一规定在表述上仍然不够准确，但是意味着预防的思想得到了环境基本立法的明确承认。

三、预防原则的适用

（一）损害预防的适用

1. 加强环境影响评价制度建设

环境影响评价制度要求对一切可能对环境产生影响的规划、决策以及建设项目在其实施后可能造成的环境影响进行分析、预测和评估，其根本指导思想就是以预防为主，将环境损害消灭于萌芽状态，是最为典型的贯彻损害预防原则的环境与资源保护法制度。环境影响评价制度已经是国际和各国环境与资源保护法普遍规定的一项制度。在国际法上，《联合国海洋法公约》第 206 条，《南太平洋自然保护公约》第 5 条第 4 款，《在跨界背景下进行环境影响评价的埃斯波公约》，《工业事故跨界影响的赫尔辛基条约》附件四、五，以及《国际水道非航行利用公约》第 22 条等都对环境影响评价制度作了规定。[①] 各国国内环境与资源保护法对环境影响评价也有着比较完善的规定（详见本书第七章第三节）。

环境与资源保护法要贯彻损害预防原则，首要的任务就是加强和完善环境影响评价制度。目前，我国环境影响评价制度在评价范围、评价方法、公众参与等方面还存在一些问题，这些问题制约了环境影响评价制度实效的发挥，还需要进一步完善。本书第七章关于基本制度的论述对此有较为深入的探讨，在此不予赘述。

---

① 参见〔法〕亚历山大·基斯：《国际环境法》，张若思编译，法律出版社 2000 年版，第 92 页。

2. 加强清洁生产制度建设

企业是自然资源的主要消耗者与环境污染的主要制造者。长期以来,针对企业展开的环境资源保护工作集中于末端治理,而忽视了通过工艺流程优化、污染防治技术升级、落后设备淘汰以及管理方式转换等方法进行企业生产全过程的管控,提前预防环境损害的发生,节约资源。因此,要贯彻预防原则,除了要在规划、建设、落实环境影响评价制度以外,还应当在企业生产环节落实清洁生产制度,通过从源头削减污染、提高资源利用效率,减少或者避免生产、服务和产品使用过程中污染物的产生和排放,以减轻或者消除对人类健康和环境的危害。对于清洁生产制度,详见本书第七章关于基本制度的论述。

3. 建立完善的环境监测制度

环境监测制度的主要目的是监测某一地区的环境质量状况、预防环境污染和生态破坏的发生。监测包括经常性监测和监视性检测,为编制环境规划、全面开展环境保护工作提供了准确、可靠的数据和资料,是预防原则得以贯彻和落实的重要途径。我国的环境监测网络由中国环境监测总站、省级站、省辖市市级中心站以及各区县级站四级监测站组成,已经比较完备,基本可以胜任环境监测的任务。但是,在监测网点设置、监测数据采集等方面,我国环境监测制度仍然有需要完善之处。此次《环境保护法》修改,从以下几方面加强了对环境监测制度的要求:一是要求加强监测网络建设,统一规划国家环境质量监测站(点)设置,建立监测数据共享机制;二是要求加强遵守监测规范,使用符合国家标准的监测设备;三是加强跨行政区域的重点区域、流域统一监测机制的建设;四是加强责任追究,明确规定监测机构及其负责人对数据的真实性和准确性负责。对于篡改、伪造或者指使篡改、伪造监测数据的,进行相应的责任追究。要落实预防原则,我国应当按照新《环境保护法》的要求,进一步加强监测工作,完善监测制度。

(二) 风险预防的适用探讨

目前,国际上对于风险预防原则的法律地位仍然存在较大的争论,对预防原则的内涵和适用条件的理解也存在较大的区别。欧盟目前是风险预防原则的主要支持者,“预防原则已经从环境与资源保护法领域上升为联盟基本原则,联盟内部在基础条约层面肯定了预防原则的指导地位,并通过二级立法在环境、食品安全、贸易等领域积极践行。预防原则还得到了欧盟法院和欧盟初审法院的一贯肯定,立法和实践均领先于其他国家和地区。”①而其他很多国家和组织都反对适用这一原则,例如美国主导的 WTO 就坚持适用科学原则,强调不论是否存在科学的不确定性,都应搜集足够的证据,证明风险与相关措施之间的因果关

① 陈亚芸:《EU 和 WTO 预防原则解释和适用比较研究》,载《现代法学》2012 年第 6 期。

系，而不是仅判断有风险存在的可能就事先采取措施，相关司法实践也否定风险预防原则的适用。①

在国内法中，加拿大、法国等个别国家在其环境立法中明确规定了风险防范原则。例如加拿大《环境保护法》在“政府责任”(administrative duties)部分中明确规定，“加拿大政府……承诺采用风险预防原则，当存在严重的、不可逆的损害的威胁时，不以缺乏科学确定性为理由，拖延采用符合成本效益的措施”②。但总体来看，绝大多数国家在其立法中都没有确立风险预防原则。

风险预防原则之所以面临如此大的争议，并且在国内法中没有得到普遍的承认，归根结底是因为风险预防原则建立在科学不确定性基础之上，对于传统行政决策和管理造成的冲击过大。首先，传统行政决策和管理方式建立在科学确定性基础上，进行转型的成本过高；其次，科学不确定性会引起广泛的讨论和意见交锋，带来行政决策和管理权威的丧失；最后，科学不确定性使得预先投入的收益无法确定，不能确保行政决策和管理的经济效益和社会效益。因此，风险预防原则的适用很难如法律原则的适用一样一以贯之，而更多的是利益衡量的过程。

尽管如此，在有限的范围和领域内贯彻“风险预防方法”或者“风险预防措施”，仍然是可行和必要的。目前，学界提出的通行的风险预防方法或措施包括：

一是风险评估或评价。行政机关在决定是否对某一种风险采取预防措施时，首先必须对这种风险产生的可能性、风险出现的阈值、风险可能造成的后果的大小进行预测、评估和判断。尽管仍然不能在科学上获得确定性的结论，但是通过预测、评估和判断，行政机关可以在已知的前提下作出最优的决定，并为其所作出的决策提供程序上的合法性和合理性保障，提高其决策的社会可接受度。也就是说，风险评估和评价不仅在实体上也在程序上有利于改善行政机关面对不确定环境风险时的应对能力。

二是对风险预防措施进行成本收益分析。一般来说，对于确定会对人类健康造成损害的环境损害，不允许采取成本收益分析，而必须采取充足的预防措施，以保证人体健康能够获得“最大限度的安全”(ample margin of safety)。而环境风险是否会发生，其造成的后果的程度与范围都具有一定的不确定性，因此应当以何种程度的预防措施来预防环境问题，需要进行相应的成本收益分析。如此既确保环境风险能够被控制在可控的范围内，又避免对行政机关造成过重的负担。

---

① 参见陈亚芸：《EU 和 WTO 预防原则解释和适用比较研究》，载《现代法学》2012 年第 6 期。

② Canadian Environmental Protection (1999), Administrative Duties.

三是进行相应的科学研究,加强对风险的科学认知。相对于采取要付出额外成本的风险预防措施,许多国家更倾向于加快收集相关科学信息,加强对特定风险的科学研究,尽快确定风险与后果之间的因果关系,再采取相应的损害预防措施。尽管这与风险预防方法所强调的"不拖延"之间具有一定的冲突,但是如果将这一措施与前述措施配合使用,则可以起到很好的补充作用。因此,必须强调的是,进行相应的科学研究是风险预防方法和措施的很好的辅助措施,但并非延迟采用风险预防措施的理由。

第四节 义务性原则

一、义务性原则基础理论

工业革命以后,在世界范围内,随着产业活动的繁荣,环境资源的经济价值得到了最大化的开发利用,但是各国长期使用公共资金来支付预防、控制和治理环境污染的费用,这使得生产经营活动所产生的负外部性往往无法内化,造成了环境治理义务分配的严重不公。因此,随着对环境问题认识的深入,各国逐渐认识到,应当由造成污染和资源破坏的主体来承担预防、控制和治理环境污染的义务,如此才能达到矫正外部性、实现分配正义的目的,这促使义务性原则逐渐发展成为一项公认的环境与资源保护法基本原则。

(一)义务性原则的概念与特征

不同的学者对义务性原则的称呼各有不同,典型的如"污染者付费、受益者补偿原则"①"环境责任原则"②"污染者付费、利用者补偿、开发者保护、破坏者恢复原则"③"受益者负担原则"④以及"环境公平原则"⑤等。在这些称呼之中,大部分都来源于国际上通行的"污染者负担原则",只有"环境公平原则"比较特殊,其内涵既包括环境责任的公平承担,也包括环境利益的公平享有。

从表述的科学性和内涵的完整性来看,并不适合采用"污染者负担原则"来指称义务性原则,原因有两点。首先,"污染者"在内涵上并不清晰。"表面上看,'污染者'如同'欠债者''杀人者'一样主体明确,但事实上,由于污染既是生产经营过程的结果,又是产品和服务消费的结果,加之弥散性的面源污染的存在,以及污染在环境中所具有的累积性、滞留性、迁徙性和复合性,确定'污染

① 吕忠梅、高丽红、余耀军编著:《环境与资源保护法学》,科学出版社2004年版,第62页。

② 蔡守秋主编:《环境与资源保护法学》,湖南大学出版社2005年版,106页;陈泉生主编:《环境与资源保护法学》,厦门大学出版社,第148页。

③ 周珂:《环境法》(第二版),中国人民大学出版社2005年版,第47页。

④ 汪劲:《环境法学》,北京大学出版社2006年版,第170页。

⑤ 吕忠梅:《环境法学》(第二版),法律出版社2008年版,第54页。

者'往往比较困难。特别是在当代风险社会背景下，全球气候变化、转基因生物体环境风险等新型环境风险问题的出现，使得'污染者'成为一个非常模糊的概念，在许多情况下甚至无法准确判定'污染者'。"[①]其次，"污染者负担"在外延上并不周延，除了污染者，还有"受益者""开发者""使用者""破坏者"甚至"消费者"等不同类型的原因行为人，"污染者"显然只能涵盖污染防治领域，而不能涵盖自然资源的开发利用领域。

本书认为，无论是"污染者负担""受益者负担"还是"利用者补偿"，其核心内涵都是要求开发利用自然资源和使用环境容量的主体承担起相应的环境与资源保护法律义务，其重心在于义务而不是某一类法律主体。因此，将该原则称为"义务性原则"较为妥当。如此，既具有高度的抽象性和概括性，又能够准确表明该原则的核心内涵。

概括来说，义务性原则是指为了实现环境保护责任的公平负担，法律主体在开发利用自然资源、向环境排放污染物以及消费相关产品时，应当承担相应的环境与资源保护法律义务与法律责任。要正确理解义务性原则，应当注意以下几点：

首先，义务性原则所涵盖的主体是原因行为人，即开发利用自然资源、向环境排放污染物以及不进行上述行为但是从环境资源开发利用中受益的主体，包括污染者、开发者、受益者，这些主体的共同特征是与资源消耗以及环境污染之间有着直接或间接的因果关系。正因为如此，义务性原则可以理解为"原因行为人负担原则"。在环境行政管理之中，这些主体属于行政相对人，而不包括行政主体。行政主体一般并不直接进行资源的开发活动和环境污染行为，也不是直接的受益者，主要承担监管职责，即监督这些主体履行其义务。

其次，义务性原则的目的是实现责任的公平负担以及保护环境，而不包括环境利益的公平享有。环境利益的公平享有涉及环境权、代际代内公平等复杂的理论问题，已经超出了义务性原则所覆盖的范围。在立法、执法以及司法实践中，环境利益的公平享有也主要不是通过义务性原则来实现的，而主要涉及国家在宪法上的相关义务的履行。总而言之，义务性原则主要是为了确保使用环境资源的成本能够有主体承担，避免负外部性，无论在对象、手段还是目的上，都不涉及权利和利益的分配问题。

最后，义务性原则主要是为了明确排污者、开发者以及受益者应当承担相应的补偿、保护和恢复环境容量和自然资源的法定义务，但同时也包括承担违反了环境与资源保护法律法规产生的法律责任。从义务性原则的产生看，其最初主要是为了使污染者支付公共机构治理环境污染的费用，即对环境公益恢复的费

---

① 柯坚：《论污染者负担原则的嬗变》，载《法学评论》2010 年第 6 期。

用,而不是为了在法律责任上对污染者进行追责。但是,随着义务性原则的发展,该原则逐渐扩大到对因环境污染遭受人身、财产损失的公民、法人或其他组织,污染者承担赔偿的民事法律责任,即对环境私益的赔偿。[①] 不过,需要注意的是,义务性原则主要的立足点仍然是法律义务而非法律责任。

（二）义务性原则与“义务共担”理念的关系

无论是出于经济考虑还是正义考虑,造成环境污染与破坏的个体与单位都应当承担弥补的义务,但是,污染者负担与传统法中责任自负原则并无二致,其基本依据还是在于损害行为与结果之间的因果关系。而环境问题则十分复杂和多样,当出现紧急的环境污染事件、无法确定相应的污染者以及污染者无力负担治理费用与损害赔偿费用等情况时,义务性原则很难保证环境污染的有效治理和受害人的及时救助。在这种情况下,为了确保环境能够得到有效保护、受害人的权益能够得到及时救助,各国环境与资源保护法普遍创设了一些以“义务共担”理念为基础的法律制度。这些制度的共同特点在于并不以严格的归责原则为基础,而是出于社会安全的考虑,对法律义务的分担与法律责任的追究进行一定的社会化,通过合理分担义务来实现保护社会公益的目的。例如,德国法中有国家给付制度,即因加害人以及相关的责任保险人、财务保证人等的支付能力有限,致使受害人无法获得适当赔偿时,由国家以政府财务保证给付安全,从而负担部分损害赔偿责任。德国《原子能法》第 36 条规定核损害的赔偿额超过最高赔偿限额的,在一定限度内,由联邦负责赔偿。[②] 又如,日本 1970 年颁布的《防治公害事业费企业负担法》明确规定,发展缓冲地带事业,疏浚河道、港口等事业和引水事业,污染土地的“客土”事业,特别城市的下水道事业以及其他以政令规定的事业的费用,应由已造成公害的企业和将来有可能造成公害的企业负担。对于企业负担的总额,应按整体上所起作用的情况加以决定。[③]

目前,已经有国家用“义务共担”理念对传统的义务性原则作了改造。德国环境与资源保护法中所确立的“因果关系原则”(causation principle)就包含了两个子原则:一个是污染者负担原则,即我们通常所理解的义务性原则;另一个则是“公共负担原则”(public burden principle),这一原则适用于无法确定污染者或者出现紧急情况时,由国家负担相应的法律义务。[④] 本书认为,“义务共担”理念体现了环境与资源保护法社会法的本质,表明了环境与资源保护法与传统部

① 有学者对此作了详细的论述并且列举了大量的将损害赔偿纳入污染者负担原则之内的法律文件,参见柯坚:《论污染者负担原则的嬗变》,载《法学评论》2010 年第 6 期。

② 参见王明远:《环境侵权救济法律制度》,中国法制出版社 2001 年版,第 158 页。

③ 参见〔日〕野村好弘:《日本公害法概论》,康树华译,中国环境管理、经济与法学学会 1982 年版,第 79 页。

④ See Horst Schlemminger, Claus-Peter Martens, German Environmental Law for Practitioners(2nd Edition), Kluwer Law International, 2004, P36.

门法之间的区别。不过，这并不能从根本上对义务性原则造成冲击，"义务共担"仅仅是环境与资源保护法出于社会安全的考虑而作出的特殊让步。一方面，"义务共担"仅仅在特定的情况下适用，在环境与资源保护法中并不具有普遍性，它不能取代原因行为人负担，否则会引起对法的效率价值的极大损害；另一方面，"义务共担"仍然需要以原因行为人负担为前提，只有在满足一定条件的情况下，义务性原则下的原因行为人负担才能转化为"义务共担"。因此，环境与资源保护法中的义务性原则应当在一定程度上吸取"义务共担"理念。但是，从整体上看，义务性原则仍然建立在原因行为人负担这一基本原理之上。

二、义务性原则的历史发展

在国际社会，义务性原则最早起源于经济领域的"污染者负担原则"(polluter pays principal)，这一原则针对的并不是环境问题而是贸易自由问题。长期以来，由政府公共资金进行环境治理不仅使得污染者生产的环境成本无法内部化，而且会形成对企业的变相补贴，从而扭曲价格，导致不公平竞争。针对这一问题，联合国经济合作与发展组织环境委员会在1972年颁布了《关于环境政策国际层面指导原则的建议》，提出了"污染者负担原则"，要求各成员国避免对企业污染防治措施予以资金上的补贴，要求污染者负担由政府部门决定的减少污染措施的费用，以保证环境处于可接受的状态。尽管该原则针对的是贸易措施的公平性问题，但是由于能够有效分配环境治理责任，推动企业履行其环境保护义务，该原则逐渐得到了国际社会和各国的普遍认可，逐渐转化为一项法律原则。在国际法上，1992年《里约宣言》原则16明确指出："各国政府应努力促进环境成本的内部化和使用经济手段，同时考虑到污染者原则上应承担污染费用，并适当考虑到公众利益和不扭曲国际贸易和投资。"在国内法上，日本、德国、法国、瑞典、美国等环保发达国家都确立了这一原则。

在国内环境与资源保护法上，义务性原则也经历了从产生到发展完善的过程。我国1979年《环境保护法(试行)》第6条规定："已经对环境造成污染和其他公害的单位，应当按照谁污染谁治理的原则，制定规划，积极治理，或者报请主管部门批准转产、搬迁。"该条规定明确提出了"谁污染谁治理"原则。但是从条文的整体意思以及当时的背景来看，该原则并不同于国际环境与资源保护法上的"污染者负担"原则，它所适用的对象为"已经对环境造成污染和其他公害的单位"，目的是明确污染单位的治理责任，治理新中国成立以后累积下来的环境污染。1989年，《环境保护法》进行了修改，但是并没有明确地通过法律条文对义务性原则进行规定。此后，尽管相关环境立法也都没有明确规定这一原则，但是政策性文件仍然不断发展完善这一原则。1990年《国务院关于进一步加强环境保护工作的决定》在"在资源开发利用中重视生态环境的保护"部分指出，要按照"谁开发谁保护、谁破坏谁治理、谁利用谁补偿"和"开发利用和保护增值并重"的方针,认真保护和合理利用自然资源,积极开展跨部门的协作,加强资源管理和生态建设,做好自然保护工作。这一规定对"谁污染谁治理"原则作了范围上的延伸,从污染防治领域延伸到了自然资源保护领域。1996 年《国务院关于环境保护若干问题的决定》则明确规定,要实行"污染者付费,利用者补偿、开发者保护、破坏者恢复"。2014 年《环境保护法》修改后,提出环境保护要实行"损害担责"的原则,尽管在表述上不够准确,但是这其中蕴含了义务性原则的思想。目前,义务性原则仍然在进一步发展完善之中。

三、义务性原则的适用

义务性原则的具体贯彻应当从污染者付费、开发者保护、受益者负担以及损害者担责几方面入手。

(一) 污染者付费

在污染防治法领域,排污收费制度是最为基础的法律制度。通过对污染者征收相应的费用,可以达到环境成本内部化的目的,同时可以为治理环境污染筹集必要的经费。本书在污染防治基本制度中对排污收费制度有详细的论述。需要注意的是,广义上的污染者付费的范围要大于污染者付费制度。除了付"费"之外,支付环境税同样是污染者付费的具体表现。

(二) 开发者保护

在自然资源法领域,要贯彻义务性原则,就必须要求开发利用自然资源的组织和个人承担支付相应使用费用的义务,同时要求其承担管理、养护以及恢复自然资源的义务。具体来说,包括:

首先,对不可再生的自然资源,必须实行开发利用自然资源的权利金制度。在我国,自然资源归国家所有,因此其他主体要开发利用自然资源,首先必须支付相应的使用费用,以保证国家作为权利所有者的合法权益。更重要的是,要求这些主体支付相应的使用费用,能够确保其生产经营活动的资源成本内部化,避免资源的过度消耗与浪费。

其次,对可再生的自然资源,权利人要承担管理和增殖的义务。例如,为了保护渔业资源,《渔业法》第 28 条规定:"县级以上人民政府渔业行政主管部门可以向受益的单位和个人征收渔业资源增殖保护费,专门用于增殖和保护渔业资源。"这有效地保证了可再生资源的可持续利用,避免这些资源的耗竭。

最后,对已经遭到破坏的自然资源,开发者有义务进行恢复。例如,《森林法》第 18 条规定:"进行勘查、开采矿藏和各项建设工程,应当不占或者少占林地;必须占用或者征用林地的,经县级以上人民政府林业主管部门审核同意后,依照有关土地管理的法律、行政法规办理建设用地审批手续,并由用地单位依照国务院有关规定缴纳森林植被恢复费。森林植被恢复费专款专用,由林业主管部门依照有关规定统一安排植树造林,恢复森林植被,植树造林面积不得少于因占用、征用林地而减少的森林植被面积。"需要注意的是,随着自然资源恢复活动的日益专业化,这类义务往往可以转化为由义务主体支付相应的治理费用,由政府或专门机构进行恢复活动。例如《水土保持法》规定开发主体有义务治理水土流失,但如果无法治理,则应当缴纳水土保持费,专项用于水土流失预防与治理。

(三)受益者负担

在消费领域,应按照义务性原则中"受益者负担"的要求对消费者科以相应的义务。公众尽管是环境污染和资源破坏的受害者,但其作为消费者时,又是受益者。因此,为了贯彻义务性原则,应当按照受益者负担的要求对消费者科以一定的支付费用的义务,例如为废弃物处理支付相应的处理费用,消费电力超出合理范围按照阶梯电价支付费用等,以此推动消费者选择选择低能耗、低污染产品,节约能源,转变消费方式和生活方式,从而减少消费对资源和环境的压力。

总而言之,贯彻义务性原则需要在环境与资源保护领域建立起完善的法律制度体系,通过法律、政府和市场综合的机制,对环境成本进行合理的分配,以实现环境、经济和社会的可持续发展。

第五节 公众参与原则

在环境治理中,"政府失灵"的情况时有发生,政府无力监管、不作为、寻租、与企业合谋等情况时有发生。因此,为了有效克服"政府失灵",有必要在环境治理中引入公众参与原则。公众参与原则是国际和国内环境与资源保护法上普遍确立的一项基本原则,对于提升环境保护的法治化、民主化以及环境责任的合理分担具有重要的作用。

一、公众参与原则基础理论

一般来说,公众参与原则是指,"公众有权通过一定的程序或途径参与一切与公众环境权益相关的开发决策等活动,并有权得到相应的法律保护和救济,以防止决策的盲目性,使得该决策符合广大公众的切身利益和需要。"[①]在我国,对于公众参与原则的表述并不统一,有的将其称为"依靠群众保护环境的原则",有的称其为"环境保护民主原则",尽管在表达上有所差异,但其基本内涵则应该是一致的,都是为了强调公众作为第三类主体在环境保护事务中的相关权利和义务。要正确理解公众参与原则,需要注意以下几点:

---

① 汪劲:《环境法学》(第二版),北京大学出版社 2011 年版,第 106—107 页。

首先,“公众”(public)既包括作为自然人的个体,也包括各类社会组织。在我国环境立法的具体规定之中,除了对政府和企业两个特殊的主体进行规制之外,还规定了大量的其他主体,包括“个人”“公民”“公众”“社会组织”“其他组织”“学会”“中介协会”“社会团体”以及“新闻媒体”等。这些概念尽管在称呼上有所不同,但是从根本上与政府和企业不同。如果说政府活动体现的是环境保护的行政性,而企业活动体现的是环境保护的经济性,那么这些主体的活动体现的就是公共性。公众一般可以理解为个体、不特定的多数人或者个体组成的组织。英语“public”的根本、中心的意思是“open to all(向大家开放)”或是“people in general(一般人们)”。[①] 联合国《跨界背景下环境影响评价公约》(简称《埃斯波公约》)(Convention on Environmental Impact Assessment in A Transboundary Context, Espoo Convention)第 1 条(x)将公众界定为,“公众是指一个或一个以上的自然人或法人”[②]。欧洲经济委员会《公众在环境事务中的知情权、参与决策权和获得司法救济的国际公约》第 2 条规定,“‘公众’指一个或多个自然人或法人,以及按照国家立法或实践,兼指这种自然人或法人的协会、组织和团体”[③]。

其次,“参与”不仅仅是指公众有权利参与环境事务,同样也意味着公众有义务参与环境事务,为环境保护提供支持,是公民履行社会责任的表现。一直以来,对于公众参与,理论研究主要强调公众参与的权利属性,即公众应当有权参与环境事务,但是对于公众参与的目的,理论研究并没有予以特别的关注。在现实中,公众不参与或者象征性参与的情况十分普遍,这固然有程序不完善的原因,但是从深层次看,则是因为对公众参与的实质内涵把握不清。公众参与环境事务从根本上说并不是为了权利而赋予权利,而是通过参与来推动和促进政府和企业义务的履行。一方面,公众参与能够给政府和企业施加压力,推动其履行义务;另一方面,公众参与也是为了与政府与企业合作,共同应对环境问题。因此,参与并不仅仅是一种权利,也是一种合作义务,“公众作为社会公共权力的本源所属者和公共福利的享有者,参与公共事务的治理,对公共事务做出判断和选择,既是他们的权利也是他们的义务。”[④]

二、公众参与原则的历史发展

20 世纪 60 年代中期至 70 年代中期,各种环境与资源保护法理论、原则、法

---

① 参见〔日〕佐佐木毅、〔韩〕金泰昌:《中间团体开创的公共性》,王伟译,人民出版社 2009 年版,第 13 页。

② Convention on Environmental Impact Assessment in A Transboundary Context, Article 1(x).

③ Convention on Access to Information, Public Participation in Decision-making and Access to Justice in Environmental Matters, Article 1.

④ 李艳芳:《公众参与环境影响评价制度研究》,中国人民大学出版社 2004 年版,第 30 页。

律制度及学说进入了一个蓬勃发展的黄金时期。在这一时期，较为引人注目的学说当属于美国密执安大学萨克斯教授提出的“公共信托理论”。该理论认为：空气、水、阳光、野生动植物等环境要素是全体公民的共有财产；公民为了管理他们的共有财产而将其委托给政府，政府与公民从而建立起委托人和受托人的关系；政府作为受托人有责任为全体人民，包括当代美国人及其子孙后代管理好这些财产，未经委托人许可，政府不得滥用委托权。该理论的重大意义在于其实际上为公众参与环境保护提供了理论上的依据，从理论上论证了“全体公民”对环境所提出的权利主张的正当性与合理性，从而为公众参与原则在环境领域的形成与发展奠定了理论上的基础。

在公共信托理论的支持下，环境权理论得到了迅速发展。尽管在理论上和实践中，对环境权的基本属性、内涵及其外延还存在相当激烈的争论，但是越来越多的学者将环境权看作是一种程序性权利，强调其民主属性与参与意味。“若为因应我国环境意识高涨，但现有制度代表性不足的特殊背景，而有必要探寻环境决策的宪法关系，则应考量环境决策资源合理分配的本质，强调民主理念以及阶段性政治运作确实的弥补。果真如此，吾人若认为宪法上应有环境权的基础，则此一环境权应以民众的参与为本位。”①

在公共信托与环境权等理论的推动下，公众参与原则逐渐得到了国际社会的普遍承认，成为一项公认的基本原则，很多国际公约、条约以及国内立法都对公众参与原则作了明确的规定。在国际上，1992 年，《关于环境与发展的里约宣言》原则 10 明确提出：“环境问题最好是在全体有关市民的参与下，在有关级别上加以处理。在国家一级，每一个人都适当地获得公共当局所有的关于环境的资料，包括关于在其社区内的危险物质和活动的资料，并有机会参与各项决策的进程。各国应通过广泛提供资料来便利及鼓励公众的认识和参与，应让人人都能有效地使用司法和行政程序，包括补偿和补救程序。”《二十一世纪议程》用一篇共 11 章的篇幅专门讨论包括公众参与问题在内的环境民主问题，特别强调加强个人、团体和非政府组织在履行已商定的计划中的作用，认为公众的广泛参与和社会团体的真正介入是实现可持续发展的重要条件之一。1998 年，联合国欧洲委员会制定了《在环境问题上获得信息、公众参与决策和诉诸法律的公约》（简称《奥胡斯公约》），该公约是国际上首个专门规定公众的知情权、参与权和诉诸司法权的公约。在国内，一些环境保护比较发达的国家也在国内立法中专门规定公众参与原则及其相应的制度保障。例如，日本 1993 年颁布的《环境基本法》在第一章“总则”部分第 9 条规定了公民的环境保护职责，即“国民应当根据其基本理念，努力降低伴随其日常生活对环境的负荷，以便防止环境污染。除

① 叶俊荣：《环境政策与法律》，元照出版公司 2010 年版，第 32 页。

前款规定的职责外,国民还应根据其基本理念,有责任在自身努力保护环境的同时,协助国家或者地方公共团体实施有关环境保护的政策和措施。”又如,加拿大1997年颁布的《环境保护法》第2条规定了国家三项保证公众参与的职责,一是“鼓励加拿大人民参与对环境有影响的决策过程”,二是“促进由加拿大人民保护环境”,三是“向加拿大人民提供加拿大环境状况的信息”。在国家保障职责的基础上,该法设立了第二章“公众参与”,规定了公众的环境登记权、自愿报告权、犯罪调查申请权和环境保护诉讼、防止或赔偿损失诉讼等内容。

公众参与原则在我国立法中可以追溯到1979年。1979年《环境保护法(试行)》规定,“环境保护工作的方针是:全面规划,合理布局,综合利用,化害为利,依靠群众,大家动手,保护环境,造福人民。”尽管这一规定从法律的视角看还十分粗糙,带有浓厚的政策宣言色彩,且并没有体现公众参与原则中对政府行为进行监督的内涵,但是这一规定毕竟已经涉及公众环境保护的内容。1989年《环境保护法》删去了环境保护方针的规定,代之以第6条的规定,“一切单位和个人都有保护环境的义务,并有权对污染和破坏环境的单位和个人进行检举和控告。”这一条的规定更为具体,对于公众参与环境事务的本质的认识更加深入,但缺乏具体的配套制度,使得公众参与难以获得制度与程序上的保障。此后,尽管各环境保护单行法都基本套用了1989年《环境保护法》第6条的规定,但是在某些特殊的环境保护立法以及部门规章中,保障公众参与原则的相关制度得到了进一步的完善。例如,2002年颁布的《环境影响评价法》、环境保护部(原国家环境保护总局)2006年和2008年颁布的《环境影响评价公众参与暂行办法》以及《环境信息公开办法》(试行),对于环境影响评价中的公众参与以及环境信息的公开的完善起到了很大的促进作用。2014年,《环境保护法》进行了修订,极大地增加了在公众参与方面的规定。首先,新《环境保护法》第5条明确规定了“公众参与”原则。其次,新《环境保护法》专门用一章对“信息公开与公众参与”作了规定,包括:规定公民、法人和其他组织依法享有获取环境信息、参与和监督环境保护的权利;规定政府保障公众参与的义务;规定环境保护主管部门和企事业单位信息公开的义务;规定特定社会组织提起公益诉讼的权利。与以往相比,此次规定有了长足的进步,标志着我国环境保护中的公众参与已经发展到了一个新的阶段。

三、公众参与原则的适用

环境与资源保护法在产生之初就以行政权为本位,对公众参与思想存在天然的排斥倾向。因此,需要在具体法律制度与规范的设计方面给予公众参与更多的关注与支持,通过对相关权利保护的不断完善为公众参与原则的实现提供现实的支持。

（一）保护公众的环境知情权

环境知情权，即保证社会公众获得与环境有关的各种真实情况和资料的权利。环境知情权的内容应包括两个基本方面：第一，社会公众对所处环境相关的客观真实情况的了解和掌握。这方面的内容主要包括公众所处国家、地区、区域环境状况的资料，在公众社区内的危险物质和活动的资料，各种开发建设活动、生产经营活动可能对环境造成不利影响及其预防对策的资料等。第二，社会公众对与环境有关的政策法律法规以及政府宏观发展规划基本情况的认识和了解。这方面的环境知情权不仅包括社会公众对现行与环境相关的政策和法律法规的掌握，而且还应该包括对拟制定的有关政策和法律法规以及政府宏观发展规划可能对环境造成影响的程度有一定的了解。[①]

环境知情权是公众参与原则的基础性权利形态，是社会公众进一步对环境事务进行全面参与和介入的前提条件。只有对与环境相关的真实情况有充分的了解，公众才有可能对所面临的环境局势或状态作出客观的判断，并以此为基础作出真实的意愿表达，自主地决定通过何种方式参与其中，发挥其应有的作用。环境知情权不仅保障了公众参与的自主性，而且还从更大程度上保证了公众行使相关权利的适当性。对于这样一种基础性的权利形态，《里约宣言》中也有相应的体现，其原则 10 就明确指出："每一个人都应能适当地获得公共当局所有的关于环境的资料，包括关于在其社区内的危险物质和活动的资料，……各国应通过广泛提供资料来便利及鼓励公众的认识和参与。"

政府是环境信息披露和公开的主要义务主体，要保证公民的环境知情权，首先要完善政府信息公开义务。这包括三方面的要求：一是完善信息公开的类别，并确定不同类型信息的披露主体；二是完善信息公开的程序，为公民获取信息提供程序上的保障；三是完善相应的责任设计，明确违反信息公开义务的法律责任。在这三个方面，我国 2014 年《环境保护法》都有了较大的进步。首先，在信息公开类型方面，第 54 条对国家环境质量、重点污染源监测信息、环境状况公报、突发环境事件、环境行政许可、行政处罚、排污费的征收与使用以及环境违法信息等环境信息的公开主体作了明确规定，理顺了环境信息公开的基本类型。其次，新法对信息公开作了明确规定："各级人民政府环境保护主管部门和其他负有环境保护监督管理职责的部门，应当依法公开环境信息、完善公众参与程序，为公民、法人和其他组织参与和监督环境保护提供便利。"在这一规定中，除了规定要完善公众参与程序外，还提到要提供"便利"。在实践中，各级政府部门往往以不允许复印、需要多种额外证明材料等方式限制公众获取信息，这一规

① 参见张璐：《环境产业的法律调整——市场化渐进与环境资源法转型》，科学出版社 2005 年版，第 122 页。

定显然是为了应对这些“不予便利”的情况,与以往相比,有很大进步。再次,在“法律责任”部分,该法明确规定应当依法公开环境信息而未公开的,对直接负责的主管人员和其他直接责任人员给予记过、记大过或者降级处分;造成严重后果的,给予撤职或者开除处分,其主要负责人应当引咎辞职。这一规定为信息公开提供了法律责任保障,为下位的具体环境立法提供了支持。除了《环境保护法》的规定之外,2007 年 4 月,国家环境保护总局专门颁布了《环境信息公开办法》,对政府以及企事业单位环境信息公开分别作了专门规定。《循环经济促进法》《清洁生产促进法》等环境立法也涉及企事业单位信息公开,这些立法都为公众参与原则的贯彻以及公众环境信息获取权的保护提供了有效保障。

(二)保护公众的环境决策参与权

环境决策参与权,即公众根据自身对环境状况的了解,对政府环境决策有效参与的权利。环境决策参与权主要是针对政府作出的与环境有关的决策,公众有权获得相应的机会和正常的途径向有关有权作出决策的机关充分表达其所关心的环境问题的看法和意见,并通过一定的机制确保公众的合理化建议能为决策机关所采纳。通过环境决策参与权的形式,公众可以有效参与政府有关决策,并通过建议、质询、监督等方式对决策产生足够的影响力。环境决策参与权的出现,是环境保护工作科学化、民主化的表现,能够提高决策的科学性,协调决策所涉及的多种利益,避免决策对环境的负面影响。

《环境保护法》第 14 条规定:“国务院有关部门和省、自治区、直辖市人民政府组织制定经济、技术政策,应当充分考虑对环境的影响,听取有关方面和专家的意见。”这一条之所以规定“听取专家的意见”而不是“听取公众的意见”,是因为大部分政府决策具有高度专业性,在政府决策的参与过程中,专家学者的作用要远远大于普通公众。不过,专家仍然属于公众的范畴,这一规定显然强化了公众对政府环境决策的参与,有一定进步。

此外,企业的一些环境事务难免涉及公众利益,如果不能在企业和公众之间建立有效的沟通桥梁,就很容易导致企业与公众之间的对抗。因此,企业在进行环境决策时,也应当允许一定的公众参与。不过,企业毕竟不是公权力主体,有其经营自主权,因此,企业环境事务的参与应当仅限于受到直接影响的公众,而非不特定范围的普遍公众,以确保企业经营自主权与公众环境利益之间的平衡。以环境影响评价制度中的公众参与为例,《环境保护法》第 56 条第 1 款规定:“对依法应当编制环境影响报告书的建设项目,建设单位应当在编制时向可能受影响的公众说明情况,充分征求意见。”此处规定的就是“受影响的公众”,而非“公众”。

(三)建立环境公益诉讼制度

要有效贯彻公众参与原则,发挥公众的监督作用,最为重要的是允许公众享有针对环境损害提起公益诉讼的权利。与普通的环境侵权诉讼不同,环境公益诉讼的目的是保护公共利益,督促相应的主体履行其法律义务。环境公益诉讼是公众参与的高级形态,是保障公众环境利益的最后一道屏障。

传统法律理论对权利救济施加了“与损害之间具有直接联系”这一限制条件。就个人权利救济来说,这一条件并不会对个体诉权构成实质性障碍,然而,环境损害和环境破坏不仅会损害私权利,也会对普遍的公共利益造成损害。此时,如果仍然坚持诉权主体与损害间具有直接的联系,往往会造成公共利益保护的缺位。因此,为了有效保护环境利益,实现公众对环境事务的参与,应当建立相应的环境公益诉讼制度,允许不特定的公众或组织就环境损害提起诉讼。

近年来,但是随着经济社会的快速发展和公众参与热情的高涨,在传统诉讼制度之外设立公益诉讼制度已是大势所趋。2013 年 1 月 1 日起生效的《民事诉讼法》第 55 条规定:“对污染环境、侵害众多消费者合法权益等损害社会公共利益的行为,法律规定的机关和有关组织可以向人民法院提起诉讼。”由此,确立了环境公益诉讼制度。为了配合这一规定,2014 年《环境保护法》明确了可以提起诉讼的主体范围,规定:“对污染环境、破坏生态,损害社会公共利益的行为,符合下列条件的社会组织可以向人民法院提起诉讼:(一) 依法在设区的市级以上人民政府民政部门登记;(二) 专门从事环境保护公益活动连续五年以上且无违法记录。”这一规定将有权提起诉讼的主体限定为社会组织并且施加了多种限制,考虑到公益诉讼的特殊性以及法的安定性,这一规定有其合理性所在。不过如果从公众参与原则的宗旨看,这一规定显然没有彻底贯彻公众参与原则的要求。未来随着制度实践的发展与完善,应当进一步扩大公益诉讼主体范围,更加充分地发挥公益诉讼的监督作用。

思考题

1. 环境与资源保护法基本原则具有哪些特点? 应当如何理解环境与资源保护法的存在样态? 环境与资源保护法应该包含哪些基本原则?

2. 如何理解协调发展原则与可持续发展的关系? 我国应当确立协调发展原则还是环境优先原则?

3. 如何理解预防原则? 损害预防原则和危险预防原则之间有什么差别和联系?

4. 如何理解义务性原则? 污染者负担与责任共担之间应当如何结合?

5. 如何理解公众参与原则? 公众参与原则应该包含哪些内容?

推荐阅读

1.〔美〕赫尔曼·E. 戴利:《超越增长——可持续发展的经济学》,诸大建等译,上海世纪出版集团 2006 年版。

2. 〔法〕弗朗索瓦·佩鲁:《新发展观》,张宁、丰子义译,华夏出版社 1987 年版。

2. 唐双娥、吴胜亮:《协调发展原则:一个新颖性的界定与阐述》,载《社会科学家》2007 年第 6 期。

3. 曹明德:《对修改我国环境保护法的再思考》,载《政法论坛》2012 年第 6 期。

4. 柯坚:《论污染者负担原则的嬗变》,载《法学评论》2010 年第 6 期。

5. 竺效:《论公众参与基本原则入环境基本法》,载《法学》2012 年第 12 期。

第七章　环境与资源保护法律制度

【导言】

环境与资源保护法律制度是环境与资源保护法基本原则所蕴涵的法律精神的具体化，是环境与资源保护法的重要组成部分。环境与资源保护法律制度有效地保证了法律的可操作性。本章主要对环境与资源保护法律制度的内涵、特点以及基本内容等问题展开论述和探讨。

第一节　环境与资源保护法律制度概述

法律制度，是指在同一法律部门内部，调整特定社会关系并具有相同或相似法律功能的一系列法律规范所组成的整合性的规则系统。① 法律制度作为相同或相似功能法律规范的集合，是连接法律原则和法律规范的中介，在整个法律部门中起承上启下的重要作用。法律制度设计的科学程度决定了法律精神与原则的实现程度和效果。环境与资源保护法律制度是环境与资源保护法实施的重要环节，它不仅要体现和反映环境与资源保护法基本原则所蕴涵的法律精神，而且更要兼顾环境与资源保护法律规范的现实针对性与可操作性。② 一个相对科学的环境与资源保护法律制度体系是环境与资源保护法充分发挥其功能的基本条件。

一、环境与资源保护法律制度的内涵与特点

环境与资源保护法律制度，是指在环境与资源保护法律部门中，调整特定环境与资源保护社会关系，并具有相同或相似法律功能的一系列法律规范所组成的整合性的规则系统。环境与资源保护法律制度是环境与资源保护法基本原则所蕴涵法律精神的具体化，是环境与资源保护法的重要组成部分。环境与资源

---

① 一般而言，在论及法律制度时通常对其有广义和狭义两种解释。广义上的法律制度是指制度化的法律，主要是从宏观法制建设的角度出发，对社会运行的法律依据所作出的整体上的概括，在此意义上基本上与“法”或“法律”的含义相同；狭义上的法律制度特指对某些特定社会关系进行调整的法律规范的集合，是以现实的可操作性为基础，对符合要求的某类法律规范进行具体归纳的相对务实的理论范畴。本书所指的法律制度是从狭义的角度而言的。

② 参见张璐：《环境产业的法律调整——市场化渐进与环境资源法转型》，科学出版社 2005 年版，第 139 页。

保护法律制度既不同于环境与资源保护法的基本原则,也不同于具体的环境与资源保护法律规范,而是有其自身独特的质的规定性。对环境与资源保护法律制度内涵的准确理解,应把握以下四方面内容:

1. 调整对象的特定性

虽然环境与资源保护法的调整对象是统一的,都是环境污染防治与自然资源开发利用中产生的社会关系,但在同类社会关系内部,仍有必要按照环境与资源保护法调整对象的不同进一步细分出不同类型的社会关系,使法律的调整更具针对性,以优化法律实施的效果。例如,在环境与资源保护法调整的社会关系中,有些涉及自然资源权属问题,有些则涉及政府的管理权限和方式,还有的兼有平权与隶属关系。所以,必须以调整对象中不同类型的社会关系的特点和需求为基础,在法律上进行针对性的回应。环境与资源保护法律制度即是针对环境与资源保护法调整对象中的不同社会关系类型,根据特定类型社会关系所表现出来的外在特征和对法律调整的内在需求,通过对同类法律规范的遴选而组成的规则系统。因此,环境与资源保护法律制度的调整对象具有特定性。

2. 法律规范的整合性

单个条文或法律规范无法组成法律制度,所以,环境与资源保护法律制度是一系列有特定调整对象的法律规范的集合体。构成环境与资源保护法律制度的法律规范并非简单相加形成的,而是一个由相互关联、相互支持的法律规范共同构成的独立且完整的规则系统。通过特定法律规范整合而成的环境与资源保护法律制度,能有效发挥法律调整的系统优势,使单个或零散法律规范的功能得以扩大和强化。环境与资源保护法律制度对法律规范的整合作用,为整个环境与资源保护法律部门系统化、条理化发展及法律体系的不断完善提供了有力的支持。

3. 法律功能的同质性

由于调整对象的特定性,特定的环境与资源保护法律制度只对特定类型的环境与资源保护社会关系发生作用。特定的环境与资源保护法律制度只对那些外在特征相似、对法律调整内在需求相同的特定社会关系进行规范和调整,因此,构成环境与资源保护法律制度的法律规范应具有同质的法律功能,也就是说,同一环境与资源保护法律制度所统率的法律规范在价值判断的取舍方面以及发挥作用的方式上基本上是一致的。环境与资源保护法律制度的法律功能的同质性既是对法律规范进行选择和取舍的重要标准,同时也是体现法律制度“整体大于部分之和”、发挥其系统优势的根本保证。

4. 法律实施的可操作性

环境与资源保护法律制度是一个相对务实的理论范畴,它和环境与资源保护法基本原则最根本的区别就在于,环境与资源保护法律制度并非理论上的抽象与概括，而是从现实中特定的调整对象出发，为增强法律调整的针对性和适应性，由相关法律规范整合而成。特定而明确的调整对象和具体的法律规范，决定了环境与资源保护法律制度在实施中必然具有较强的可操作性。环境与资源保护法律制度的可操作性是环境与资源保护法成熟与完善的重要标志。因为，任何部门法的理论研究和法律实践都有一个从粗略到精细的发展过程，只有比较完备的立法才具有较强的可操作性和现实针对性。环境与资源保护法律制度健全和完善的过程实质上也是一个操作性不断强化的过程。环境与资源保护法律制度的操作性越强，环境与资源保护法也就越容易得到贯彻和实施，也就表明环境与资源保护法的发展水平越高。

综上所述，环境与资源保护法律制度因其对理论与实践的双重承载及其自身具有的系统优势，决定了它必然在整个环境与资源保护法律系统中占据优越的地位。[①] 所以，对环境与资源保护法理论变迁与革新的研究也应把环境与资源保护法律制度体系的发展与完善作为重点考虑对象。

二、环境与资源保护法律制度体系的现状与完善

关于环境与资源保护法律制度，在目前环境与资源保护法学研究中的认识和归纳并不统一。其中，在理论总结上较为一致的是 1979 年《环境保护法（试行）》中明确规定的环境影响评价制度、征收排污费制度和“三同时”制度，这三项制度一般在理论研究中被称为“老三项”制度。经过多年的发展，我国的环境与资源保护法律制度也得到了长足的发展，但基于在立法和理论研究侧重点等方面的原因，对在环境与资源保护法中新出现的法律制度在理论概括上并不一致。但是，总的来说，目前较为成熟的环境与资源保护法律制度除了传统上的“老三项”之外，主要有限期治理制度、环境标准制度、许可证制度、环境监测制度、现场检查制度等。除此之外，还有一些制度正处于建立和发展过程中，如污染物排放总量控制制度、清洁生产制度、环境标志制度等。整体上看，我国环境与资源保护法律制度已经粗具规模，并呈现出体系化的发展趋势，这从一个侧面也反映了我国环境与资源保护法的理论与实践正由稚嫩走向成熟。同时，也必须看到，就目前的环境与资源保护法律制度体系而言，其不完备的方面表现得还是较为明显，距市场化的要求和环境与资源保护问题所呈现出来的新的发展趋势还有相当大的差距，需要进一步完善。立足于目前的基本现实，在环境与资源保护法律制度体系的完善中至少应对以下问题给予足够的重视。

首先，应当进一步完善政府环境责任，明确政府环境义务，推动政府职能转

---

① 参见张璐：《环境产业的法律调整——市场化渐进与环境资源法转型》，科学出版社 2005 年版，第 141 页。

变,强化政府服务职能。政府尽管不直接进行各种产业活动,却是主要的决策者和管理者,同时也占据着最为丰富的社会资源。因此,无论从原因行为出发还是从能力出发,政府都应该在环境与资源保护之中承担起最为重要的责任和义务。然而,在很长一段时间里,我国环境与资源保护法的重心都在工业污染防治之上,主要约束对象也是企业,而忽视了对政府义务的规定。因此,环境与资源保护法之后的主要任务之一就是要通过法律规定明确政府环境责任,并且通过制度设计对政府施加环境保护义务。此外,也需要通过法律制度设计推动政府职能转变,强化政府的服务职能,推动政府与企业之间合作关系的建立与发展。

其次,环境与资源保护法律制度的发展必须进一步加强对经济诱因型制度的运用。一直以来,我国比较重视建立在管制与命令基础上的行政管理制度的构建,而不重视运用经济诱因型制度。这种状况固然有其历史的合理性,但是随着市场经济的快速发展以及政府行政管理水平的提高,有必要在传统的管制与命令类制度之外,加强以经济诱因为基础的法律制度的构建和运用,如补贴、税费、排污权交易等。这一方面可以弥补纯行政管制固有的僵化和低效率的弊端,另一方面也可以降低环境保护的成本,提高环境保护的效率。

最后,和环境与资源保护有关的法律责任的新的发展趋势及其承担方式的变化也是环境与资源保护法律制度体系完善的重要方面。以往在追究与环境与资源保护有关的法律责任时,往往着眼于直接责任与个体责任,但随着社会化生产的发展和社会利益格局的不断变化,与环境与资源保护有关的法律责任也在不断异化和转化,突出表现为法律责任承担的间接化与社会化。[①] 这种在法律责任方面的转变实际上反映了环境与资源保护法研究思路从利益限制到利益增进的转变,在环境法律制度中也应该对此有所回应。

第二节　环境规划制度

一、环境规划基本理论

(一) 环境规划的概念与特点

环境规划是指“政府(或组织)根据环境保护法律和法规所做出的、今后一定时期内保护生态环境功能和环境质量的行动计划。”[②]环境规划是各级政府和各有关部门在规划期内要实现的环境目标和所要采取的防治措施的具体体现。制定和实施环境规划的目的是保证环境保护作为国民经济和社会发展规划的重

① 参见张璐:《环境产业的法律调整——市场化渐进与环境资源法转型》,科学出版社 2005 年版,第 143 页。

② 宋国君、李雪立:《论环境规划的一般模式》,载《环境保护》2004 年第 3 期。

要组成部分参与综合平衡，发挥规划的指导和宏观调控作用，强化环境管理，推动污染防治和自然保护，改善环境质量，促进环境与国民经济和社会的协调发展。① 根据范围的不同，可以将环境规划分为狭义和广义的环境规划。狭义的环境规划就是我国各级环境保护行政主管部门制定的“环境保护规划”，这类规划一般只涉及污染防治与生态保护。例如，国务院 2011 年发布的《国家环境保护“十二五”规划》就包括推动主要污染物减排、改善水环境质量、强化生态保护和监管等内容。广义的环境规划则包括污染防治、生态保护以及自然资源开发利用三方面的内容，因此，不仅由环境保护行政主管部门制定的“环境保护规划”属于环境规划，围绕水、土地、矿藏、森林等环境要素制定的开发利用规划也属于环境规划的范畴。本书认为，环境规划制度是环境法的基本制度，涵盖污染防治、自然资源能源开发利用以及生态保护三方面内容。因此，本书采用广义的环境规划的概念。

一般来说，环境规划具有以下几方面的特点：

一是系统性和综合性。生态系统具有整体性和系统性，因此环境规划要对特定地区的环境或特定自然要素实现整体保护，必须运用系统化的方法，综合运用多种手段进行资源的优化配置，达到最佳规划效果。“环境规划是指对不同地域和不同空间尺度的环境保护的未来行动进行规范化的系统筹划，为有效地实现预期环境目标采取的一种综合性手段。”②

二是科学性和技术性。环境要素和生态系统的保护具有较强的科学性和技术性，因此，要进行相应的规划，安排未来的相关行动，必须进行大量的基础性观测和研究，确定相应的科学标准，并运用科学的规划方法。因此，环境规划具有很强的科学性和技术性，无论是规划文本还是规划的过程，都必须以环境科学理论与方法为基础。

三是行政性。环境规划是政府履行其环境责任，确保特定区域环境质量或特定自然要素能够得到有效保护的基本手段。环境规划对不同的主体提出了特定的目标以及相应的行动要求，是相关行政主体对未来的行动安排，具有较强的行政性，属于行政规划的一种。

四是法律性。与私主体所制定的有关环境与资源的行动计划不同，环境规划属于政府行政行为的一种，因此必须在相关的法律法规的框架之下进行。环境规划的法律性是保证环境规划科学性和有效性的基础。环境规划的相关法律法规越完善，编制环境规划的法律程序越完善，环境规划的科学程度和合理程度

---

① 本句来源于国家计划委员会和国家环境保护局 1994 年发布的《环境保护计划管理办法》第 3 条的规定，不过该条规定在当时使用的是“计划”一词。

② 方如康主编：《环境学词典》，科学出版社 2003 年版，第 529 页。

就越高。

(二) 环境规划的体系

总体来说,我国环境规划体系是一个纵横交错的体系:纵向上,按照行政级别的不同,可以区分为中央和地方(省、市、县三级)环境规划;横向上,按照对象和功能的不同,可以区分为总体规划、专项规划和区域规划。

就环境保护规划来说,国家层面的环境保护规划包括四个层次:一是国家五年环境保护规划,它是国家总体规划,确定了国家层面的环境保护目标和指标、主要任务和措施;第二个层次是国家环境保护专项规划,主要解决环境保护重点领域的突出问题;第三个层次是由环保部门参与的有关环保的国家专项规划,体现了环境保护与资源开发利用及经济社会发展规划的衔接;第四个层次是环保部门自身的发展规划,主要是为了强化环保部门的职责和能力。[①] 地方层次的规划包括区域环境保护规划、省级环境保护规划、地市级环境保护规划以及区县环境保护规划四个层次。就有关自然资源的开发利用的规划来说,在中央和地方层面上,有关土地利用的规划,流域、区域、海域的建设、开发利用规划(“一地三域”总体规划)以及有关工业、农业、畜牧业、林业、能源、水利、交通、城市建设、旅游、自然资源开发的专项规划中涉及环境和资源保护的部分也应当属于环境规划的组成部分。

(三) 环境规划和环境计划

“规划”与“计划”是近义词,在国内外,对二者并不作严格意义上的区分,有时甚至在相同意义上使用它们。二者之间实际上并无本质上的差异,只不过相比较而言,“规划”比“计划”更宏观一些。就我国的现实情况而言,在不同的发展时期,“计划”和“规划”分别表达了不同的含义。在新中国成立后相当长的时期,我国普遍采用的是“计划”这一名词。近年来,随着我国市场化改革的深入发展,逐步用“规划”取代了原来的“计划”,尤其是国务院颁布的《国民经济和社会发展第十一个五年规划纲要》实际上正式确立了“规划”这一称谓。比较而言,“计划”和“规划”的差异主要体现在两个方面:首先,以前的“计划”是以政府的指令性要求为基本内容,而当前的“规划”则在于充分发挥市场对资源配置的基础性作用;其次,从实施的角度看,“计划”的实施主要是依靠行政部门上下级之间的命令与服从,以行政权的运作为核心,而“规划”的实施主要是以政策和相关立法为基础,尤其强调法律角度的保障,行政权更多地发挥导向性的作用。所以,《国民经济和社会发展第十一个五年规划纲要》第一次提出了“约束性”指标的说法,并明确规定约束性指标具有“法律效力”,这实际上是在我国市

① 参见〔挪威〕海肯·威纳姆、克里斯汀·阿南编著:《战略环评和费用效益分析方法在环境规划中的运用》,中国环境科学出版社2012年版,第1页。

场经济体制逐步完善的过程中,在规划的实施方面,从过去依靠行政指令到今后依靠法律的重要转变,这也从另外一个角度说明,与过去的计划经济中的"计划"比较而言,当前市场经济体制中的"规划"在淡化行政指令的同时,更注重从法律的角度为其"约束性"和效力寻求依据。①

二、环境规划的立法沿革

早在1979年,《环境保护法(试行)》就已经对环境规划作出了初步的规定。第4条规定,环境保护工作坚持"全面规划、合理布局"的方针;第5条规定,"国务院和所属各部门、地方各级人民政府必须切实做好环境保护工作;在制定国民经济计划时,必须对环境的保护和改善统筹兼顾,并认真组织实施;对已经造成的环境污染和其他公害,必须作出规划,有计划有步骤地加以解决。"这些规定已经体现出了对环境保护进行规划的思想,不过,就规定的科学性、完整性来看,这些规定还比较粗糙:其重点主要还是在治理已有的环境污染问题上,缺乏预防的观念;对于环境规划的重要性也缺乏认识,只要求在国民经济计划中对环境保护"统筹兼顾";对于自然资源能源的开发利用保护规划也缺乏原则性规定。

1989年《环境保护法》的规定有了一定的进步,其第12条规定,"县级以上人民政府环境保护行政主管部门,应当会同有关部门对管辖范围内的环境状况进行调查和评价,拟定环境保护计划,经计划部门综合平衡后,报同级人民政府批准实施。"不过,这一规定并没有突出环境保护主管部门在环境规划中的主导地位,而过于强调了计划部门的作用,这带有鲜明的时代特征。1994年,国家计划委员会和国家环境保护局联合发布了《环境保护计划管理办法》,对1989年《环境保护法》第12条的规定作了进一步细化,其第8条规定,"国家环境保护计划编制依照以下程序:1. 国家环境保护计划按照国家计划委员会统一部署,各省、自治区、直辖市和计划单列市的计划行政主管部门会同环境保护行政主管部门,根据国家的环境保护要求,结合本地区的实际情况编制本地区环境保护计划草案,报送国家计划委员会,并抄报国家环境保护局。计划单列市的环境保护计划同时抄报省计划部门和省环境保护主管部门。2. 国家环境保护局在对各省、自治区、直辖市和计划单列市环境保护计划草案进行审核的基础上,编制国家环境保护计划建议,报送国家计划委员会,国家计划委员会根据环境保护计划建议编制环境保护计划草案。3. 地方环境保护计划编制可参照国家环境保护计划编制程序进行。"由此可以看出,《环境保护计划管理办法》在环境规划编制主体的规定上并无进步,只是沿袭了1989年《环境保护法》第12条的规定,环境规划的编制主体其实是国家计划部门,而环境保护主管部门只负责编制国家

① 参见张璐:《环境规划的体系和法律效力》,载《环境保护》2006年第6A期。

环境保护规划建议。不过,在其他方面,《环境保护计划管理办法》有很大进步,它规定了环境保护规划的层级,环境保护规划的内容,编制和实施环境保护规划的原则、程序、贯彻落实、保障措施以及奖惩措施。就当时来看,这一办法具有重要的意义和作用,为环境规划编制和实施提供了具体的制度保障。尽管这一办法中一些有关程序的规定目前已经过时,但是仍然有一些通行的规定可以适用。

进入21世纪以后,随着经济社会的快速发展,作为计划部门的国家计划委员会最终于2003年转变为作为宏观调控部门的国家发展与改革委员会,“规划”也全面取代了“计划”。在新的情况和形势下,2005年,国务院发布了《国务院关于加强国民经济和社会发展规划编制工作的若干意见》(以下简称《意见》),对国民经济和社会发展规划的编制提出了新的要求。该意见规定:“编制国家级专项规划原则上限于关系国民经济和社会发展大局、需要国务院审批和核准重大项目以及安排国家投资数额较大的领域。主要包括:农业、水利、能源、交通、通信等方面的基础设施建设,土地、水、海洋、煤炭、石油、天然气等重要资源的开发保护,生态建设、环境保护、防灾减灾,科技、教育、文化、卫生、社会保障、国防建设等公共事业和公共服务。”从这一规定可以看出,《意见》的调整范围涵盖了广义的环境规划,其规定也应当适用于环境规划的编制。

至2014年,新《环境保护法》彻底改变了1989年《环境保护法》的规定,明确了环境保护主管部门在环境规划编制中的主导地位。该法第13条第1—3款规定:“县级以上人民政府应当将环境保护工作纳入国民经济和社会发展规划。国务院环境保护主管部门会同有关部门,根据国民经济和社会发展规划编制国家环境保护规划,报国务院批准并公布实施。县级以上地方人民政府环境保护主管部门会同有关部门,根据国家环境保护规划的要求,编制本行政区域的环境保护规划,报同级人民政府批准并公布实施。”与这一规定相适应,国家发展和改革委员会的职能则转为配合环境保护主管部门编制环境规划并进行规划之间的协调。①

三、环境规划制度

所谓环境规划制度,是指环境规划编制以及实施过程中所涉及的一系列法律规范的集合。与私主体所拟定的针对未来的行动计划不同,编制以及实施环境规划属于政府行政行为的一种,因此必须依据法律的规定进行。环境规划制度涉及环境规划的编制、环境规划的批准与发布以及环境规划的执行等,为环境

① 国家发展与改革委员会网站主页对其下属各司局的职能作了介绍,其中,环资司在环境规划编制上的职能是“参与编制环境保护规划”,规划司的职能则转变为“负责其他专项规划、区域规划、省级中长期规划等与国家中长期规划的衔接,负责专项规划之间的衔接”。

规划提供全程的法律保护。

（一）环境规划的编制

环境规划的编制主要涉及环境规划的编制主体、环境规划编制的原则以及环境规划的编制程序三方面内容。

1. 环境规划的编制主体

在环境规划方面，目前无论是五年环境保护规划还是环境保护专项规划，编制的主体都是各级环境保护主管部门以及相关部门，其中，环境保护主管部门居于主导地位。除了环境保护主管部门以外，其他的一些部门以及相关省、自治区、直辖市人民政府也会根据拟编制的环境规划所涉及的具体领域参与到规划编制之中。例如，2012 年发布的《重点区域大气污染防治"十二五"规划》的编制主体就包括环境保护部、国家发展和改革委员会以及财政部。而 2012 年发布的《重点流域水污染防治规划（2011—2015 年）》的编制主体则包括环境保护部、国家发展和改革委员会、财政部、水利部和重点流域相关省、自治区、直辖市人民政府。

与环境保护规划不同，有关自然资源能源开发、利用和保护的规划的编制主体主要是相关主管部门，如中央和地方林业主管部门、渔业主管部门、草原主管部门、能源主管部门等。以林业为例，《森林法实施条例》第 14 条第 1、2 款规定："全国林业长远规划由国务院林业主管部门会同其他有关部门编制，报国务院批准后施行。地方各级林业长远规划由县级以上地方人民政府林业主管部门会同其他有关部门编制，报本级人民政府批准后施行。"按照这一规定，在中央层面，由国家林业局会同有关部门负责编制相关的林业发展规划，如国家林业局 2011 年 7 月发布的《林业发展"十二五"规划》。在地方层面，则由地方林业主管部门会同有关部门编制相关的规划，如广东省林业局于 2010 年 12 月发布的《广东省林业发展"十二五"规划》。又如，在能源资源节约、综合利用和发展循环经济领域，主要由发改委负责编制相应的规划，具体负责部门为发改委环资司。

2. 环境规划的编制原则

按照《环境保护计划管理办法》第 7 条，环境规划编制应当坚持的政策和原则包括：坚持环境保护与国民经济和社会协调发展，坚持经济建设、城乡建设和环境建设同步规划、同步实施、同步发展；贯彻执行国家的法规、环境经济政策、技术政策和产业政策；与城市、区域、流域环境规划相衔接，并做好五年环境保护规划与年度环境保护规划的衔接；与各项环境保护管理制度和措施紧密结合，并以各项环境保护制度和措施作为实施环境保护规划的重要手段。此外，《意见》中也有关于规划编制原则的规定，同样适用于环境规划的编制。《意见》（五）规定："遵循正确的规划编制原则。坚持以人为本、全面协调可持续的科学发展观;坚持从实际出发,遵循自然规律、经济规律和社会发展规律;坚持科学化、民主化,广泛听取社会各界和人民群众的意见;坚持统筹兼顾,加强各级各类规划之间的衔接和协调;坚持社会主义市场经济体制的改革方向,充分发挥市场配置资源的基础性作用。”在实践中,编制机关应当遵循这两项规定的要求展开相应的规划编制工作。

3. 环境规划的编制程序

就具体的编制程序来看,目前新《环境保护法》还没有具体的规定,此时应当按照《意见》的规定履行相应的程序,规划的编制程序主要包括规划准备工作、规划草案编制、规划征求意见以及规划衔接四个部分。

(1) 规划准备工作。在编制规划前,必须认真做好基础调查、信息搜集、课题研究以及纳入规划重大项目的论证等前期工作,及时与有关方面进行沟通协调。编制国家级专项规划,编制部门要拟订规划编制工作方案,明确规划编制的必要性、衔接单位、论证方式、进度安排和批准机关等,并送有关部门进行协调。需由国务院批准的专项规划,要拟订年度计划,由国务院发展改革部门会同有关部门报国务院批准后执行。编制跨省(区、市)区域规划,由国务院发展改革部门会同有关省(区、市)人民政府提出申请,经国务院批准后实施。规划编制工作所需经费,应按照综合考虑、统筹安排的原则,由编制规划的部门商同级财政部门后列入部门预算。一般由相关部门发布的规范性文件来确定相应的工作方案。此外,还必须确定相应的规划领导小组和规划编制组,为规划编制提供组织保障。

(2) 规划编制。规划编制应当按照规划编制机关的规划编制工作方案进行。以环保部办公厅、发改委办公厅以及水利部办公厅2010年联合印发的《重点流域水污染防治“十二五”规划编制工作方案》为例,其主要内容包括规划范围、总体思路、基本原则、重点任务、技术要求、编制组织以及编制进度,规划编制需按照其规定的时间、任务、技术要求进行,完成规划草案。

(3) 规划征求意见。规划草案完成后,应当进行相应的社会参与、专家论证。就社会参与来说,按照《意见》的要求,编制规划要充分发扬民主,广泛听取意见。各级各类规划应视不同情况,征求本级人民政府有关部门和下一级人民政府以及其他有关单位、个人的意见。除涉及国家秘密外,规划编制部门应当公布规划草案或者举行听证会,听取公众意见。就专家论证来说,《意见》要求,为充分发挥专家的作用,提高规划的科学性,国务院发展改革部门和省(区、市)人民政府发展改革部门要组建由不同领域专家组成的规划专家委员会,并在规划编制过程中认真听取专家委员会的意见。规划草案形成后,要组织专家进行深入论证。对国家级、省(区、市)级专项规划组织专家论证时,专项规划领域以外的相关领域专家应当不少于1/3。规划经专家论证后,应当由专家出具论证报告。

（4）规划衔接。最后，规划草案完成之后，还应当进行会签，征求相关部门的意见，确保规划之间的衔接。新《环境保护法》第 13 条第 4 款规定："环境保护规划的内容应当包括生态保护和污染防治的目标、任务、保障措施等，并与主体功能区规划、土地利用总体规划和城乡规划等相衔接。"《意见》也规定："要高度重视规划衔接工作，使各类规划协调一致，形成合力。规划衔接要遵循专项规划和区域规划服从本级和上级总体规划，下级政府规划服从上级政府规划，专项规划之间不得相互矛盾的原则。编制跨省（区、市）区域规划，还要充分考虑土地利用总体规划、城市规划等相关领域规划的要求。""专项规划草案由编制部门送本级人民政府发展改革部门与总体规划进行衔接，送上一级人民政府有关部门与其编制的专项规划进行衔接，涉及其他领域时还应当送本级人民政府有关部门与其编制的专项规划进行衔接。同级专项规划之间衔接不能达成一致意见的，由本级人民政府协调决定。""各有关部门要积极配合规划编制部门，认真做好衔接工作，并自收到规划草案之日起 30 个工作日内，以书面形式向规划编制部门反馈意见。"

（二）环境规划的审批和发布

1. 环境规划的审批

在报送材料上，按照《意见》的要求，规划编制部门向规划批准机关提交规划草案时应当报送规划编制说明、论证报告以及法律、行政法规规定需要报送的其他有关材料。其中，规划编制说明要载明规划编制过程，征求意见和规划衔接、专家论证的情况以及未采纳的重要意见和理由。

在审批权限上，关系国民经济和社会发展全局、需要国务院审批或者核准重大项目以及安排国家投资数额较大的国家级专项规划，由国务院审批；其他国家级专项规划由国务院有关部门批准，报国务院备案。跨省（区、市）的区域规划由国务院批准。按照这一规定，在中央层面，环保总体规划一般由国务院批准。例如，《国家环境保护"十二五"规划》就由国务院批准。环保专项规划一般由国务院批复。例如，《重点区域大气污染防治"十二五"规划》就由环境保护部、发改委以及财政部报送国务院批复。

2. 环境规划的发布

规划的发布也是规划贯彻施行的重要环节，目前，就环境规划来说，在中央层面，规划的发布比较统一，总体规划一般由国务院发布，专项规划一般由编制机关发布。但是，在地方层面，规划的发布主体缺乏统一的规定，比较混乱。对于总体规划，有些省市由省级人民政府或者直辖市人民政府发布，有些省市由相关部门发布，有的省市则由省政府办公厅发文发布。例如，《江苏省"十二五"环境保护和生态建设规划》由江苏省人民政府发布，《北京市"十二五"时期环境保护和建设规划》由北京市环保局和北京市发改委发布,《河北省生态环境保护“十二五”规划》由河北省人民政府办公厅发文发布。按照新《环境保护法》的规定,今后应当统一发布程序,由相关部门报同级人民政府批准后,由同级人民政府发布。

在自然资源能源规划方面,批准和发布主体也比较混乱。在中央层面,不同的专项规划主要由各部门直接发布,但是发布的主体并不规范。例如,《林业发展“十二五”规划》由国家林业局发布,但是《全国渔业发展第十二个五年规划(2011—2015 年)》却由作为农业部内设机构的渔业局发布。在地方层面,各地区规划的批准和发布主体也不同。以土地资源为例,《北京市“十二五”时期土地资源保护和开发利用规划》的发布单位为北京市国土资源局,而《上海市土地利用和土地资源保护“十二五”规划的通知》的发布单位则为上海市人民政府。未来应当改变这种现状,就此进行统一规定。

(三) 环境规划的执行

长期以来,我国规划领域一直存在着“重规划、轻执行”的倾向,“规划规划,墙上挂挂”形象地描述了这种情况。因此,就环境规划法律制度的完善来说,应当将一部分重点放在环境规划的执行上。就相关法律规定来说,尽管《环境保护计划管理办法》中很多规定已经落后和过时,但是其中有关执行的一些规定仍然可以适用。环境规划的执行主要包括以下几方面内容:

一是明确落实和执行环境规划的执行主体。环境规划的执行主体应当包括各级人民政府、环境保护主管部门以及相关主管部门。其中,各级环境保护行政主管部门应当负责监督、检查环境规划的落实和具体执行。

二是建立环境保护目标责任制。通过环境保护目标责任制,能够明确各级人民政府的环境责任,确保各级人民政府认真组织实施环境规划。

三是切实采取有利于落实环境规划的措施,落实各项环境保护基本制度。《环境保护计划管理办法》规定,各级政府应当把环境保护投资纳入政府或企业的预算,把环境保护项目列入基本建设、技术改造规划之中;加强对重大污染源的管理和治理,严格执行“三同时”制度和“污染限期治理”制度,保证环境规划目标和任务的完成。

四是加强奖惩措施。各级规划和环境保护行政主管部门对在环境规划的编制、实施和检查考核过程中,取得显著成绩和突出贡献的单位和个人,应予表彰和奖励。对在编报、执行、调整环境规划中弄虚作假、不按规定报送有关规划数据、资料和有关情况或因工作不力而未完成规划的,可根据情节轻重对直接责任人员和主管领导给予批评或处罚。

五是加强对规划的后评估和调整工作。《意见》要求,规划编制部门要在规划实施过程中适时组织开展对规划实施情况的评估,及时发现问题,认真分析产生问题的原因,提出有针对性的对策建议。评估工作可以由编制部门自行承担,也可以委托其他机构进行评估。评估结果要形成报告,作为修订规划的重要依据。有关地区和部门也要密切跟踪分析规划实施情况,及时向规划编制部门反馈意见。经评估或者因其他原因需要对规划进行修订的,规划编制部门应当提出规划修订方案(需要报批、公布的要履行报批、公布手续)。总体规划涉及的特定领域或区域发展方向等内容有重大变化的,专项规划或区域规划也要作相应调整和修订。

四、环境规划的法律效力

环境规划作为行政规划的一种,应以行政行为效力的一般理论为基础。目前,行政法学界对行政行为的效力问题已基本达成共识,一般来说,行政行为效力的内容包括公定力、确定力、拘束力和执行力四个方面。

(一)环境规划的公定力

环境规划的公定力,是指环境规划一经批准实施,即具有要求所有机关、组织或个人予以尊重的法律效力。环境规划的公定力来源于环境规划的法定性。首先,从宪法的层面来说,我国《宪法》明确规定了“国家保护和改善生活环境和生态环境,防治污染和其他公害”,该规定集中体现了在环境保护方面的国家意志,环境规划则是体现和贯彻上述国家意志的重要方式;同时,考虑到环境保护领域行政立法及准立法是编制环境规划的重要依据,这也有助于在一定程度上理解环境规划的法律性质。其次,从目前综合性的环境立法和各单行环境立法的有关规定来看,尽管说法不一,但基本上都对本领域规划编制的部门、原则、程序以及审批等问题作出了较为明确的规定,而且这方面的规定近年来呈现明显加强的趋势,这说明有关环境规划的内容日益受到国家立法机关的重视,环境规划的法定性也正在逐步增强。对法定性的强调对于认识环境规划的法律性质是十分必要的,正是具有立法上的依据,环境规划才具有公定力。

(二)环境规划的确定力

环境规划的确定力,是指已经生效的环境规划对有关行政主体和行政相对人所具有的不受任意改变的法律效力。尤其对于环境规划的编制机关而言,这种确定力是实质性的,它要求有关行政主体不得任意改变自身所作出的环境规划,否则应承担相应的法律责任。目前,在各单行的环境立法中对此都有所反映,而且基本上都明确规定了各环境规划变更的法定程序,并在罚则中有相应的体现。基于行政主体在环境规划编制、实施过程中的主导性地位,环境规划的确定力更多地表现为对有关行政主体的约束效力和对相对人合法权益的保护,不仅对规划内容的擅自变更是不允许的,即使通过合法程序对环境规划予以中止、变更,如果对相对人基于该规划而产生的信赖利益造成损害,行政主体也应当承担补偿责任,如果行政主体拒绝补偿,那么相对人可以针对该不予补偿的行为申请法律救济,这是行政法中信赖保护原则的具体体现。

(三)环境规划的拘束力

环境规划的拘束力,是指已经生效的环境规划所具有的约束和限制有关行政主体和行政相对人的法律效力。拘束力是对有关行为的一种强制规范,是一种要求遵守的法律效力,如果违反了这种规则,则行为人应承担相应的法律责任。拘束力是环境规划法律效力最为集中的体现,它不仅是对公定力和确定力的落实,同时也是产生执行力的基础,是在环境规划法律效力体系中承上启下的重要环节。具体而言,可以从以下两个方面理解环境规划的拘束力:其一,环境规划对外部的拘束力。这方面拘束力是指,在环境规划内容上的指标和要求会对相对人的利益产生直接影响,要求相对人必须遵守的法律效力。环境规划的外部拘束力不仅是对相对人的行为要求,而且也是行政主体采取其他行为的依据和前提条件。其二,环境规划对内部的拘束力。这方面的拘束力主要是针对行政主体,因为在内容涉及公共基础设施建设、管理能力完善等方面的一些环境规划,对相对人的利益没有直接影响,但对于行政主体而言,则应当采取必要的措施对规划中的要求和指标予以落实。

(四)环境规划的执行力

环境规划的执行力,是指已经生效的环境规划要求有关行政主体和行政相对人对其内容予以实现的法律效力。从逻辑关系上说,执行力是拘束力的延伸和保障,是在实施环节保证拘束力实现的重要因素。尽管环境规划的编制、实施等工作都是以有关行政主体为主导的,但环境规划的执行力并非仅对相对人而言,行政主体同样也包含在执行力的法律效力范围之内,不过执行力在针对二者的表现方式上有所不同。对于相对人来说,环境规划的执行力主要由行政主体在日常管理过程中予以落实,主要表现为行政主体依据规划中的有关内容,实施相应的具体行政行为。根据不同的情况,落实环境规划执行力的具体行政行为也可分为不同类型。既可能表现为依申请行政行为,比如根据相对人申请,行政主体依据相关法律规定和环境规划有关内容而作出的行政许可、行政裁决等行为;也可能表现为依职权行为,比如行政主体在组织规划实施过程中,依法对相对人作出的行政命令、行政处罚、行政强制等行为。实际上,环境规划作为一种抽象行政行为,其执行力更多的是通过具体行政行为的实施得以实现和保障。对于行政主体而言,环境规划的执行力主要是通过行政主体的行政法制监督和内部行政关系调整予以保障。从目前的情况看,对行政主体在规划执行中的约束力要求在逐步提高。我国《国民经济和社会发展第十一个五年规划纲要》在

“建立健全规划实施机制”部分明确指出:“本规划确定的约束性指标,具有法律效力,要纳入各地区、各部门经济社会发展综合评价和绩效考核。约束性指标要分解落实到有关部门,其中耕地保有量、单位国内生产总值能源消耗降低、主要污染物排放总量减少等指标要分解落实到各省、自治区、直辖市。”

第三节 环境影响评价制度

一、环境影响评价与环境影响评价制度基本理论

(一) 环境影响评价的概念

“环境影响评价”的概念最初于 1964 年在加拿大召开的国际环境质量评价学术会议上提出。根据联合国环境规划署理事会于 1987 年 6 月 17 日通过的《环境影响评价的目标和原则》,环境影响评价是指“对拟议项目和活动应进行的检查、分析和评价,以确保无害生态环境的持续发展。它是对一个地区环境状况的完整描述,包括自然环境、地理环境、社会环境等系统的计划、安排和由此涉及的相互间的关系。通过环境影响评价,满足国家环境政策和法律的要求、部署及具体做法。利用可靠的、真实的技术性环境影响评价为依据,预测对环境状况估价的准确性,使某些特定环境影响评价的科学性适应于拟定环境行动规划和环境现状特点之中,最终适应自然环境和社会环境状况。”我国台湾地区 1992 年修正的“环境影响评估法”第 4 条规定:“环境影响评估指开发行为或政府政策对环境包括生活环境、自然环境、社会环境及经济、文化、生态等可能影响之程度及范围,事前以科学、客观、综合之调查、预测、分析及评定,提出环境管理计划,并公开说明及审查。”根据“环境影响评价法”第 2 条,环境影响评价是指对规划和建设项目实施后可能造成的环境影响进行分析、预测和评估,提出预防或者减轻不良环境影响的对策和措施,进行跟踪监测的方法与制度。

总体来说,环境影响评价一般分为两类:一是对单个项目的环境影响评价,国内一般称为“项目环境影响评价”,国际上一般称为“environmental impact assessment”;二是对政策、规划和计划的环境影响评价,国际上一般称为“strategic environmental assessment”。尽管这两种类型的环境影响评价之间有着密切的联系,但是二者的评价方法以及程序之间有着显著的差别,表 7-1 清晰地显示了两种环境影响评价之间的联系和区别。

表 7-1 从低层次到高层次环境影响评价侧重点的变化①

	战略环境影响评价	环境影响评价
	较高层次	较低层次
决策水平	政策 → 计划 → 规划 → 项目	
行动的性质	战略的、设想的、概念上的	立刻的、可操作的
输出	抽象的	详细的
影响范围	宏观的、累积的、不可预见的	微观的、局部的
时间范围	长期到中期	中期到短期
主要数据源	可持续发展战略、国家环境报告	调查工作、样本分析
数据的类型	更定性化	更定量化
可选择的方法	范围广泛,包括政治的、管理的技术的、财政的、经济的	特定地点、设计建设、操作
严格分析	更不确定	更严格
评价基准	持续性基准(标准和目标)	法律的约束和最好的实践
实践者的角色	为达协商的仲裁者	价值和标准的倡导者、利用利益相关者价值
公众认识	更模糊、遥远	更为有效和现实(NIMBY)

环境影响评价是环境质量评价的一种。环境质量评价一般包括三类:一类是回顾评价,即根据历史资料,了解一个地区过去的环境质量及其演变;第二类是现状评价,即根据监测、调查的材料,对环境质量的现状作出评价;第三类是预断评价,即根据发展规划对未来环境状况作出评价。环境影响评价属于预断性的评价。

(二)环境影响评价制度的概念和历史发展

环境影响评价制度是围绕与环境影响评价的范围、形式、内容、法律程序、法律责任等问题有关的一系列法律规范所组成的整合性的规则系统。在我国,环境影响评价制度包括规划环境影响评价制度和建设项目环境影响评价制度。环境影响评价制度的目的是保障环境影响评价能够得到有效的程序性保障,既确保环境影响评价结果的科学性和准确性,也确保不同的利益相关主体能够参与到环境影响评价过程之中,确保环境影响评价制度的规范性和民主性,保障不同利益相关主体的合法权益。

1. 环境影响评价制度在国际上的发展

环境影响评价制度作为一项法律制度最早出现于美国 1969 年制定的《国家

① 参见〔英〕费希尔:《战略环境评价理论与实践:迈向系统化》,徐鹤、李天威译,科学出版社 2008 年版,第 7 页。

环境政策法》(National Environmental Policy Act)。该法第4332条第2款第3项规定:“对人类环境质量具有重大影响的各项提案或法律草案、建议报告以及其他重大联邦行为,均应当由负责经办的官员提供一份包括下列事项的详细说明:拟议行为对环境的影响;拟议行为付诸实施对环境所产生的不可避免的不良影响;拟议行为的各种替代方案;对人类环境的区域性短期使用与维持和加强长期生命力之间的关系;拟议行为辅助实施时可能产生的无法恢复和无法补救的资源耗损。在制作详细说明之前,联邦负责经办的官员应当与依法享有管辖权或具有特殊专门知识的任何联邦机关进行磋商,并取得它们对可能引起的任何环境影响所作的评价。”此后,众多环保发达国家开始引入环境影响评价制度。例如,瑞典于1969年制定的《环境保护法》中规定了环境影响评价制度;澳大利亚于1974年的《联邦环境保护法》中规定了该制度;日本于1972年引入环境影响评价概念,并于1984年通过了《环境影响评价实施纲要》;英国于1988年制定了《环境影响评价条例》;德国于1990年、加拿大于1992年、日本于1997年也先后制定了以“环境影响评价法”为名称的专门法律。在国际上,很多国际公约、条约以及政府间组织也在其规定中引入环境影响评价制度。总体来说,环境影响评价制度已经成为国内外通行的基本的环境保护制度。

2. 环境影响评价制度在国内的发展

环境影响评价制度在国内的发展可以分为产生阶段、发展阶段以及深化阶段。

(1) 从1979年至1989年为环境影响评价制度的产生阶段。1979年《环境保护法(试行)》正式确立了环境影响评价制度。该法第6条规定,“在进行新建、改建和扩建工程时,必须提出对环境影响的报告书,经环境保护部门和其他有关部门审查批准后才能进行设计”。第7条规定,“在老城市改造和新城市建设中,应当根据气象、地理、水文、生态等条件,对工业区、居民区、公用设施、绿化地带等作出环境影响评价”。但是从这些规定看,当时的环境影响评价制度主要引入了项目环境影响评价,并没有包括规划和政策环境影响评价,此外,这些规定比较原则,不具有可操作性。为了贯彻落实《环境保护法(试行)》的规定,1986年,原国务院环境保护委员会、国家计委、国家经委联合发布了《建设项目环境保护管理办法》,对评价范围、主管部门、职责分工、审批程序、环境影响报告书和环境影响报告表、环境影响评价资格审查、收费以及监督检查等作了具体规定,初步确立了环境影响评价制度框架。此外,尽管缺乏规划环境影响评价的规定,在实践中,一些地区在80年代也已经开展了规划和区域环境影响评价的实践,如山西能源开发和煤化工基地环境评价、东江流域规划环境影响评价、京津唐地区综合区域发展规划环境影响评价等。[①]

（2）从1989年至2002年为环境影响评价制度的发展阶段。1989年《环境保护法》修改进一步完善了环境影响评价制度："建设项目的环境影响报告书，必须对建设项目产生的污染和对环境的影响作出评价，规定防治措施，经项目主管部门预审并依照规定的程序报环境保护行政主管部门批准。环境影响报告书经批准后，计划部门方可批准建设项目设计任务书。"1998年11月，国务院颁布了《建设项目环境保护管理条例》，规定了建设项目环境影响评价的适用范围、评价内容、审批程序以及法律责任等内容。这一条例提高了环境影响评价制度的立法层级，有力地推动了环境影响评价制度的快速发展。在这一时期，国家环境保护总局还先后于1999年和2002年颁布了《建设项目环境影响评价证书管理办法》《建设项目环境保护分类管理名录》等配套文件，环境影响评价制度上升为法律的条件已基本成熟。

（3）2002年至今为环境影响评价制度的深化阶段。全国人大常委会于2002年10月28日通过了《环境影响评价法》，首次将对规划的环境影响评价纳入环境影响评价的范围，对规划和建设项目环境影响评价的范围、评价内容、审批程序、法律责任等作了具体规定。这部立法的通过，标志着以规划环评和项目环评为两翼的环境影响评价制度在我国已经正式形成。此后，国务院和环境保护部门发布了一系列法规、规章、标准以及规范性文件，进一步推动环境影响评价制度发展完善。2003年9月1日，国家环保总局开始执行《规划环境影响评价技术导则（试行）》（HJ/T130-2003）；2004年7月，国务院发布《编制环境影响报告书的规划的具体范围（试行）》以及《编制环境影响篇章或说明的规划的具体范围（试行）》；2005年，国家环保总局通过《建设项目环境影响评价行为准则与廉政规定》，于2006年1月1日起施行；2006年3月，国家环保总局发布了《环境影响评价公众参与暂行办法》；2008年8月，环保部修订通过《建设项目环境影响评价分类管理名录》，于2008年10月开始施行；2009年8月，国务院通过《规划环境影响评价条例》，与2009年10月开始施行。此外，在各单行污染防治法，如《海洋污染防治法》《大气污染防治法》《水污染防治法》等法律中，都已经有了与环境影响评价相配套的法律规定。2014年《环境保护法》也对环境影响评价制度作了进一步完善：首先，针对实践中普遍出现的"限期补办现象"明确规定，"编制有关开发利用规划，建设对环境有影响的项目，应当依法进行环境影响评价。未依法进行环境影响评价的开发利用规划，不得组织实施；未依法进行环境影响评价的建设项目，不得开工建设"。其次，该法规定，"国务院有

① 参见李天威、李巍：《政策层面战略环境评价理论方法与实践经验》，科学出版社2008年版，第15页。

关部门和省、自治区、直辖市人民政府组织制定经济、技术政策,应当充分考虑对环境的影响,听取有关方面和专家的意见”,从而为政策环评打开了一个缺口,为实施政策环评作了铺垫[①]。最后,强化了信息公开与公众参与,一是规定在编制阶段要求,“对依法应当编制环境影响报告书的建设项目,建设单位应当在编制时向可能受影响的公众说明情况,充分征求意见”;二是在审批阶段要求,“负责审批建设项目环境影响评价文件的部门在收到建设项目环境影响报告书后,除涉及国家秘密和商业秘密的事项外,应当全文公开;发现建设项目未充分征求公众意见的,应当责成建设单位征求公众意见”。

二、规划环境影响评价制度

规划环境影响评价制度的内容包括评价范围和时机、评价文件的形式和内容、公众参与程序、审查程序、跟踪评价程序以及法律责任等。

(一)评价范围和时机

按照《环境影响评价法》,规划环境影响评价的适用范围包括“一地三域”综合性规划和“十种”专项规划。“一地三域”综合性规划是指土地利用的有关规划,流域、区域、海域的建设、开发利用规划。“十种”专项规划指的是工业、农业、畜牧业、林业、能源、水利、交通、城市建设、旅游、自然资源开发的有关专项规划。

就规划评价时机来说,《环境影响评价法》对于综合性规划和专项规划的规划编制时机要求并不一致:对于综合性规划,要求“应当在规划编制过程中组织进行环境影响评价,编写该规划有关环境影响的篇章或者说明”;对于专项规划,则要求“应当在该专项规划草案上报审批前,组织进行环境影响评价”。2008年出台的《规划环境影响评价条例》与《环境影响评价法》的规定一致。其第7条规定,“规划编制机关应当在规划编制过程中对规划组织进行环境影响评价”;而第10条第2款规定,“编制专项规划,应当在规划草案报送审批前编制环境影响报告书”。之所以会有这种区别,原因在于环境影响篇章属于综合性规划的一部分,因此必须与规划编制同时进行,而环境影响报告书则独立于专项规划,因此应当在规划完成之后进行编制。

(二)评价文件的形式、内容和编制主体

根据《规划环境影响评价条例》第10条,编制综合性规划,应当根据规划实

① 早在21世纪初制定《环境影响评价法》时,就有将政策环评入法的动议,《环境影响评价法》草案曾将政策、计划纳入规划环境影响评价制度中,但是在全国人大常委会的三次审议过程中,逐步将二者排除在外。2012年开始修订《环保法》时,政策环评也被提出,但在前两轮审议中,并未进入草案,直到第三轮审议才增加了相关规定。参见王昆婷:《新修订的〈环保法〉对环评审批作出新规定,监管是一连串的事》,http://www.zhb.gov.cn/zhxx/hjyw/201405/t20140521_275321.htm,2014年9月16日访问。

施后可能对环境造成的影响,编写环境影响篇章或者说明。编制专项规划,应当在规划草案报送审批前编制环境影响报告书。编制专项规划中的指导性规划,应当依照该条第1款规定编写环境影响篇章或者说明,这里的“指导性规划”是指以发展战略为主要内容的专项规划。

按照《规划环境影响评价条例》第11条的规定,环境影响篇章或者说明应当包括下列内容:“(一)规划实施对环境可能造成影响的分析、预测和评估。主要包括资源环境承载能力分析、不良环境影响的分析和预测以及与相关规划的环境协调性分析。(二)预防或者减轻不良环境影响的对策和措施。主要包括预防或者减轻不良环境影响的政策、管理或者技术等措施。环境影响报告书除包括上述内容外,还应当包括环境影响评价结论。主要包括规划草案的环境合理性和可行性,预防或者减轻不良环境影响的对策和措施的合理性和有效性,以及规划草案的调整建议。”按照《环境影响评价法》第10条的规定,专项规划的环境影响报告书应当包括下列内容:“(一)实施该规划对环境可能造成影响的分析、预测和评估;(二)预防或者减轻不良环境影响的对策和措施;(三)环境影响评价的结论。”

环境影响篇章或者说明、环境影响报告书(以下统称“环境影响评价文件”),由规划编制机关编制或者组织规划环境影响评价技术机构编制。

(三)公众参与程序

《环境影响评价法》规定,专项规划的编制机关对可能造成不良环境影响并直接涉及公众环境权益的规划,应当在该规划草案报送审批前,举行论证会、听证会,或者采取其他形式,征求有关单位、专家和公众对环境影响报告书草案的意见。但是,国家规定需要保密的情形除外。编制机关应当认真考虑有关单位、专家和公众对环境影响报告书草案的意见,并应当在报送审查的环境影响报告书中附具对意见采纳或者不采纳的说明。

《规划环境影响评价条例》从三方面进一步完善了环境影响评价制度中的公众参与。一是要求除了要在环境影响报告书中附具采纳或不采纳的说明,还要附具理由。二是增加了进一步论证条款,规定“有关单位、专家和公众的意见与环境影响评价结论有重大分歧的,规划编制机关应当采取论证会、听证会等形式进一步论证。”三是在规划审批以及跟踪评价阶段增加了若干新的有关公众参与的条款。首先,在第20条规定,对未附具对公众意见采纳与不采纳情况及其理由的说明,或者不采纳公众意见的理由明显不合理的,审查小组应当提出对环境影响报告书进行修改并重新审查的意见。这使得公众意见成为对审批结论产生实质性影响的因素,避免了公众意见沦为摆设的情况。其次,第22条第2款对公民的知情权作出了规定,“规划审批机关对环境影响报告书结论以及审查意见不予采纳的,应当逐项就不予采纳的理由作出书面说明,并存档备查。有关单位、专家和公众可以申请查阅;但是,依法需要保密的除外。”给予有关单位、专家和公众查阅的权利,保证了公民的知情权,同时也有利于加强对规划审批机关的监督。最后,对跟踪评价中的公众参与作出规定。第25条规定,规划的环境影响评价的跟踪评价应当包括公众对规划实施所产生的环境影响的意见。第26条规定:“规划编制机关对规划环境影响进行跟踪评价,应当采取调查问卷、现场走访、座谈会等形式征求有关单位、专家和公众的意见。”

新《环境保护法》也加强了环境影响评价中的公众参与。一是强化了规划编制过程中的公众参与。《环境影响评价法》和《规划环境影响评价条例》规定的公众参与时机为规划草案报送审批前,而新《环境保护法》中规定:“对依法应当编制环境影响报告书的建设项目,建设单位应当在编制时向可能受影响的公众说明情况,充分征求意见。”二是加强了信息公开,原有的规定对环境影响评价文件的公开语焉不详,新《环境保护法》规定:“负责审批建设项目环境影响评价文件的部门在收到建设项目环境影响报告书后,除涉及国家秘密和商业秘密的事项外,应当全文公开;发现建设项目未充分征求公众意见的,应当责成建设单位征求公众意见。”

(四)审查程序

规划编制机关在报送审批综合性规划草案和专项规划中的指导性规划草案时,应当将环境影响篇章或者说明作为规划草案的组成部分一并报送规划审批机关。未编写环境影响篇章或者说明的,规划审批机关应当要求其补充;未补充的,规划审批机关不予审批。

规划编制机关在报送审批专项规划草案时,应当将环境影响报告书一并附送规划审批机关审查;未附送环境影响报告书的,规划审批机关应当要求其补充;未补充的,规划审批机关不予审批。

设区的市级以上人民政府审批的专项规划,在审批前由其环境保护主管部门召集有关部门代表和专家组成审查小组,对环境影响报告书进行审查。审查小组应当提交书面审查意见。省级以上人民政府有关部门审批的专项规划,其环境影响报告书的审查办法,由国务院环境保护主管部门会同国务院有关部门制定。

有下列情形之一的,审查小组应当提出对环境影响报告书进行修改并重新审查的意见:(1)基础资料、数据失实的;(2)评价方法选择不当的;(3)对不良环境影响的分析、预测和评估不准确、不深入,需要进一步论证的;(4)预防或者减轻不良环境影响的对策和措施存在严重缺陷的;(5)环境影响评价结论不明确、不合理或者错误的;(6)未附具对公众意见采纳与不采纳情况及其理由的说明,或者不采纳公众意见的理由明显不合理的;(7)内容存在其他重大缺陷或者遗漏的。

有下列情形之一的，审查小组应当提出不予通过环境影响报告书的意见：(1) 依据现有知识水平和技术条件，对规划实施可能产生的不良环境影响的程度或者范围不能作出科学判断的；(2) 规划实施可能造成重大不良环境影响，并且无法提出切实可行的预防或者减轻对策和措施的。这一规定在存在科学性疑问的情况下采取不予通过的措施，已经超出了传统的损害预防的要求，而接近于国际上通行的风险预防原则的要求。

已经进行环境影响评价的规划包含具体建设项目的，规划的环境影响评价结论应当作为建设项目环境影响评价的重要依据，建设项目环境影响评价的内容可以根据规划环境影响评价的分析论证情况予以简化。

（五）跟踪评价程序

《环境影响评价法》第15条对跟踪评价进行了原则性规定："对环境有重大影响的规划实施后，编制机关应当及时组织环境影响的跟踪评价，并将评价结果报告审批机关；发现有明显不良环境影响的，应当及时提出改进措施。"

《规划环境影响评价条例》设专章对这一规定作了进一步细化：

(1) 跟踪评价的内容。《规划环境影响评价条例》第25条规定："规划环境影响的跟踪评价应当包括下列内容：(一) 规划实施后实际产生的环境影响与环境影响评价文件预测可能产生的环境影响之间的比较分析和评估；(二) 规划实施中所采取的预防或者减轻不良环境影响的对策和措施有效性的分析和评估；(三) 公众对规划实施所产生的环境影响的意见；(四) 跟踪评价的结论。"

(2) 跟踪评价的处理程序。对于规划的不良影响，规划编制机关和环境保护主管部门都有权提出改进措施或提出修订规划的建议。《规划环境影响评价条例》规定，"规划实施过程中产生重大不良环境影响的，规划编制机关应当及时提出改进措施，向规划审批机关报告，并通报环境保护等有关部门。""环境保护主管部门发现规划实施过程中产生重大不良环境影响的，应当及时进行核查。经核查属实的，向规划审批机关提出采取改进措施或者修订规划的建议。""规划审批机关在接到规划编制机关的报告或者环境保护主管部门的建议后，应当及时组织论证，并根据论证结果采取改进措施或者对规划进行修订。"

(3) 规划实施区域限批制度。规划实施区域的重点污染物排放总量超过国家或者地方规定的总量控制指标的，应当暂停审批该规划实施区域内新增该重点污染物排放总量的建设项目的环境影响评价文件。

（六）规划环境影响评价的法律责任

1. 规划编制机关的法律责任

规划编制机关在组织环境影响评价时弄虚作假或者有失职行为，造成环境影响评价严重失实的，对直接负责的主管人员和其他直接责任人员，依法给予处分。规划审批机关有下列行为之一的，对直接负责的主管人员和其他直接责任人员，依法给予处分：(1) 对依法应当编写而未编写环境影响篇章或者说明的综合性规划草案和专项规划中的指导性规划草案，予以批准的；(2) 对依法应当附送而未附送环境影响报告书的专项规划草案，或者对环境影响报告书未经审查小组审查的专项规划草案，予以批准的。

2. 审查小组的召集部门和专家的法律责任

审查小组的召集部门在组织环境影响报告书审查时弄虚作假或者滥用职权，造成环境影响评价严重失实的，对直接负责的主管人员和其他直接责任人员，依法给予处分。

审查小组的专家在环境影响报告书审查中弄虚作假或者有失职行为，造成环境影响评价严重失实的，由设立专家库的环境保护主管部门取消其入选专家库的资格并予以公告；审查小组的部门代表有上述行为的，依法给予处分。

3. 规划环境影响评价技术机构的法律责任

规划环境影响评价技术机构弄虚作假或者有失职行为，造成环境影响评价文件严重失实的，由国务院环境保护主管部门予以通报，处所收费用1倍以上3倍以下的罚款；构成犯罪的，依法追究刑事责任。

三、建设项目环境影响评价制度

建设项目环境影响评价制度同样包括评价范围和时机、评价文件的形式和内容、环境影响评价文件编制程序、公众参与程序、审批程序、后评价和跟踪评价程序以及法律责任等内容。

(一) 评价范围和时机

《环境影响评价法》规定了建设项目环境影响评价的适用范围为“在中华人民共和国领域和中华人民共和国管辖的其他海域内建设对环境有影响的项目”。进行环境影响评价的时机为项目可行性论证阶段。

(二) 建设项目环境影响评价文件的形式

国家根据建设项目对环境的影响程度，对建设项目的环境影响评价实行分类管理。建设单位应当按照下列规定组织编制环境影响报告书、环境影响报告表或者填报环境影响登记表(以下统称“环境影响评价文件”)：(1) 可能造成重大环境影响的，应当编制环境影响报告书，对产生的环境影响进行全面评价；(2) 可能造成轻度环境影响的，应当编制环境影响报告表，对产生的环境影响进行分析或者专项评价；(3) 对环境影响很小、不需要进行环境影响评价的，应当填报环境影响登记表。

建设项目的环境影响评价分类管理名录，由国务院环境保护行政主管部门制定并公布。目前，我国使用的是2008年10月1日起施行的《建设项目环境影响评价分类管理名录》。

建设项目的环境影响报告书应当包括下列内容:(1) 建设项目概况;(2) 建设项目周围环境现状;(3) 建设项目对环境可能造成影响的分析、预测和评估;(4) 建设项目环境保护措施及其技术、经济论证;(5) 建设项目对环境影响的经济损益分析;(6) 对建设项目实施环境监测的建议;(7) 环境影响评价的结论。

涉及水土保持的建设项目,还必须有经水行政主管部门审查同意的水土保持方案。

环境影响报告表和环境影响登记表的内容和格式,由国务院环境保护行政主管部门制定。

(三) 编制程序

建设单位应当按照下列规定组织编制环境影响报告书、环境影响报告表或者填报环境影响登记表。环境影响评价文件中的环境影响报告书或者环境影响报告表,应当由具有相应环境影响评价资质的机构编制。任何单位和个人不得为建设单位指定对其建设项目进行环境影响评价的机构。接受委托为建设项目环境影响评价提供技术服务的机构,应当经国务院环境保护行政主管部门考核审查合格后,颁发资质证书,按照资质证书规定的等级和评价范围,从事环境影响评价服务,并对评价结论负责。为建设项目环境影响评价提供技术服务的机构的资质条件和管理办法,由国务院环境保护行政主管部门制定。国务院环境保护行政主管部门对已取得资质证书的为建设项目环境影响评价提供技术服务的机构的名单,应当予以公布。为建设项目环境影响评价提供技术服务的机构,不得与负责审批建设项目环境影响评价文件的环境保护行政主管部门或者其他有关审批部门存在任何利益关系。需要注意的是,《环境影响评价法》第 18 条规定:“建设项目的环境影响评价,应当避免与规划的环境影响评价相重复。作为一项整体建设项目的规划,按照建设项目进行环境影响评价,不进行规划的环境影响评价。已经进行了环境影响评价的规划所包含的具体建设项目,其环境影响评价内容建设单位可以简化。”

(四) 公众参与程序

除国家规定需要保密的情形外,对环境可能造成重大影响、应当编制环境影响报告书的建设项目,建设单位应当在报批建设项目环境影响报告书前,举行论证会、听证会,或者采取其他形式,征求有关单位、专家和公众的意见。建设单位报批的环境影响报告书应当附具对有关单位、专家和公众的意见采纳或者不采纳的说明。

(五) 审批程序

建设项目的环境影响评价文件,由建设单位按照国务院的规定报有审批权的环境保护行政主管部门审批;建设项目有行业主管部门的,其环境影响报告书或者环境影响报告表应当经行业主管部门预审后,报有审批权的环境保护行政主管部门审批。海洋工程建设项目的海洋环境影响报告书的审批,依照《海洋环境保护法》的规定办理。审批部门应当自收到环境影响报告书之日起 60 日内,收到环境影响报告表之日起 30 日内,收到环境影响登记表之日起 15 日内,分别作出审批决定并书面通知建设单位。预审、审核、审批建设项目环境影响评价文件,不得收取任何费用。

需要注意的是,《环境影响评价法》第 23 条规定:"国务院环境保护行政主管部门负责审批下列建设项目的环境影响评价文件:(一) 核设施、绝密工程等特殊性质的建设项目;(二) 跨省、自治区、直辖市行政区域的建设项目;(三) 由国务院审批的或者由国务院授权有关部门审批的建设项目。前款规定以外的建设项目的环境影响评价文件的审批权限,由省、自治区、直辖市人民政府规定。建设项目可能造成跨行政区域的不良环境影响,有关环境保护行政主管部门对该项目的环境影响评价结论有争议的,其环境影响评价文件由共同的上一级环境保护行政主管部门审批。"

建设项目的环境影响评价文件经批准后,建设项目的性质、规模、地点、采用的生产工艺或者防治污染、防止生态破坏的措施发生重大变动的,建设单位应当重新报批建设项目的环境影响评价文件。建设项目的环境影响评价文件自批准之日起超过 5 年,方决定该项目开工建设的,其环境影响评价文件应当报原审批部门重新审核;原审批部门应当自收到建设项目环境影响评价文件之日起 10 日内,将审核意见书面通知建设单位。建设项目的环境影响评价文件未经法律规定的审批部门审查或者审查后未予批准的,该项目审批部门不得批准其建设,建设单位不得开工建设。建设项目建设过程中,建设单位应当同时实施环境影响报告书、环境影响报告表以及环境影响评价文件审批部门审批意见中提出的环境保护对策措施。

（六）后评价和跟踪检查程序

在项目建设、运行过程中产生不符合经审批的环境影响评价文件的情形的,建设单位应当组织环境影响的后评价,采取改进措施,并报原环境影响评价文件审批部门和建设项目审批部门备案;原环境影响评价文件审批部门也可以责成建设单位进行环境影响的后评价,采取改进措施。环境保护行政主管部门应当对建设项目投入生产或者使用后所产生的环境影响进行跟踪检查,对造成严重环境污染或者生态破坏的,应当查清原因、查明责任。对属于为建设项目环境影响评价提供技术服务的机构编制不实的环境影响评价文件的,依照《环境影响评价法》第 23 条的规定追究其法律责任;属于审批部门工作人员失职、渎职,对依法不应批准的建设项目环境影响评价文件予以批准的,依照《环境影响评价法》第 35 条的规定追究其法律责任。

（七）建设项目环境影响评价的法律责任

1. 建设单位的法律责任

建设单位未依法报批建设项目环境影响评价文件，或者未依照《环境影响评价法》第24条的规定重新报批或者报请重新审核环境影响评价文件，擅自开工建设的，由有权审批该项目环境影响评价文件的环境保护行政主管部门责令停止建设，限期补办手续；逾期不补办手续的，可以处5万元以上20万元以下的罚款，对建设单位直接负责的主管人员和其他直接责任人员，依法给予行政处分。建设项目环境影响评价文件未经批准或者未经原审批部门重新审核同意，建设单位擅自开工建设的，由有权审批该项目环境影响评价文件的环境保护行政主管部门责令停止建设，可以处5万元以上20万元以下的罚款，对建设单位直接负责的主管人员和其他直接责任人员，依法给予行政处分。海洋工程建设项目的建设单位有前两款所列违法行为的，依照《海洋环境保护法》的规定处罚。建设项目依法应当进行环境影响评价而未评价，或者环境影响评价文件未经依法批准，审批部门擅自批准该项目建设的，对直接负责的主管人员和其他直接责任人员，由上级机关或者监察机关依法给予行政处分；构成犯罪的，依法追究刑事责任。

2. 环境影响评价技术服务机构的法律责任

接受委托为建设项目环境影响评价提供技术服务的机构在环境影响评价工作中不负责任或者弄虚作假，致使环境影响评价文件失实的，由授予环境影响评价资质的环境保护行政主管部门降低其资质等级或者吊销其资质证书，并处所收费用1倍以上3倍以下的罚款；构成犯罪的，依法追究刑事责任。

3. 环境影响评价文件审批部门的法律责任

负责预审、审核、审批建设项目环境影响评价文件的部门在审批中收取费用的，由其上级机关或者监察机关责令退还；情节严重的，对直接负责的主管人员和其他直接责任人员依法给予行政处分。环境保护行政主管部门或者其他部门的工作人员徇私舞弊、滥用职权、玩忽职守、违法批准建设项目环境影响评价文件的，依法给予行政处分；构成犯罪的，依法追究刑事责任。

第四节　环境保护目标责任制度

一、目标责任制与环境保护目标责任制度基础理论

（一）目标责任制

目标管理(management by objectives，简称 MBO)是管理学的一个重要概念，

最早是由“现代管理学之父”彼得·F.德鲁克(Peter. F. Drucker)提出。[①] 所谓“目标管理”,是指通过设定目标、执行目标与考核目标这一完整的流程来整合相关资源、实现管理目的。目标管理这一概念经过长期的发展,已经形成了一整套的理论体系。由于目标管理具有强化约束、提高绩效的特点,20世纪80年代中期以来,目标管理的方法逐渐被引入到我国执政党、政府、事业单位及其他公共机构的工作中,逐渐形成了目标责任制这一工作方法。有学者对目标责任制这一概念进行了归纳,“所谓目标管理责任制,简言之,就是将上级党政组织所确立的行政总目标逐次进行分解和细化,形成一套目标和指标体系,以此作为各级组织进行‘管理’(如考评、奖惩等)的依据,并以书面形式的‘责任状/书’在上下级党政部门之间进行层层签订。”[②]

目标责任制自身通过不断的发展演变,已经将中国集体主义的精神融入自身,并且适应了政府自上而下的政治体制,与中国科层制管理方式相耦合,对于整合政府资源、提高政府绩效具有重要的作用。另一方面,目标责任制因其独特的制度结构,也产生了一些新的问题。例如,决策目标设定过于超前,过于注重数量导致“形象工程”“面子工程”以及制度性的说谎(修改、杜撰数据)等。[③] 正是因为目标责任制在效用上的双重性,对于目标责任制的效用目前存在两种观点,一种观点持批评态度,认为目标责任制逐渐演化成了“政治承包制”,使得整个政府在压力之下运行;另一种观点则认为目标责任制更多地起到激励作用,提高了政权效率。[④]

总体来说,只要能够通过法律规范严格规范目标的设定、指标的分解、执行以及考核,明确法律责任,目标责任制还是能够对政府行政管理起到积极的作用。因此,随着政府行政管理范围和复杂性的增加,目标责任制在我国行政管理中的运用越来越频繁,范围也不断拓展。目前,我国在土地资源管理、水资源管理、污染防治、节能减排以及低碳发展等多个领域已经或者正在进行目标责任制的构建和运用,目标责任制已经成为我国政府行政管理的重要手段之一。

(二)环境保护目标责任制度

环境保护目标责任制度是指调整政府与环境、资源、能源和生态有关的目标的设定、执行和考核的一系列规范的集合。这里的“环境”采用的是广义的概

---

① 参见〔美〕彼得·F.德鲁克:《管理实践》,帅鹏、刘幼兰、丁敬泽译,工人出版社1989年版,第89页。

② 王汉生、王一鸽:《目标管理责任制:农村基层政权的实践逻辑》,载《社会学研究》2009年第2期。

③ 目标责任制所产生的一些问题,参见张汝立:《目标责任制与手段选择的偏差——以农村基层政权组织的运行困境为例》,载《理论探讨》2003年第4期。

④ 对这两种观点的概括参见王汉生、王一鸽:《目标管理责任制:农村基层政权的实践逻辑》,载《社会学研究》2009年第2期。

念,包括污染防治、自然资源能源、生态保护三个大的领域。环境保护目标责任制度是目标责任制在环境、资源、能源和生态领域的具体适用,其基本原理是通过"环境保护目标设定—环境保护目标分解—环境保护目标执行—环境保护目标完成情况考核—法律责任"来确保各级人民政府之间、人民政府与监督管理部门之间形成"分包"关系与考核—被考核关系,并对各级人民政府以及具体管理部门负责人构成政治压力,以确保上述主体能够切实履行环境职责、实现预定的环境保护目标。

长期以来,我国环境保护主要强调政府环境行政管理权,以企业作为主要监管主体,而忽视了政府环境责任。有学者指出,我国环境立法存在"重政府经济责任,轻政府环境责任""重企业环境义务和追求企业环境责任,轻政府环境义务和追究政府环境责任"以及"重政府环境权力,轻政府环境义务"等八个方面的问题。[①] 要解决上述问题,从根本上扭转经济发展方式,实现经济、环境和社会协调发展,就必须明确政府环境保护的目标和相应的责任。各级人民政府应当设定环境保护目标,通过目标设定、分解、执行和考核来承担起包括防治环境污染、保护自然资源、优化能源结构、节约能源、减少污染物排放、提升环境质量在内的与环境与自然资源保护相关的义务,对环境质量负责。要实现这一目标,就必须在环境管理之中推行目标责任制,并通过完善的规范设计将目标责任制从内部工作方法转化为法律制度,使其贯穿于整个环境法律体系之中。

(三)环境保护目标责任制度的立法沿革

环境保护目标责任制度在环境法上的确立并非一蹴而就。1979 年《环境保护法(试行)》的主要目标是工业污染防治,因此其对于政府环境责任的规定比较简略,只是原则性要求"国务院和所属各部门、地方各级人民政府必须切实做好环境保护工作",也没有关于目标责任的规定。1989 年《环境保护法》有了一定的进步,其第 16 条规定,"地方各级人民政府,应当对本辖区的环境质量负责,采取措施改善环境质量"。这为各环境单行立法规定环境保护目标责任制提供了法律基础。2005 以后,一些环境与资源保护单行立法开始明确规定环境保护目标责任制,环境保护目标责任制逐渐成为各单行环境立法的基本制度。例如,2007 年修订的《节约能源法》第 6 条规定:"国家实行节能目标责任制和节能考核评价制度,将节能目标完成情况作为对地方人民政府及其负责人考核评价的内容。省、自治区、直辖市人民政府每年向国务院报告节能目标责任的履行情况。"2008 年修订的《水污染防治法》第 5 条规定:"国家实行水环境保护目标责任制和考核评价制度,将水环境保护目标完成情况作为对地方人民政府及其

① 参见蔡守秋:《论政府环境责任的缺陷和健全》,载《河北法学》2008 年第 3 期。

负责人考核评价的内容。”2008 年通过的《循环经济促进法》第 8 条规定:“县级以上人民政府应当建立发展循环经济的目标责任制,采取规划、财政、投资、政府采购等措施,促进循环经济发展。”此外,一些政策性文件也在不同的领域使用了目标责任制,例如,国务院办公厅在 2005 年发布了《省级政府耕地保护责任目标考核办法》,要求省级人民政府对耕地保护实现目标责任制;国务院在 2005 年发布了《“十二五”节能减排综合性工作方案》,要求对节能减排政策行动进行目标责任考核;此外,国务院于 2013 年又发布了《国务院关于实行最严格水资源管理制度的意见》,要求在水资源管理领域建立水资源管理责任和考核制度。近来,我国正在进行的《应对气候变化法》以及《低碳发展促进法》的立法工作也在尝试建立相应的目标责任制度。对于这样一种趋势,2014 年《环境保护法》进行了回应,对环境保护目标责任制度作出了规定,“国家实行环境保护目标责任制和考核评价制度。县级以上人民政府应当将环境保护目标完成情况纳入对本级人民政府负有环境保护监督管理职责的部门及其负责人和下级人民政府及其负责人的考核内容,作为对其考核评价的重要依据。考核结果应当向社会公开。”这一规定标志着环境保护目标责任制度已经成为我国环境与资源保护法的基本法律制度。

二、环境保护目标责任制度的内容

环境保护目标责任制度的主要内容包括目标责任制主体、目标的确立、指标的分解、指标的执行、指标的考核以及责任追究。

(一) 目标责任制主体

尽管具体到不同类型的目标责任考核以及目标责任考核的不同阶段,涉及的主体可能有所区别,但是按照《环境保护法》以及相关立法的规定,目标责任制主体主要是各级人民政府及其负责人及各级人民政府具体负有环境保护监督管理职责、资源能源监督管理职责的部门及其负责人。

(二) 目标的确立

目标的确立是环境保护目标责任制的首要内容。由于环境保护的科学性和技术性,环境保护目标往往表现为具体的量化指标,为进一步进行指标分解和考核奠定基础。量化指标一般分为预期性指标和约束性指标两类。预期性指标具有指导意义,并不具有必须要实行的效力;而约束性指标是指在预期性基础上进一步明确并强化政府责任的指标,是中央政府在公共服务和涉及公众利益领域对地方政府和中央政府有关部门提出的工作要求。政府要通过合理配置公共资源和有效利用行政力量确保其实现。约束性指标具有法律效力,要纳入各地区、各部门经济社会发展综合评价和绩效考核。

环境目标的确定既是政治过程,也是法律过程。环境目标的设定需要遵循两个标准,一是符合统治阶级的意志,二是符合社会发展的客观规律。一般来说,环境保护目标责任制中的目标的确立遵循以下程序:首先由执政党对制定国民经济和社会发展规划提出相应的建议,确定总体任务和方向;然后由全国人大批准相应的五年期国民经济和社会发展规划,确立对应阶段的发展目标,并且提出相应的量化指标、重点任务和保障措施;再由环境保护保护总体规划以及专项规划对量化指标予以进一步明确和细化。以"十二五"阶段环境目标的确定为例,2010 年 10 月,中国共产党第十七届中央委员会第五次全体会议通过了《中共中央关于制定国民经济和社会发展第十一个五年规划的建议》,提出了"加快建设资源节约型、环境友好型社会,提高生态文明水平"的总体要求。针对这一要求,2011 年 3 月由全国人大批准的《国民经济和社会发展第十二个五年规划纲要》确定了包括单位国内生产总值能耗降低 16%、单位国内生产总值二氧化碳排放降低 17%、主要污染物排放减少 8% ~10% 等一系列的环境、资源、能源目标(见表 7-2)。并明确规定,这些指标中的约束性指标都具有法律效力,必须纳入各地区、各部门经济社会发展综合评价和绩效考核。根据《国民经济和社会发展第十二个五年规划纲要》确定的相关约束性指标,2011 年 12 月,国务院发布了《国家环境保护"十二五"规划》,进一步确定了"十二五"期间在污染防治领域应当完成的相关指标(见表 7-3)。其他相关能源、自然资源指标则留给其他领域的综合性规划或专项规划规定。

表 7-2 "十二五"规划纲要确定的资源环境指标

指标		2010 年	2015 年	年均增长(%)	属性
耕地保有量(亿亩)		18.18	18.18	[0]	约束性
单位工业增加值用水量降低(%)				[30]	约束性
农业灌溉用水有效利用系数		0.5	0.53	[0.03]	预期性
非化石能源占一次能源消费比重(%)		8.3	11.4	[3.1]	约束性
单位国内生产总值能源消耗降低(%)				[16]	约束性
单位国内生产总值二氧化碳排放降低(%)				[17]	约束性
主要污染物排放总量减少(%)	化学需氧量			[8]	约束性
	二氧化硫			[8]	
	氨氮			[10]	
	氮氧化物			[10]	
森林增长	森林覆盖率(%)	20.36	21.66	[1.3]	约束性
	森林蓄积量(亿立方米)	137	143	[6]	

表 7-3　“十二五”环境保护主要目标

序号	指标	2010 年	2015 年	2015 年比 2010 年增长
1	化学需氧量排放总量(万吨)	2 551.7	2 347.6	-8%
2	氨氮排放总量(万吨)	264.4	238.0	-10%
3	二氧化硫排放总量(万吨)	2 267.8	2 086.4	-8%
4	氮氧化物排放总量(万吨)	2 273.6	2 046.2	-10%
5	地表水国控断面劣Ⅴ类水质的比例(%)	17.7	<15	-2.7 个百分点
	七大水系国控断面水质好于Ⅲ类的比例(%)	55	>60	5 个百分点
6	地级以上城市空气质量达到二级标准以上的比例(%)	72	≥80	8 个百分点

（三）指标的分解

在指标确立之后，下一阶段的工作是将指标分解到各省级人民政府，再由省级人民政府向下一级政府分解，通过逐级依次分解最终落实到基层人民政府。指标的分解有两种路径：第一种是先根据分析和评估结果确定总指标，然而按组织向下传递，供下级管理部门在制定目标时使用，即从上至下分解指标；第二种是先从下级确定指标开始，然后逐步建立起总指标，即从下至上分解指标。从理论上讲，二者各有利弊。不过，国家的政治体制不同于公司的内部结构，涉及权力的结构问题，因此我国采用从上至下的分解模式。

指标的分解并非僵硬地进行划分，而是根据各地的情况予以综合判断，并给予地方人民政府一定的灵活性。在省级人民政府以下，指标的分解并不一定按照行政区域进行分解，也可以按照行业进行分解。以“十一五”期间单位生产总值能源消耗降低指标为例，国务院 2006 年 9 月发布的《国务院关于“十一五”期间各地区单位生产总值能源消耗降低指标计划的批复》附件规定，“十一五”期间单位国内生产总值能源消耗降低指标按照地区分解，地区分解原则是：对“十一五”期间已经自行明确提出降耗 20% 以上的地区，对其降耗指标予以确认；对降耗指标低于 20% 或没有提出该指标的地区，在确保实现全国总目标的前提下，综合考虑其发展水平、产业结构、单位生产总值能耗情况、能源消费总量、人均能源消费量、能源自给水平等因素，确定其能耗降低指标。在省级以下层面，按照该规定，应将单位生产总值能耗降低指标纳入本地区经济社会发展“十一五”规划和年度计划，并分解落实到各市（地）、县及有关行业和重点企业。

不同层面的指标的表现形式（渊源）也不同，处于最高层面的总指标的渊源是规划；其次是国家计划，例如，在节能减排中，节能领域有《“十一五”期间单位生产总值能源消耗降低计划指标计划》，减排领域有《“十一五”期间全国主要污染物排放总量控制计划》。在分解中,指标主要以责任书或责任状的形式下达。在最低的企业层面上,指标的表现形式则是许可证。

(四)指标的执行

指标的执行是环境保护目标责任制度中最为重要的环节,其他环节的最终目的其实都是为了指标能够得到有效的执行,环境保护目标能够顺利实现。目前,对于指标的执行,《环境保护法》以及各单行环境、资源能源立法并无详细的规定。一般由环境规划、意见、工作方案等政府规范性文件规定相应的配套措施,确定工作重点、主要手段以及保障措施。例如,在节能减排目标责任制中,为了实现"十二五"节能减排目标,国家发布了一系列的政策性文件,对保障节能减排的行政、经济、技术等手段作出了规定,其中,最为重要的是《"十二五"节能减排综合性工作方案》,该方案规定了调整优化产业结构、实施节能减排重点工程、加强节能减排管理、大力发展循环经济、加快节能减排技术开发和推广应用、实施节能减排经济政策、强化节能减排监督检查以及推广节能减排市场化机制等主要措施。又如,为了推行水资源管理目标责任制度,建立最严格水资源管理制度体系,国务院2012年发布了《国务院关于实行最严格水资源管理制度的意见》,提出了严格实行用水总量控制、全面推进节水型社会建设、严格控制入河湖排污总量以及健全水资源监控体系等保障措施。

总体来说,由于目标责任制所针对的目标具有很强的政策性,对于如何实现指标,并没有强制性的法律规定,各地总体上的原则是在大的层面上坚持国家的总体要求,在具体执行层面上依据本地的实际情况,制定具体的执行措施。不过,这种特性也造成了一定的问题:地方政府目前处在大量的不同领域的目标责任考核之下,尤其是在经济发展方面,政府面临着比环境与资源保护考核更大的压力,因此在很多情况下,政府不得不在不同目标责任制间求得平衡,转而寻求一些违反基本法理的执行措施。例如,在"十一五"节能减排过程中,一些地区为了完成节能指标,出现了"拉闸限电",侵犯企业公民合法权益的情况。[①] 这需要在立法中予以进一步规定。

(五)指标的考核

指标的考核在环境保护目标责任制中的地位和作用同样十分重要,从某种意义上说,作为被考核主体的各级地方政府与其说是在围绕环境规划确定的目标转,不如说在围绕着考核的"指挥棒"转。因此,考核方法、程序以及后续的奖惩措施设计是否合理,直接决定了相应的环境保护目标责任制度能否顺利实现

① 典型例子如河北安平县,浙江温州、湖州、嘉兴等(参见陈中小路:《部分地区全年电量安排不合理导致年底突击限电》,载《南方周末》2011年9月25日);甚至出现了在零下十度的情况下,地方政府为了完成节能减排指标停止供暖的荒唐情况(参见涂重航:《河南林州为完成减排停止供暖》,载《新京报》2011年1月12日)。

其效果。

目前,对于考核的方法、程序,相关立法一般只作原则性规定,而将考核的具体办法留待相应的政府规章、部门规章来规定,并由具体部门出台相应的实施方案来具体落实。总的来说,一般由考核主体成立相应的考核工作组进行考核,考核的形式一般包括被考核主体自查、考核主体审查材料、考核主体抽查等。考核的内容一般包括投入指标和产出指标。投入指标是指在执行中采取的措施,产出指标则是指实际取得的效果。例如,按照《国务院关于实行最严格水资源管理制度的意见》的要求,国务院准备对各省级人民政府进行水资源管理考核,为此,国务院办公厅于 2013 年 1 月发布了《实行最严格水资源管理制度考核办法》。按照该办法的规定,水利部会同发改委、工业和信息化部等部门组成考核工作组,负责具体组织实施。考核内容为最严格水资源管理制度目标完成、制度建设和措施落实情况。考核工作与国民经济和社会发展五年规划相对应,每五年为一个考核期,采用年度考核和期末考核相结合的方式进行。在考核期的第二至五年上半年开展上年度考核,在考核期结束后的次年上半年开展期末考核。为了落实这一办法的要求,水利部等十部门于 2014 年 2 月联合发布了《实行最严格水资源管理制度考核工作实施方案》。

(六) 责任追究

节能减排目标责任制的责任追究并不限于法律责任,而是根据具体情况施加政治责任、党纪政纪责任或者法律责任。责任追究的对象主要是各级人民政府或者具体部门的负责人以及具体的工作人员。责任追究的原因一般包括未完成预期指标和弄虚作假。

1. 未完成指标的责任追究

就未完成指标来说,应当具体问题具体分析,对被考核政府或者部门负责人以及具体执行人员分别根据具体情形施加相应的责任。

对被考核政府或者部门负责人来说,在未完成指标的情况下可能会承担以下责任。第一,被考核政府或者负责人承担领导不力的政治责任。《关于实行党政领导干部问责的暂行规定》第 5 条规定:"有下列情形之一的,对党政领导干部实行问责:(一) 决策严重失误,造成重大损失或者恶劣影响的;(二) 因工作失职,致使本地区、本部门、本系统或者本单位发生特别重大事故、事件、案件,或者在较短时间内连续发生重大事故、事件、案件,造成重大损失或者恶劣影响的;(三) 政府职能部门管理、监督不力,在其职责范围内发生特别重大事故、事件、案件,或者在较短时间内连续发生重大事故、事件、案件,造成重大损失或者恶劣影响的。"按照这一规定,如果在政府及相关环境保护行政主管部门管辖范围内发生重大决策失误或发生重大环境污染事故的情况下或者有其他情况的(如未完成环境保护目标),应当对其进行问责。在责任大小上,则根据实际情况适用该规定所列举的责令公开道歉、停职检查、引咎辞职、责令辞职或者免职中的一种。如果地方有相关政府规章的,应当适用地方政府规章。例如,南京市在2009年出台了《南京市党政领导干部问责办法(试行)》,其中规定了告诫或责令作出检查这一责任形式,在节能减排考核过程中,南京市就对未完成节能减排指标任务的11名区县领导人分别给予告诫的问责处理。① 第二,承担党纪政纪责任。《关于实行党政领导干部问责的暂行规定》第4条规定:"党政领导干部受到问责,同时需要追究纪律责任的,依照有关规定给予党纪政纪处分;涉嫌犯罪的,移送司法机关依法处理。"因此,如果政府与相关行政部门负责人在未完成指标的情况下,同时违反了党纪政纪,还应当给予相应的党纪政纪处分。第三,如果涉嫌犯罪,应当承担刑事责任。例如在指标执行过程中涉嫌犯渎职罪,应当移送司法机关。第四,作出不利的干部考核评价。例如,《实行最严格水资源管理制度考核办法》第11条规定:"经国务院审定的年度和期末考核结果,交由干部主管部门,作为对各省、自治区、直辖市人民政府主要负责人和领导班子综合考核评价的重要依据。"因此,如果政府及相关行政主管部门违法行使职权或未履行环境法律义务,应当对其作出不利的干部考核评价。最后,被问责的领导干部还需要承担失去获得奖励、先进评选资格等证明评价的后果。《关于实行党政领导干部问责的暂行规定》第10条规定:"受到问责的党政领导干部,取消当年年度考核评优和评选各类先进的资格。"

对具体执行的国家机关工作人员,责任形式包括:第一,如果执行的国家机关工作人员因玩忽职守、徇私舞弊等原因导致指标未完成但尚未违反法律的,应当由监察机关根据监察法的相关规定追究其违纪责任;第二,如果具体责任人是共产党员,应当由纪律检查委员会追究其党纪责任;第三,如果其行为也违反了刑法的相关规定,则应当由检察机关追究其法律责任。

2. 弄虚作假的责任追究

目标责任制针对的是探索性的事务,因此某些地方政府部门难免由于准备不足、资源配置不充分等原因无法完成目标任务,这属于整个制度设计的合理宽限范围内。而谎报、瞒报行为则不同,其根本上与法律的基本精神相违背,可能会导致整个目标责任制度形同虚设。因此,对于弄虚作假行为,在责任追究的严厉程度上一定要重于未完成指标的责任追究,否则,可能会对地方人民政府造成反向激励。具体来说,首先,对于地方人民政府,应当采取"一票否决制",划定为考核不合格,并责令采取严厉的整改措施。其次,对地方人民政府负责人,应当进行问责,遵照《关于实行党政领导干部问责的暂行规定》的规定处理。在程

① 参见施萱等:《南京:减排任务未完成,问责11名"一把手"》,http://www.js.xinhuanet.com/2013-01/30/c_114547303.htm,2014年1月20日访问。

度上,应当重于未完成目标责任的问责。此外,也应当实行“一票否决制”,其年度干部考评应当划定为不合格。最后,对于涉嫌弄虚作假的具体负责人,应当由监察机关追究其相应的纪律责任,责任人是党员的,应当追究其党纪政纪责任。违反法律的,应当同时由检察机关追究其法律责任。

总体而言,在责任追究上,目标责任制应当坚持“宽严相济”的责任追究方针。一方面,在考核之中为地方政府留有一定的主动权和行动空间,鼓励地方政府积极配合中央完成目标责任;另一方面,对于地方政府弄虚作假的行为,要予以坚决惩处。唯有如此,才能确保目标责任制得到有效落实。

第五节 环境标准制度

一、环境标准和环境标准制度基本理论

(一) 环境标准

由于环境保护具有较强的技术性,在环境保护过程中,环境保护行政主管部门必须依据一定的技术标准确定环境质量的水平、环境污染排放的合法性界限等,这些技术标准即环境标准。《环境标准管理办法》第 3 条规定:“为防治环境污染,维护生态平衡,保护人体健康,国务院环境保护行政主管部门和省、自治区、直辖市人民政府依据国家有关法律规定,对环境保护工作中需要统一的各项技术规范和技术要求,制定环境标准。”从这一定义可以看出,环境标准是国家为了防治环境污染、维护生态平衡、保护人体健康,根据国家的环境政策和法规,在综合考虑本国自然环境特征、社会经济条件和科学技术水平的基础上规定环境中污染物的允许含量和污染源排放污染物的数量、浓度、时间和速率以及其他有关技术规范。

环境标准本身虽然不具有法律规范所具有的结构,但却是衡量与评价环境质量、制定环境规划、进行环境监测的主要依据,同时也是大量的环境法律规范得以运行的基础。有学者对不同类型的环境标准的作用作了归纳:环境质量标准是确定环境是否被污染以及排污者是否应履行相应的法律义务和承担相应的法律责任的根据之一;污染物排放标准是认定排污者的排污行为是否合法以及应否履行相应的法律义务和承当相应的法律责任的根据之一;环境基础标准、环境方法标准和标准样品,是确认与排污有关的数据是否具有可比性的根据之一,是在发生环境纠纷时确认各方所出示的证据是否为有效证据的根据之一,是在审查、批准所编制的各种环境标准时确认其是否符合标准规范的依据之一。[①]

① 参见蔡守秋:《论环境法与环境标准的关系》,载《环境保护》1995 年第 4 期。

在法律效力上说,不同类型的环境标准的法律效力有所区别。按照《标准化法》以及《环境标准管理办法》的规定,环境标准可以分为强制性环境标准和推荐性环境标准。强制性标准具有强制性的法律效力,违反强制性标准需要承担特定的法律责任。《标准化法》第 14 条规定,“强制性标准,必须执行。不符合强制性标准的产品,禁止生产、销售和进口”。《环境标准管理办法》第 5 条第 2、3 款规定:“环境质量标准、污染物排放标准和法律、行政法规规定必须执行的其他环境标准属于强制性环境标准,强制性环境标准必须执行。强制性环境标准以外的环境标准属于推荐性环境标准。国家鼓励采用推荐性环境标准,推荐性环境标准被强制性环境标准引用,也必须强制执行。”推荐性环境标准不具有有强制性的法律效力,由相应的主体自愿决定是否遵守。

(二) 环境标准制度的概念与立法沿革

环境标准制度是涉及环境标准的一系列法律规范所组成的规范体系,环境标准制度并不是环境标准本身,而是有关环境标准的法律规范的集合,环境标准制度规定了管理体制、环境标准体系、制定程序和审批程序等,为环境标准的科学性、合理性以及有效运行提供了法律上的保障。

我国早在 1973 年就颁布了国内首个环境标准——《工业“三废”排放试行标准》。1979 年,我国颁布了《环境保护法(试行)》,其第 26 条规定,“国务院设立环境保护机构,主要职责是:(一) 贯彻并监督执行国家关于保护环境的方针、政策和法律、法令;(二) 会同有关部门拟定环境保护的条例、规定、标准和经济技术政策……”该规定授权国务院环境保护机构会同有关部门拟定环境保护标准,并要求排放单位遵守国家制定的环境标准,从而使环境标准的制定和实施有了法律依据。80 年代末,我国环境标准相关立法有了较快的发展。1988 年,我国颁布了《标准化法》,该法对应当制定标准的领域、标准的管理体制、标准的制定、标准的实施以及法律责任作了系统的规定。其第 2 条明确规定,“对下列需要统一的技术要求,应当制定标准:……(三) 有关环境保护的各项技术要求和检验方法……(五) 有关工业生产、工程建设和环境保护的技术术语、符号、代号和制图方法”。此后,1989 年《环境保护法》对环境质量标准及污染物排放标准的制定作了明确规定。1999 年,国家环境保护总局根据上述两部立法发布了《环境标准管理办法》,该办法对环境标准的制定、实施及对实施环境标准的监督作了更加细致的规定,对于推动环境标准工作的制度化、法制化起到了重要的作用。2014 年 4 月,新《环境保护法》对环境标准作了原则性规定。除了上述专门立法以外,《大气污染防治法》《水污染防治法》《环境保护标准管理办法》等对相应领域的环境标准管理也各自作出了具体的规定。此外,环保部也在积极推进环境保护标准工作。2013 年 2 月,环保部发布了《国家环境保护标准“十二五”发展规划》,明确了“十二五”期间环境标准工作的主要内容,对环境保护标准修改、环境保护标准实施评估、环境保护标准宣传培训等方面的任务作了规定。环境标准制度的建设已经形成了一个相对完整的法律、规章和规划体系,这为环境标准体系建设提供了有力的保障。

二、环境标准制度的主要内容

(一) 环境标准的管理体制

按照《环境标准管理办法》,国家环境保护总局(现为环保部)负责全国环境标准管理工作,负责制定国家环境标准,负责地方环境标准的备案审查,指导地方环境标准管理工作。县级以上地方人民政府环境保护行政主管部门负责本行政区域内的环境标准管理工作,负责组织实施国家环境标准和地方环境标准。在环保部内部,目前负责环境标准工作的具体部门为环保部科技标准司,其具体职责为:组织拟定并发布各类国家环境基准、环境保护标准、技术规范和污染防治技术政策,负责地方环境保护标准备案工作,推动国家环境技术管理体系建设。

(二) 环境标准体系

环境标准是由纵向上国家和地方两级环境标准,横向上由环境质量标准、污染物排放标准等五种环境标准所组成的完整体系。

1. 横向上的环境标准体系

横向上的环境标准体系由五种不同类型的环境标准组成:

(1) 环境质量标准。环境质量标准是为保障人群健康、维护生态环境和保障社会物质财富,并留有一定安全余量,对环境中有害物质和因素所作的限制性规定。国家环境质量标准是一定时期内衡量环境优劣程度的标准,从某种意义上讲是环境质量的目标标准,如《地表水环境质量标准》《环境空气质量标准》《海水水质标准》《土壤环境质量标准》《景观娱乐用水水质标准》等。

(2) 污染物排放标准。污染物排放标准是根据国家环境质量标准,以及采用的污染控制技术,并考虑经济承受能力,对排入环境的有害物质和产生污染的各种因素所作的限制性规定,它是对污染源控制的标准,如《污水综合排放标准》《大气污染物综合排放标准》《恶臭污染物排放标准》《船舶污染物排放标准》等。

(3) 环境基础标准。环境基础标准是指在环境标准工作中,需要统一的技术术语、符号、代号(代码)、图形、指南、导则、量纲单位及信息编码等而所作的统一规定,主要包括标准化、质量管理、技术管理、基础标准与通用方法、污染控制技术规范及自然资源环境保护等,如《环境管理体系要求及使用指南》(GB/T24001-2004)、《环境保护图形标志——排放口(源)》(GB/T 15562.1-1995)、《环境保护设备分类与命名》(HJ/T 11-1996)等。

(4) 环境监测方法标准。环境监测方法标准是为监测环境质量和污染物排放,规范采样、样品处理、分析测试、数据处理等所作的统一规定。其中,最常见的是分析方法、测定方法、采样方法,如《近岸海域环境监测规范》(HJ 442—2008)、《辐射环境监测技术规范》(HJ/T 61-2001)、《声屏障声学设计和测量规范》(HJ/T 90—2004)等。

(5) 环境标准样品标准。环境标准样品标准是为保证环境监测数据的准确、可靠,对用于量值传递或质量控制的材料、实物样品而研制的标准物质。标准样品在环境管理中起着甄别的作用:可用来评价分析仪器、鉴别其灵敏度;评价分析者的技术,使操作技术规范化。它由国家环境保护总局和全国标准样品技术委员会进行技术评审,国家质量监督检验检疫总局批准、颁布并授权生产,以"GSB"进行编号,如《酸雨标准样品 B》(GSB 07-2242-2008)、《酸雨标准样品 C》(GSB 07-2243-2008)、《水质电导率标准样品 A》(GSB 07-2244-2008)等。

2. 纵向上的环境标准体系

环境标准在纵向上可以分为国家和地方两级环境标准。不过,在上述五种环境标准之中,只有环境质量标准和污染物排放标准有地方标准,其他三种标准只有国家标准。

国家环境标准由国务院环境保护行政主管部门制定,并会同国务院标准化行政主管部门编号、发布,针对全国范围内的一般环境问题,其控制指标的确定是按全国的平均水平和要求提出的,适用于全国的环境保护工作。国家环境标准在整个环境标准的体系中处于核心地位,是国家环境政策目标的综合反映。

地方环境标准是对国家环境标准的补充和完善,它由省、自治区、直辖市人民政府制定,包括地方环境质量标准和地方污染物排放标准两类。地方环境质量标准一般包括大气环境质量标准、水环境质量标准等。地方污染物排放标准一般包括大气污染物排放标准、水污染物排放标准,如《广东省大气污染物排放限制》《浙江省造纸工业(废纸类)水污染物排放标准》《上海市液化石油气发动机助力车怠速污染物排放标准》等。

就二者的关系来说,按照《环境保护法》的规定,对于环境质量标准,省、自治区、直辖市人民政府对国家环境质量标准中未作规定的项目,可以制定地方环境质量标准;对国家环境质量标准中已作规定的项目,可以制定严于国家环境质量标准的地方环境质量标准。地方环境质量标准应当报国务院环境保护主管部门备案。有关国家和地方污染物排放标准之间关系的规定与环境质量标准的规定相同。

(三) 环境标准的制定

1. 环境标准制定的原则

按照《环境标准管理办法》,制定环境标准应遵循下列原则:(1) 以国家环境保护方针、政策、法律、法规及有关规章为依据，以保护人体健康和改善环境质量为目标，促进环境效益、经济效益、社会效益的统一；(2) 环境标准应与国家的技术水平、社会经济承受能力相适应；(3) 各类环境标准之间应协调配套；(4) 标准应便于实施与监督；(5) 借鉴适合我国国情的国际标准和其他国家的标准。

2. 环境标准制定的程序

按照《环境标准管理办法》，制定环境标准应遵循下列基本程序：(1) 编制标准制(修)订项目计划；(2) 组织拟订标准草案；(3) 对标准草案征求意见；(4) 组织审议标准草案；(5) 审查批准标准草案；(6) 按照各类环境标准规定的程序编号、发布。

3. 环境标准的修订与废止

目前，对于环境标准的修订和废止，可以遵循的规定为《环境标准管理办法》第 15 条。按照该条规定，国家环境标准标准实施后，国家环境保护总局(现为环保部)应根据环境管理的需要和国家经济技术的发展适时进行审查，发现不符合实际需要的，应予以修订或者废止。省、自治区、直辖市人民政府环境保护行政主管部门应根据当地环境与经济技术状况以及国家环境标准制(修)订情况，及时向省、自治区、直辖市人民政府提出修订或者废止地方环境标准的建议。

就实际操作层面来说，一般来说，环境保护管理部门会根据环境保护的需要、国家经济发展水平以及技术发展水平，制定特定时期内的环境标准发展规划，明确下一阶段规划修订的任务和目标，进而组织进行相应的修订和废止工作。例如，环保部 2013 年 2 月发布的《国家环境保护标准"十二五"发展规划》就对各类环境标准在"十二五"期间的修订工作目标提出了明确的要求。以环境质量标准为例，规划要求，在"十二五"阶段，要完成地表水、海水、空气、机场噪声、振动等环境质量标准的修订工作，要求既反映我国特征又逐步与国际接轨。就废止的程序来说，一般环境标准在修订之后都会在新的文本中明确规定相应的旧的标准废止。例如，2011 年发布的《建筑施工场界环境噪声标准》中就规定："自本标准实施之日起，《建筑施工场界噪声限值》(GB12523-90)和《建筑施工场界噪声测量方法》(GB12524-90)同时废止。"

(四) 环境标准的实施

对于环境标准的实施，目前主要遵守的规定仍为《环境标准管理办法》中的相关规定。

1. 环境质量标准的实施

(1) 县级以上地方人民政府环境保护行政主管部门在实施环境质量标准时，应结合所辖区域环境要素的使用目的和保护目的划分环境功能区，对各类环境功能区按照环境质量标准的要求进行相应标准级别的管理。

(2) 县级以上地方人民政府环境保护行政主管部门在实施环境质量标准时,应按国家规定,选定环境质量标准的监测点位或断面。经批准确定的监测点位、断面不得任意变更。

(3) 各级环境监测站和有关环境监测机构应按照环境质量标准和与之相关的其他环境标准规定的采样方法、频率和分析方法进行环境质量监测。

(4) 承担环境影响评价工作的单位应按照环境质量标准进行环境质量评价。

(5) 跨省河流、湖泊以及由大气传输引起的环境质量标准执行方面的争议,由有关省、自治区、直辖市人民政府环境保护行政主管部门协调解决,协调无效时,报国家环境保护总局(现为环保部)协调解决。

2. 污染物排放标准的实施

(1) 县级以上人民政府环境保护行政主管部门在审批建设项目环境影响报告书(表)时,应根据下列因素或情形确定该建设项目应执行的污染物排放标准:建设项目所属的行业类别、所处环境功能区、排放污染物种类、污染物排放去向和建设项目环境影响报告书(表)批准的时间;建设项目向已有地方污染物排放标准的区域排放污染物时,应执行地方污染物排放标准,对于地方污染物排放标准中没有规定的指标,执行国家污染物排放标准中相应的指标;实行总量控制区域内的建设项目,在确定排污单位应执行的污染物排放标准的同时,还应确定排污单位应执行的污染物排放总量控制指标;建设从国外引进的项目,其排放的污染物在国家和地方污染物排放标准中无相应污染物排放指标时,该建设项目引进单位应提交项目输出国或发达国家现行的该污染物排放标准及有关技术资料,由市(地)人民政府环境保护行政主管部门结合当地环境条件和经济技术状况,提出该项目应执行的排污指标,经省、自治区、直辖市人民政府环境保护行政主管部门批准后实行,并报国家环境保护总局备案。

(2) 建设项目的设计、施工、验收及投产后,均应执行经环境保护行政主管部门在批准的建设项目环境影响报告书(表)中所确定的污染物排放标准。

(3) 企事业单位和个体工商业者排放污染物,应按所属的行业类型、所处环境功能区、排放污染物种类、污染物排放去向执行相应的国家和地方污染物排放标准,环境保护行政主管部门应加强监督检查。

3. 国家环境监测方法标准的实施

(1) 环境质量标准和污染物排放标准等强制性标准引用的方法标准具有强制性,必须执行。

(2) 在进行环境监测时,应按照环境质量标准和污染物排放标准的规定,确定采样位置和采样频率,并按照国家环境监测方法标准的规定测试与计算。

(3) 对于地方环境质量标准和污染物排放标准中规定的项目,如果没有相应的国家环境监测方法标准时,可由省、自治区、直辖市人民政府环境保护行政主管部门组织制定地方统一分析方法,与地方环境质量标准或污染物排放标准配套执行。相应的国家环境监测方法标准发布后,地方统一分析方法停止执行。

(4) 因采用不同的国家环境监测方法标准所得监测数据发生争议时,由上级环境保护行政主管部门裁定,或者指定采用一种国家环境监测方法标准进行复测。

4. 国家环境标准样品标准的实施

(1) 对各级环境监测分析实验室及分析人员进行质量控制考核;

(2) 校准、检验分析仪器;

(3) 配制标准溶液;

(4) 分析方法验证以及其他环境监测工作。

(五) 环境标准的监督

县级以上人民政府环境保护行政主管部门在向同级人民政府和上级环境保护行政主管部门汇报环境保护工作时,应将环境标准执行情况作为一项重要内容。

国家环境保护总局(现为环保部)负责对地方环境保护行政主管部门监督实施污染物排放标准的情况进行检查。

违反国家法律和法规规定,越权制定的国家环境质量标准和污染物排放标准无效。

对不执行强制性环境标准的,依据法律和法规有关规定予以处罚。

第六节　清洁生产制度

一、清洁生产与清洁生产制度基本理论

(一) 清洁生产

清洁生产最早出现于20世纪70年代中期。对环境问题和工业废物管理的思考使人们认识到预防性策略的重要性,由此涌现出了大量的基于污染预防原则的概念,如"污染预防""废物最小化""减废技术""源削减""零排放技术""零废物生产""环境友好技术"等。1989年,联合国环境规划署(UNEP)在总结工业污染防治概念和实践的基础上提出了清洁生产这一概念。1990年,在英国坎特布里召开的第一次国际清洁生产高级研讨会上正式确定了清洁生产的定义,即"清洁生产是指对工艺和产品不断运用综合性的预防战略,以减少其对人

体和健康的风险”[①]。随后不久,UNEP 又将产品和服务纳入清洁生产的范围。对于清洁生产,世界各国有许多相似的提法,如美国称之为“废物最小量化”“污染预防”或“废物源削减技术”;欧洲国家多称之为“少废无废工艺”“无废生产”;日本一般称之为“无公害技术”;我国以往多称其为“无废少废工艺”。[②] 我国于 2002 年通过的《清洁生产促进法》使用了“清洁生产”这一概念,并将其定义为“不断采取改进设计、使用清洁的能源和原料、采用先进的工艺技术与设备、改善管理、综合利用等措施,从源头削减污染,提高资源利用效率,减少或者避免生产、服务和产品使用过程中污染物的产生和排放,以减轻或者消除对人类健康和环境的危害。”

清洁生产既包括生产过程也包括产品和服务。一般来说,清洁生产主要侧重于企业生产过程,实现企业(包括两个或两个以上相关企业组成的企业群)清洁生产的途径主要包括以下几个方面:(1) 通过资源的综合勘探、评价、开发与利用,使原材料尽可能地转化为产品而非废料;(2) 改革能源、原材料和工艺设备;(3) 组织厂内的物料循环;(4) 企业环境管理从侧重于污染物末端处理向污染全过程控制倾斜,建立 ISO14000 环境管理体系等;(5) 改革产品体系,实行生态设计、绿色设计或环境设计;(6) 实行必要的污染物“末端处理”;(7) 组织厂外的物料循环,进行区域内的清洁生产。[③]

清洁生产是环境保护技术和环境保护理念发展的高级阶段。在工业革命之后很长一段时期内,污染物的消纳、削减依赖于自然稀释和降解,导致污染事故频发,生态环境遭遇严重破坏。随着环境保护观念的兴起,末端治理成为污染防治的主导理念,即针对生产末端产生的污染物开发行之有效的治理技术。相对于稀释排放,末端治理尽管有很大进步,但是随着工业化进程的加快和规模的扩大,末端治理的局限性日益显现。因此,随着污染防治理念的发展,全程控制的理念逐渐替代了末端治理,这使得清洁生产逐渐成为防治污染和减少资源消耗、提高资源利用效率的有效手段。概括来说,清洁生产具有以下几方面的积极作用:一是对环境和资源能源来说,清洁生产既有利于减少污染物质的排放、维持和提高环境质量,又有利于减少资源能源消耗、提高资源能源利用效率;二是对企业来说,清洁生产能够改进企业生产工艺流程,降低企业成本,提高企业市场竞争力,尤其是在国际市场以及具有较高环境标准的国外市场上的竞争力;三是对政府来说,清洁生产能够从源头削减污染物排放,这有利于减少政府的监管压力,提高政府监管的有效性。尤其是我国环境保护主管部门的监管能力目前仍

① 石磊、钱易:《清洁生产的回顾与展望——世界及中国推行清洁生产的进程》,载《中国人口·资源与环境》2002 年第 2 期。

② 参见王明远:《清洁生产法的含义与本质辨析》,载《现代法学》2006 年第 6 期。

③ 参见钱易、唐孝炎:《环境保护与可持续发展》,高等教育出版社 2000 年版,第 328—335 页。

然不够充足，推行清洁生产，要求企业强制性或自愿性进行清洁生产改造，是我国减少环境监管压力的有效途径。

（二）清洁生产制度的概念与立法沿革

清洁生产制度是指调整清洁生产推行实施过程中所涉及的社会关系的一系列法律规范所形成的规范体系。与末端治理不同，清洁生产的落实往往要为企业带来较大的初始成本，尤其是对已经建立了一整套完整的生产流程和管理制度体系的企业来说，在符合法律所规定的标准的前提下，考虑到清洁生产带来的旧设备处理、管理制度革新、人员的重新培训等成本投入问题，除非改善能够带来显著的经济效益，企业一般不具有调整改善工艺、设备和流程的积极性。因此，在企业中推行清洁生产必须考虑到企业的生产现状、技术可得性、改善成本以及改善效益等问题，必要时必须推行强制性的清洁生产。这就需要进行完善的法律制度设计，建立完善的程序，保护企业的合法权益，保障清洁生产能够顺利落实。

早在 1979 年《环境保护法（试行）》中就已经有了清洁生产制度的萌芽。该法第 18 条规定，“积极试验和采用无污染或少污染的新工艺、新技术、新产品。加强企业管理，实行文明生产，对于污染环境的废气、废水、废渣，要实行综合利用、化害为利”。1989 年《环境保护法》进一步规定，“新建工业企业和现有工业企业的技术改造，应当采用资源利用率高、污染物排放量少的设备和工艺，采用经济合理的废弃物综合利用技术和污染物处理技术。”尽管已经有了相应的规定，但我国当时的情况和实践并不适合大规模推广清洁生产。进入 20 世纪 90 年代以后，清洁生产立法、政策与实践开始进入快速发展阶段。1993 年 10 月，在上海召开的第二次全国工业污染防治会议上，国家环境保护局提出，工业污染防治必须从单纯的末端治理向生产全过程控制转变，实行清洁生产。1995 年，我国修改了《大气污染防治法》，并颁布了《固体废物污染环境防治法》，在这两部立法之中，都提及了清洁生产。1996 年，全国人大常委会又修改了《水污染防治法》，该法也规定“企业应当采用原材料利用率高、污染物排放量少的清洁生产工艺，并加强管理，减少水污染物的产生。”同年，国务院发布《关于环境保护若干问题的决定》，要求“所有大、中、小型新建、扩建、改建和技术改造项目（以下简称建设项目），要提高技术起点，采用能耗物耗小、污染物产生量少的清洁生产工艺”。1997 年，国家环保局发布《关于推行清洁生产的若干意见》，对推进普及清洁生产的目标任务和保障措施作了全面部署。该规定的出台，对于清洁生产推广工作的发展具有重要的作用。1999 年 5 月，国家经贸委下达了《关于实施清洁生产示范试点计划的通知》，决定在北京、上海、天津等 10 个城市以及石化、化工、冶金等 5 个行业开展清洁生产试点。2002 年 6 月，全国人大常委会通过了《清洁生产促进法》，该法对清洁生产的推行、清洁生产的实施、相应的鼓励措施以及法律责任作了系统的规定,其出台标志着清洁生产制度正式成为环境法的一项基本制度。2012年2月,全国人大常委会根据实践的发展对《清洁生产促进法》进行了修改,解决了原来在清洁生产制度中部门职责不清的问题,强化了政府有关部门在推行清洁生产中的职责,建立了清洁生产审核制度并强化了法律责任。[①] 新《环境保护法》规定,“企业事业单位和其他生产经营者,在污染物排放符合法定要求的基础上,进一步减少污染物排放的,人民政府应当依法采取财政、税收、价格、政府采购等方面的政策和措施予以鼓励和支持”,从而规定了政府对企事业单位主动进行污染物削减的支持义务,可以适用于清洁生产的技术改进,有利于推动清洁生产的发展。此外,新《环境保护法》还原则上规定,“国家促进清洁生产和资源循环利用。国务院有关部门和地方各级人民政府应当采取措施,推广清洁能源的生产和使用。企业应当优先使用清洁能源,采用资源利用率高、污染物排放量少的工艺、设备以及废弃物综合利用技术和污染物无害化处理技术,减少污染物的产生。”进一步具体化了清洁生产的主要内容,为清洁生产提供了基础性支持。

二、清洁生产制度

清洁生产制度主要包括清洁生产的管理体制、清洁生产的推行、清洁生产的实施以及信息公开等几方面内容。

(一) 清洁生产管理体制

按照2002年《清洁生产促进法》,“国务院经济贸易行政主管部门负责组织、协调全国的清洁生产促进工作。国务院环境保护、计划、科学技术、农业、建设、水利和质量技术监督等行政主管部门,按照各自的职责,负责有关的清洁生产促进工作。”之后,国务院进行了两次机构改革,客观上造成了部门职责和法律规定不一致,影响了法律的贯彻实施。因此,2012年《清洁生产促进法》修改之后,规定“国务院清洁生产综合协调部门负责组织、协调全国的清洁生产促进工作。国务院环境保护、工业、科学技术、财政部门和其他有关部门,按照各自的职责,负责有关的清洁生产促进工作。县级以上地方人民政府负责领导本行政区域内的清洁生产促进工作。县级以上地方人民政府确定的清洁生产综合协调部门负责组织、协调本行政区域内的清洁生产促进工作。县级以上地方人民政府其他有关部门,按照各自的职责,负责有关的清洁生产促进工作。”修改更加注重突出部门职能要求、弱化部门名称,以保持法律执行主体名称的相对稳定,

---

① 此次修改具体的进步参见刘奕湛、罗沙:《明确主管部门,强化政府职责——全国人大环资委主任委员汪光焘就清洁生产促进法修改答记者问》,http://cpc.people.com.cn/GB/64093/82429/83083/17260651.html,2014年9月22日访问。

并为今后机构改革留有空间。

（二）清洁生产的推行

围绕清洁生产的推行，《清洁生产促进法》规定了一系列的制度性措施，这些措施包括清洁生产推行规划、清洁生产资金以及相关经济政策支持、有关清洁生产技术的保障措施、产品标志、信息公开，以及相关的示范、教育、宣传和培训、政府采购等。

1. 清洁生产推行规划

清洁生产推行规划是推行清洁生产最为基础和重要的制度，能够明确特定时期内推行清洁生产的目标、主要任务和保障措施。2002 年《清洁生产促进法》对清洁生产推行规划的规定比较简单，缺乏对清洁生产推行规划内容的规定，同时也没有对政府及有关部门的责任进行规定。为改变长期以来清洁生产推行规划仅具有指导性而无约束性的状况，提高推行规划的法律效力，2012 年《清洁生产促进法》完善了对清洁生产推行规划的规定。

（1）国务院清洁生产综合协调部门会同国务院环境保护、工业、科学技术部门和其他有关部门，根据国民经济和社会发展规划及国家节约资源、降低能源消耗、减少重点污染物排放的要求，编制国家清洁生产推行规划，报经国务院批准后及时公布。

（2）国家清洁生产推行规划应当包括：推行清洁生产的目标、主要任务和保障措施，按照资源能源消耗、污染物排放水平确定开展清洁生产的重点领域、重点行业和重点工程。

（3）国务院有关行业主管部门根据国家清洁生产推行规划确定本行业清洁生产的重点项目，制定行业专项清洁生产推行规划并组织实施。

（4）县级以上地方人民政府根据国家清洁生产推行规划、有关行业专项清洁生产推行规划，按照本地区节约资源、降低能源消耗、减少重点污染物排放的要求，确定本地区清洁生产的重点项目，制定推行清洁生产的实施规划并组织落实。

2. 清洁生产资金以及相关经济政策支持

清洁生产需要企业进行大量的投入，因此，为了调动企业的积极性、减少企业负担，政府有义务为清洁生产推行提供资金、技术等方面的支持。2002 年《清洁生产促进法》对国家财政资金的安排没有作出规定，2012 年《清洁生产促进法》完善了有关资金的规定，规定中央预算应当加强对清洁生产工作的资金投入。

中央预算应当加强对清洁生产促进工作的资金投入，包括中央财政清洁生产专项资金和中央预算安排的其他清洁生产资金，用于支持国家清洁生产推行规划确定的重点领域、重点行业、重点工程实施清洁生产及其技术推广工作，以及生态脆弱地区实施清洁生产的项目。中央预算用于支持清洁生产促进工作的资金使用的具体办法,由国务院财政部门、清洁生产综合协调部门会同国务院有关部门制定。县级以上地方人民政府应当统筹地方财政安排的清洁生产促进工作的资金,引导社会资金,支持清洁生产重点项目。

国务院应当制定有利于实施清洁生产的财政税收政策。国务院及其有关部门和省、自治区、直辖市人民政府,应当制定有利于实施清洁生产的产业政策、技术开发和推广政策。

3. 有关清洁生产技术的保障措施

清洁生产多涉及环境友好技术的运用和技术的优化改造,政府有相应的保障清洁生产技术推广的义务,有关清洁生产技术的保障措施的规定包括:

(1) 清洁生产信息系统和技术咨询服务体系。国务院和省、自治区、直辖市人民政府的有关部门,应当组织和支持建立促进清洁生产信息系统和技术咨询服务体系,向社会提供有关清洁生产方法和技术、可再生利用的废物供求以及清洁生产政策等方面的信息和服务。

(2) 清洁生产技术、工艺、设备和产品导向目录和清洁生产指南。国务院清洁生产综合协调部门会同国务院环境保护、工业、科学技术、建设、农业等有关部门定期发布清洁生产技术、工艺、设备和产品导向目录。国务院清洁生产综合协调部门、环境保护部门和省、自治区、直辖市人民政府负责清洁生产综合协调的部门、环境保护部门会同同级有关部门,组织编制重点行业或者地区的清洁生产指南,指导实施清洁生产。

(3) 限期淘汰制度。国家对浪费资源和严重污染环境的落后生产技术、工艺、设备和产品实行限期淘汰制度。国务院有关部门按照职责分工,制定并发布限期淘汰的生产技术、工艺、设备以及产品的名录。

4. 清洁产品标识和标准

有关清洁产品标志和标准的规定为:国务院有关部门可以根据需要批准设立节能、节水、废物再生利用等环境与资源保护方面的产品标志,并按照国家规定制定相应标准。

5. 信息公开

2012 年《清洁生产促进法》第 17 条对政府在规划推行过程中的信息公开义务也作了规定:“省、自治区、直辖市人民政府负责清洁生产综合协调的部门、环境保护部门,根据促进清洁生产工作的需要,在本地区主要媒体上公布未达到能源消耗控制指标、重点污染物排放控制指标的企业的名单,为公众监督企业实施清洁生产提供依据。列入前款规定名单的企业,应当按照国务院清洁生产综合协调部门、环境保护部门的规定公布能源消耗或者重点污染物产生、排放情况,接受公众监督。”

6. 其他保障措施

其他有关清洁生产推行的相应措施的规定包括：

（1）推广示范。县级以上人民政府科学技术部门和其他有关部门，应当指导和支持清洁生产技术和有利于环境与资源保护的产品的研究、开发以及清洁生产技术的示范和推广工作。

（2）教育。国务院教育部门，应当将清洁生产技术和管理课程纳入有关高等教育、职业教育和技术培训体系。

（3）宣传和培训。县级以上人民政府有关部门组织开展清洁生产的宣传和培训，提高国家工作人员、企业经营管理者和公众的清洁生产意识，培养清洁生产管理和技术人员。新闻出版、广播影视、文化等单位和有关社会团体，应当发挥各自优势做好清洁生产宣传工作。各级人民政府应当通过宣传、教育等措施，鼓励公众购买和使用节能、节水、废物再生利用等有利于环境与资源保护的产品。

（4）政府优先采购。各级人民政府应当优先采购节能、节水、废物再生利用等有利于环境与资源保护的产品。

（三）清洁生产的实施

有关清洁生产实施的规定主要包括对环境影响评价过程中的论证要求、对企业技术改造具体措施的规定、有关产品包装的规定、有关各行业清洁生产的规定、清洁生产审核、清洁生产协议以及清洁生产管理体系认证等内容。

1. 环境影响评价过程中的论证要求

理论上说，由于技术锁定效应的存在，企业落实清洁生产的阶段越早，成本就越低，最为理想的阶段就是进行项目可行性论证阶段。因此，《清洁生产促进法》对环境影响评价阶段的技术论证作了相应的要求，即“新建、改建和扩建项目应当进行环境影响评价，对原料使用、资源消耗、资源综合利用以及污染物产生与处置等进行分析论证，优先采用资源利用率高以及污染物产生量少的清洁生产技术、工艺和设备。”

2. 对企业进行技术改造的要求

《清洁生产促进法》对企业技术改造过程中清洁生产的实施也作出了规定：“企业在进行技术改造过程中，应当采取以下清洁生产措施：（一）采用无毒、无害或者低毒、低害的原料，替代毒性大、危害严重的原料；（二）采用资源利用率高、污染物产生量少的工艺和设备，替代资源利用率低、污染物产生量多的工艺和设备；（三）对生产过程中产生的废物、废水和余热等进行综合利用或者循环使用；（四）采用能够达到国家或者地方规定的污染物排放标准和污染物排放总量控制指标的污染防治技术。”

3. 有关产品包装的规定

对于产品包装,《清洁生产促进法》规定:“产品和包装物的设计,应当考虑其在生命周期中对人类健康和环境的影响,优先选择无毒、无害、易于降解或者便于回收利用的方案。企业对产品的包装应当合理,包装的材质、结构和成本应当与内装产品的质量、规格和成本相适应,减少包装性废物的产生,不得进行过度包装。”

4. 有关各行业清洁生产的规定

有关各行业清洁生产的规定包括:

(1) 农业生产者应当科学地使用化肥、农药、农用薄膜和饲料添加剂,改进种植和养殖技术,实现农产品的优质、无害和农业生产废物的资源化,防止农业环境污染。禁止将有毒、有害废物用作肥料或者用于造田。

(2) 餐饮、娱乐、宾馆等服务性企业,应当采用节能、节水和其他有利于环境保护的技术和设备,减少使用或者不使用浪费资源、污染环境的消费品。

(3) 建筑工程应当采用节能、节水等有利于环境与资源保护的建筑设计方案、建筑和装修材料、建筑构配件及设备。建筑和装修材料必须符合国家标准。禁止生产、销售和使用有毒、有害物质超过国家标准的建筑和装修材料。

(4) 矿产资源的勘查、开采,应当采用有利于合理利用资源、保护环境和防止污染的勘查、开采方法和工艺技术,提高资源利用水平。

5. 清洁生产审核

按照国家环境保护总局2004年发布的《清洁生产审核暂行办法》,清洁生产审核是指按照一定程序,对生产和服务过程进行调查和诊断,找出能耗高、物耗高、污染重的原因,提出减少有毒有害物料的使用、产生,降低能耗、物耗以及废物产生的方案,进而选定技术经济及环境可行的清洁生产方案的过程。清洁生产审核是2012年《清洁生产促进法》修改的重点。清洁生产审核包括强制性清洁生产审核和自愿性清洁生产审核两种,《清洁生产促进法》重点对强制性清洁生产审核进行了规定。

(1) 强制性清洁生产审核

强制性清洁生产审核的内容主要包括强制性清洁生产审核的范围、信息公开、有关部门的监督和评估验收责任。

按照《清洁生产促进法》以及《清洁生产审核暂行办法》的规定,有下列情形之一的企业,应当实施强制性清洁生产审核:“(一) 污染物排放超过国家或者地方规定的排放标准,或者虽未超过国家或者地方规定的排放标准,但超过重点污染物排放总量控制指标的;(二) 超过单位产品能源消耗限额标准构成高耗能的;(三) 使用有毒、有害原料进行生产或者在生产中排放有毒、有害物质的。”

清洁生产审核程序原则上包括审核准备,预审核,审核,实施方案的产生、筛选和确定,编写清洁生产审核报告等。第一,审核准备。开展培训和宣传,成立由企业管理人员和技术人员组成的清洁生产审核工作小组,制订工作计划。第二,预审核。在对企业基本情况全面调查的基础上,通过定性和定量分析,确定清洁生产审核重点和企业清洁生产目标。第三,审核。通过对生产和服务过程的投入产出进行分析,建立物料平衡、水平衡、资源平衡以及污染因子平衡,找出物料流失、资源浪费环节和污染物产生的原因。第四,实施方案的产生和筛选。对物料流失、资源浪费、污染物产生和排放进行分析,提出清洁生产实施方案,并进行方案的初步筛选。第五,实施方案的确定。对初步筛选的清洁生产方案进行技术、经济和环境可行性分析,确定企业拟实施的清洁生产方案。第六,编写清洁生产审核报告。清洁生产审核报告应当包括企业基本情况、清洁生产审核过程和结果、清洁生产方案汇总和效益预测分析、清洁生产方案实施计划等。

实施强制性清洁生产审核的企业,应当将审核结果向所在地县级以上地方人民政府负责清洁生产综合协调的部门、环境保护部门报告,并在本地区主要媒体上公布,接受公众监督,但涉及商业秘密的除外。公布的主要内容应当包括:企业名称、法人代表、企业所在地址、排放污染物名称、排放方式、排放浓度和总量、超标、超总量情况。

县级以上地方人民政府有关部门应当对企业实施强制性清洁生产审核的情况进行监督,必要时可以组织对企业实施清洁生产的效果进行评估验收,所需费用纳入同级政府预算。承担评估验收工作的部门或者单位不得向被评估验收企业收取费用。

按照 2012 年《清洁生产促进法》,实施清洁生产审核的具体办法,由国务院清洁生产综合协调部门、环境保护部门会同国务院有关部门制定。2004 年《清洁生产审核暂行办法》对清洁生产审核的具体程序、组织管理、奖惩措施等作了具体的规定,目前,在新的清洁生产审核办法出台之前,具体操作均应当按照该办法的规定进行。

(2) 自愿性清洁生产审核

强制性清洁生产审核范围以外的企业,国家鼓励企业自愿开展清洁生产审核。污染物排放达到国家或者地方排放标准的企业,可以自愿组织实施清洁生产审核,提出进一步节约资源、削减污染物排放量的目标。

(3) 进步

2012 年《清洁生产促进法》在强制性清洁生产审核方面取得的进步包括:

一是扩大了对企业实施强制性清洁生产审核的范围。在现行法规定的强制性清洁生产审核范围之外,将超过单位产品能源消耗限额标准构成高耗能的企业列入强制性审核范围。

二是充分发挥社会监督作用。明确要求实施强制性清洁生产审核的企业,应当将审核结果向所在地县级以上地方人民政府负责清洁生产综合协调的部门、环境保护部门报告,并在本地区主要媒体上公布,接受公众监督。

三是强化了政府有关部门对企业的监督责任。修改决定新增加规定,县级以上地方人民政府有关部门应当对企业实施强制性清洁生产审核的情况进行监督,必要时可以组织对企业实施清洁生产的效果进行评估验收。

6. 自愿性清洁生产协议

按照《清洁生产促进法》,强制性清洁生产审核范围以外的企业,可以自愿与清洁生产综合协调部门和环境保护部门签订进一步节约资源、削减污染物排放量的协议。该清洁生产综合协调部门和环境保护部门应当在本地区主要媒体上公布该企业的名称以及节约资源、防治污染的成果。

此外,需要注意的是,按照《环境保护法》的最新规定,"企业事业单位和其他生产经营者,在污染物排放符合法定要求的基础上,进一步减少污染物排放的,人民政府应当依法采取财政、税收、价格、政府采购等方面的政策和措施予以鼓励和支持。"按照这一规定,企业进行自愿性的清洁生产,节约资源、削减污染物排放,政府应当予以相应的支持。

7. 清洁生产管理体系认证

按照《清洁生产促进法》,企业可以根据自愿原则,按照国家有关环境管理体系等认证的规定,委托经国务院认证认可监督管理部门认可的认证机构进行认证,提高清洁生产水平。

(四) 清洁生产的鼓励措施

《清洁生产促进法》属于促进型立法,其主要目的是推动清洁生产的普及和落实,因此,《清洁生产促进法》设专章对清洁生产的鼓励措施作了规定:(1) 国家建立清洁生产表彰奖励制度。对在清洁生产工作中作出显著成绩的单位和个人,由人民政府给予表彰和奖励。(2) 对从事清洁生产研究、示范和培训,实施国家清洁生产重点技术改造项目和《清洁生产促进法》第28条规定的自愿节约资源、削减污染物排放量协议中载明的技术改造项目,由县级以上人民政府给予资金支持。(3) 在依照国家规定设立的中小企业发展基金中,应当根据需要安排适当数额用于支持中小企业实施清洁生产。(4) 依法利用废物和从废物中回收原料生产产品的,按照国家规定享受税收优惠。(5) 企业用于清洁生产审核和培训的费用,可以列入企业经营成本。

思考题

1. 环境规划的体系是什么?不同的环境规划之间如何衔接?

2. 简述规划环境影响评价和建设项目环境影响评价的内容。新《环境保护法》对环境影响评价有哪些发展?

3. 环境保护目标责任制的基本原理是什么？如何追究未完成环境保护目标的责任？

4. 我国的环境标准包括哪些？最为重要的是哪两种环境标准？哪些环境标准具有法律上的强制力？

5. 清洁生产强制性审核的具体内容包括哪些？

推荐阅读

1. 张璐:《环境规划的体系和法律效力》,载《环境保护》2006 年第 6 期。

2. 汪劲:《中外环境影响评价制度比较研究——环境与开发决策的正当法律程序》,北京大学出版社 2006 年版。

3. 王汉生、王一鸽:《目标管理责任制:农村基层政权的实践逻辑》,载《社会学研究》2009 年第 2 期。

4. 蔡守秋:《论环境法与环境标准的关系》,载《环境保护》1995 年第 4 期。

5. 王明远:《清洁生产法论》,清华大学出版社 2014 年版。

第八章 环境与资源保护法律责任

【导言】

法律责任是法得以实现的最终环节，环境与资源保护法律责任是环境资源保护法理论体系的重要组成部分。与传统的法律责任相比，环境与资源保护法律责任既有传承也有创新，在价值取向、规则设计等方面表现出一定的特殊性，是环境与资源保护法学基本理论学习与研究的重点之一。本章对环境与资源保护法律责任的不同责任形式进行全面的梳理，在传统法律责任基本理论的基础上，对环境与资源保护法律责任在价值取向以及规则设计上的特殊性进行系统论述。

第一节 环境行政责任

一、环境行政责任概述

（一）环境行政责任的概念与特点

环境行政责任，是指环境行政法律关系主体由于违反环境行政法律规范或不履行环境行政法律义务，依法应承担的行政法上的法律后果。《环境保护法》第59—63、67、68条对环境行政责任作了明确规定，另外，《大气污染防治法》《水污染防治法》《海洋环境保护法》《固体废物污染环境防治法》《水法》《森林法》《草原法》，以及《行政诉讼法》《行政处罚法》《行政复议法》《国家赔偿法》等法律都有相关的规定，是适用最为广泛的一种环境法律责任形式。

环境行政责任特点主要包括以下两个方面：

1. 环境行政责任是由环境行政法律关系主体承担的法律责任

根据行政法的一般原理，环境行政法律关系主体包括环境行政主体、环境行政公务员和环境行政相对人。广义的环境行政责任包括环境行政主体、公务员以及行政相对人所承担的行政责任；狭义的环境行政责任仅包括环境行政主体和公务员所承担的行政责任。

2. 环境行政责任是由环境行政违法行为引起的法律责任

环境行政责任必须以环境行政违法行为为前提，没有环境行政违法行为就没有环境行政责任。环境行政违法行为，是环境行政法律关系的主体违反环境法律规范，造成环境污染和破坏或侵害其他行政关系的行为。

（二）环境行政责任的分类

环境行政责任具有丰富的内涵，所涉及的内容也比较复杂，根据不同的标准可作不同的分类。

1. 根据承担责任主体的不同，环境行政责任可以分为环境行政主体的环境行政责任、环境行政相对人的环境行政责任和环境行政公务员的环境行政责任。环境行政主体的环境行政责任，是指环境行政主体违反环境行政法律规范所规定的义务，怠于或疏于履行环境行政监督职责，或滥用环境行政管理职权，所应当承担的行政方面的法律后果，如履行职务、撤销违法的行政行为、行政赔偿等。环境行政相对人的环境行政责任，是指行政相对人因为不履行环境资源行政法律规范规定的保护环境资源、防治污染破坏的义务和不服从环境管理的义务，或滥用环境资源权利所应当承担行政方面的法律后果，如罚款、责令改正、责令停业、关闭、拘留等。环境行政公务员的环境行政责任，是指履行环境监管职责的公务人员，违反环境行政法律规范所规定的义务，怠于或疏于履行环境行政监督职责，或滥用环境行政管理职权，所应当承担的行政方面的法律后果，如记过、记大过、降级、撤职、开除等。

2. 根据责任关系的不同，环境行政责任可以分为环境内部行政责任和环境外部行政责任。前者是基于内部行政法律关系而产生的行政责任，如行政主体内部公务人员对行政主体的责任、受委托组织和个人对委托的行政机关的责任等；后者是基于外部行政法律关系而产生的行政责任，包括行政主体对行政相对人承担的责任以及行政相对人的行政责任。

3. 根据违法行为的种类不同，环境行政责任可以分为作为的环境行政责任和不作为的环境行政责任。作为的环境行政责任，是指环境行政相对人采用积极的行为方式所实施的污染或破坏环境与自然资源、抗拒环境管理所应承担的行政责任，或者环境行政主体滥用环境行政权力、侵犯行政相对人合法利益所应当承担的行政责任；不作为的环境行政责任，是指行政相对人不履行环境法律规定的义务，或者环境行政主体怠于或疏于履行环境行政监督职责而应承担的行政责任。

4. 根据责任内容的不同，环境行政责任可以分为财产性环境行政责任和非财产性环境行政责任。财产性环境行政责任，是指以财产的给付作为责任承担方式的环境行政责任，如罚款、没收违法所得、没收非法财物等；非财产性环境行政责任，是指不以财产给付而以人身权利的限制、责令作出某种行为等作为责任承担内容的环境行政责任，如通报批评、赔礼道歉、消除影响、停止违法行为、撤销违法的行政行为、履行职务、纠正不当、记过、记大过、降级、拘留、责令停止生产或者使用、责令重新安装使用、责令停业、关闭等。

二、环境行政主体的环境行政责任

(一)环境行政主体的环境行政责任的概念

环境行政主体的环境行政责任,是指环境行政主体违反环境行政法律规范所规定的义务,怠于或疏于履行环境行政监督职责,或滥用环境行政管理职权,所应当承担的行政方面的法律后果。

(二)环境行政主体的环境行政责任的构成要件

1. 主体

根据《环境保护法》第6条、第10条和其他法律的规定,我国环境行政主体主要包括:地方各级人民政府、国务院环境保护主管部门、县级以上地方人民政府环境保护主管部门,以及依照有关法律的规定实行环境保护监督管理职能的县级以上人民政府有关部门和军队环境保护部门。由于受委托行使环境管理职权的组织不是独立行政主体,不对外承担环境行政责任,因此受委托行使环境管理职权的组织的监管行为造成环境行政相对人权益损害时,由委托机关承担环境行政责任,受委托的组织只承担内部环境行政责任。

2. 客观方面

环境行政主体的环境行政责任的客观方面,主要包括环境行政主体的环境违法行政行为、危害后果以及行为与后果间的因果关系。

根据《行政诉讼法》第54条、《行政复议法》第28条和其他法律的规定,行政主体的违法行政行为主要包括:行政失职、行政越权、行政滥用职权、事实依据错误、适法错误、违反法定程序、行政侵权。另据《环境保护法》第68条的规定,我国环境行政主体的环境违法行政行为主要有:不符合行政许可条件准予行政许可的;对环境违法行为进行包庇的;依法应当作出责令停业、关闭的决定而未作出的;对超标排放污染物、采用逃避监管的方式排放污染物、造成环境事故以及不落实生态保护措施造成生态破坏等行为,发现或者接到举报未及时查处的;违反该法规定,查封、扣押企业事业单位和其他生产经营者的设施、设备的;篡改、伪造或者指使篡改、伪造监测数据的;应当依法公开环境信息而未公开的;将征收的排污费截留、挤占或者挪作他用的;法律法规规定的其他违法行为。

根据我国环境与资源保护相关法律的规定,危害后果和因果关系不是环境行政主体承担环境行政责任的必要条件。

(三)环境行政主体的环境行政责任的承担方式

环境行政主体的环境行政责任的承担方式主要有:(1)承认错误,赔礼道歉,即环境行政行为损害行政相对人的权益时,应当向行政相对人承认错误,赔礼道歉;(2)恢复名誉,消除影响,即环境行政行为造成行政相对人名誉上的损害,并造成不良影响时,应当通过一定形式为行政相对人恢复名誉,消除影响;

(3) 恢复原状，即环境行政主体的违法或不当行为给行政相对人造成财产权益上的损害时，有关环境行政机关应当承担恢复原状的补救性责任；(4) 通报批评，即上级行政机关对下级行政机关的违法行为所作的一种书面形式的处罚，对实施行政违法行为的行政主体具有警戒作用；(5) 履行职务，即当环境行政主体不履行法定义务或不积极履行法定义务时，行政相对人可以向法定机关申请要求环境行政主体履行法定义务；(6) 撤销违法的环境行政行为，即法定有权机关撤销环境行政主体的违法行为；(7) 纠正不当的环境行政行为，即对行政主体行政裁量权进行控制的行政责任形式，要求实施行环境行政行为的行政主体变更不当的行政行为；(8) 返还权益，即在撤销或变更违法行政行为的同时，必须返还行政相对人的合法权益；(9) 行政赔偿，即环境行政主体的侵权行为导致行政相对人的合法权益受到侵害时，行政主体应当依法进行赔偿。

三、环境行政公务员的环境行政责任

(一) 环境行政公务员的环境行政责任的概念

环境行政公务员的环境行政责任，是指履行环境监管职责的公务人员，违反环境行政法律规范所规定的义务，怠于或疏于履行环境行政监督职责，或滥用环境行政管理职权，所应当承担的行政方面的法律后果。

(二) 环境行政公务员的环境行政责任的构成要件

1. 主体

环境行政公务员是指在环境行政主体中履行环境监管职责的公务人员，根据《环境保护法》，主要包括直接负责的主管人员和其他直接责任人员。环境行政公务员承担的行政责任是一种内部环境行政责任。

2. 主观方面

环境行政公务员的行政责任的主观方面，是指公务人员实施行为时的心理状态，主要包括故意和过失两种形态。公务人员只有在故意或重大过失的主观状态下，才需承担环境行政责任，否则只是履行职务行为而不承担环境行政责任。

3. 客观方面

环境行政公务员的环境行政责任的客观方面，主要包括环境行政公务员的环境违法行为、危害后果以及行为与后果间的因果关系。

根据《环境保护法》第 68 条，我国环境行政公务员的违法行为主要有：不符合行政许可条件准予行政许可的；对环境违法行为进行包庇的；依法应当作出责令停业、关闭的决定而未作出的；对超标排放污染物、采用逃避监管的方式排放污染物、造成环境事故以及不落实生态保护措施造成生态破坏等行为，发现或者接到举报未及时查处的；违反该法规定，查封、扣押企业事业单位和其他生产经营者的设施、设备的；篡改、伪造或者指使篡改、伪造监测数据的；应当依法公开环境信息而未公开的；将征收的排污费截留、挤占或者挪作他用的；法律法规规定的其他违法行为。

根据我国相关立法的规定，危害后果不是公务人员承担环境行政责任的必要条件。也就是说，在某些情况下，法律规定没有造成危害后果的环境违法行政行为，行为人也要承担环境行政责任，例如《环境保护法》第 68 条规定，“地方各级人民政府、县级以上人民政府环境保护主管部门和其他负有环境保护监督管理职责的部门有下列行为之一的，对直接负责的主管人员和其他直接责任人员给予记过、记大过或者降级处分”。但在另一些情况下，必须是产生了危害后果才承担环境行政责任，例如《海洋环境保护法》第 94 条规定：“海洋环境监督管理人员滥用职权、玩忽职守、徇私舞弊，造成海洋环境污染损害的，依法给予行政处分；构成犯罪的，依法追究刑事责任。”在法律规定需要具备危害后果才承担环境行政责任的情况下，就需要判断环境行政违法行为与危害后果之间是否存在因果关系，而在法律规定不要求危害后果作为承担环境行政责任的条件时，就不需要判断因果关系的存在与否。

（三）环境行政公务员的环境行政责任的承担方式

环境行政公务员承担环境行政责任的方式主要有：(1) 环境行政主体有法律规定的环境违法行政行为的，对直接负责的主管人员和其他直接责任人员给予记过、记大过或者降级处分；(2) 环境行政主体有法律规定的环境违法行政行为，并造成严重后果的，对直接负责的主管人员和其他直接责任人员给予撤职或者开除处分，其主要负责人应当引咎辞职。

四、环境行政相对人的环境行政责任

（一）环境行政相对人的环境行政责任的概念

环境行政相对人的环境行政责任，是指行政相对人因为不履行环境资源行政法律规范规定的保护环境资源、防治污染破坏的义务和不服从环境管理的义务，或滥用环境资源权利所应当承担的行政方面的法律后果。

（二）环境行政相对人的环境行政责任的构成要件

1. 主体

环境行政相对人，是指环境行政法律关系中被管理的一方，其范围广泛，可以是公民个人，也可以是法人和其他组织。以单位形式实施环境行政违法行为时，承担责任的主体不仅包括单位，还包括负有重大责任的单位主管人员或直接责任人员。但公民、法人和其他组织并不是在任何环境、任何时间都可以成为行政相对人，只有当他们与行政主体形成某种具体行政法律关系时，才成为行政相对人。

2. 主观方面

环境行政相对人的环境行政责任的主观方面,是指环境行政相对人实施行为时的心理状态,主要包括故意和过失两种形式。与环境行政主体的环境行政责任不同,环境行政相对人的环境行政责任,须以相对人主观上具有过错为要件。实践中,大多数资源破坏型行政违法行为属于故意的心理状态,例如盗伐林木、在禁渔区或禁渔期内捕捞。抗拒环境监管型行政违法行为也属于故意的心理状态,例如拒绝环境保护行政主管部门现场检查。污染环境型行政违法行为的主观状态既可能是故意,也可能是过失。前者如某造纸厂明知自己排污行为已超出国家环境标准,仍继续进行排放;后者如某企业由于脱硫设施故障,而大量超标排污。

3. 客观方面

环境行政相对人的环境行政责任的客观方面,主要包括环境行政相对人的环境行政违法行为、危害后果以及行为与后果间的因果关系。

我国《环境保护法》规定的环境行政相对人的行政违法行为主要有以下几种:超过污染物排放标准或者超过重点污染物排放总量控制指标排放污染物的;建设单位未依法提交建设项目环境影响评价文件或者环境影响评价文件未经批准,擅自开工建设的;违反法律规定,重点排污单位不公开或者不如实公开环境信息的;建设项目未依法进行环境影响评价,被责令停止建设,拒不执行的;违反法律规定,未取得排污许可证排放污染物,被责令停止排污,拒不执行的;通过暗管、渗井、渗坑、灌注或者篡改、伪造监测数据,或者不正常运行防治污染设施等逃避监管的方式违法排放污染物的;生产、使用国家明令禁止生产、使用的农药,被责令改正,拒不改正的。

由于环境行政相对人的环境行政违法行为范围广泛、类型多样,因此在各种环境单行立法中也有相应的规定,主要包括以下几种:(1) 违反自然资源保护法律规范的行政违法行为,例如各种对土地、森林、草原、水、矿产、渔业、野生动植物等资源的破坏行为;违反自然资源利用许可证制度的行为;破坏或者危害资源利用设施的行为;违法经营资源及其产品的行为。(2) 违反防治污染和其他公害法律规范的行政违法行为,例如各种违反有关水、大气、海洋、噪声、固体废物、放射性污染物等环境立法的行为;违反"三同时"规定的行为;违反环境影响评价规定的行为;违反清洁生产规定的行为。(3) 违反特殊区域保护法律规范的行政违法行为,例如违反风景名胜区、自然保护区管理规范的行为;破坏自然历史遗迹的行为。

在行政相对人的环境行政责任构成中,危害后果以及因果关系与行政主体的环境行政责任构成一样,也是选择性要件。在某些情况下,法律规定没有造成危害后果的行政违法行为也要承担环境行政责任;但在另一些情况下,必须是产生了危害后果才要求承担环境行政责任。在法律规定造成危害后果才承担环境行政责任的情况下,就需要判断行政违法行为与危害后果之间是否存在因果关系,反之就不用判断因果关系。

(三)环境行政相对人的环境行政责任的承担方式

1. 环境行政处罚

环境行政处罚,是指环境行政主体依法对违反环境行政法律规范的行政相对人所给予的制裁。我国法律针对不同的环境行政违法行为,设定了不同的行政处罚种类,根据《行政处罚法》,主要有:警告;罚款;没收违法所得,没收非法财物;责令停产停业;暂扣或者吊销许可证,暂扣或者吊销执照;行政拘留;法律、行政法规规定的其他行政处罚。根据《环境保护法》,主要有:罚款[①];责令限制生产、停产整治;责令停业、关闭;行政拘留。根据《环境行政处罚办法》,主要有:警告;罚款;责令停产整顿;责令停产、停业、关闭;暂扣、吊销许可证或者其他具有许可性质的证件;没收违法所得、没收非法财物;行政拘留;法律、行政法规设定的其他行政处罚种类。

2. 环境行政命令

环境行政命令,是指行政主体依法要求相对人进行一定的作为或不作为的意思表示。根据《环境行政处罚办法》,环境保护主管部门实施行政处罚时,应当及时作出责令当事人改正或者限期改正违法行为的行政命令。责令改正期限届满,当事人未按要求改正,违法行为仍处于继续或者连续状态的,可以认定为新的环境违法行为。根据环境保护法律、行政法规和部门规章,责令改正或者限期改正违法行为的行政命令的具体形式有:责令停止建设;责令停止试生产;责令停止生产或者使用;责令限期建设配套设施;责令重新安装使用;责令限期拆除;责令停止违法行为;责令限期治理;法律、法规或者规章设定的责令改正或者限期改正违法行为的行政命令的其他具体形式。另外,在各种环境保护单行法规中,还规定了多种环境行政命令的特殊形式,如责令停止违法作业、采取补救措施、责令停止开荒、恢复植被、限期拆除或没收建筑物、补种树木、责令限期治理、责令缴纳排污费、责令支付消除污染费用、责令赔偿国家损失等。

① 《环境保护法》第59条规定,企业事业单位和其他生产经营者违法排放污染物,受到罚款处罚,被责令改正,拒不改正的,依法作出处罚决定的行政机关可以自责令改正之日的次日起,按照原处罚数额按日连续处罚。罚款处罚,依照有关法律法规按照防治污染设施的运行成本、违法行为造成的直接损失或者违法所得等因素确定的规定执行。

第二节　环境民事责任

一、环境民事责任概述

(一) 环境民事责任的概念

广义上的环境民事责任包括污染环境行为引起的民事责任和破坏资源行为引起的民事责任。由于破坏资源行为引起的民事责任与传统民事责任大致类似,因此,狭义上的环境民事责任主要是指污染环境行为引起的民事责任,简称环境民事责任。本节介绍的主要是狭义上的环境民事责任。

我国《民法通则》第124条规定:“违反国家保护环境防止污染的规定,污染环境造成他人损害的,应当依法承担民事责任。”《环境保护法》第41条规定:“造成环境污染危害的,有责任排除危害,并对直接受到损害的单位或者个人赔偿损失。”

环境民事责任是一种特殊的侵权责任。在现实生活中,环境保护领域大量存在的,是因危害环境的行为造成他人人身或财产损害而产生的侵权责任。因此,各国的环境立法都主要是针对因环境侵权行为而产生的环境民事责任,即环境侵权责任进行规定的。我国《侵权责任法》第65条规定:“因污染环境造成损害的,污染者应当承担侵权责任。”

侵权责任主要分为一般侵权责任和特殊侵权责任。前者由民法上一般侵权责任条款规定,在构成要件上主要包括主观过错、违法行为、损害结果、违法行为与损害结果之间的因果关系,在举证责任上一般采用“谁主张,谁举证”的原则。而后者则由民法上特别侵权责任条款规定,在构成要件上主要包括侵权行为、损害事实、行为与损害事实之间的因果关系,在举证责任上采取“举证责任倒置”的方式。我国《侵权责任法》第八章对环境污染责任这一特殊的侵权责任作了专门规定。

(二) 环境侵权行为的概念与特征

环境侵权行为是指自然人、法人及其他组织由于污染环境的行为,造成他人人身、财产权益受到损害的法律事实。环境侵权行为的特殊性对环境侵权责任制度具有重要影响,因此,为了更深刻地理解环境侵权责任制度,有必要对环境侵权行为的特点进行介绍。

环境侵权行为的特点主要包括以下几个方面:

1. 环境侵权行为致害人与受害人在地位上往往具有不平等性

首先,致害人一方往往是实力雄厚的企业,在经济和政治地位上远非受害人可比;其次,致害人通常掌握更多的排污信息和科技知识,使其能更便利地收集有利证据;另外,致害人还可以通过价格机制或责任保险等手段分散其损失。

2. 环境侵权行为的原因行为具有一定的合理性

环境侵权行为的原因行为是自然人、法人及其他组织向环境进行物质索取和废物排放的活动。人类生存和发展必定要伴随向环境的物质索取和废物排放,如果停止对环境的物质索取和废物排放,则人类的生产就会停止,从而导致人类无法生存与发展,这并不是环境保护的本意所在;另一方面,环境本身也具备一定的自我修复能力,适当的人类活动并不会造成环境污染与破坏。

3. 环境侵权行为比一般侵权行为更复杂

首先,大多数的排污行为不会立刻引起环境的污染与破坏,然而随着污染因子的日积月累,当其超出环境所能负载的容量时,就会爆发出危害后果;其次,环境侵权行为给他人造成损害,行为并不是直接作用于客体,而是通过环境因子间接作用于客体的过程;最后,单个排污行为可能符合国家标准,或是根本不会造成环境污染和破坏的行为,但是,由于多个不同排污行为的存在,不同的污染因子在自然界发生了化学的、生物的变化后,造成了环境的污染与破坏,从而损害他人的人身财产权益。

4. 环境侵权行为的损害结果比一般侵权行为更严重

首先,环境侵权行为不仅会使人感官不适,造成疾病或残疾,甚至会引起死亡,在财产损害方面由其造成的经济损失也较一般侵权行为更为严重;其次,环境侵权行为不仅给不特定的当代人造成损害,影响社会的稳定,还会对后代人的利益造成影响,制约其生存和发展;再次,由于环境因子的流动性、跨区域性,环境侵权行为的损害结果也呈现出了跨区域性,甚至是全球性的特征;最后,环境侵权行为的危害在短时间内很容易被人忽视,具有极强的隐蔽性,当社会认识其危害并掌握治理技术的时候,损害结果已经不可逆转。

二、环境民事责任的构成要件

环境民事责任主要是指因污染环境的行为而引起的环境侵权责任。基于环境侵权行为的特殊性,与一般侵权责任构成要件的四要素(主观过错、违法行为、损害结果和因果关系)相比,环境民事责任构成要件有很大的突破和发展。

(一)环境民事责任的无过错责任原则

归责原则的历史演变是由过错责任原则向无过错责任原则进行拓展的演变进程。这一历史潮流与人类社会发展密切相关。由于社会生产力的革新,出现了各种具有高度危险性的行业,基于公平原则的民法理念,由更容易控制危险的一方承担相应责任成为客观的需要。环境侵权行为正是由于社会的发展才出现的新问题,它与高度危险作业领域的其他侵权行为具有较强的相似性,同样需要适用无过错责任原则来追究相关责任人的侵权责任。

1. 过错责任原则

在氏族社会，侵权行为往往通过“血亲同态复仇”的方式解决。然而，随着商品经济的迅猛发展，出现了要求个人意志自由，鼓励积极竞争，承认和容许一定范围内合理的损害，以便保护工商业者的发展的趋势；另一方面，法律调整的是人的法律行为，而人的行为是受意志支配的，是可以预见行为后果作出正确判断，并为自己的真实意愿承担责任的。于是，过错责任原则逐步确立，即“如果加害人在主观上不存在过错，就当然不承担民事责任；如果加害人在主观上有过错，则有可能承担民事责任。过错就是加害人承担民事责任的基础，之所以规定加害人承担相应的民事责任，是因为其主观上具有可以归责的事由”①。

随着经济的高速发展，环境问题变得尤为突出，与传统侵权行为相比，环境侵权行为具有价值上的合理性、行为过程的复杂性、危害结果的严重性等特点。因此，在环境侵权行为归责原则的适用中，过错责任的弊端日益显露。第一，过错责任的主要目的在于对侵犯权利行为的惩罚，它只关心行为本身是否具有非难性，而不考虑其他因素，而环境侵权民事责任的目的则在于对权利的恢复以消除危险和主要对受害人进行救济。第二，过错责任坚持“无过错则无责任”，强调行为人的主观意志，受害人需要举证证明行为人的过错，才能获得补偿。由于环境侵权的复杂性、缓慢性，且常常涉及深奥的科学知识，以及一般情况下受害人与致害人经济地位不平等，受害人常常举证困难。而且，在环境侵权案件中，随着近代工业的发展，企业即使采取了专门的措施也不能完全避免使他人遭受侵害的危险。这样，企业完全可能无过错造成损害。如果严格按过错责任原则，受害人将难以获得赔偿，不利于对其权利的保护。这些局限都要求对过错责任原则作出调整，否则，不仅个人的财产损害和人身伤害无法得到及时充分的补偿，而且势必使高度社会化的生产秩序遭到破坏，甚至还会放纵现代科学技术，给社会生产力的健康发展和人类生存带来某些危险因素。

为了弥补过错责任原则的不足，在归责原则上出现了“过错客观化”。它是指以善良管理人在社会生活中所应尽的注意义务作为过错判断的根据，除有法律规定的无责任能力情况外，只要违反了善良管理人所应尽的注意义务，即认为过错成立。它弥补了过错标准主观色彩过浓的弊端，实现了从主观过错向客观过错的转变。但客观过错的适用并未彻底解决环境侵权民事救济所面临的窘境。由于环境侵权行为常常涉及高科技知识，而作为普通受害人不具备这方面的专业知识，即使采用客观过错归责原则，受害人仍无法证明致害人的过错。在法庭上致害人和受害人之间在智力、物力上的巨大差距以及科技与获取信息的能力上的不平衡，往往使受害人难以胜诉。因此，客观过错原则也不能完全适应

① 张新宝：《中国侵权行为法》，中国社会科学出版社 1998 年版，第 50 页。

对环境侵权行为调整的需要,于是又进一步出现了过错推定。

过错推定是指如果原告能证明其所受的损害是由被告所致,而被告不能证明自己没有过错,则推定被告有过错并应负民事责任。即致害人被推定存在过错,只有其举证证明自己不存在过错才可以免除赔偿责任,这就改变了要求受害人证明致害人存在过错的局限,进一步加强了对受害人的保护。然而,许多环境侵权行为,其损害结果往往是由众多企业的排污行为共同造成的,而在这众多的排污行为中的每个单一行为大多又是合法的,因此,很难归咎于谁的过错。在此情形下,若因排污企业证明其主观上无过错而免除其相应的民事责任,则受害人就得不到有效的保护。这明显违背了民法的公平原则,因此环境侵权行为的归责原则还应在此基础上更进一步发展。

相比过错责任原则,过错责任原则的调整适用制度在追究环境侵权行为加害人的侵权责任上变得更为严格,但仅此还是不足以满足对环境侵权行为受害人保护的需要。因此,无过错责任原则成为环境侵权领域追究有关责任人侵权责任的根本原则。

2. 无过错责任原则的概念及其适用原因

无过错责任原则,是指行为人的行为造成他人合法权益的损害,无论行为人主观上有无过错,法律规定应当承担民事责任的,行为人就应当对其行为所造成的损害承担民事责任。受害人在寻求法律救济时,不必证明致害人的主观状况,致害人也不能以主观上无过错作为自己免责的抗辩理由。无过错责任原则有三个基本特点:第一,法律对其适用对象予以特别规定,以与过错责任原则的适用范围区别开来;第二,在构成要件上,不考虑致害人的过错;第三,使用无过错责任原则的案件,侵权行为由侵害行为、损害结果及因果关系三项要件构成。

环境侵权适用无过错责任,主要取决于环境侵权行为的特点,即主体地位的不平等性、原因行为的合理性、侵权行为的复杂性以及损害结果的严重性等,这些都使得在环境侵权行为造成侵害时,对行为人的主观过错的证明变得极为困难。与此同时,从社会的角度看,由于生产力的迅速提高,经济发展与环境保护之间呈现出激烈的冲突,协调两者之间的矛盾已是迫在眉睫的需要;从个体的角度看,加害人与受害人之间利益的平衡、保护弱势群体、遵守公平原则、风险责任应由能对控制风险付出最少成本的主体承担,种种因素都推动着环境侵权民事责任在归责原则上有所突破,无过错责任原则正是在这种大背景下产生和发展起来的。

我国《侵权责任法》第 7 条规定,“行为人损害他人民事权益,不论行为人有无过错,法律规定应当承担侵权责任的,依照其规定”;第 65 条规定,“因污染环境造成损害的,污染者应当承担侵权责任”。可见,对于环境侵权行为承担民事责任认定时,不以是否主观上存在过错为要件,即其归责原则适用无过错责任原则。另外《环境保护法》第64条、《水污染防治法》第55条、《大气污染防治法》第62条、《固体废弃物污染环境防治法》第85条等,都明文规定环境侵权行为适用无过错责任原则,不需以致害人主观过错为要件,只要其侵害行为造成他人损害,就应当承担民事责任。

3. 无过错责任原则的免责条件

无过错责任原则的免责条件,就是指法律所规定的,致害人可以不承担民事责任的事由。从现有法律规定看,我国环境侵权免责事由主要有以下几种情形:

(1) 受害人过错。受害人过错是指受害人明知自己的行为会发生损害自己的后果,而希望或者放任此种结果发生,其后果由受害人自己承担,致害人免予承担责任的情况。受害人对损害的发生具有故意或者重大过失,足以表明受害人的行为是损害发生的直接原因,即该损害与致害人无因果关系,则应免除致害人的责任,但致害人应对受害人的过错负举证责任。《侵权责任法》第27条规定,"损害是因受害人故意造成的,行为人不承担责任",因此,如果环境损害是由于受害人自身责任引起的,排污者不承担责任。同时,受害人过错必须是引起损害发生的全部原因,如果排污者本身也有过错,即其行为与损害结果间存在某种程度的因果关系,也应承担责任。

(2) 不可抗拒的自然灾害。我国《侵权责任法》第29条规定:"因不可抗力造成他人损害的,不承担责任。法律另有规定的,依照其规定。"此外《水污染防治法》第56条、《大气污染防治法》第63条、《海洋环境保护法》第92条等法律中都规定不可抗拒的自然灾害为民事责任的免责事由,但要将其与传统民法中的不可抗力相区别。不可抗力是指不能克服、不能预料、不能避免的现象,既包括自然现象又包括社会现象,不可抗拒的自然灾害仅是不可抗力的一种类型。也并非一切自然灾害都可以成为免责事由,其"不可抗拒"强调灾害的不可预见、不可避免性,如灾害可以预见或避免则不能免责。同时,损害必须完全是由不可抗拒的自然灾害所致才能免责,如只是部分原因也不能免责。而且,即便是自然灾害不可抗拒,也需要致害人及时采取合理措施方可免责,如致害人未及时采取合理措施致使损害发生的,仍不能免责。

(3) 战争行为。战争作为一种难以预料的突发事件,往往作为不可抗力的一种类型,成为普遍民事责任的免责事由。我国《海洋环境保护法》第92条第1款规定:"完全由于战争行为而引起,经过及时采取合理措施,仍然不能避免对海洋环境造成污染损害的,造成污染损害的有关责任者免予承担责任。"

值得注意的是,《侵权责任法》第27条规定:"损害是因第三人造成的,第三人应当承担侵权责任",《海洋环境保护法》第92条、《水污染防治法》第41条都有类似规定。因此,一般认为,第三人过错是无过错责任原则的免责情形之一。但是《侵权责任法》第67条规定:"因第三人的过错污染环境造成损害的,被侵权人可以向污染者请求赔偿,也可以向第三人请求赔偿。污染者赔偿后,有权向第三人追偿。”这种规定尽管要求第三人承担污染损害的最终赔偿责任,但是为了保护受害人,又赋予受害人向污染者索赔的权利。就此而言,环境污染侵权中第三人原因不再是免责事由。

（二）环境民事责任的构成要件

由于环境民事责任以无过错责任原则为归责原则,因此,其构成要件主要就包括三个方面,分别是环境侵权行为、损害事实和因果关系。

1. 环境侵权行为

环境侵权行为,是指自然人、法人及其他组织由于污染和破坏环境的活动,造成他人人身、财产权益受到损害的法律事实。传统侵权行为民事责任的构成要件,要求具有违法行为,如果行为人的行为不具有违法性,即便给他人造成人身或财产的损害,也无须承担民事责任。但环境侵权行为的民事责任构成要件则不同,它只要求具有环境侵权行为即可,并不苛求该行为具有违法性。原因在于,环境污染破坏的损害结果,大多是因为违法行为造成的,但仍存在符合法律规定的排污行为造成损害结果的情形。此时,受害人往往因为致害人的环境侵权行为而无辜受损,而致害人即使未获利,也不能以其行为合法为理由而逃避民事责任,仍应对受害人的损害进行合理的补偿,这才符合民法中公平原则的基本要求。

我国《侵权责任法》第 65 条规定:“因污染环境造成损害的,污染者应当承担侵权责任”;《环境保护法》第 64 条规定:“因污染环境和破坏生态造成损害的,应当依照《中华人民共和国侵权责任法》的有关规定承担侵权责任”。立法并没有区分污染行为是合法或违法,也就是没有确认对合法污染造成的损害可以免责,合法排污造成的危害后果仍要承担责任。所以这里承担环境民事责任的条件,只能是“造成环境污染危害的行为”,即环境侵权行为,而无须是“违法行为”。

2. 损害事实

损害事实,是指侵权行为致使受害人所遭受的权利和利益上的损失,是承担民事责任的必要条件。无损害即无补偿,也就无须承担责任。环境侵权行为民事责任的损害事实不仅包括实际发生的损害结果,还包括环境侵权行为造成的危险状态。其原因在于,环境侵权行为是一种新型的侵权行为,其损害结果的出现具有渐进性,即环境损害是长期环境污染的结果,从致害人的侵权行为到损害结果的形成,往往有一定的时间间隔。而在这段时间内,受害人就应该有权要求致害人采取措施以防止损害结果的发生,不能等到损害结果实际发生后,才给予受害人以民事救济。我国《侵权责任法》第 21 条明确规定:“侵权行为危及他人人身、财产安全的,被侵权人可以请求侵权人承担停止侵害、排除妨碍、消除危险等侵权责任。”

根据损害结果的表现形式,可将其分为财产损害和人身损害。财产损害,是指环境侵权行为造成他人财物的减少或毁损,包括直接损害和间接损害。例如由于某造纸厂排污行为,导致附近鱼塘里的鱼苗大量死亡,直接损害是指所有鱼苗经济价值的总和,而间接损害是指渔民可期待获得的经济利益。人身损害,是指环境侵权行为使得与他人人格、身份密切联系的合法权益所受的损害,包括生命权、健康权的损害。

3. 因果关系

因果关系,是指侵权行为与损害结果事实之间具有的引起与被引起的关系,也是侵权责任发生所必需的要件。传统侵权行为民事责任要求因果关系是确定的、直接的、必然的,但环境侵权行为民事责任适用因果关系举证责任倒置或因果关系推定原则,即不再从污染物质的转化机制、对人体的作用机制等方面来直接认定因果关系,而是从环境侵权行为与损害结果之间的关系方面来认定因果关系。只要受害人证明环境侵权行为与损害结果之间存在可能的联系,即可认定因果关系存在,若致害人否认则须实质性地证明其行为与损害结果之间不存在因果关系。之所以在因果关系认定上采用特殊原则,主要是基于以下原因:

(1) 环境侵权行为往往通过环境因子,间接地造成损害结果,行为与结果之间不再是直接的引起与被引起关系,从而使因果关系在认定上出现了困难;另外,由于损害往往是多个环境侵权行为共同作用的结果,很难精确断定损害究竟是由哪个侵权行为引起的,因此更增加了责任认定的困难。例如某镇有一家排放废气的化工厂和一条繁忙的公路,而该镇有许多居民患上肺癌,在因果关系认定上,很难确定居民的肺癌是由化工厂的废气还是汽车尾气所致。

(2) 由于受科学技术水平的限制,对于各种化工物质的性质、毒性,在环境中的迁移、扩散、转化的规律以及它们对生物和人体健康的危害,人类现在还很难完全认识清楚,或者不足以证明环境污染与损害后果之间的因果关系,这需要利用环境分析、化验等技术手段,依靠专门的仪器设备和技术人员,这对受害人和司法实践部门来说都是相当困难的。例如日本“四大公害”之一的水俣病事件,20 世纪 50 年代发现居民发生神经中毒症状,到 60 年代末才证明是因为甲基汞污染水域导致水俣病的结果。

(3) 由于污染物质在环境中具有潜伏性和累积性,环境侵权行为与损害结果之间往往相隔很久,环境侵权行为发生许多年以后后果才显现出来,这种时空的延伸也使得因果关系认定极为困难。例如,苏联的切尔诺贝利核泄漏事件,其影响延续半个多世纪,若严格遵循近因原则,必然会使得责任追究陷入困境。

(4) 由于科技知识与技术手段上的局限,要求受害人证明因果关系往往十分困难,而致害人对其环境侵权行为的内容和程度必然有所了解,也是最易控制风险发生的一方,因此由致害人证明因果关系不存在显得更加合理;另一方面,即使不能证明因果关系不存在而承担民事责任,致害人也可以通过价格机制和责任保险等手段,转移所承担的责任。

目前,国外理论与司法实践在认定环境侵权行为民事责任要件时,已普遍采纳了因果关系推定的做法,只是在证明程度上有所差异。我国在因果关系认定上,采用因果关系举证责任倒置原则,《侵权责任法》第 66 条规定:“因污染环境发生纠纷,污染者应当就法律规定的不承担责任或者减轻责任的情形及其行为与损害之间不存在因果关系承担举证责任。”

我国现行立法对环境侵权民事责任构成要件中的因果关系未作特别规定,仅在民事诉讼的举证责任中有相关规定,即《最高人民法院关于民事诉讼证据的若干规定》第 4 条第 3 项指出:“因环境污染引起的损害赔偿诉讼,由致害人就法律规定的免责事由及其行为与损害结果之间不存在因果关系承担举证责任。”

三、环境民事责任的承担方式

我国《侵权责任法》第 15 条对承担侵权责任的方式作了明确规定,主要有停止侵害、排除妨碍、消除危险、返还财产、恢复原状、赔偿损失、赔礼道歉、消除影响以及恢复名誉等方式。《大气污染防治法》第 62 条第 1 款规定:“造成大气污染危害的单位,有责任排除危害,并对直接遭受损失的单位或者个人赔偿损失。”《固体废物污染环境防治法》第 85 条规定:“造成固体废物污染环境的,应当排除危害,依法赔偿损失,并采取措施恢复环境原状。”综合《侵权责任法》《环境保护法》和其他环境保护单行法规的规定来看,承担环境民事责任的方式主要包括:

(一)排除危害

排除危害是指国家强令已经造成或者可能造成环境危害者,排除可能发生的危害或者停止已经发生的危害,从而阻止危害进一步发生的民事责任承担方式。它是一种预防性的民事责任承担方式,具有非补偿性或非财产性,其目的在于避免可能发生的环境危害或减轻已经发生的环境危害,因此相比具有补偿性的损害赔偿责任承担方式,具有预防性。由此可以看见,环境保护法中的“排除危害”实际上涵盖了《侵权责任法》规定的停止侵害、排除妨碍和消除危险三种民事责任承担方式。

1. 停止侵害。行为人实施的侵害他人环境权益的行为仍然在继续进行中,受害者可以依法请求法院责令侵害人停止其侵害行为。这种责任承担方式主要是能及时制止侵害行为,防止扩大侵害后果。

2. 排除妨碍。不法行为人实施的侵害行为使受害人无法行使或不能正常行使自己的环境权益，受害人有权请求排除妨碍。排除妨碍要求不法行为人实施某种行为，包括作为与不作为，前者如要求违法者积极治理污染或恢复被破坏的环境，后者如限制使用某些设备、工具或者禁止从事某种行为等。不法行为人对他人的环境权益造成危害时，应主动消除；若不法行为人自己不消除危害，受害人可以请求人民法院责令不法行为人消除危害。这种责任承担方式主要是为了防止发生严重的环境污染和破坏，造成不可逆的损失。

3. 消除危险。消除危险主要是指行为人的环境侵权行为对他人的人身和财产安全造成威胁，或者存在侵害他人人身和财产的可能，他人有权要求行为人采取有效措施消除危险。例如，使用锅炉必须采取消烟除尘措施，施工必须采取防止噪声措施等。适用消除危险的情形，大多是损害尚未实际发生，也没有妨碍他人环境权益的行使，但行为人的行为又确有可能造成损害后果，对他人构成威胁。

（二）赔偿损失

赔偿损失是指国家强制责令危害环境、造成他人人身、财产或者环境权益损害的违法行为者，以其财产弥补受害人损失的一种责任承担方式。关于损害赔偿的范围，依我国现行立法规定，主要有以下几方面：（1）人身损害赔偿方面。《侵权责任法》第 16 条明确规定，“侵害他人造成人身损害的，应当赔偿医疗费、护理费、交通费等为治疗和康复支出的合理费用，以及因误工减少的收入。造成残疾的，还应当赔偿残疾生活辅助具费和残疾赔偿金。造成死亡的，还应当赔偿丧葬费和死亡赔偿金”；第 20 条规定，“侵害他人人身权益造成财产损失的，按照被侵权人因此受到的损失赔偿；被侵权人的损失难以确定，侵权人因此获得利益的，按照其获得的利益赔偿；侵权人因此获得的利益难以确定，被侵权人和侵权人就赔偿数额协商不一致，向人民法院提起诉讼的，由人民法院根据实际情况确定赔偿数额”。（2）财产损害赔偿方面。《侵权责任法》第 19 条规定，“侵害他人财产的，财产损失按照损失发生时的市场价格或者其他方式计算”。（3）精神损害赔偿方面。《侵权责任法》第 22 条规定，“侵害他人人身权益，造成他人严重精神损害的，被侵权人可以请求精神损害赔偿”。

（三）恢复原状

恢复原状是要求环境侵权行为人将被侵害的环境权利恢复到侵害前原有状态的责任承担方式。它发生在环境资源被污染、破坏后在现有的经济技术条件下能够恢复到原有状态的情况下。如果环境资源的污染、破坏在现有技术条件下难以恢复，则可以用其他责任承担方式代替恢复原状。恢复原状这一责任承担方式，《固体废物污染环境防治法》第 85 条作了明确规定。

四、环境民事纠纷解决机制

(一) 协商

环境协商是指当事人站在平等的立场上就环境民事纠纷进行协商,在事实清楚、是非分明的基础上,双方各自作出让步而达成双方都能接受的协议解决争议。这种方式简便易行,及时而又经济,有利于社会团结与安定。在实践中,这种解决环境纠纷的方式较常见于轻微的生活环境纠纷,也有大规模的受害民众主动与污染企业协商解决纠纷的情形。其缺点是,这种协商解决的方式只是双方当事人自行达成的约定,没有法律效力;同时,在经济实力和知识信息方面占有优势的加害方可能主导纠纷解决的过程,使受害方接受不利的和解,出现“廉价争议”的问题;环境纠纷往往牵涉社会的公共利益,协商中当事人往往只关心个人利益或局部利益,而以牺牲公共利益为代价。①

(二) 行政调解

处理环境纠纷使用最多的是行政调解,通过行政权力的作用,避免诉讼程序的烦琐和迟延,尽早实现损害的赔偿,从而实现保护受害人之效。相关规定分散在环境与资源保护法的各项单行立法中,如《固体废物污染环境防治法》第 84 条第 2 款规定,“赔偿责任和赔偿金额的纠纷,可以根据当事人的请求,由环境保护行政主管部门或者其他固体废物污染环境防治工作的监督管理部门调解处理;调解不成的,当事人可以向人民法院提起诉讼”;又如《水污染防治法》第 86 条规定,“因水污染引起的损害赔偿责任和赔偿金额的纠纷,可以根据当事人的请求,由环境保护主管部门或者海事管理机构、渔业主管部门按照职责分工调解处理;调解不成的,当事人可以向人民法院提起诉讼。当事人也可以直接向人民法院提起诉讼。”

(三) 环境仲裁

环境仲裁是指由环境纠纷双方当事人预先约定或事后达成仲裁协议,将纠纷交双方选定的仲裁人作出对双方均有约束力的裁决,以解决彼此环境纠纷的程序。目前,我国还没有专门的环境仲裁制度,只有在涉外环境污染纠纷和海洋环境污染纠纷中可以使用环境仲裁程序。2004 年修订的《中国海事仲裁委员会仲裁规则》的第 2 条第 2 款第 5 项中有相关规定。

(四) 环境民事诉讼

环境民事诉讼是指环境侵权受害人为保护自身的人身和财产权益,依据民事诉讼法规定的条件和程序向人民法院对侵权行为人提起的诉讼。它是环境民事责任追究的方式之一,大体上与一般民事诉讼相同,也适用民事诉讼的各项规

---

① 参见李爱年、李慧玲:《环境与资源保护法》,浙江大学出版社 2008 年版,第 176 页。

定。不过,由于环境与资源保护实体法上有些不同于传统民法的规定,因此环境民事诉讼在某些方面也表现出自身的特点。

1. 起诉主体资格

《民事诉讼法》第119条规定,"原告是与本案有直接利害关系的公民、法人和其他组织",这是关于民事诉讼起诉资格的一般规定。因此,环境侵权受害人认为自己的人身或财产权利受到直接侵害的,可以以污染者为被告向人民法院提起民事诉讼。同时,《民事诉讼法》第55条规定:"对污染环境、侵害众多消费者合法权益等损害社会公共利益的行为,法律规定的机关和有关组织可以向人民法院提起诉讼。"《环境保护法》第58条规定,对污染环境、破坏生态,损害社会公共利益的行为,依法在设区的市级以上人民政府民政部门登记且专门从事环境保护公益活动连续五年以上且无违法记录的社会组织,可以向人民法院提起诉讼;符合规定的社会组织向人民法院提起诉讼,人民法院应当依法受理;但提起诉讼的社会组织不得通过诉讼牟取经济利益。据此,我国立法已承认符合条件的有关组织具备民事诉讼起诉主体资格,可以代表公共利益向人民法院提起环境公益诉讼,以追究污染者的民事责任。

2. 举证责任倒置

举证责任是指应当提出证据的当事人没有提出证据或虽提出证据但未能对主张的事实加以证明,由此所承担的败诉风险。《民事诉讼法》第64条规定,"当事人对自己提出的主张有责任提供证据",可见在一般民事诉讼中采用的是"谁主张,谁举证"的原则,即原告要使诉讼主张成立,就要对自己的主张,包括被告的违法行为、主观过错、损害事实以及因果关系进行举证,否则就要承担败诉的风险。但环境民事诉讼与一般民事诉讼不同,采用的是举证责任倒置的原则,即由原告承担的举证责任改为由被告承担,原告只需提出受到损害的事实证据,如果被告人否认应承担的民事责任,则需要提出证据,证明自己的行为与损害结果之间没有因果关系,否则被害人就要承担民事责任。《侵权责任法》第66条规定:"因污染环境发生纠纷,污染者应当就法律规定的不承担责任或者减轻责任的情形及其行为与损害之间不存在因果关系承担举证责任。"可见,环境民事诉讼中适用的是举证责任倒置,这是因为在环境民事诉讼中,受害人一般缺乏相应的科学知识和技术手段,不了解生产工艺流程,不了解化学物质的系列反应以及致害原因,造成取证上的困难。另一方面,致害人具备相应的知识和手段,熟悉自己的生产过程。如果苛求受害人负举证责任,往往会使得因危害环境的行为而受益的致害人不用承担法律责任,这明显有悖公平原则。因此,在环境民事诉讼中实行举证责任倒置。

3. 诉讼时效延长

诉讼时效是指权利人通过诉讼程序请求人民法院保护其民事权利的有效期

限。如果权利人不在法定期限内向人民法院提出诉讼请求,其胜诉权即行消失。环境民事诉讼时效与普通民事诉讼时效不同,它比普通民事诉讼时效更长。《环境保护法》第66条规定:“提起环境损害赔偿诉讼的时效期间为三年,从当事人知道或者应当知道其受到损害时起计算。”这是因为,导致环境污染或破坏的原因往往比较复杂,潜伏期也较长,很多危害后果要经过很长一段时间才能显现出来。另一方面,由于科技水平的限制,人们对某些污染物的性质、变化规律以及危害程度都缺乏了解,从而在确定损害的真正原因及致害人上都存在困难,只有规定比普通民事案件更长的诉讼时效,才能更好地保护受害人的合法权益。同时,对环境民事诉讼同样适用民事诉讼规定的最长诉讼时效20年,即无论权利人是否知道权利受到侵害,只要从受害人权利遭到侵害之日起算,届满20年,受害人不主张自己的权利就将丧失胜诉权。如果污染损害确实是20年以后才发现的,受害人可以依照《民法通则》中“有特殊情况的,人民法院可以延长时效期间”的规定,申请人民法院延长诉讼时效期间。

第三节 环境刑事责任

一、环境刑事责任概述

环境刑事责任,是指国家依据刑法给予危害环境的行为的否定性评价,从危害行为实施者的角度看,是行为者因实施刑法禁止的对环境有危害的行为而应承担的法律后果。作为国家对危害环境行为最为严厉的责任追究形式,环境刑事责任既有与其他法律责任相同的地方,也有其自身的特点。

1. 环境刑事责任的保护范围在不断扩大

20世纪70年代以前,即使是走在环境资源刑事立法最前沿的国家也只对破坏森林、野生动物和饮用水等具有经济价值和直接影响人类生存的环境要素的行为予以刑事制裁。70年代以后,随着环境保护法调整对象的不断扩大,受保护的对象范围逐渐延伸至外层空间、土地、水体、野生动植物资源、矿藏资源和文化环境在内的全部人类环境。由此,为了适应对不断扩大的危害环境行为进行制裁的需要,立法不断地扩大环境刑事责任的保护范围。

2. 环境刑事责任的认定以专门的环境刑事法律规范为依据

“罪刑法定”原则是刑法的基本原则,是追究刑事责任的必要依据。因此,随着严厉打击破坏环境资源犯罪的需要,各国普遍进行环境刑事立法,并在其中规定了环境刑事责任。例如,日本制定单行刑事法律《公害罪法》,德国《刑法典》设专章规定危害环境犯罪,美国在环境立法中规定了刑法条款等。我国《刑法》第六章“妨害社会管理秩序罪”中专门设立了“破坏环境资源保护罪”一节,为依法认定环境刑事责任提供了依据。

3. 环境刑事责任具有严厉的惩治性

环境刑事责任作为"最后的手段",往往在其他较缓和的措施不能奏效时才运用,因此要比其他法律责任更加严厉。其主要表现在于,环境刑事责任不仅可以剥夺犯罪行为人的财产权利和政治权利,还可以剥夺其人身自由权利。例如,非法处置进口的固体废物罪,最高刑可达10年以上有期徒刑,并处罚金。

4. 环境刑事责任制裁手段上广泛运用财产刑

从我国环境刑事立法条文中可以看到,广泛存在"并处罚金"的规定。这是因为,首先,环境刑事责任的目的在于保护资源环境不被破坏,并且恢复和改善已遭受损害的环境质量,采用财产刑可以弥补治理污染的开支、增加恢复生态资源的费用;其次,环境资源犯罪多数是贪利性犯罪,从经济上予以制裁可以更好地打击行为人,预防其再次犯罪;最后,环境犯罪中存在大量单位犯罪和过失犯罪,对这些犯罪类型适用财产刑要比适用人身刑显得更合理。

二、环境刑事责任的构成要件

环境刑事责任的构成要件,即破坏环境资源犯罪的构成要件。按照犯罪构成的一般理论,破坏环境资源犯罪必须具备以下四个要件:犯罪主体、主观方面、犯罪客体、客观方面。而根据我国《刑法》对破坏环境资源犯罪的规定,主要分为两大类:一类是污染环境类犯罪;另一类是破坏资源类犯罪。

(一)污染环境类犯罪的构成要件

污染环境类犯罪主要是指行为人违反国家规定,排放、倾倒或者处置有放射性的废物、含传染病病原体的废物、有毒物质或者其他有害物质,严重污染环境,应受到刑罚处罚的行为。其构成要件是:

1. 犯罪主体

污染环境类犯罪的犯罪主体是指实施了违法排放污染物行为,依法应负刑事责任的人,既可以是自然人,也可以是单位。自然人作为污染环境类犯罪的犯罪主体并不存在争议,只要符合刑事责任年龄、具有刑事责任能力即可。单位作为破坏环境资源犯罪的主体在1997年《刑法》修订后被普遍接受。《刑法》第30条规定:"公司、企业、事业单位、机关、团体实施的危害社会的行为,法律规定为单位犯罪的,应当负刑事责任。"同时,第346条规定:"单位犯本节第三百三十八条至第三百四十五条规定之罪的,对单位判处罚金,并对其直接负责的主管人员和其他直接责任人员,依照本节各条的规定处罚。"在现实生活中,污染环境的行为往往是由企业在生产和开发的经营过程中产生的,且其危害结果普遍十分严重。因此对单位作为犯罪主体的污染环境类违法行为应从严惩处。最高人民法院、最高人民检察院发布的《关于办理环境污染刑事案件适用法律若干问题的解释》(以下简称“司法解释”)第6条明确规定,对于单位实施环境污染犯罪的,不单独规定定罪量刑标准,而适用与个人犯罪相同的定罪量刑标准,对直接负责的主管人员和其他直接责任人员定罪处罚,并对单位判处罚金。

2. 主观方面

污染环境类犯罪的主观方面是指犯罪主体在实施污染环境犯罪行为时对危害结果所持的心理态度,包括故意和过失两种形态。其中,故意形态又可以分为两种:一种是直接故意,是指明知危害结果会发生并且积极希望或追求这种结果发生的心理状态;另一种是间接故意,是指明知危害结果会发生仍放任这种结果发生的心理状态。过失形态也可以分为两种:一种是疏忽大意的过失,即应当预见某种危害结果会发生但由于疏忽大意而没有预见,以致发生了危害结果;另一种是过于自信的过失,即已经预见某种危害结果会发生但由于自信可以避免,以致发生危害结果。污染环境类犯罪的故意,是指犯罪行为实施者明知自己排放、倾倒、处置污染物的行为会造成环境污染或者破坏,仍希望或者放任这种结果发生。污染环境类犯罪的过失,是指犯罪行为实施者应当知道自己污染环境的行为可能发生危害生态环境的后果,由于疏忽大意而没有预见或者已经预见但自信可以避免。

污染环境罪是由“重大污染环境事故罪”修改而来,通常认为,“重大污染环境事故罪”属于过失犯罪。但《刑法修正案(八)》将刑法第338条“重大污染环境事故罪”进行了修改,删除了原有“造成重大环境污染事故,致使公私财产遭受重大损失或者人身伤亡的严重后果的”规定,致使理论界对污染环境罪的主观罪过形式问题争论不断。《刑法》第15条第2款规定:“过失犯罪,法律有规定的才负刑事责任”,因此根据罪刑法定原则,当且仅当法律有规定时,才能认定是过失犯罪。法律有规定包括在法条中明确用“过失”的用语标明或通过法条的文理逻辑来确定。在污染环境罪的法条中,不存在明确表示过失的用语;从文理逻辑来看,污染环境罪位于《刑法》第六章“妨害社会管理秩序罪”第六节“破坏环境资源保护罪”之首,前后没有与之具有相似规定的法条,缺乏认定为过失犯罪的刑法语境。[①] 因此,污染环境罪属于故意犯罪,即行为人对排放、倾倒或者处置有害物质的行为造成严重污染环境的危害结果是明知的。实践中,对主观心理的确定需要通过客观行为来反映,因此判定行为人对严重污染环境的结果是否“明知”,需要通过客观的行为标准来判断。“两高”的“司法解释”列举了14种客观行为,通过这些行为表现认定行为人对严重污染环境的结果是明知的,即在主观上存在故意。

---

① 参见杨宁、黎宏:《论污染环境罪的罪过形式》,载《人民检察》2013年第11期。

3. 犯罪客体

犯罪的客体是指为刑法所保护的,而为犯罪行为所侵害的社会关系。理论界对破坏环境资源犯罪的犯罪客体有不同的理解,主要有以下几种:环境权说,认为破坏环境资源犯罪侵害的是公民的环境权;[①]复杂客体说,认为破坏环境资源犯罪侵害公民的财产权、人身权、环境权;[②]公共安全说,认为破坏环境资源犯罪侵害的是不特定多数人的生命、健康和重大公私财产安全;[③]管理秩序说,认为破坏环境资源犯罪侵害的是国家调整人类与环境各种关系的正常管理秩序;[④]双重客体说,认为破坏环境资源犯罪侵害的是人与自然之间的生态关系,并且间接侵害人与人之间的社会关系;[⑤]环境社会关系说,一种观点认为破坏环境资源犯罪侵害的是人们在开发、利用、保护和改善环境与资源过程中形成的人与人之间的社会关系,另一种观点认为破坏环境资源犯罪侵害的是国家在保护和管理环境与资源过程中形成的社会关系。[⑥] 从《刑法》将环境犯罪定义为"破坏环境资源保护罪",列入第六章"妨害社会管理秩序罪"可以看出,本类犯罪的客体是国家对环境资源保护的管理秩序和制度,因此破坏环境资源犯罪的客体应是刑法所保护的、国家在保护和管理环境与资源过程中形成的社会关系。

污染环境类犯罪的客体是国家对环境的保护和管理,是一种环境社会关系。在很多情况下,由于污染危害的特殊性,对环境社会关系的破坏可能进一步导致对公私财产和他人人身权益的侵犯。值得注意的是,投放危险物质罪也可能造成公私财产损失、人身伤亡。但二者的犯罪客体不同,投放危险物质罪侵犯的客体是公共安全,即不特定对象的人身安全和公私财产安全。"两高"的"司法解释"第 8 条规定:"违反国家规定,排放、倾倒、处置含有毒害性、放射性、传染病病原体等物质的污染物,同时构成污染环境罪、非法处置进口的固体废物罪、投放危险物质罪等犯罪的,依照处罚较重的犯罪定罪处罚。"

破坏环境资源犯罪的客体与破坏环境资源犯罪的对象是不同的概念,应当作严格区分。按照我国刑法理论,破坏环境资源犯罪的客体是指一种社会关系,而破坏环境资源犯罪的对象是犯罪行为直接作用的具体的人或物,属于犯罪的客观方面的内容。破坏环境资源犯罪直接作用的对象往往是环境要素,在我国也就是"影响人类生存和发展的各种天然的和经过人工改造的自然因素的总

---

① 参见高铭暄、王作富主编:《中国惩治经济犯罪全书》,中国政法大学出版社 1995 年版,第 655 页。

② 参见赵秉志:《刑法修改研究综述》,中国人民公安大学出版社 1990 年版,第 257 页。

③ 参见王力生:《环境犯罪及其立法的完善》,载《当代法学》1991 年第 3 期。

④ 参见刘宪权:《污染环境的刑事责任问题》,载《环境保护》1993 年第 10 期。

⑤ 参见付立忠:《环境刑法学》,中国方正出版社 2001 年版,第 203—204 页。

⑥ 参见张梓太:《论公害罪》,载《南京大学学报》1999 年第 4 期;张义军:《破坏环境资源保护罪论略》,载《中国环境管理》1997 年第 5 期。

体”,包括大气、水、海洋、土地、矿藏、森林、草原、野生生物、自然遗迹、人文遗迹、自然保护区、风景名胜区、城市和乡村等。而破坏环境资源犯罪的对象,在许多情况下扮演着双重角色,既是危害环境行为直接作用的对象,又作为媒介将这种侵害延伸到其他具体的人或物之上。

4. 客观方面

客观方面是指刑法规定的、说明侵害某种社会关系而为构成犯罪所必需的诸种客观事实,主要包括危害行为、危害结果、危害行为和危害结果之间的因果关系。

污染环境类犯罪的危害行为,是指向环境中大量排放有毒有害物质或能量,超出环境的自净、调节机能,引起环境质量下降,从而对人身、财产或环境本身造成或足以造成严重危害的行为。主要表现为排放、倾倒或者处置有放射性的废物、含传染病病原体的废物、有毒物质①或者其他有害物质,严重污染环境的行为。危害社会的行为依据行为方式可分为作为与不作为,作为就是指行为人用积极的活动去实施危害社会的行为;不作为则是指行为人有义务并且能够实施某种行为,却消极地不履行这种义务,因而造成严重的危害后果的行为。污染环境类犯罪,其行为在多数情况下表现为作为,即主动地向环境中排放污染物,但在个别情况下,不作为也可能构成犯罪。

危害结果是指刑罚所规定的、危害行为造成的实际损害事实。根据刑罚理论,危害结果有时是犯罪构成的要素,有时不是犯罪构成的要素而是结果加重犯的加重处罚事实。(1)根据我国《刑法》,污染环境类犯罪需要具备危害后果,是构成犯罪的必备要件,如污染环境罪必须具备“严重污染环境”这一危害后果。“两高”的“司法解释”对“严重污染环境”作了明确规定:“在饮用水水源一级保护区、自然保护区核心区排放、倾倒、处置有放射性的废物、含传染病病原体的废物、有毒物质的;非法排放、倾倒、处置危险废物三吨以上的;非法排放含重金属、持久性有机污染物等严重危害环境、损害人体健康的污染物超过国家污染物排放标准或者省、自治区、直辖市人民政府根据法律授权制定的污染物排放标准三倍以上的;私设暗管或者利用渗井、渗坑、裂隙、溶洞等排放、倾倒、处置有放射性的废物、含传染病病原体的废物、有毒物质的;两年内曾因违反国家规定,排放、倾倒、处置有放射性的废物、含传染病病原体的废物、有毒物质受过两次以上行政处罚,又实施前列行为的;致使乡镇以上集中式饮用水水源取水中断十二小时以上的;致使基本农田、防护林地、特种用途林地五亩以上,其他农用地十亩以

① 根据“两高”的“司法解释”,所谓“有毒物质”是指:危险废物,包括列入国家危险废物名录的废物,以及根据国家规定的危险废物鉴别标准和鉴别方法认定的具有危险特性的废物;剧毒化学品、列入重点环境管理危险化学品名录的化学品,以及含有上述化学品的物质;含有铅、汞、镉、铬等重金属的物质;《关于持久性有机污染物的斯德哥尔摩公约》附件所列物质;其他具有毒性,可能污染环境的物质。

上，其他土地二十亩以上基本功能丧失或者遭受永久性破坏的；致使森林或者其他林木死亡五十立方米以上，或者幼树死亡二千五百株以上的；致使公私财产损失三十万元以上的；致使疏散、转移群众五千人以上的；致使三十人以上中毒的；致使三人以上轻伤、轻度残疾或者器官组织损伤导致一般功能障碍的；致使一人以上重伤、中度残疾或者器官组织损伤导致严重功能障碍的；其他严重污染环境的情形。”(2) 危害后果又是污染环境类犯罪量刑的主要情节之一，如污染环境罪，“后果特别严重的，处三年以上七年以下有期徒刑，并处罚金”。“两高”的“司法解释”对“后果特别严重”作了明确规定：“致使县级以上城区集中式饮用水水源取水中断十二个小时以上的；致使基本农田、防护林地、特种用途林地十五亩以上，其他农用地三十亩以上，其他土地六十亩以上基本功能丧失或者遭受永久性破坏的；致使森林或者其他林木死亡一百五十立方米以上，或者幼树死亡七千五百株以上的；致使公私财产损失一百万元以上的；致使疏散、转移群众一万五千人以上的；致使一百人以上中毒的；致使十人以上轻伤、轻度残疾或者器官组织损伤导致一般功能障碍的；致使三人以上重伤、中度残疾或者器官组织损伤导致严重功能障碍的；致使一人以上重伤、中度残疾或者器官组织损伤导致严重功能障碍，并致使五人以上轻伤、轻度残疾或者器官组织损伤导致一般功能障碍的；致使一人以上死亡或者重度残疾的；其他后果特别严重的情形。”

因果关系是指危害行为规律性地引起某种危害结果的内在联系。污染环境类犯罪的因果关系的认定比一般犯罪的因果关系的认定要困难和复杂得多。由于环境污染行为的结果有长期性、潜伏性和扩散性，以至于在许多情形下，依相当因果关系来判断其因果关系十分困难，而且容易将部分犯罪行为排除于现行犯罪理论之外，而无法追究其刑事责任。因此，国外有疫学因果关系原理和因果关系推定原理。如日本《公害罪法》第 5 条规定，如果某人在企业、事业单位伴随生产活动而排放了危害人体健康的物质，而且仅仅由于该排放量就足以达到对公众的身体甚至生命产生危害的程度，并且在这种排放所产生的这种危害的地区内，是由同一种物质而给公众的身体乃至生命带来危害时，即可推定这种危害就是由该人所排放的物质造成。

(二) 破坏资源类犯罪的构成要件

破坏资源类犯罪是指行为人违反环境资源法律、法规规定，非法开采资源，对资源和环境造成破坏，应受到刑罚处罚的行为。这里所述的“资源”包括水产品、野生动物、耕地、矿产、林木等。它们既是重要的资源，同时也是重要的环境要素。对它们的破坏，不仅是对资源的破坏，同时也是对环境的破坏。破坏资源类犯罪的构成要件是：

1. 犯罪主体

破坏资源类犯罪的犯罪主体主要是自然人，例如非法捕捞水产品罪，非法猎捕、杀害珍贵、濒危野生动物罪等的犯罪主体,但少数情况下单位也可以成为该类犯罪的犯罪主体。

2. 主观方面

破坏资源类犯罪主观方面往往是出于故意而非过失,即行为人明知自己的开采行为是违法的,并且可能产生严重的危害后果,可能对资源和环境造成严重的破坏,但仍然实施了该行为。

3. 犯罪客体

破坏资源类犯罪与污染环境类犯罪有着共同的客体,即国家对环境与资源的保护和管理,但该类犯罪的直接客体则不同于污染环境类犯罪,其直接客体往往是国家、集体、他人的资源类财产权,一般不涉及人身权。

4. 客观方面

破坏自然资源的行为,是指在开发利用自然资源的活动中,攫取自然资源或破坏自然环境的原有性状,超过了环境的自我调节及平衡机能,情节严重的行为。例如非法猎捕、杀害珍贵、濒危野生动物,非法狩猎,非法占用耕地等。在行为方式上主要表现为积极的作为。破坏资源类犯罪是一种复杂的犯罪类型,因此有时候行为的时间、地点和方法等都会影响定罪量刑。《刑法》第 340 条规定:"违反保护水产资源法规,在禁渔区、禁渔期或者使用禁用的工具、方法捕捞水产品,情节严重的,处三年以下有期徒刑、拘役、管制或者罚金。"第 341 条第 2 款规定:"违反狩猎法规,在禁猎区、禁猎期或者使用禁用的工具、方法进行狩猎,破坏野生动物资源,情节严重的,处三年以下有期徒刑、拘役、管制或者罚金。"由此可见,对非法捕捞水产品罪和非法狩猎罪而言,行为的时间、地点和方法在其犯罪的构成中处于至关重要的地位。如果捕捞水产品和非法狩猎行为不符合刑法规定的时间、地点或方法条件,就不能构成相应犯罪。根据《刑法》规定,一些破坏资源类犯罪必须具备危害后果,否则不构成犯罪。例如非法占用耕地罪,要"造成耕地、林地等农用地大量毁坏";破坏性采矿罪要"造成矿产资源破坏"。

三、我国刑法关于破坏环境资源犯罪的规定

我国《刑法》第六章"妨害社会管理秩序罪"中专门设立了"破坏环境资源保护罪"一节,结合其他章节中有关破坏环境资源犯罪的条文,破坏环境资源犯罪的罪名主要包括以下几种:

(一) 污染环境罪

《刑法修正案(八)》将《刑法》第 338 条修改为:"违反国家规定,排放、倾倒或者处置有放射性的废物、含传染病病原体的废物、有毒物质或者其他有害物

质,严重污染环境的,处三年以下有期徒刑或者拘役,并处或者单处罚金;后果特别严重的,处三年以上七年以下有期徒刑,并处罚金。"

(二)非法处置进口的固体废物罪

《刑法》第339条第1款规定:"违反国家规定,将境外的固体废物进境倾倒、堆放、处置的,处五年以下有期徒刑或者拘役,并处罚金;造成重大环境污染事故,致使公私财产遭受重大损失或者严重危害人体健康的,处五年以上十年以下有期徒刑,并处罚金;后果特别严重的,处十年以上有期徒刑,并处罚金。"

(三)擅自进口固体废物罪

《刑法》第339条第2款规定:"未经国务院有关主管部门许可,擅自进口固体废物用作原料,造成重大环境污染事故,致使公私财产遭受重大损失或者严重危害人体健康的,处五年以下有期徒刑或者拘役,并处罚金;后果特别严重的,处五年以上十年以下有期徒刑,并处罚金。"

(四)走私废物罪

《刑法修正案(四)》将《刑法》第339条第3款修改为:"以原料利用为名,进口不能用作原料的固体废物、液态废物和气态废物的,依照本法第一百五十二条第二款、第三款的规定定罪处罚。"

(五)非法捕捞水产品罪

《刑法》第340条规定:"违反保护水产资源法规,在禁渔区、禁渔期或者使用禁用的工具、方法捕捞水产品,情节严重的,处三年以下有期徒刑、拘役、管制或者罚金。"

(六)非法猎捕、杀害珍贵、濒危野生动物罪

《刑法》第341条第1款规定:"非法猎捕、杀害国家重点保护的珍贵、濒危野生动物的,……处五年以下有期徒刑或者拘役,并处罚金;情节严重的,处五年以上十年以下有期徒刑,并处罚金;情节特别严重的,处十年以上有期徒刑,并处罚金或者没收财产。"

(七)非法收购、运输、出售珍贵、濒危野生动物及其制品罪

《刑法》第341条第1款规定:"……非法收购、运输、出售国家重点保护的珍贵、濒危野生动物及其制品的,处五年以下有期徒刑或者拘役,并处罚金;情节严重的,处五年以上十年以下有期徒刑,并处罚金;情节特别严重的,处十年以上有期徒刑,并处罚金或者没收财产。"

(八)非法狩猎罪

《刑法》第341条第2款规定:"违反狩猎法规,在禁猎区、禁猎期或者使用禁用的工具、方法进行狩猎,破坏野生动物资源,情节严重的,处三年以下有期徒刑、拘役、管制或者罚金。"

（九）非法占用农用地罪

《刑法修正案(二)》将《刑法》第 342 条修改为:“违反土地管理法规,非法占用耕地、林地等农用地,改变被占用土地用途,数量较大,造成耕地、林地等农用地大量毁坏的,处五年以下有期徒刑或者拘役,并处或者单处罚金。”

（十）非法采矿罪

《刑法修正案(八)》将《刑法》第 343 条第 1 款修改为:“违反矿产资源法的规定,未取得采矿许可证擅自采矿,擅自进入国家规划矿区、对国民经济具有重要价值的矿区和他人矿区范围采矿,或者擅自开采国家规定实行保护性开采的特定矿种,情节严重的,处三年以下有期徒刑、拘役或者管制,并处或者单处罚金;情节特别严重的,处三年以上七年以下有期徒刑,并处罚金。”

（十一）破坏性采矿罪

《刑法》第 343 条第 2 款规定:“违反矿产资源法的规定,采取破坏性的开采方法开采矿产资源,造成矿产资源严重破坏的,处五年以下有期徒刑或者拘役,并处罚金。”

（十二）非法采伐、毁坏国家重点保护植物罪

《刑法修正案(四)》将《刑法》第 344 条修改为:“违反国家规定,非法采伐、毁坏珍贵树木或者国家重点保护的其他植物的,……处三年以下有期徒刑、拘役或者管制,并处罚金;情节严重的,处三年以上七年以下有期徒刑,并处罚金。”

（十三）非法收购、运输、加工、出售国家重点保护植物及其制品罪

《刑法修正案(四)》将《刑法》第 344 条修改为:“……非法收购、运输、加工、出售珍贵树木或者国家重点保护的其他植物及其制品的,处三年以下有期徒刑、拘役或者管制,并处罚金;情节严重的,处三年以上七年以下有期徒刑,并处罚金。”

（十四）盗伐林木罪

《刑法修正案(四)》将《刑法》第 345 条第 1 款修改为:“盗伐森林或者其他林木,数量较大的,处三年以下有期徒刑、拘役或者管制,并处或者单处罚金;数量巨大的,处三年以上七年以下有期徒刑,并处罚金;数量特别巨大的,处七年以上有期徒刑,并处罚金。”《刑法修正案(四)》将《刑法》第 345 条第 4 款修改为:“盗伐、滥伐国家级自然保护区内的森林或者其他林木的,从重处罚。”

（十五）滥伐林木罪

《刑法修正案(四)》将《刑法》第 345 条第 2 款修改为:“违反森林法的规定,滥伐森林或者其他林木,数量较大的,处三年以下有期徒刑、拘役或者管制,并处或者单处罚金;数量巨大的,处三年以上七年以下有期徒刑,并处罚金。”《刑法

修正案（四）》将《刑法》第345条第4款修改为："盗伐、滥伐国家级自然保护区内的森林或者其他林木的，从重处罚。"

（十六）非法收购、运输盗伐、滥伐的林木罪

《刑法修正案（四）》将《刑法》第345条第3款修改为："非法收购、运输明知是盗伐、滥伐的林木，情节严重的，处三年以下有期徒刑、拘役或者管制，并处或者单处罚金；情节特别严重的，处三年以上七年以下有期徒刑，并处罚金。"

（十七）违法发放林木采伐许可证罪

《刑法》第407条规定："林业主管部门的工作人员违反森林法的规定，超过批准的年采伐限额发放林木采伐许可证或者违反规定滥发林木采伐许可证，情节严重，致使森林遭受严重破坏的，处三年以下有期徒刑或者拘役。"

（十八）环境监管失职罪

《刑法》第408条规定："负有环境保护监督管理职责的国家机关工作人员严重不负责任，导致发生重大环境污染事故，致使公私财产遭受重大损失或者造成人身伤亡的严重后果的，处三年以下有期徒刑或者拘役。"

（十九）非法批准征用、占用土地罪

《刑法》第410条规定："国家机关工作人员徇私舞弊，违反土地管理法规，滥用职权，非法批准征用、占用土地，情节严重的，处三年以下有期徒刑或者拘役；致使国家或者集体利益遭受特别重大损失的，处三年以上七年以下有期徒刑。"

（二十）非法低价出让国有土地使用权罪

《刑法》第410条规定："国家机关工作人员徇私舞弊，违反土地管理法规，滥用职权，非法低价出让国有土地使用权，情节严重的，处三年以下有期徒刑或者拘役；致使国家或者集体利益遭受特别重大损失的，处三年以上七年以下有期徒刑。"

思考题

1. 环境行政主体和环境行政相对人的行政责任分别包括哪些要件？环境行政处罚的责任从轻、减轻或免除的情形包括哪些？

2. 环境侵权行为的特殊性表现在哪些方面？

3. 环境民事责任适用何种归责原则？环境民事责任的承担方式包括哪些？

4. 环境民事责任的构成要件包括哪些？行为的合法性能否免除当事人的民事责任？

5. 如何理解污染环境罪犯罪构成的主观方面？

推荐阅读

1. 张梓太:《环境法律责任研究》,商务印书馆 2004 年版。
2. 吕忠梅:《环境法学》(第二版),法律出版社 2008 年版。
3. 周珂:《环境法》,中国人民大学出版社 2005 年版。

第二编

污染防治法

第九章　污染防治法律制度

【导言】

2014年《环境保护法》第四章对防治污染和其他公害的法律制度作了规定。本章从中选取六个主要制度，作为污染防治法律制度予以阐述。这些制度分别是“三同时”制度、排污收费制度、污染物总量控制制度、排污许可管理制度、突发环境事件应急处理制度、环境污染责任保险制度。

第一节　“三同时”制度

一、“三同时”制度概述

（一）“三同时”制度的概念

“三同时”制度又称为“环境保护设施配套制度”或“环境保护设施的建设与运行制度”。[①] 该制度是指一切新建、改建和扩建的基本建设项目、技术改造项目、自然开发项目，以及可能对环境造成损害的其他工程项目，其中需要配套建设的防治污染和其他公害的设施，必须与主体工程同时设计、同时施工、同时投产使用的法律制度。

（二）“三同时”制度的特点

“三同时”制度设立的目的主要是，防止建设项目建成后对环境造成新的污染与危害。因此，该制度与环境影响评价制度相辅相成，共同构成建设项目环境管理制度的基本内容。从制度类型划分的角度看，它既是事前准入型的法律制度，与环境影响评价制度一样，贯彻了“预防原则”的精神；同时它也是事中监管类型的法律制度，体现了“防治结合，综合管理”原则。2014年《环境保护法》的修订，为该制度的进一步完善奠定了基础，为该制度与排污许可证等相关制度相互衔接、形成常态化的综合防治法律制度提供了新的发展空间。

（三）“三同时”制度的意义

1.“三同时”制度是加强建设项目环境管理的重要手段。环境影响评价制度是项目决策阶段的环境管理，“三同时”制度是项目实施阶段的环境管理。

---

① 参见吕忠梅：《环境法学》，法律出版社2008年版，第238页；朱谦：《环境法基本原理》，知识产权出版社2009年版，第135页。

2. “三同时”制度是防止产生新的环境污染和生态破坏的主要保证。

3. “三同时”制度是防止环境质量继续恶化的一种有效措施。

二、“三同时”制度的形成

“三同时”制度是我国在实施污染控制与管理过程中,独创的一项适合我国国情的环境管理制度。

1972 年,国务院批转的《国家计委、国家建委关于官厅水库污染情况和解决意见的报告》首次提出“工厂建设和三废利用工程要同时设计、同时施工、同时投产”的要求。1973 年,国务院批准的《关于保护和改善环境的若干规定(试行草案)》规定,“一切新建、改建和扩建的企业,防治污染项目,必须和主体工程同时设计、同时施工、同时投产”。1979 年《环境保护法(试行)》对“三同时”制度在法律上予以确认:“在进行新建、改建和扩建工程时,必须提出对环境影响的报告书,经环境保护部门和其他有关部门审查批准后才能进行设计;其中防止污染和其他公害的设施,必须与主体工程同时设计、同时施工、同时投产;各项有害物质的排放必须遵守国家规定的标准。”1984 年,国务院发布的《关于环境保护工作的决定》把“三同时”制度的适用范围扩大到可能对环境造成污染和破坏的一切工程建设项目和自然开发项目。1986 年,《建设项目环境保护管理办法》明确了有关部门和建设单位的职责及管理程序和审查、审批的时限要求,确立了“以新带老”的原则和“建设项目环境保护设施竣工验收报告”制度等。1989 年《环境保护法》总结实践经验,进一步完善了该项制度,规定:“建设项目中防治污染的设施,必须与主体工程同时设计、同时施工、同时投产使用。防治污染的设施必须经原审批环境影响报告书的环境保护行政主管部门验收合格后,该建设项目方可投入生产或者使用。”“防治污染的设施不得擅自拆除或者闲置,确有必要拆除或者闲置的,必须征得所在地的环境保护行政主管部门的同意。”1996 年,国务院发布的《关于环境保护若干问题的决定》重申了必须严格执行“三同时”制度,在建设项目审批和竣工验收过程中,对不符合环保标准和要求的建设项目,环保行政主管部门不得批准环保设施竣工验收报告,其他各有关审批机关一律不得批准建设或投产使用,有关银行不予贷款。凡违反规定的,必须追究有关审批机关和审批人员的责任。1998 年,国务院颁布的《建设项目环境保护管理条例》全面规定了“三同时”制度的具体要求。此外,《海洋环境保护法》《大气污染防治法》《水污染防治法》《固体废物污染环境防治法 》等单行法也对该项制度作出了相关规定。

三、“三同时”制度的主要内容

“三同时”制度要求在建设项目的设计、施工、竣工验收等环节落实环境保护措施,保证环境保护的投资、设备、材料等与主体工程同时安排,使环境保护要求在基本建设程序的各个阶段得到落实。该制度明确划分了环境保护部门、主管部门和建设单位的职责。

各级人民政府的环保行政主管部门对建设项目的环保实施统一监督管理,负责初步设计中环保篇章的审查及建设施工的检查;负责环保设施的竣工验收;负责环保设施运转和使用情况的监督检查。

建设项目的主管部门负责初步设计中环保篇章和环保设施竣工验收的预审;监督建设项目设计与施工中的环保措施的落实;监督项目竣工后环保设施的正常运转。

建设单位负责落实初步设计中的环保措施;负责项目竣工后防治污染设施的正常运转。

（一）同时设计

建设项目的初步设计,应当按照环境保护设计规范的要求,编制环境保护篇章,并依据经批准的建设项目环境影响报告书或者环境影响报告表,在环境保护篇章中落实防治环境污染和生态破坏的措施以及防治污染设施投资概算。

（二）同时施工

在建设项目施工阶段,建设单位应当将防治污染的设施施工纳入项目的施工计划,保证其建设进度和资金落实。

（三）同时投产使用

建设单位必须把防治污染的设施与主体工程同时投入运转,这不仅指正式投产使用,还包括建设项目的试生产和试运行过程中的同时投产使用。

建设项目竣工后,建设单位应当向审批环境影响评价文件的环境保护行政主管部门申请该建设项目需要配套建设的防治污染设施竣工验收。防治污染设施竣工验收,应当与主体工程竣工验收同时进行。需要进行试生产的建设项目,建设单位应当自建设项目投入试生产之日起三个月内,向审批环境影响评价文件的环境保护行政主管部门申请该建设项目需要配套建设的防治污染设施竣工验收。分期建设、分期投入生产或者使用的建设项目,其相应的环境保护设施应当分期验收。建设项目需要配套建设的防治污染设施经验收合格,该建设项目方可正式投入生产或者使用。

四、“三同时”制度新发展的契机

关于“三同时”制度,现行《环境保护法》第 41 条规定如下:“建设项目中防治污染的设施,应当与主体工程同时设计、同时施工、同时投产使用。防治污染的设施应当符合经批准的环境影响评价文件的要求,不得擅自拆除或者闲置。”此条规定对 1989 年《环境保护法》第 26 条作出修改,删除了防治污染设施验收的规定,并提出“防治污染的设施应当符合经批准的环境影响评价文件的要求,不得擅自拆除或者闲置”的要求。根据深化行政审批改革的精神,为了减少审批环节,同时考虑到目前环境保护单行法对“三同时”验收已作出明确规定,此次修订没有对“三同时”验收作出专门规定,为今后整合建设项目审批环节留下余地。同时规定,防治污染的设施应当符合经批准的环境影响评价文件的要求,不得擅自拆除或者闲置。这样,就使“三同时”验收这一事前准入转变为对防治污染设施进行常态化检查的事中监管。现行《环境保护法》第45条明确规定:“国家依照法律规定实行排污许可管理制度。实行排污许可管理的企业事业单位和其他生产经营者应当按照排污许可证的要求排放污染物;未取得排污许可证的,不得排放污染物。”今后,可以考虑将“三同时”验收与排污许可管理制度进行衔接。对已经实施排污许可管理的,“三同时”验收可以纳入排污许可管理;对未实行排污许可管理的,可以根据环境保护单行法律的相关规定进行“三同时”验收。① 无论是否实行排污许可管理,建设项目必须配置并运行相应的防治污染设施,最终排放符合排放标准及总量控制的要求;防治污染设施都应当符合经批准的环境影响评价文件的要求,不得擅自拆除或者闲置。

第二节 排污收费制度

一、排污收费制度概述

(一) 排污收费制度的概念

排污收费制度是指环保部门对向环境排放污染物的企业、事业单位和其他生产经营者,按照所排放的污染物的种类和数量,征收一定费用的法律制度。

(二) 排污收费制度的特点

排污收费制度是一种间接调控手段,其目的是通过经济杠杆的作用,促进排污者控制排污行为,并不是直接针对排污行为而采取的强制性规制。虽然排污费的征收行为本身具有法律强制力,排污者必须按照法律的规定缴纳相应费用,但是对于排污者而言,是利用环境容量排放污染物从而支付相应费用,还是改进技术削减排放量,立法并没有规定强制性要求,而由排污者自主决定。该制度赋予排污者一定的自由选择权,是对排污者具有诱导作用的激励性制度。

---

① 参见信春鹰主编:《中华人民共和国环境保护法释义》,法律出版社2014年版,第143—144页。

（三）排污收费制度的意义

1. 以向排污者提供削减排污量的经济激励来控制污染物的排放

排污者之所以污染，是因为他们并不考虑自身行为所造成的社会损害。通过向排污者征收排污费，迫使其为利用环境净化功能排放污染物支付相应费用，诱导排污者寻求合理的方式削减排放量，减少对环境资源的使用。

2. 能够促使排污者进行治污技术创新

排污收费制度给排污者一定的经济压力，排污者为了节约相关成本，就要采取成本有效的污染控制工艺与技术，从而激励其对进行污染控制技术的改进与创新。该制度对排污者降低治理成本而寻找新生产技术工艺具有极强的激励作用。

3. 降低社会整体的减排执行成本

排污收费制度赋予排污者较大的自由选择权，来促使其寻求成本最低的削减排污量的方法。因此，在排污收费制度下，排污削减量主要由边际治理成本较低的排污者承担。这就避免了在强制性制度下，能力有限的排污者以高额成本减排的做法，从而可以节约社会整体的污染治理成本。

4. 为环境污染治理筹集资金

从我国的排污收费制度施行的情况看，向排污收者征收排污费成为筹集环保资金的渠道之一。在我国经济发展初期，排污费的“征收返还”机制弥补了政府、企业在环保方面的投入不足，具有重要价值。另外，为了弥补环保部门作为新部门存在的经费不足等问题，国家允许基层环保部门从收取的排污费中切出一些用于能力建设。在当时国家财力有限，中央和地方财政难以给环保部门更多资金支持的情况下，有限度地使用排污费支持环保机构的能力建设，有其特定的历史意义。①

二、排污收费制度的演变

我国排污收费制度始于改革开放之初，其发展大致经历六个阶段：

一是排污收费制度的提出和试行阶段，主要是排污收费制度在法律上的确立和相关工作试点。1978 年 12 月 31 日，中共中央批转国务院环境保护领导小组提交的《环境保护工作汇报要点》，提出“必须把控制污染源工作作为环境管理的重要内容，排污单位实行排放污染物的收费制度，由环境保护部门会同有关部门制定具体收费办法。”这是我国第一次提出建立排污收费制度的设想。1979 年《环境保护法（试行）》明确规定：“超过国家规定的标准排放污染物，要

① 参见刘世昕：《环保部告诫慎用排污收费权——收缴率低成当下难题》，载《中国青年报》2009 年 12 月 2 日。

按照排放污染物的数量和浓度，根据规定收取排污费。”这就为建立排污收费制度提供了法律依据。各地根据《环境保护法（试行）》开始进行排污收费试点，至1981年底，全国有27个省、自治区、直辖市逐步开展了排污收费的试点工作。

二是排污收费制度的全面实施阶段。以1982年7月国务院发布《征收排污费暂行办法》为起点，排污收费工作在全国范围内得以推行和实施。在总结27个省、自治区、直辖市开展排污收费工作试点经验的基础上，国务院办公厅发布《征收排污费暂行办法》，对征收排污费的目的、对象、标准、管理、使用等内容作出了规定，标志着排污收费制度的正式建立和普遍实施。

三是排污收费制度的发展完善阶段。1988年7月，国务院颁布《污染源治理专项基金有偿使用暂行办法》，在全国实施排污费的有偿使用。1989年《环境保护法》再次确认排污收费制度，规定“排放污染物超过国家或者地方规定的污染物排放标准的企事业单位，依照国家规定缴纳超标准排污费，并负责治理。”

四是研究探索新排污收费制度阶段。1994年，全国排污收费十五周年总结表彰大会召开，首次提出在社会主义市场经济形势下排污收费制度改革的总体目标。2000年修订的《大气污染防治法》在法律上确定了按“排放污染物的种类和数量征收排污费”的总量收费制度，为新排污收费制度的建立和实施奠定了坚实基础。

五是新排污收费制度的正式建立并全面执行阶段。2003年，国务院颁布实施《排污费征收使用管理条例》，这是我国排污收费制度逐步完善的标志，是排污收费的政策体系、收费标准、使用、管理方式的一次重大改革和完善。随后，《排污费征收标准管理办法》《排污费资金收缴使用管理办法》《关于减免及缓缴排污费等有关问题的通知》等配套规章办法相继出台，构建了新的排污收费制度体系。

六是排污费征收方式创新以及环境税费改革阶段。2007年以来，江苏、安徽、上海、河北、北京等16个省份先后调整了部分污染物排污费征收标准，多数地方提高幅度在50%—100%。在调整征收标准的同时，北京、广东、山东、上海等地还实行差别排污费政策。2014年9月1日，国家发改委、财政部、环境保护部发布《关于调整排污费征收标准等有关问题的通知》，正式在全国推行排污费征收标准及征收方式的改革。现行《环境保护法》规定：“排放污染物的企业事业单位和其他生产经营者，应当按照国家有关规定缴纳排污费。”修改了原有“缴纳超标排污费”的规定，体现了排污即收费、超标即处罚的法律原则，并且规定“依照法律规定征收环境保护税的，不再征收排污费”，为推进环境税费改革预留了改革“窗口”。

三、排污收费制度的主要内容

（一）排污收费对象

1. 征收主体与被征收主体

征收主体：县级以上人民政府环境保护行政主管部门负责排污费的征收管理工作。

被征收主体：排放污染物的企业、事业单位和其他生产经营者，应当按照国家有关规定缴纳排污费。

2. 征收项目

环境保护行政主管部门主要针对污水、废气、固体废物和噪声四类污染项目征收排污费。

一是污水排污费，对向水体排放污染物的，按照排放污染物的种类、数量计征污水排污费。

二是废气排污费，对向大气排放污染物的，按照排放污染物的种类、数量计征废气排污费；对机动车、飞机、船舶等流动污染源暂不征收废气排污费。

三是固体废物及危险废物排污费，对没有建成工业固体废物贮存、处置设施或场所，或者工业固体废物贮存、处置设施或场所不符合环境保护标准的，按照排放污染物的种类、数量计征固体废物排污费；对以填埋方式处置危险废物不符合国务院环境保护行政主管部门规定的，按照危险废物的种类、数量计征危险废物排污费。

四是噪声超标排污费，对环境噪声污染超过国家环境噪声排放标准，且干扰他人正常生活、工作和学习的，按照噪声的超标分贝数计征噪声超标排污费；对机动车、飞机、船舶等流动污染源暂不征收噪声超标排污费。

（二）排污费征收标准

1. 征收标准确定原则

国务院价格主管部门、财政部门、环境保护行政主管部门等根据下列原则制定国家排污费征收标准：一是污染治理产业化发展的需要；二是污染防治的要求；三是经济、技术条件；四是排污者的承受能力。

2. 征收标准

《排污费征收标准管理办法》规定了排污费的具体征收标准。当时，考虑到企业承受能力等因素，排污费征收标准相当于测算成本的一半。其中，污水类和废气类污染物排污费征收标准分别为每污染当量 0.7 元和 0.6 元。现行排污收费标准仅为实际污染治理费用的一半，使排污收费制度对促进污染治理的作用有限。排污费征收标准过低，导致经济杠杆作用不足，企业宁可缴纳排污费也不愿意治理污染。

针对收费标准偏低问题,2007 年,江苏省率先在全国提高了排污收费标准,随后安徽、上海、河北、北京等 16 个省份先后调整了部分污染物排污费征收标准。其中,北京市自 2014 年 1 月 1 日起在全国率先大幅提高二氧化硫、氮氧化物、化学需氧量、氨氮四项主要污染物收费标准,调整后的标准为原标准的 14—15 倍,为全国最高水平。另外,北京市根据污染物排放情况实施阶梯式差别化排污收费政策,即污染物实际排放低于规定排放标准 50% 时,按基准价减半计收排污费;在规定排放标准 50%—100% 之间,按基准价计收排污费;污染物实际排放值超过规定排放标准时,除依规处罚外,还需按基准价加倍计收排污费。

2014 年 9 月 1 日,国家发改委、财政部、环境保护部发布《关于调整排污费征收标准等有关问题的通知》,在全国启动排污费征收标准及征收方式的改革。三部委要求各省(区、市)结合实际,调整污水、废气主要污染物排污费征收标准,提高收缴率,实行差别化排污收费政策,利用经济手段、价格杠杆作用,建立有效的约束和激励机制,促使企业主动治污减排,保护生态环境。通知规定,2015 年 6 月底前,各省(区、市)要将废气中的二氧化硫和氮氧化物排污费征收标准调整至不低于每污染当量 1.2 元,将污水中的化学需氧量、氨氮和五项主要重金属(铅、汞、铬、镉、类金属砷)污染物排污费征收标准调整至不低于每污染当量 1.4 元。在每一污水排放口,对五项主要重金属污染物均须征收排污费。国家鼓励污染重点防治区域及经济发达地区,制定高于上述标准的征收标准。各地要建立差别排污收费机制,对超排放限值或超总量指标排放污染物的,以及列入淘汰类目录的企业,实行较高的征收标准;对治污效果较好的企业实行较低的征收标准。

(三) 排污费征收程序

根据《排污费征收使用管理条例》,现行排污费实行“环保部门开票、商业银行代收、财政部门统管”的征收模式。

排污费的征收分四个步骤实施:

1. 排污申报。排污者向县级以上环保部门,申报排放污染物种类、数量、浓度等情况,并提供与污染物排放有关的资料。

2. 排污年度审核。环保部门依据排污者申报材料进行排污收费年度审核。

3. 核定排污费。环保部门核定排污者排放污染物的种类、数量,并向排污者送达“排污核定通知书”。环保部门主要采取两种方式核定排污费:一是对已经安装污染源自动监控设施且通过有效性审核的企业,按照自动监控数据核定排污费;二是对排放污染物种类多、无组织排放且难以在线监控的企业,按照环保部规定的物料衡算方法和监督性监测数据核定排污费。

4. 通知缴费。环保部门根据排污费征收标准和经核定的排污者排放污染物种类、数量,确定排污者应当缴纳的排污费数额,并予以公告。排污费数额确定后，环保部门向排污者送达缴纳通知单。排污者应当自接到缴纳通知单之日起7日内，到指定的商业银行缴纳排污费。

（四）排污费的减缴、免缴、缓缴

排污者因不抗力遭受重大经济损失的，可以申请减半缴纳排污费或者免缴排污费。但是，排污者因未及时采取有效措施，造成环境污染的，不得申请减半缴纳排污费或者免缴排污费。

排污者因有特殊困难不能按期缴纳排污费的，自接到“排污费缴纳通知单”之日起7日内，可以向发出缴费通知单的环保部门申请缓缴排污费。排污费的缓缴期限最长不超过3个月。

（五）排污费的使用

排污者按环保部门所发“排污费缴纳通知单”，将排污费缴纳到财政部门指定的商业银行代收专户，当天由商业银行划入国库，国库部门即按当天收入额的下述比例分别划缴：10%缴入中央国库；5%缴入省国库；85%缴入地方国库，作为本级环境保护专项资金。

排污费的征收、使用实行“收支两条线”，征收的排污费一律上缴财政，须纳入财政预算，专款专用，列入环境保护专项资金进行管理，主要用于下列项目的拨款补助或者贷款贴息：(1) 重点污染源防治；(2) 区域性污染防治；(3) 污染防治新技术、新工艺的开发、示范和应用；(4) 国务院规定的其他污染防治项目。

（六）排污收费制度的法律责任

1. 拒绝缴纳排污费

排污者未按照规定缴纳排污费的，由环保部门依据职权责令限期缴纳；逾期拒不缴纳的，处应缴纳排污费数额1倍以上3倍以下的罚款，并报经有批准权的人民政府批准，责令停产停业整顿。

2. 骗取减免排污费

对于排污者未按照规定缴纳排污费的，由环保部门依据职权责令限期补缴应当缴纳的排污费，并处所骗取批准减缴、免缴或者缓缴排污费数额1倍以上3倍以下的罚款。

3. 改变环境保护专项资金用途

环境保护专项资金使用者不按照批准的用途使用环境保护专项资金的，由环保部门或者财政部门依据职权责令限期改正；逾期不改正的，10年内不得申请使用环境保护专项资金，并处挪用资金数额1倍以上3倍以下的罚款。

四、排污收费制度的发展趋势

排污收费制度对推进环境保护工作发挥了重要作用，但同时该制度自身也存在一些缺陷，严重制约了其作用的进一步发挥。一是征收效率低。排污费作为政府非税性收入,由环保部门向排污企业征收,实际征收效率始终不高。从现行的收费体制看,收费测算数据的基础就是申报核定,主要依靠企业自报,申报数据的真实性、准确性难以保证,谎报、瞒报现象较为严重。由于排污收费的公示、稽查制度执行不到位,加之地方保护主义,排污费少缴、欠缴、拖缴问题比较突出。二是排污费的使用不规范。有些地方政府在财政理念上,仍认为地方财政可以分摊费用,很多地方尚未脱离行政干预,原应由财政承担的费用,仍从排污费中列支,环保部门也以此作为日常行政支出来源。因此,排污费的使用、管理工作难以从自身得到监督。① 三是以行政管理为主的收费方式,对排污费认识存在误区。有的环保部门把排污收费工作当作筹资工具而不是执法手段,用收了多少钱来评判排污收费工作的好坏。排污收费制度成为一种"自杀式"的收费制度,因为只有企业排污越多,环保部门才能收到更多的钱,这项制度似乎让环保部门陷入了"为收费而收费"的尴尬境地。②

针对上述问题,很多专家建议以征收环境税的方式取代现有的排污收费制度。这些专家认为,环境税的开征有可能解决目前排放收费制度存在的问题。

环境税,又称"生态税""绿色税",一般是指以保护环境为目的,针对污染与破坏环境的特定行为课征税款的专门税种,不包括在一般性税种中为激励纳税人保护环境而采取的税收优惠等税收调节措施。目前,在学术界,把后者称为"嵌入型"的环境税收,而把前者称为"独立型"的环境税。这个独立型的环境税,专指设立一个新的环境税税种,包括污染排放税、污染产品税、生态保护税和碳税四大税目。从经济学的角度看,收费与征收没有本质区别,都可以将环境污染的成本内部化,但从实际执行效率上,征税比收费更具强制性和规范性,可以克服收费的随意性,减少拖欠、拒缴现象,降低征收成本,提高使用效率,对环境保护更为有利。为了更好地发挥经济手段对环境保护的积极作用,促进企业节能减排,有必要逐步取消排污费,开征环境税。③

"正税清费",推进税费改革,优化财政收入结构,逐步建立以税收为主、收费为辅的政府收入分配体系是我国财政体制改革的重要内容。目前,有关部门已向国务院保送了《环境保护税法(草案)》,"费改税"成为未来排污收费制度的发展方向。

---

① 参见刘白:《试论现行排污收费制度的缺陷及改革》,载《环境保护》2007 年第 17 期。

② 参见刘世昕:《环保部告诫慎用排污收费权——收缴率低成当下难题》,载《中国青年报》2009 年 12 月 2 日。

③ 参见信春鹰主编:《中华人民共和国环境保护法释义》,法律出版社 2014 年版,第 152 页。

第三节 污染物总量控制制度

一、污染物总量控制制度概述

（一）污染物总量控制制度的概念

污染物排放总量控制，简称“总量控制”，是将某一控制区域作为一个完整的系统，根据要实现的环境质量目标，确定该区域的污染物排放总量控制指标，要求采取措施将排入这一区域内的污染物总量，在一定时间段，控制在总量控制指标之内，以满足区域内环境质量或环境管理要求的管理手段。

污染物排放总量控制制度是指国家环保部门根据环境管理目标的要求，确定一定时期一定区域的污染物排放总量控制指标，并逐级分解、落实到排污单位，有计划地控制及削减污染物排放量的法律制度。

（二）污染物总量控制制度的特点

1. 污染物总量控制制度是我国环境保护领域的一项基本法律制度

在我国环境保护立法中，《水污染防治法》《大气污染防治法》《海洋环境保护法》以及《淮河流域水污染防治暂行条例》《太湖流域管理条例》等单行法律、法规，都对污染物排放总量控制制度作出了相关规定，明确了该制度是我国环境保护某一个领域或特定流域的一项法律制度。《环境保护法》第 44 条规定，“国家实行重点污染物排放总量控制制度”，进一步将该制度确立为我国环境保护的一项基本法律制度。

2. 污染物总量控制制度在我国以“重点污染物排放总量控制制度”的形式呈现

在我国，“九五”期间总量控制的主要污染物为 12 种：化学需氧量、二氧化硫、烟尘、工业粉尘、石油类、氰化物、砷、汞、铅、镉、六价铬、工业固体废物；“十五”期间为 6 种：二氧化硫、烟尘、工业粉尘、化学需氧量、氨氮、工业固体废物；“十一五”期间为 2 种：化学需氧量、二氧化硫；“十二五”期间为 4 种：化学需氧量、氨氮、二氧化硫、氮氧化物。污染物排放总量控制过程综合性及技术性要求很高，需要大量的监测资料和较详细的普查资料，对所有的污染物都进行排放总量控制，在经济上是无法承受的。因此，我国的污染物排放总量控制的对象是重点污染物，而不是所有污染物。这样才能在我国目前财力、物力有限的条件下，用较少的投资换取较大的环境效益。[①] 另外，有些发达国家的总量控制也是以特定污染物为控制对象加以实施的。例如，日本的水质污染物排放总量控制就

① 参见宋国君：《论中国污染物排放总量控制和浓度控制》，载《环境保护》2000 年第 6 期。

是以化学需氧量(1979 年开始)、总氮、总磷(2001 年开始)为控制因子来实施的。

3. 我国目前施行的污染物排放总量控制制度是以“目标总量控制”模式为中心的制度安排

在总量控制的模式中,有“目标总量控制”与“容量总量控制”之分。所谓“目标总量控制”,是指环保部门依据历史统计资料、根据环保目标要求和技术经济水平,确定各地区污染物排放总量控制指标的一种总量控制方法,即主要根据环境目标来确定总量控制指标。所谓“容量总量控制”,是通过科学研究的成果,根据当地实际的环境容量来确定污染物排放总量控制指标的一种总量控制方法,即主要根据环境容量来确定总量控制指标。从“九五”到“十二五”,我国实施的总量控制是目标总量控制。以某一时段主要污染物的排放量为基数来确定总量控制目标,通过规划分配加以落实。例如,根据《节能减排“十二五”规划》,2015 年我国确定的主要污染物排放总量控制目标是,全国化学需氧量和二氧化硫排放总量分别控制在 2 347.6 万吨、2 086.4 万吨,比 2010 年的 2 551.7 万吨、2 267.8 万吨各减少 8%;全国氨氮和氮氧化物排放总量分别控制在 238 万吨、2 046.2 万吨,比 2010 年的 264.4 万吨、2 273.6 万吨各减少 10%。

4. 我国实施的总量控制主要通过行政规划的方式加以推进

虽然我国的法律法规对污染物排放总量控制制度作出了相关规定,但总的来看,这些规定还停留在原则性、指导性层面,专门规定这一制度的具有操作性的管理办法或实施细则至今尚未出台。目前,我国污染物排放总量控制的具体做法主要是,环境保护部在国家五年规划实施期间,制定出相应的污染物排放总量控制计划,如《“十二五”期间全国主要污染物排放总量控制计划》,报国务院批准。国务院批复并将污染物排放总量分解给各省、自治区、直辖市,各省、自治区、直辖市再把总量逐级分配,落实到排污单位。在实践中,关于重点污染物排放总量控制指标的分配,一般采取环境保护部受国务院委托与各省、自治区、直辖市人民政府签订总量控制目标责任书的形式。例如,2011 年 12 月 21 日,受国务院委托,环境保护部部长周生贤与 31 个省、自治区、直辖市人民政府和新疆生产建设兵团,以及华能、大唐、华电、国电、中电投、国家电网、中石油、中石化(集团)公司主要负责人正式签署“十二五”主要污染物总量减排目标责任书。目标责任书主要内容包括各省、自治区、直辖市以及八大中央企业集团“十二五”期间主要污染物总量控制目标、主要减排任务和措施等。根据各地情况,目标责任书详细列出了各省(区、市)和企业集团重点减排项目清单,要求必须按照规定的时间完成重点减排项目建设。据统计,仅目标责任书所列项目,“十二五”期间,全国将至少新建 1 184 座城镇污水处理厂,日处理总能力 4 570 万吨,4 亿千瓦火电机组建设脱硝设施,以及一大批造纸、印染、钢铁、水泥等治理工程。

（三）污染物总量控制制度的意义

1. 促进我国环境治理方式的转变

长期以来，我国环境管理主要采取污染物排放浓度控制的方式，浓度达标即为合法。浓度控制以执行国家污染物排放标准为核心内容，通过设定排放标准来控制每一个污染源排放口的浓度排放水平。但是，排放标准与环境质量并不是完全对应的关系。即使所有的污染源都达到了排放标准，但环境质量可能不达标，因而单纯控制污染物的排放浓度是远远不够的。尤其是当污染源分布密集，污染物排放数量较大时，执行排放标准是不能有效控制污染的。总量控制是在实施浓度控制的基础上，以控制排污单位一定时空范围内的污染物排放总量为核心的环境管理方法体系，更加能够真实地反映污染物进入环境的实际情况，可以把污染物的排放与环境承载能力有机联系起来，进而通过控制排污单位的污染负荷量，来达到实现环境质量改善的目的。因此，新修订的《环境保护法》规定："企业事业单位在执行国家和地方污染物排放标准的同时，应当遵守分解落实到本单位的重点污染物排放总量控制指标。"可以说，实施该制度推动了我国污染治理方式从单纯的浓度控制方式向总量控制与浓度控制相结合方式转变。另外，总量控制制度着眼于生产的全过程，强调排污单位从原料选择、生产技术到污染物最终排放的全过程减排，促进了我国污染防治从以注重末端治理为主向注重源头和过程控制及末端治理转变。

2. 推动市场化手段的运用

浓度控制管理的对象是污染源，控制每一个污染源排放口的排放浓度。该制度不利于市场机制政策的引入，原因在于其没将污染治理责任和治理行动分开。总量控制管理的对象是排污单位，而不是污染源。该制度只管理排污单位的总排放量，排污单位可以按照自己拥有的总量指标来排放。这在一定程度上将治理责任和治理行动区分开来，从而为市场机制的引入提供了机会。总量控制制度的实施推动了排污权有偿使用与交易政策在我国的运用。

3. 创制通过影响经济增长方式来控制污染的新模式

总量控制制度作为一项新出台的环境政策，还有着不同于以往环境政策的更深一层的含义，即旨在通过影响经济增长方式来控制污染。总量控制制度是对以浓度控制为基础的环境政策的一次重大改进，对排污申报、排污许可、环境影响评价、环境规划、环境监测等制度提出了更高的要求。[①] 以环评制度为例，新修订的《环境保护法》确认了"区域限批"制度。区域限批把总量控制指标作为项目环评审批的前置条件。以前对环评的要求主要体现在《环境影响评价法》中，关注的是单个项目对环境的影响。而区域限批关注的是污染物排放总

① 参见宋国君：《论中国污染物排放总量控制和浓度控制》，载《环境保护》2000 年第 6 期。

量和环境容量,要求地区发展必须考虑环境承载力。这就在《环境影响评价法》的基础上对环评提出更高层次的要求。区域限批意味着一个地区除了要遵守国家与地方排放标准外,还要根据污染物排放总量决定单个项目是否上马。对于建设项目达标条件下所增加的污染物总量,要求在本行业或本地区等量削减,做到“增产不增污”,甚至做到“增产减污”。这样,总量控制能够促进地区产业结构调整,推动经济增长方式的转变,实现绿色发展,减轻经济发展对环境资源的压力。

二、污染物总量控制制度的形成

我国的总量控制制度的探索始于20世纪70年代。一些地方认识到了达标排放不能实现环境质量改善,提出了总量控制的目标,开展了总量控制的试点。1988年,国家环境保护局颁发《水污染物排放许可证管理暂行办法》,提出“在污染物排放浓度控制管理的基础上,通过排污申报登记,发放水污染物《排放许可证》,逐步实施污染物排放总量控制。”1989年,全国有60多个城市实行了以总量控制为基础的环境保护制度。1989年召开的第三次全国环境保护会议提出了企业、事业单位同时实行浓度控制和总量控制的污染控制对策。1989年,国务院批准、国家环保局发布的《水污染防治法实施细则》规定,“对超过国家或者地方规定的污染物排放标准,或者超过国家规定的企业事业单位污染物排放总量指标的,应当限期治理”。总量控制制度逐步纳入国家政策,同时也规定在国家法规之中,但这些规定只是一些原则性的条款。

1993年,第二次全国工业污染防治会议提出“三个转变”,即从“末端治理”向全过程控制转变、从单纯浓度控制向浓度与总量控制相结合转变、从分散治理向分散与集中治理相结合转变。1995年,国务院颁布的《淮河流域水污染防治暂行条例》对污染物排放总量控制作出了较完善的规定,其第9条规定“国家对淮河流域实行水污染物排放总量控制制度”。1996年3月,全国人大批准的《国民经济和社会发展“九五”计划和2010年远景目标纲要》提出“创造条件实施污染物排放总量控制”。同年5月修订的《水污染防治法》第16条规定:“省级以上人民政府对实现水污染达标排放仍不能达到国家规定的水环境质量标准的水体,可以实施重点污染物排放的总量控制制度,并对有污染量削减任务的企业实施该重点污染物排放量的核定制度。具体办法由国务院规定。”这是总量控制制度首次由国家法律予以确认。但是,由于国务院的具体办法之后久未出台,这就使得总量控制法律保障明显不足。同年8月,国务院发布《关于环境保护若干问题的决定》,首次提出:把实行主要污染物排放总量控制作为改善环境质量的重要措施。同年9月,国务院批复同意发布《“九五”期间全国主要污染物排放总量控制计划》。这意味着“九五”期间总量控制制度在全国范围内正式实施。

此后,在国家政策规划方面,继“九五”之后,“十五”“十一五”“十二五”国民经济和社会发展规划中都对总量控制作出了规定,在“十一五”和“十二五”规划纲要中,重点污染物减排指标还被列为必须完成的约束性指标。在法律法规方面,继1996年《水污染防治法》修订后,2000年修订的《大气污染防治法》《海洋环境保护法》,2008年修订的《水污染防治法》,2011年施行的《太湖流域管理条例》,都对总量控制制度作出了进一步的规定。直到2014年《环境保护法》修订,将污染物排总量控制制度确立为与环评制度、排污许可制度同等地位的环境法律基本制度。

三、污染物排总量控制制度的主要内容

由于有关污染物排放总量控制制度的专门性立法并没有出台,因此,以下对该制度的内容只作概括介绍。

(一)污染物排放总量控制的对象

根据《国民经济和社会发展第十二个五年规划纲要》,在“十二五”期间,国家确定的重点污染物为四种:化学需氧量、氨氮、二氧化硫、氮氧化物。

根据《水污染防治法》第18条,“省、自治区、直辖市人民政府可以根据本行政区域水环境质量状况和水污染防治工作的需要,确定本行政区域实施总量削减和控制的重点水污染物”,即省级地方政府可以根据本地环境管理的具体需要确定本行政区域的重点水污染物。

(二)污染物排放总量控制的范围

根据《大气污染防治法》第15条,国务院和省、自治区、直辖市人民政府对尚未达到规定的大气环境质量标准的区域和国务院批准划定的酸雨控制区、二氧化硫污染控制区,可以划定为主要大气污染物排放总量控制区。

2008年修订的《水污染防治法》、2014年修订的《环境保护法》以及2014年计划修订的《大气污染防治法》(修订草案征求意见稿),并未对总量控制的范围作出规定。这说明,我国的污染物排放总量控制已经由划定重点控制区向所有区域流域扩展。

(三)污染物排放总量控制的实施程序

1. 编制全国污染物排放总量控制计划。环境保护部在各省、自治区及直辖市申报的基础上,经全国综合平衡,编制全国污染物排放总量控制计划,报国务院批复。

2. 总量指标的下达。由中央政府向省级地方政府下达重点污染物总量控制指标。在实务中,一般采取环境保护部受国务院委托与各省、自治区、直辖市人民政府签订目标责任书的形式下达总量控制指标。

3. 各省、自治区、直辖市把省级控制计划指标纳入本地区经济社会发展规划,并制定年度污染物削减计划,分解落实到市(地)、县,落实到排污单位。排污单位在执行国家和地方污染物排放标准的同时,应当遵守分解、落实到本单位的重点污染物排放总量控制指标。

4. 总量控制的考核。环境保护部对各省、自治区、直辖市的总量控制工作进行年度考核,考核指标为主要污染物排放总量的年度实际变化量、达标排放计划和限期治理计划的完成情况。年度变化量是指在行政区域内,新、改、扩建项目的新增排放量与采取各种污染防治措施后的削减量的差值。污染防治措施指调整产业结构、技术改造、清洁生产、绿色工程及建设污染治理设施等。

5. 总量控制的公布。环境保护部、国家统计局和发改委每半年向社会公布各地区重点污染物排放情况,并会同有关部门进行年度检查和考核;考核结果通过新闻媒介向社会公布。

(四)违法后果

根据《环境保护法》第 60 条,企事业单位和其他生产经营者超过污染物排放标准或者超过重点污染物排放总量控制指标排放污染物的,县级以上人民政府环境保护主管部门可以责令其采取限制生产、停产整治等措施;情节严重的,报经有批准权的人民政府批准,责令停业、关闭。

根据《水污染防治法》第 74 条,违反该法规定,排放水污染物超过国家或者地方规定的水污染物排放标准,或者超过重点水污染物排放总量控制指标的,由县级以上人民政府环境保护主管部门按照权限责令限期治理,处应缴纳排污费数额 2 倍以上 5 倍以下的罚款。

四、污染物总量控制制度的新发展

2014 年 8 月 6 日,国务院办公厅发布了《关于进一步推进排污权有偿使用和交易试点工作的指导意见》(以下简称《意见》)。《意见》指出,建立排污权有偿使用和交易制度,是我国环境资源领域一项重大的、基础性的机制创新和制度改革,是生态文明制度建设的重要内容,将对更好地发挥污染物总量控制制度作用产生积极影响。

《意见》要求充分发挥市场机制在环境保护和污染物减排中的作用,促进主要污染物排放总量持续有效减少,提出到 2015 年底前试点地区全面完成现有排污单位排污权核定,到 2017 年底基本建立排污权有偿使用和交易制度,为全面推行排污权有偿使用和交易制度奠定基础。《意见》明确,建立排污权有偿使用制度,要严格落实污染物总量控制制度,试点的污染物应为国家作为约束性指标进行总量控制的污染物,试点地区也可选择对本地区环境质量有突出影响的其他污染物开展试点。要合理核定排污权,试点地区不得超过国家确定的污染物排放总量核定排污权，不得为不符合国家产业政策的排污单位核定排污权。针对加快推进排污权交易，《意见》提出，要规范交易行为，控制交易范围，排污权交易应在自愿、公平、有利于环境质量改善和优化环境资源配置的原则下进行。

《意见》的出台，将为污染物排放总量控制制度的发展提供巨大的发展空间。排污权有偿使用与交易制度的建立，可成为深入推进总量减排的重要手段，能够降低社会减排成本、激励企业减排行为。

第四节　排污许可管理制度

一、排污许可管理制度概述

（一）排污许可管理制度的概念

排污许可，是行政许可的一种，是环保部门根据排污者的申请，经依法审查，准予其从事符合法定条件和标准的排污活动的行政行为。

排污许可证是指环保部门为了减轻或消除排放污染物对公众健康、财产和环境质量的损害，依法对各个企事业单位的排污行为提出具体要求，包括前置性条件、日常管理性要求、技术性要求等，以书面形式确定下来，作为排污单位守法和环保部门执法以及社会监督的凭据。

排污许可管理制度是指有关排污许可证的申请、审核、办理、中止、吊销、监督管理与法律责任等一系列规定的总称。

（二）排污许可管理制度的作用①

1. 具有直接性和强制性

排污许可管理制度围绕法律权力责任和权利义务展开，使该制度具有管制的直接性和强制性，是除刑事处罚外的最为严厉、见效快的环境法律制度。

2. 具有明确性、透明性

排污许可管理程序规范、公开、明确，使该制度符合法的明确性、透明性的本质要求。

3. 具有功能多样性

排污许可管理制度既可适用于污染预防的事前管理，也可适用于污染治理的事中管理和污染救济的事后管理，具有明显的、丰富的功能多样性。

4. 具有独立性、整合性

排污许可管理制度既可独立实施，也可与其他环境法律制度，如环境标准、排污申报登记、总量控制、排污权交易、排污收费、环境监测、环境影响评价、现场

---

①　参见李启家、蔡文灿：《论我国排污许可证制度的整合与拓展》，载吕忠梅主编：《环境资源法论丛（第6卷）》，法律出版社2006年年版。

检查、限期治理等制度进行整合性实施,协同发挥作用。它既可以作为其他制度的实现形式,也可作为其他诸多制度的先导性、前置性法律要求。

二、排污许可管理制度的形成

从20世纪80年代中期开始,我国一些城市环保部门开始探索从国外引入排污许可证这一基本的环境管理制度,国家先后在天津、苏州、扬州、厦门等十余个城市组织开展了水和大气排污许可证制度试点。

1. 水污染防治排污许可管理制度

1988年3月,国家环保局发布了《水污染物排放许可证管理暂行办法》。1989年7月,国家环保局发布的《水污染防治法实施细则》第9条规定,对企事业单位向水体排放污染物的,实行排污许可证管理。此后,云南、贵州于1992年,辽宁于1993年,上海、江苏于1997年,在地方法规(环保条例)中规定对所有排放污染物的单位实行许可证管理。1995年国务院发布的《淮河水污染防治条例》第19条规定,"淮河流域……持有排污许可证的单位应当保证其排污总量不超过排污许可证规定的排污总量控制指标"。1996年,全国人大讨论修改《水污染防治法》,国家环保局提出在该法中明确排污许可证的法律地位。这一建议遭到一些工业部门的反对,最终结果是回避使用排污许可证的用语,[①]代之以如下条文:"省级以上人民政府对实现水污染达标排放仍不能达到国家规定的水环境质量标准的水体,可以实施重点污染物排放的总量控制制度,并对有排污量削减任务的企业实施该重点污染物排放量的核定制度。具体办法由国务院规定。"2000年3月,国务院修订发布的《水污染防治法实施细则》第10条规定,地方环保部门根据总量控制实施方案,发放水污染物排放许可证。2008年《水污染防治法》第20条规定:"国家实行排污许可制度。直接或者间接向水体排放工业废水和医疗污水以及其他按照规定应当取得排污许可证方可排放的废水、污水的企业事业单位,应当取得排污许可证;城镇污水集中处理设施的运营单位,也应当取得排污许可证。排污许可的具体办法和实施步骤由国务院规定。禁止企业事业单位无排污许可证或者违反排污许可证的规定向水体排放前款规定的废水、污水。"虽然该法明确规定排污许可的具体办法和实施步骤由国务院规定,但直到今日,国务院的规定迟迟没有出台。

2. 大气污染防治排污许可管理制度

1987年《大气污染防治法》及1991年《大气污染防治法实施细则》,都没有规定大气污染物排放许可管理制度。当时很多人包括环境保护的专家也认为,

---

① 参见朱谦:《环境法基本原理——以环境污染防治法律为中心》,知识产权出版社2009年,第198页。

大气污染不必下大工夫治理,"风一吹污染物都吹走了"。直到2000年《大气污染防治法》才正式确立了大气污染物排放许可制度。该法第15条第2、3款规定:"大气污染物总量控制区内有关地方人民政府依照国务院规定的条件和程序,按照公开、公平、公正的原则,核定企事业单位的主要大气污染物排放总量,核发主要大气污染物排放许可证。有大气污染物总量控制任务的企业事业单位,必须按照核定的主要大气污染物排放总量和许可证规定的排放条件排放污染物。"至于核发主要大气污染物排放许可的条件和程序,国务院至今没有作出规定。

3. 排污许可的综合性规定

1989年12月,全国人民代表大会法律委员会审议《环境保护法(修改草案)》,对于原草案第31条"排放污染物的单位,应当依照国家规定申报登记,领取排放污染物许可证"的规定,各方意见不一致,反对声音很多。因此,1989年《环境保护法》对排污许可证未作出规定。

2005年12月3日,国务院发布《国务院关于落实科学发展观加强环境保护的决定》,其第21条规定:"要实施污染物总量控制制度,将总量控制指标逐级分解到地方各级人民政府并落实到排污单位。推行排污许可证制度,禁止无证或超总量排污。"2011年8月31日,国务院发布《"十二五"节能减排综合性工作方案》,其第36条规定:"健全节能环保法律法规。推进环境保护法、大气污染防治法、清洁生产促进法、建设项目环境保护管理条例的修订工作,加快制定城镇排水与污水处理条例、排污许可证管理条例、畜禽养殖污染防治条例、机动车污染防治条例等行政法规。修订重点用能单位节能管理办法、能效标识管理办法、节能产品认证管理办法等部门规章。"党的十八届三中全会通过的《中共中央关于全面深化改革若干重大问题的决定》明确要求:"完善污染物排放许可制,实行企事业单位污染物排放总量控制制度。"根据党中央的精神,2014年新修订的《环境保护法》正式建立了污染物排放的综合性许可制度。该法第45条规定:"国家依照法律规定实行排污许可管理制度。实行排污许可管理的企业事业单位和其他生产经营者应当按照排污许可证的要求排放污染物;未取得排污许可证的,不得排放污染物。"第63条规定:违反法律规定,未取得排污许可证排放污染物,被责令停止排污,拒不执行的,除依照有关法律法规规定予以处罚外,还给予行政拘留的处罚。在环境保护的基础性法律中,长期以来一直没有关于污染物排放许可制度的规定,新修订的《环境保护法》将污染物排放许可制度作为一项重点制度确立下来,是我国环境立法的重大突破,对于推进我国生态文明建设必将产生深远的影响。①

我国主要的污染防治单行法及综合性环境保护法都对排污许可管理制度作

① 参见孙佑海:《如何完善落实排污许可制度?》,载《环境保护》2014年第14期。

出了规定,但是与该制度配套的具体办法和实施步骤尚未出台。国务院正在抓紧制定相关行政法规。2008 年,国家环保总局发布《排污许可管理条例(征求意见稿)》,向社会广泛征求意见。

三、排污许可管理制度的主要内容

(一) 适用范围

下列在我国行政区域内直接或间接向环境排放污染物的企事业单位和其他生产经营者(以下简称“排污者”),应按照规定申请领取排污许可证:

(1) 向环境排放大气污染物的;

(2) 直接或间接向环境排放工业废水和医疗废水以及含重金属、放射性物质、病原体等有毒有害物质的其他废水和污水的;城镇污水集中处理设施的运营者;

(3) 在工业生产中因使用固定的设备产生环境噪声污染的,或者在城市市区噪声敏感建筑物集中区域内因商业经营活动中使用固定设备产生环境噪声污染的;

(4) 产生工业固体废物或者危险废物的;依法需申领危险废物经营许可证的单位除外。

(二) 排污许可的原则

1. 持证排污原则

排污者在排放污染物之前,必须向环保部门申请、领取排污许可证,否则不得排放污染物。

2. 按证排污原则

排污许可证的持有者,必须按照许可证核定的污染物种类、控制指标和规定的方式排放污染物。

3. 总量控制原则

在实行污染物排放总量控制的流域、海域、区域,对排污者有污染物排放总量控制指标要求的,该指标纳入排污许可证管理之中。

排污者排放污染物不得超过国家和地方规定的排放标准和排放总量控制指标。

4. 持续削减原则

国家鼓励排污者采取可行的经济、技术或管理等手段,实施清洁生产,持续削减其污染物排放强度、浓度和总量。

削减的污染物排放总量指标可以储存,供其自身发展使用,也可以根据区域环境容量和主要污染物总量控制目标,在保障环境质量达到功能区要求的前提下按法定程序实施有偿转让。

（三）排污许可证的申请与受理

1．排污许可证的申请条件

（1）新建项目的申请条件

① 建设项目环境影响评价文件经环境保护行政主管部门批准或者重新审核同意；

② 有经过环境保护行政主管部门验收合格的污染防治设施或措施；

③ 有维持污染防治设施正常运行的管理制度和技术能力；设施委托运行的，运行单位应取得环境污染治理设施运营资质证书；

④ 有应对突发环境事件的应急预案和设施、装备；

⑤ 排放污染物满足环保行政主管部门验收的要求；

⑥ 法律、法规规定的其他条件。

（2）现有排污者申请条件

① 生产能力、工艺、设备、产品符合国家和地方现行产业政策要求；

② 有符合国家和地方规定标准和要求的污染防治设施和污染物处理能力；设施委托运行的，运行单位应取得环境污染治理设施运营资质证书；

③ 设置规范化的排污口；

④ 按规定应当安装污染物排放自动监控仪器的排污者，已按照国家的标准、规范安装自动监控仪器；

⑤ 排放污染物符合环境功能区和所在区域污染物排放总量控制指标的要求；

⑥ 有环境保护管理制度和污染防治措施（包括应急措施）；

⑦ 有生产经营的合法资质；

⑧ 法律、法规规定的其他条件。

2．排污许可申请的受理

环境保护行政主管部门对排污者提出的污染物排放许可申请，材料齐全、符合法定形式且属于职责范围的，应予以受理，并出具书面受理凭证；对材料不齐、不符合法定形式的，应当场一次性告知申请人需补正的全部内容。对不属于职责范围的，应即时作出不予受理的决定，出具书面凭证并告知申请人向有审批权的环境保护行政主管部门申请。

（四）排污许可证的审批与颁发

1．分级审批制度

国家对排污许可证实行分级审批颁发制度。

县级以上地方人民政府环境保护行政主管部门应当按照国务院环境保护行政主管部门或各省、自治区、直辖市人民政府环境保护行政主管部门规定的审批权限对排污者的排污许可证审批颁发。

县级环境保护行政主管部门负责行政区划范围内排污者的排污许可证审批颁发。

市级环境保护行政主管部门负责本行政区域内确定由其监督管理排污者的排污许可证审批颁发。

省级环境保护行政主管部门负责行政区划范围内确定由其监督管理排污者的排污许可证审批颁发。

上级环境保护行政主管部门可以授权下级环境保护行政主管部门审批颁发排污许可证。对排污许可证审批颁发权有争议的,由争议双方共同的上一级环境保护行政主管部门决定。

2. 审批程序

环境保护行政主管部门应当自受理排污许可证申请之日起 20 日内依法作出颁发或者不予颁发排污许可证的决定,并予以公布。作出不予颁发决定的,应书面告知申请者,并说明理由。

3. 排污许可证种类、期限

排污许可证分“排污许可证”和“临时排污许可证”。“排污许可证”的有效期限最长不超过 5 年。“临时排污许可证”的有效期限最长不超过 1 年。

(五) 排污许可监督检查

1. 排污者的基本义务

① 按规定进行排污申报登记并报环境保护行政主管部门核准;

② 按环境保护行政主管部门的要求规范排污口和危险废物贮存场所,并设立标志;

③ 保证污染防治设施及自动监控设备的正常使用,未经环境保护行政主管部门批准,不得拆除或闲置;

④ 污染物排放种类、数量、浓度等不得超出排污许可证载明的控制指标,排放地点、方式、去向等符合排污许可证的规定;

⑤ 污染物排放的种类、数量、浓度等有重大改变的,应及时向环境保护行政主管部门变更申报;

⑥ 按规定进行监测和计量,并向环境保护行政主管部门报告排污情况;

⑦ 按规定缴纳排污费;

⑧ 按规定公布主要污染物排放情况,接受环境保护行政主管部门的现场检查、排污监测和年度检验。

2. 年度检查

环境保护行政主管部门应当定期对排污许可证载明的主要事项进行检查,及时纠正违反许可证规定的行为。

排污者应当按要求定期提交生产排污、污染防治设施运行管理、主要污染物达标和总量控制等情况的排污证明资料。

3. 在线监控

环境保护行政主管部门对纳入重点污染源的排污者实施在线监控。排污者应按规定安装污染物排放自动监控仪器,保证其正常使用,并与环保部门联网。发现自动监控仪器运行不正常的应当立即向当地环境保护行政主管部门报告,并及时修复。自动监控仪器应定期校准。

4. 现场检查

环境保护主管部门应对排污者的排污行为进行监督检查,发现不按照排污许可证规定排放污染物的,应责令排污者及时改正;对拒不改正且可能严重危害人身安全的,可以暂时查封、扣押其产生或者排放污染物的设备和相关物品。

5. 排污许可证撤销

有下列情形之一的,排污许可证颁发机关或其上级机关,可以撤销排污许可证:

(1) 行政机关工作人员滥用职权、玩忽职守颁发排污许可证的;

(2) 超越法定职权颁发排污许可证的;

(3) 违反法定程序颁发排污许可证的;

(4) 对不具备申请条件的申请人颁发排污许可证的;

(5) 依法可以撤销排污许可证的其他情形;

(6) 被许可人以欺骗、贿赂等不正当手段取得排污许可证的,应当予以撤销。

6. 排污许可证注销

有下列情形之一的,发证机关应当注销排污许可证:

(1) 排污许可证有效期限届满30日后,未申请延续的;

(2) 排污许可证有效期限届满未达到规定条件不予延续的;

(3) 排污者被依法终止的;

(4) 因停产、转产或其他原因不再排放污染物的;

(5) 排污许可证被依法撤销、吊销的。

第五节　突发环境事件应急处理制度

一、突发环境事件应急处理制度概述

(一) 突发环境事件

1. 突发环境事件的概念

突发环境事件,是指突然发生,造成或者可能造成重大人员伤亡、重大财产

损失和对全国或者某一地区的经济社会稳定、政治安定构成重大威胁和损害,有重大社会影响的涉及公共安全的环境事件。

2. 突发环境事件的分类

根据突发环境事件的发生过程、性质和机理,《国家突发环境事件应急预案》将突发环境事件主要分为三类:

(1) 突发环境污染事件,包括重点流域、敏感水域水环境污染事件;重点城市光化学烟雾污染事件;危险化学品、废弃化学品污染事件;海上石油勘探开发溢油事件;突发船舶污染事件等。

(2) 生物物种安全环境事件,主要是指生物物种受到不当采集、猎杀、走私、非法携带出入境或合作交换、工程建设危害以及外来入侵物种对生物多样性造成损失和对生态环境造成威胁和危害事件。

(3) 辐射环境污染事件,包括放射性同位素、放射源、辐射装置、放射性废物辐射污染事件。

(二) 突发环境事件应急处理制度

1. 概念

突发环境事件应急处理制度是指,为了预防和减少突发环境事件的发生,控制、减轻和消除突发环境事件引起的严重社会危害,政府及其有关部门和企事业单位必须按照国家有关法律的规定,实施突发环境事件的风险控制、应急准备、应急处置和事后恢复等一系列措施的规定的总称。

2. 特点

(1) 责任明确。该制度对政府、有关部门及企事业单位,在突发环境事件的风险控制、应急准备、应急处置和事后恢复等各个环节的责任作出了明确的规定。

(2) 应急处理措施部署全面。在防范方面,要求政府建立预警机制、制定预警方案、发布预警信息、启动应急措施;在应急处理方面,要求企事业单位处理突发环境事件并向政府部门报告;在事后管理方面,要求有关政府组织评估事件造成的环境影响和损失,并及时将评估结果向社会公布。

3. 意义

突发环境事件应急处理制度对于预防和减少突发环境事件的发生,控制、减轻和消除突发环境事件引起的严重社会危害,规范突发环境事件应对活动,保障人民群众生命财产安全与社会和谐稳定,具有重要的意义。

二、突发环境事件应急处理制度的形成

(一) 环境污染与破坏事故报告及处理制度时期

1982 年颁布的《海洋环境保护法》第 17 条规定:"勘探开发海洋石油,必须配备相应的防污设施和器材,采取有效的技术措施,防止井喷和漏油事故的发

生。发生井喷、漏油事故的,应当立即向国家海洋管理部门报告,并采取有效措施,控制和消除油污染,接受国家海洋管理部门的调查处理。"由此在法律中首次规定了环境污染与破坏事故报告及处理制度。1984 年颁布的《水污染防治法》第 20 条规定:"排污单位发生事故或者其他突然性事件,排放污染物超过正常排放量,造成或者可能造成水污染事故的,必须立即采取应急措施,通报可能受到水污染危害和损害的单位,并向当地环境保护部门报告。"从而明确了排污单位的应急处置、通报和报告义务。1987 年颁布的《大气污染防治法》第 14 条进一步规定了在紧急状况下,当地政府采取强制性应急措施的责任。在上述法律规定的基础上,1989 年《环境保护法》在环境综合立法中确认了该制度,其第 31 条规定,"因发生事故或者其他突然性事件,造成或者可能造成污染事故的单位,必须立即采取措施处理,及时通报可能受到污染危害的单位和居民,并向当地环境保护行政主管部门和有关部门报告,接受调查处理";并且,创设了新的程序,其第 32 条规定,"县级以上人民政府环境保护政主管部门,在环境受到严重污染威胁居民生命财产安全时,必须立即向当地人民政府报告,由人民政府采取有效措施,解除或者减轻危害。"①至此,在环境立法中明确了环境污染事故应对过程中责任单位的通报、报告及处理义务,环保部门紧急报告及政府应急管理的职责等,构成了我国环境污染事故报告及处理制度的基本框架。

（二）突发环境事件应急预案制度时期

进入 21 世纪以来,我国相继发生危害公共安全的重大突发事件,如 2003 年发生的全国规模的"非典"事件、2005 年发生的松花江重大环境污染事件。我国进入突发公共事件的高发期。然而,应对突发公共事件绝非一个单位或者一个部门力所能及,需要全社会和政府各部门协调一致和共同参与。因此,由政府主导编制一部突发公共事件应急预案,完善应急机制、体制和法制,对于提高政府预防和处置突发公共事件的能力,全面履行政府职能,构建和谐社会具有十分重要的意义。为了提高政府保障公共安全和处置突发公共事件的能力,最大限度地预防和减少突发公共事件及其造成的损害,保障公众的生命财产安全,维护国家安全和社会稳定,促进经济社会全面、协调、可持续发展,2006 年 1 月 8 日,国务院发布《国家突发公共事件总体应急预案》。该预案把突发公共事件主要分为自然灾害、事故灾难、公共卫生事件、社会安全事件四类,并将环境污染和生态破坏纳入"事故灾难"类范畴。同时,国务院还依据《环境保护法》《海洋环境保护法》《安全生产法》《国家突发公共事件总体应急预案》以及相关的法律、行政法规,制定了《国家突发环境事件应急预案》。随后,2007 年,国家颁布《突发事件应对法》;2010 年,环境保护部发布《突发环境事件应急预案管理暂行办法》。

① 参见吕忠梅:《环境法学》,法律出版社 2008 年版,第 245 页。

在这一时期,“突发环境事件”的概念逐步为国家规范性文件确立,并取代了“环境污染与破坏”的传统用法。“突发环境事件应急预案制度”随之也取代“环境污染与破坏报告及处理制度”,成为政府系统及学界使用的新概念。所谓“突发环境事件应急预案制度”,是指为了及时应对突发环境事件,政府事先编制突发环境事件的应急响应方案及其应急机制,在发生或者可能发生突发环境事件时,启动该应急预案以最大限度地预防和减少突发环境事件及其可能带来的危害等规范性措施的总称。①

(三) 突发环境事件应急处理制度时期

《环境保护法》第 47 条规定:“各级人民政府及其有关部门和企业事业单位,应当依照《中华人民共和国突发事件应对法》的规定,做好突发环境事件的风险控制、应急准备、应急处置和事后恢复等工作。县级以上人民政府应当建立环境污染公共监测预警机制,组织制定预警方案;环境受到污染,可能影响公众健康和环境安全时,依法及时公布预警信息,启动应急措施。企业事业单位应当按照国家有关规定制定突发环境事件应急预案,报环境保护主管部门和有关部门备案。在发生或者可能发生突发环境事件时,企业事业单位应当立即采取措施处理,及时通报可能受到危害的单位和居民,并向环境保护主管部门和有关部门报告。突发环境事件应急处置工作结束后,有关人民政府应当立即组织评估事件造成的环境影响和损失,并及时将评估结果向社会公布。”《环境保护法》对于突发环境事件的风险控制、应急准备、应急处置和事后恢复等环境应急全过程管理工作提出明确要求;明确政府及其有关部门在突发环境事件应对工作中相关职责的法定义务;要求企事业单位履行环境风险隐患排查、治理的主体责任,加强环境风险管理和突发事件的应急处置。这样,突发环境事件应急处理从强调“应急预案”阶段进入到风险控制、应急准备、应急处置、事后恢复等全过程处理阶段。

三、突发环境事件应急处理制度的主要内容

(一) 建立环境污染公共监测预警机制

1. 建立健全突发事件预警制度

《突发事件应对法》按照突发事件发生的紧急程度、发展势态和可能造成的危害程度,将预警级别分为一级、二级、三级和四级,分别用红色、橙色、黄色和蓝色标示,一级为最高级别。

县级以上地方各级人民政府应当发布相应级别的警报,决定并宣布有关地区进入预警期,同时向上一级人民政府报告。

发布三级、四级警报,宣布进入预警期后,县级以上地方各级人民政府应当

① 参见汪劲:《环境法学》,北京大学出版社 2006 年,第 271 页。

采取下列措施：

（1）启动应急预案；

（2）加强监测、预报和预警工作；

（3）加强对突发事件信息进行分析评估；

（4）定时向社会发布与公众有关的突发事件预测信息和分析评估结果，并对相关信息的报道工作进行管理；

（5）及时按照有关规定向社会发布可能受到突发事件危害的警告，宣传避免、减轻危害的常识，公布咨询电话。

发布一级、二级警报，宣布进入预警期后，县级以上地方各级人民政府除采取上述规定的措施外，采取下列一项或者多项措施：

（1）责令应急救援队伍、负有特定职责的人员进入待命状态；

（2）调集应急救援所需物资、设备、工具，准备应急设施和避难场所；

（3）加强对重点单位、重要部位和重要基础设施的安全保卫，维护社会治安秩序；

（4）采取必要措施，确保交通、通信、供水、排水、供电、供气、供热等公共设施的安全和正常运行；

（5）及时向社会发布有关采取特定措施避免或者减轻危害的建议、劝告；

（6）转移、疏散或者撤离易受突发事件危害的人员并予以妥善安置，转移重要财产；

（7）关闭或者限制使用易受突发事件危害的场所，控制或者限制容易导致危害扩大的公共场所的活动。

发布突发事件警报的人民政府应当根据事态的发展，按照有关规定适时调整预警级别并重新发布。有事实证明不可能发生突发事件或者危险已经解除的，发布警报的人民政府应当立即宣布解除警报，终止预警期，并解除已经采取的有关措施。

2．建立健全突发事件应急预案体系

国务院制定国家突发事件总体应急预案，组织制定国家突发事件专项应急预案。地方各级人民政府和县级以上地方各级人民政府有关部门根据有关法律、法规、规章、上级人民政府及其有关部门的应急预案以及本地区的实际情况，制定相应的突发事件应急预案。

（二）企事业单位在预防突发环境事件中的责任

1．编制突发环境事件应急预案

企事业单位应当按照《突发事件应对法》《国家突发环境事件应急预案》《突发环境事件应急预案管理暂行办法》的规定，制定突发环境事件应急预案，并报环境保护主管部门和有关部门备案。企事业单位的环境应急预案分为三种形式:综合环境应急预案、专项环境应急预案和现场处置预案。

(1) 综合环境应急预案

对环境风险种类较多、可能发生多种类型突发事件的,企事业单位应当编制综合环境应急预案。应急预案应当包括本单位的应急组织机构及其职责、预案体系及响应程序、事件预防及应急保障、应急培训及预案演练等内容。

(2) 专项环境应急预案

对某一种类的环境风险,企事业单位应当根据存在的重大危险源和可能发生的突发事件类型,编制相应的专项环境应急预案。应急预案应当包括危险性分析、可能发生的事件特征、主要污染物种类、应急组织机构与职责、预防措施、应急处置程序和应急保障等内容。

(3) 现场处置预案

对危险性较大的重点岗位,企事业单位应当编制重点工作岗位的现场处置预案。应急预案应当包括危险性分析、可能发生的事件特征、应急处置程序、应急处置要点和注意事项等内容。

2. 突发环境事件报告

突发环境事件发生后,责任单位和责任人以及负有监管责任的单位发现突发环境事件后,应在1小时内向所在地县级以上人民政府报告,同时向上一级相关专业主管部门报告,并立即组织进行现场调查。

(三) 突发环境事件的评估工作

突发事件应急处置工作结束后,有关人民政府应当立即组织对突发事件造成的损失进行评估。突发环境事件污染损害评估工作包括制订工作方案、现场勘查与监测、访谈调查、损害确认、损害量化、编制评估报告等基本工作程序。污染损害评估范围包括人身损害、财产损害、环境损害、应急处置费用、调查评估费用,以及其他应当纳入评估范围内的损害。应急处置阶段应当对突发环境事件造成的人身损害和经济损失进行评估,经济损失评估范围包括财产损害、应急处置费用、调查评估费用以及应急处置阶段可以确定的其他损害。突发环境事件污染损害评估所依据的环境监测报告及其他书证、物证、视听资料、当事人陈述、鉴定意见、调查笔录、调查表等有关材料应当符合相关规定。评估结果作出后应及时向社会公布。

第六节 环境污染责任保险制度

一、环境污染责任保险制度概述

(一) 环境污染责任保险制度的概念

责任保险也称为"第三者责任险"。根据《保险法》第65条第4款,责任保险是指以被保险人对第三者依法应负的赔偿责任为保险标的的保险。

环境污染责任保险是以企业发生污染事故对第三者造成的损害依法应承担的赔偿责任为标的的保险。

在环境污染责任保险法律关系中,存在三方当事人:(1) 排污单位。排污单位因为污染事故等原因给第三人造成损害时,依法应当承担赔偿责任。排污单位作为投保人,向保险公司预先缴纳一定数额的保险费。(2) 保险人。保险公司根据约定收取保险费,并承担赔偿责任,即对于排污单位的事故给第三人造成的损害,直接向第三人赔偿或者支付保险金。(3) 第三人。污染事故受害人,因污染损害遭受的人身伤亡或者直接财产损失可获得赔偿。

环境污染责任保险制度是指,企业就可能发生的污染事故风险向保险公司投保,由保险公司对因该企业造成的污染事故而受到损害并且符合投保事项的污染受害者进行赔偿的法律制度。

(二) 环境污染责任保险制度的特点

1. 环境污染责任保险制度是环境管理与市场手段相结合的产物

环境污染责任保险是基于环境污染赔偿责任的一种商业保险行为,是有效的环境风险管理的市场机制。运用保险工具,以市场化途径解决环境污染损害。

2. 实施环境污染责任保险是环境管理和社会管理的制度创新

环境污染责任保险是通过社会化途径解决环境损害赔偿责任问题的主要方式之一。

(三) 环境污染责任保险制度的意义

1. 利用保险工具参与环境污染事故处理,有利于分散企业经营风险,促使其快速恢复正常生产。

2. 有利于发挥保险机制的社会管理功能,利用费率杠杆机制促使企业加强环境风险管理,提升环境管理水平。

3. 有利于使受害人及时获得经济补偿,稳定社会经济秩序,减轻政府负担,促进政府职能转变。

二、环境污染责任保险制度的现状

(一) 立法现状

1980 年,我国接受了《1969 年国际油污损害民事责任公约》。该公约第 7 条规定:“在缔约国登记的载运 2 000 吨以上散装货油的船舶所有人必须进行保险或者作出其他财务保证。”要求实施油污损害的强制责任保险的设立,正是由于该公约的规定,并直接推动了我国海洋油污责任保险制度的建立。1982 年制定的《海洋环境保护法》第 28 条对污染保险作了相应规定:“载运 2 000 吨以上的散装货油的船舶,应当持有有效的油污损害民事责任保险或其他财务保证证书,或油污损害民事责任信用证书,或提供其他财务信用保证。”1999 年修订的《海洋环境保护法》第 66 条进一步规定:“国家完善并实施船舶油污损害民事赔偿责任制度;按照船舶油污损害赔偿责任由船东和货主共同承担风险的原则,建立船舶油污保险、油污损害赔偿基金制度。实施船舶油污保险、油污损害赔偿基金制度的具体办法由国务院规定。”为了实施上述条款,2009 年国务院制定了《防治船舶污染海洋环境管理条例》。

1983 年,国务院制定了《海洋石油勘探开发环境保护管理条例》,其第 9 条规定:“企业、事业单位和作业者应具有有关污染损害民事责任保险或其他财务保证。”2006 年,国务院制定的《防治海洋工程建设项目污染损害海洋环境管理条例》第 27 条规定:“海洋油气矿产资源勘探开发单位,应当办理有关污染损害民事责任保险。”

2002 年,国务院制定《危险化学品安全管理条例》,并于 2011 年修订。该条例第 57 条规定:“通过内河运输危险化学品的船舶,其所有人或者经营人应当取得船舶污染损害责任保险证书或者财务担保证明。船舶污染损害责任保险证书或者财务担保证明的副本应当随船携带。”

从上述我国有关海洋保护和危险化学品管理方面的制度来看,基本上是按照国际惯例,采用了“责任保险”与“提供担保”二者选其一的制度。[①]

2014 年新修订的《环境保护法》第 52 条规定:“国家鼓励投保环境污染责任保险。”这是我国环境综合性立法首次对环境污染责任保险事项进行规定。从使用“鼓励投保”字眼可以看出,对于在我国全面建立环境污染强制责任保险制度的问题,立法者还是非常慎重的,倾向于引导鼓励企业自愿购买环境责任保险。

(二) 实施状况

20 世纪 90 年代初,我国由保险公司和当地环保部门合作推出了环境污染责任保险。大连是最早开展此项业务的城市,1991 年正式运作。后来,沈阳、长春和吉林等地也相继开展责任保险。但是,总体来看,环境污染责任保险试点情况并不理想。

2006 年,国务院发布《关于保险业改革发展的若干意见》,提出要采取市场运作、政策引导、政府推动、立法强制等方式,发展环境污染责任等保险业务。2007 年,国务院批准《节能减排综合性工作方案》,提出要“研究建立环境污染责任保险制度”。同年,国家环保总局和保监会联合发布《关于环境污染责任保险的指导意见》,要求“各级环保部门和各级保险监管部门要充分认识到环境污染责任保险的重要性,在当地政府的统一组织下,积极开展环境污染责任保险制度

① 参见信春鹰主编:《中华人民共和国环境保护法释义》,法律出版社 2014 年版,第 183 页。

的研究及试点示范工作”。该指导意见主要是鼓励企业自愿投保环境污染责任保险。随后,一些具备条件的地区开始由政府推动试点工作。湖南、湖北、江苏、浙江、辽宁、上海、重庆、云南、广东9个省(直辖市)已陆续开展环境污染责任保险的试点。

虽然国家出台了很多鼓励企业购买环境污染责任保险的政策文件,但是,投保该项责任保险的企业很少。为此,国家又陆续出台相关文件,开始探讨开展环境污染强制责任保险试点。2011年,国务院发布《“十二五”节能减排综合性工作方案》,提出“推行环境污染责任保险,重点区域涉重金属企业应当购买环境污染责任保险”。同年,国务院发布《关于加强环境保护重点工作的意见》,环境保护部发布《国家环境保护“十二五”规划》,都明确提出健全环境污染责任保险制度,开展环境污染强制责任保险试点。目前,环境污染强制责任保险试点工作主要是由政府规范性文件加以推进。2013年,环境保护部和保监会联合发布《关于开展环境污染强制责任保险试点工作的指导意见》,明确了强制投保企业的范围,规定合理设计环境污染强制责任保险条款和保险费率,健全环境风险评估和投保程序,建立健全环境风险防范和污染事故理赔机制,强化信息公开,完善促进企业投保的保障措施。

三、环境污染责任保险制度的主要内容

由于我国的环境污染责任保险制度正在构建过程中,环保立法只有一些原则性规定,专门性法律法规尚未出台,所以,下面主要根据《关于开展环境污染强制责任保险试点工作的指导意见》等政府规范性文件,来阐述我国环境污染责任保险制度的主要内容。

《关于环境污染责任保险工作的指导意见》确立了我国建立健全环境污染责任保险制度的路线图。“十一五”期间,初步建立符合我国国情的环境污染责任保险制度。到2015年,环境污染责任保险制度相对完善,并在全国范围内推广,使该制度在应对环境污染事故带来损失的事件中发挥积极有效的作用。

(一)环境污染强制责任保险的试点企业范围

1. 涉重金属企业

重金属污染防控的重点行业是:(1)重有色金属矿(含伴生矿)采选业;(2)重有色金属冶炼业;(3)铅蓄电池制造业;(4)皮革及其制品业;(5)化学原料及化学制品制造业。

上述行业内涉及重金属污染物产生和排放的企业,应当按照国务院有关规定,投保环境污染责任保险。

2. 按地方有关规定已被纳入投保范围的企业

地方性法规、地方人民政府制定的规章或者规范性文件规定应当投保环境

污染责任保险的企业,应当按照地方有关规定,投保环境污染责任保险。

3. 其他高环境风险企业

鼓励下列高环境风险企业投保环境污染责任保险:

(1) 石油天然气开采、石化、化工等行业企业;

(2) 生产、储存、使用、经营和运输危险化学品的企业;

(3) 产生、收集、贮存、运输、利用和处置危险废物的企业,以及存在较大环境风险的二恶英排放企业;

(4) 环保部门确定的其他高环境风险企业。

(二) 责任范围

保险条款载明的保险责任赔偿范围应当包括:

(1) 第三方因污染损害遭受的人身伤亡或者财产损失;

(2) 投保企业(又称"被保险人")为了救治第三方的生命,避免或者减少第三方财产损失所发生的必要而且合理的施救费用;

(3) 投保企业根据环保法律法规规定,为控制污染物扩散,或者清理污染物而支出的必要而且合理的清污费用;

(4) 由投保企业和保险公司约定的其他赔偿责任。

(三) 责任限额

投保企业应当根据本企业环境风险水平、发生污染事故可能造成的损害范围等因素,确定足以赔付环境污染损失的责任限额,并据此投保。

(四) 保险费率

保险公司应当综合考虑投保企业的环境风险、历史发生的污染事故及其造成的损失等方面的总体情况,兼顾投保企业的经济承受能力,科学合理设定环境污染责任保险的基准费率。

保险公司根据企业环境风险评估结果,综合考虑投保企业的环境守法状况(包括环境影响评价文件审批、建设项目竣工环保验收、排污许可证核发、环保设施运行、清洁生产审核、事故应急管理等环境法律制度执行情况),结合投保企业的行业特点、工艺、规模、所处区域环境敏感性等方面情况,在基准费率的基础上,合理确定适用于投保企业的具体费率。

(五) 强化约束手段

对应当投保而未及时投保的企业,环保部门将采取相关约束措施:

(1) 将企业是否投保与建设项目环境影响评价文件审批、建设项目竣工环境保护验收申请审批、强制清洁生产审核、排污许可证核发,以及上市环保核查等制度的执行紧密结合;

(2) 暂停受理企业的环境保护专项资金、重金属污染防治专项资金等相关专项资金申请;

（3）将企业未按规定投保的信息及时提供银行业金融机构，作为客户评级、信贷准入管理和退出的重要依据。

（六）完善激励措施

对按规定投保的企业，环保部门可以采取下列鼓励和引导措施：

（1）积极会同当地财政部门，在安排环境保护专项资金或者重金属污染防治专项资金时，对投保企业污染防治项目予以倾斜；

（2）将投保企业投保信息及时通报银行业金融机构，推动金融机构综合考虑投保企业的信贷风险评估、成本补偿和政府扶持政策等因素，按照风险可控、商业可持续原则优先给予信贷支持。

思考题

1. 排污收费的对象包括哪些？排污收费的具体规定包括哪些？

2. 总量控制制度包括哪些主要内容？总量控制制度的完善包括哪些措施？

3. 限期治理的对象包括哪些？逾期未完成治理任务可以进行哪些类型的处罚？

推荐阅读

1. 李启家：《治淮目标的递进与淮河水环境立法》，载《环境保护》1999年第6期。

2. 金瑞林、汪劲：《20世纪环境法学研究评述》，北京大学出版社2003年版，第6章。

3. 邓海峰：《排污权——一种基于私法语境下的解读》，北京大学出版社2008年版。

第十章　污染防治单行立法

【导言】

污染防治单行立法是对各种污染源防治的专门立法，它根据各类污染的具体特点分别制定相应的管理和治理对策。本章主要对大气、水、海洋、固废等污染的特点以及相应的单行立法的立法沿革、主要内容作相应的论述。此外，本章对危险物品的安全管理也进行了概括性的介绍。

第一节　大气污染防治法

一、大气污染概述

（一）大气与大气污染

大气是由多种物质混合而成的物质，其主要成分包括氮、氧、氩、氖、氦、氪、氙以及二氧化碳、水蒸气和其他杂质。大气污染是指由于某些外界物质进入大气，导致大气特性改变，使人类的生命、健康、财产及生态系统遭受危害的现象。进入大气中的污染物质主要有烟尘、粉尘及其他颗粒状物质、硫氧化合物、氮氧化合物、碳氧化合物、碳氢化合物和放射性物质等。这些污染物质除少数是由自然界的灾害性事故如地震、火山爆发等造成的外，绝大多数是人类活动所排放的废弃物。因此，大气污染按来源可分为自然污染源和人工污染源。其中，人类活动所引起的大气污染的污染源包括生活污染源、工业污染源、交通污染源、扬尘污染源等。

根据污染物的种类和构成，可以将大气污染分为：(1) 煤烟型大气污染。这种污染主要是由于燃煤产生的烟尘、二氧化碳、一氧化碳和氮氧化物引起的大气污染。(2) 石油型大气污染。这种污染主要是使用、生产、燃烧石油和石油化工产品造成的。(3) 氮氧型大气污染。这种污染主要是汽车尾气排放的氮氧化物造成的。(4) 混合型大气污染。传统的混合型大气污染主要是指介于煤烟型和石油型之间的大气污染，主要是工矿企业的废弃物、粉尘造成的。近年来，扬尘污染逐渐成为主要的混合型大气污染。这种分类方法重点突出了当今大气污染的主要类型和特点，对于立法和环境政策的制定都有着实践意义。另外，按照污染的范围，可以将大气污染分为低空污染、高空污染和全球污染。按照污染源存在的形式不同,可以将大气污染分为固定污染源污染和移动污染源污染。

（二）大气污染的现状

现阶段,我国大气环境形势十分严峻,发达国家在上百年工业化过程中分阶段出现的大气环境问题近20多年来在我国集中出现,呈现结构型、复合型、压缩型的特点。未来15年,我国人口将继续增加,经济总量将再翻两番,资源、能源消耗持续增长,大气环境保护面临的压力越来越大。2011年,世界卫生组织公布了世界上1082个城市2008—2010年可吸入颗粒物年均浓度分布,我国32个重点城市位列其中,最好的是海口,排名814位,其余均在890位以后。我国这32个城市的PM10平均浓度为94 g/m^3,而排名前十的城市仅为7 g/m^3,前者是后者的13.4倍。2013年以来,“雾霾”更成为我国当之无愧的年度热词之一,国内25个省100多个大中城市为雾霾所困扰,全国平均雾霾天数达到29.9天,较往年同期偏多9.43天,创52年之最,且持续性霾过程增加显著。从空间分布看,华北、长江中下游和华南地区呈增加趋势,其中珠三角地区和长三角地区增加最快,广东深圳和江苏南京平均每年增加4.1天和3.9天。中东部大部地区年雾霾天数为25—100天,局部地区超过100天。此外,大城市比小城镇的增加趋势更为明显,还呈现雾霾天气持续时间长、范围广、影响大、污染重等特点。

二、我国大气污染防治立法沿革与概况

在我国,大气污染防治工作最早是从对工矿企业劳动场所的环境卫生保护和职业病防护开始进行的。20世纪70年代,我国制定了《工业“三废”排放试行标准》和《工业企业设计卫生标准》,以标准的形式对大气污染物的排放作出了定量的规定。在1979年《环境保护法(试行)》中,首次以法律的形式对大气污染防治作出了原则性的规定。

1987年9月5日,第六届全国人大常委会第二十二次会议通过《大气污染防治法》,并自1988年6月1日起施行。这是我国首部大气污染防治法。1991年5月24日,经国务院批准,国家环境保护局公布施行了《大气污染防治法实施细则》(现已失效)。《大气污染防治法》于1995年进行了第一次修订。2000年4月29日,第九届全国人大常委会第15次会议再次修订通过《大气污染防治法》,自当年9月1日起施行。这次修订将《大气污染防治法》的内容由6章共50条增加到7章共65条,对大气污染防治的监督管理体制、主要的法律制度,防治燃烧产生的大气污染,防治机动车船排放污染,以及防治废气、尘和恶臭污染的主要措施、法律责任等,作出了较为明确、具体的规定。

2005年3月30日,国家环境保护总局发布了《关于征求对修订〈大气污染防治法〉意见的函》,并且提出了《大气污染防治法》修订条款内容,以供政府各部委和地方环保局研究讨论。2009年3月23日,环境保护部发布了《2009—

2010年全国污染防治工作要点》,明确指出要修订《大气污染防治法》。2012年1月,环境保护部起草了《大气污染防治法(修订草案送审稿)》,报请国务院审议。国务院法制办公室经征求有关方面的意见,修改形成了《大气污染防治法(修订草案征求意见稿)》(以下简称“征求意见稿”)。为进一步增强立法的公开性和透明度,提高立法质量,2014年9月9日,国务院法制办公室将征求意见稿及说明全文公布,向社会公开征求意见。与2000年施行《大气污染防治法》时不同,如今十几年过去了,我国的经济发展取得了非凡的成就,同时环境问题日益凸显,尤其是近几年,灰霾引起了全民对环境问题特别是大气污染问题的高度关注,《大气污染防治法》的进一步修订被提上议事日程。与现行《大气污染防治法》相比,征求意见稿的最大变化是新增“重点区域大气污染联合防治”和“重污染天气应对”两章。

三、《大气污染防治法》的主要内容

现行《大气污染防治法》共7章66条,对我国大气污染防治的管理体制、主要法律制度、法律责任进行了规定,并对防治燃煤污染、防治机动车船排染以及防治废气、粉尘和恶臭污染三个方面进行了专章规定。

(一)大气污染防治的基本规定

1. 大气污染防治管理体制

在我国污染防治领域,管理体制一贯表现为统管与分管相结合的特点。《大气污染防治法》规定,由环境保护行政主管部门实施统一监督管理,地方各级人民政府在其职责范围内对大气污染实施监督管理。对于机动车船造成的大气污染,由各级公安、交通、铁道、渔业管理部门根据各自的职责分别监督管理。

2. 主要大气污染物排放总量控制制度

(1)计划控制(削减)措施。采用根据计划控制和地方规划执行的方式,有计划地控制或者逐步削减各地方主要大气污染物的排放总量,目的在于促使地方的大气环境质量达到规定的标准。

(2)酸雨控制区或者二氧化硫控制区措施。对已经产生、可能产生酸雨的地区或者其他二氧化硫污染严重的地区,可以由国务院环境保护行政主管部门会同国务院有关部门,根据气象、地形、土壤等自然条件,划定为酸雨控制区或者二氧化硫污染控制区,并报国务院批准。对在该区域内超标排放大气污染物的,实行限期治理。

(3)总量控制区措施。对尚未达到规定的大气环境质量标准的区域和国务院批准划定的酸雨控制区、二氧化硫控制区,由国务院和省、自治区、直辖市人民政府划定为主要大气污染物排放总量控制区,对该控制区内排放主要大气污染物的企业事业单位实行排放总量核定和排污许可证制度。

根据国务院发布的“十一五”环保计划，到2010年，全国二氧化硫排放总量比2005年降低10%，年排放量由2549万吨降至2295万吨。在地方政府规划层面，主要根据上述指标的分解，由地方政府在核定各企业事业单位削减指标的基础上按年度将限排总量予以具体分配。例如，上海和北京，到2010年二氧化硫削减比例分别是25.9%和20.4%。[①]

3. 大气环境标准制度

《大气污染防治法》规定，国务院环境保护行政主管部门制定国家大气环境质量标准。省、自治区、直辖市人民政府对国家大气环境质量标准中未作规定的项目，可以制定地方标准，并报国务院环境保护行政主管部门备案。《环境空气质量标准》是大气环境标准体系的核心。该标准将环境空气质量功能区分为三类，[②]依类别不同执行不同的空气质量标准，并对十种大气污染物规定了具体的浓度限值。

国务院环境保护行政主管部门制定国家大气污染物排放标准。《大气污染物综合排放标准》是国家大气污染物排放标准中较为重要的综合性排放标准。省、自治区、直辖市人民政府对国家大气污染物排放标准中未作规定的项目，可以制定地方排放标准；对国家大气污染物排放标准中已作规定的项目，可以制定严于国家排放标准的地方排放标准。地方排放标准须报国务院环境保护行政主管部门备案。省、自治区、直辖市人民政府制定机动车船大气污染物地方排放标准严于国家排放标准的，须报经国务院批准。[③] 凡是向已有地方排放标准的区域排放大气污染物的，应当执行地方排放标准。

4. 清洁生产制度

国家鼓励和支持大气污染防治的科学技术研究，推广先进适用的大气污染防治技术；鼓励和支持开发、利用太阳能、风能、水能等清洁能源。国家鼓励和支持环境保护产业的发展。企业应当优先采用能源利用效率高、污染物排放量少的清洁生产工艺，减少大气污染物的产生。国家对落后生产工艺和设备实行淘汰制度。国务院经济综合主管部门会同国务院有关部门公布限期禁止采用的严重污染大气环境的工艺名录和限期禁止生产、销售、进口、使用的严重污染大气

① 资料来源：中国政府网，http://www.zhb.gov.cn，2009年6月10日访问。《国家酸雨和二氧化硫污染防治“十一五”规划》对“十一五”期间二氧化硫排放总量控制指标按行政区划进行了分配，确定各省、自治区、直辖市的二氧化硫排放总量指标，同时核定出火电行业的排放指标。各省、自治区、直辖市结合当地的实际情况，将总量指标分解落实，以确保完成总量控制任务。其中，削减比例最大的省级行政区分别是上海(25.9%)和北京(20.4%)。在市级行政区划中，部分城市的削减比例更高，如宁波和厦门规定2010年比2005年分别下降47.9%和27.6%。

② 一类区为自然保护区、风景名胜区和其他需要特殊保护的地区；二类区为城镇规划中确定的居住区、商业交通居民混合区、文化区、一般工业区和农村地区；三类区为特定的工业区。

③ 这就意味着，机动车船的大气污染物排放标准制定权在国务院而非地方政府，应注意与其他大气污染物排放标准相区别。

环境的设备目录。

5. 建设项目环境影响评价制度

新建、扩建、改建向大气排放污染物的项目,必须遵守国家有关建设项目环境保护管理的规定。建设项目的环境影响报告书,必须对建设项目可能产生的大气污染和对生态环境的影响作出评价,规定防治措施,并按照规定的程序报环境保护行政主管部门审查批准。建设项目投入生产或者使用之前,其大气污染防治设施必须经过环境保护行政主管部门验收,达不到国家有关建设项目环境保护管理规定要求的建设项目,不得投入生产或者使用。

6. 申报登记及许可制度

向大气排放污染物的单位,必须按照国务院环境保护行政主管部门的规定向所在地的环境保护行政主管部门申报拥有的污染物排放设施、处理设施和在正常作业条件下排放污染物的种类、数量、浓度,并提供防治大气污染方面的有关技术资料。排污单位排放大气污染物的种类、数量、浓度有重大改变的,应当及时申报;其大气污染物处理设施必须保持正常使用,拆除或者闲置大气污染物处理设施的,必须事先报经所在地的县级以上地方人民政府环境保护行政主管部门批准。

大气污染物总量控制区内有关地方人民政府依照国务院规定的条件和程序,按照公开、公平、公正的原则,核定企业事业单位的主要大气污染物排放总量,核发主要大气污染物排放许可证。

7. 排污收费、超标违法制度

首先,国家实行按照向大气排放污染物的种类和数量征收排污费的制度,根据加强大气污染防治的要求和国家的经济、技术条件合理制定排污费的征收标准。这一规定明确了排污即收费的原则。

其次,向大气排放污染物的,其污染物排放浓度不得超过国家和地方规定的排放标准。这一规定明确了超标排污的违法性质。排污收费、超标违法这两项法律规定从根本上明确了污染者负担原则,纠正了过去超标收费的规定,明确了超标排污的违法性质。

8. 重点区域划定制度

首先,对于大气污染防治重点城市,《大气污染防治法》规定,国务院按照城市总体规划、环境保护规划目标和城市大气环境质量状况,划定大气污染防治重点城市。其中,直辖市、省会城市、沿海开放城市和重点旅游城市应当列入大气污染防治重点城市。未达到大气环境质量标准的大气污染防治重点城市,应当限期达标。该城市人民政府应当制定限期达标规划,并可以根据国务院的授权或者规定,采取更加严格的措施,按期实现达标规划。2002 年,国务院批准了《大气污染防治重点城市划定方案》,划定 113 个大气污染防治重点城市。

其次，在国务院和省、自治区、直辖市人民政府划定的风景名胜区、自然保护区、文物保护单位附近地区和其他需要特别保护的区域内，不得建设污染环境的工业生产设施；建设其他设施的，其污染物排放不得超过规定的排放标准。

最后，在划定的酸雨控制区或者二氧化硫污染控制区内已经建成的设施，其污染物排放超过规定的排放标准的，应当限期治理。

9. 污染事故强制应急制度

单位因发生事故或者其他突然性事件，排放和泄漏有毒有害气体和放射性物质，造成或者可能造成大气污染事故、危害人体健康的，必须立即采取防治大气污染危害的应急措施，通报可能受到大气污染危害的单位和居民，并报告当地环境保护行政主管部门，接受调查处理。在大气受到严重污染，危害人体健康和安全的紧急情况下，当地人民政府应当及时向当地居民公告，采取强制性应急措施，包括责令有关排污单位停止排放污染物。

10. 环境监测制度

国务院环境保护行政主管部门建立大气污染监测制度，组织监测网络，制定统一的监测方法。截至 2009 年 4 月，我国的环境质量监测网络已经基本形成，地级以上城市共建成 911 套空气质量自动监测系统，配备主要环境监测仪器设备 4.5 万台(套)，648 个环境监察机构通过了标准化建设验收，3 000 多家重点企业安装了在线自动监控设备。我国沙尘暴监测网络初步建成，基本实现沙尘暴实时预报。2008 年，我国成功发射了两颗环境与灾害监测卫星，为大区域高精度开展大气环境监测奠定了基础。①

11. 大气环境质量公报、预报制度

《大气污染防治法》规定，大、中城市人民政府环保部门应当定期发布大气环境质量状况公报，并逐步开展大气环境质量预报工作。大气环境质量状况公报的主要内容应当包括城市大气环境污染特征、主要污染物的种类及污染危害程度等。目前，我国环境保护部的官方网站和个地方政府环保局的网站每天都会公布当天的大气环境质量状况并对重点城市空气质量进行预报。

(二) 大气污染防治的分类管理规定

1. 燃煤污染

(1) 煤炭洗选加工制度

国家推行煤炭洗选加工制度，以降低煤的硫份和灰份，使煤炭中的含硫份、含灰份达到规定的标准。同时，限制对高硫份、高灰份煤炭的开采，禁止对含放射性和砷等有毒有害物质超过规定标准的煤炭的开采。

---

① 资料来源：中国政府网，http://www.gov.cn/jrzg/2009-04/23/content_1293541.htm，2009 年 5 月 12 日访问。

(2) 改进城市能源结构

在城市能源结构方面,要求政府采取措施,改进城市能源结构,推广清洁能源①的生产和使用。对于大气污染防治重点城市,还可以在本辖区内划定禁止销售、使用国务院环境保护行政主管部门规定的高污染燃料的区域。

(3) 燃煤锅炉管制

在燃煤锅炉的管制方面,国务院有关主管部门应当根据国家规定的锅炉大气污染物排放标准,在锅炉产品质量标准中规定相应的要求,否则不得制造、销售或者进口。

(4) 统筹规划城市燃煤供热

在城市燃煤供热地区,要求统筹规划,统一解决热源,发展集中供热。在集中供热管网覆盖的地区,不得新建燃煤供热锅炉。

(5) 饮食服务业能源管理制度

对大、中城市的饮食服务业,要求地方政府限期使用清洁能源。对未划定为禁止使用高污染燃料区域的大、中城市市区内的其他民用炉灶,限期改用固硫型煤或者使用其他清洁能源。

(6) 排污企业脱硫、除尘义务

新建、扩建排放二氧化硫的火电厂和其他大中型企业,超标排污的,必须建设配套脱硫、除尘装置或者采取其他控制二氧化硫排放、除尘的措施。国家鼓励企业采用先进的脱硫、除尘技术。同时,企业应当对燃料燃烧过程中产生的氮氧化物采取控制措施。

(7) 集中防治大气污染措施

在人口集中地区存放煤炭、煤矸石、煤渣、煤灰、砂石、灰土等物料,必须采取防燃、防尘措施,防止污染大气。

2. 机动车船大气污染

汽车尾气排放成为大、中城市空气污染的重要来源,大、中城市空气污染开始呈现煤烟型污染和汽车尾气复合型污染的特点。

(1) 汽车尾气排放标准

法律规定,在用机动车不符合制造当时的在用机动车污染物排放标准的,不得上路行驶。省、自治区、直辖市人民政府规定对在用机动车实行新的污染物排放标准并对其进行改造的,须报经国务院批准。机动车维修单位,应当按照防治大气污染的要求和国家有关技术规范进行维修,使在用机动车达到规定的污染物排放标准。

---

① 我国《大气污染防治法》所指“清洁能源”,包括但不限于天然气、液化石油气、电或者其他。

（2）燃料油控制

国家鼓励生产和消费使用清洁能源的机动车船。国家鼓励和支持生产、使用优质燃料油，采取措施减少燃料油中有害物质对大气环境的污染。单位和个人应当按照国务院规定的期限，停止生产、进口、销售含铅汽油。

（3）机动车船排污的监督检测

法律明确将机动车排污纳入年检范围，规定省、自治区、直辖市人民政府环境保护行政主管部门可以委托已取得公安机关资质认定的承担机动车年检的单位，按照规范对机动车排气污染进行年度检测。交通、渔政等有监督管理权的部门可以委托已取得有关主管部门资质认定的承担机动船舶年检的单位，按照规范对机动船舶排气污染进行年度检测。县级以上地方人民政府环境保护行政主管部门可以在机动车停放地对在用机动车的污染物排放状况进行监督抽测。

从1999年起，我国制定并实施车用汽油有害物质控制标准以及轻型汽车和重型车用压燃式发动机排气污染物排放标准，目前在全国范围内已经普遍实施机动车国Ⅲ标准，北京、上海提前实施了国Ⅳ标准。

3. 废气、粉尘和恶臭污染

（1）粉尘污染防治

向大气排放粉尘的排污单位，必须采取除尘措施。严格限制向大气排放含有毒物质的废气和粉尘；确需排放的，必须经过净化处理，不超过规定的排放标准。运输、装卸、贮存能够散发有毒有害气体或者粉尘物质的，必须采取密闭措施或者其他防护措施。

（2）废气污染防治

工业生产企业应当回收利用可燃性气体，减少废气排放。生产过程中排放含有硫化物气体的，应当配备脱硫装置或者采取其他脱硫措施。

（3）恶臭污染防治

向大气排放恶臭气体的排污单位，必须采取措施防止周围居民区受到污染。同时，在人口集中地区和其他依法需要特殊保护的区域内，禁止焚烧沥青、油毡、橡胶、塑料、皮革、垃圾以及其他产生有毒有害烟尘和恶臭气体的物质。禁止在人口集中地区、机场周围、交通干线附近以及当地人民政府划定的区域露天焚烧秸秆、落叶等产生烟尘污染的物质。城市人民政府还可以根据实际情况，采取防治烟尘污染的其他措施。

1994实施的《恶臭污染物排放标准》（GB 14554-93）分年限规定了八种恶臭污染物的一次最大排放限值、复合恶臭物质的臭气浓度限值及无组织排放源的厂界浓度限值。该标准适用于全国所有向大气排放恶臭气体单位及垃圾堆放场的排放管理以及建设项目的环境影响评价、设计、竣工验收及其建成后的排放管理。

(4)城市扬尘污染防治

城市人民政府应当采取绿化责任制、加强建设施工管理、扩大地面铺装面积、控制渣土堆放和清洁运输等措施,提高人均占有绿地面积,减少市区裸露地面和地面尘土,防治城市扬尘污染。对于在城市市区进行建设施工或者从事其他产生扬尘污染活动的单位,必须采取防治扬尘污染的措施。

(5)餐饮业油烟污染防治

城市饮食服务业的经营者,必须采取措施,防治油烟对附近居民的居住环境造成污染。餐饮服务单位应在规定期限内安装国家环保部认可的油烟净化装置,确保油烟排放达到国家《饮食业油烟排放标准》(GB18483-2001)。设立新的饮食业单位,应按“三同时”(污染治理设施和主体工程同时设计、同时施工、同时投入使用)执行该标准。

(6)消耗臭氧层物质替代产品

法律规定,国家鼓励、支持消耗臭氧层物质替代品的生产和使用,逐步减少消耗臭氧层物质的产量,直至停止消耗臭氧层物质的生产和使用。在国家规定的期限内,生产、进口消耗臭氧层物质的单位必须按照国务院有关行政主管部门核定的配额进行生产、进口。我国自 2007 年 7 月 1 日起,停止全氯氟烃(除必要用途之外)和哈龙的生产和消费,提前两年半实现《关于消耗臭氧层物质的蒙特利尔议定书》的履约目标。

第二节 水污染防治法

一、水污染概述

(一)水体和水污染的概念

在环境科学中,人们把水中的悬浮物、溶解物质、水中生物、底泥和水作为一个整体的生态系统或完整的自然综合体对待,称为“水体”。《水污染防治法》中所指的“水体”,包括所有的江河、运河、湖泊、渠道、水库等地表水体和地下水体,以及水中的悬浮物、底泥和水生生物等。①

《水污染防治法》中的水污染,是指水体因某种物质的介入,而导致其化学、物理、生物或者放射性等方面特性的改变,从而影响水的有效利用,危害人体健康或者破坏生态环境,造成水质恶化的现象。

---

① 应当注意的是,水与水体是不同的。水体是水的积聚体,不仅包括水,而且包括水中的悬浮物、溶解物、底泥和水生生物等。区分水和水体的概念十分重要,因为在许多情况下,水的污染并不能从水本身反映出来,而是从整个水体反映出来。

水污染包括地表水污染和地下水污染,其污染源有两种形式:一种是“点源”,主要是指工业污染源和生活污染源,其中包括工业废水、城市生活污水等;另一种是“面源”,主要是指农村污水和灌溉水,此外还有因地质的溶解以及降水对大气的淋洗所导致的水体污染。①

(二) 水污染的特点

水污染主要有以下几方面的特点:

(1) 水污染影响的范围大,涉及地区广,接触污染的对象普遍。

(2) 水污染的作用时间长,接触者长时间遭受水污染的危害。

(3) 水污染的物质种类繁多,性质各异,经过转化、代谢、降解和富集,改变其原来的性质,产生不同的危害。同时,污染的危害潜伏期往往很长,有些对人体的危害不容易被发现。

(4) 水污染造成的某些疾病不易彻底治疗。

(5) 水污染治理困难,一旦形成,即使停止排污,旧的污染也难以消除,有的已不可能恢复。水污染治理费用大、费时长、代价高,治理费用往往要比预防费用高出许多。

(三) 我国水环境污染现状

环境保护部2014年发布的《2013年中国环境状况公报》显示,2013年,全国地表水总体为轻度污染,部分城市河段污染较重。

长江、黄河、珠江、松花江、淮河、海河、辽河、浙闽片河流、西北诸河和西南诸河十大流域的国控断面中,Ⅰ~Ⅲ类、Ⅳ~Ⅴ类和劣Ⅴ类水质断面比例分别为71.7%、19.3%和9.0%。与上年相比,水质无明显变化。主要污染指标为化学需氧量、高锰酸盐指数和五日生化需氧量。其中,珠江流域、西北诸河等水质为优,长江流域、浙闽片河流等水质良好,黄河流域、松花江流域、淮河流域等轻度污染,海河流域中度污染。

在湖泊方面,水质为优良、轻度污染、中度污染和重度污染的国控重点湖泊(水库)比例分别为60.7%、26.2%、1.6%和11.5%。与上年相比,各级别水质的湖泊(水库)比例无明显变化。主要污染指标为总磷、化学需氧量和高锰酸盐指数。31个大型淡水湖泊中,淀山湖、达赉湖、白洋淀、贝尔湖、乌伦古湖和程海为重度污染,洪泽湖为中度污染,阳澄湖、小兴凯湖、兴凯湖、菜子湖、鄱阳湖、洞庭湖、龙感湖、阳宗海、镜泊湖和博斯腾湖为轻度污染,其他14个湖泊水质优良。与上年相比,高邮湖、南四湖、升金湖和武昌湖水质有所好转,鄱阳湖和镜泊湖水质有所下降。

① 参见汪劲:《中国环境法原理》,北京大学出版社2003年版,第187页。

二、我国水污染防治的立法沿革与概况

我国水污染防治立法始于20世纪50年代中期,最初的规定是在饮用水卫生方面。1955年,卫生部制定了《自来水质暂行标准》。1956年,国务院颁布了《工厂安全卫生规程》,规定要"保证饮水不受污染";同时,要妥善处理废水,不使它危害工人和附近居民。同年,卫生部和国家建委颁布了《饮用水水质》。1957年,国务院有关部门颁布了《集中式生活饮用水水源选择及水质评价暂行规定》和《关于注意处理工矿企业排出有毒废水、废气问题的通知》,首次对水污染提出了具体的要求。1959年,《生活饮用水卫生规程》颁布。1963年,国务院发布《关于加强航道管理和养护工作的指示》,强调"在可能引起航道恶化的水域内,禁止抛置泥土、沙石和倾倒垃圾、废物等"。1965年国务院批转的《矿产资源保护试行条例》第26条规定:"工矿企业、医疗卫生部门和城市建设部门,对于排出的工业、医疗和生活污水,必须采取有效措施,防止污染地下水的水质。"

20世纪70年代以后,水污染问题日益严重。1971年,卫生部发出了《关于工业"三废"对水源、大气污染程度调查的通知》,开始对我国水污染情况进行比较系统的调查。1972年6月至9月,国务院连续批转了《关于官厅水库水源保护工作进展情况的报告》《关于桑干河水系污染情况的调查报告》等文件。1973年国务院批转的《关于保护和改善环境的若干规定(试行草案)》对防治水污染提出了要求。同年颁布的《工业"三废"排放试行标准》中,规定了能在环境或动植物体内蓄积、对人体健康产生长远影响的5类有害物质的最高容许排放浓度以及其长远影响较小的14类有害物质的最高容许排放浓度。1976年颁布的《生活饮用水卫生标准(试行)》规定了作为城乡生活饮用水的水质标准,并对水源选择、水源卫生防护、水质检验等作了规定。1979年颁布的《渔业水质标准(试行)》规定了渔业水域的水质标准,工业废水和生活污水经处理排入地面水后,必须保证渔业水域的水质符合该标准。同年还颁布了《农田灌溉水质标准(试行)》和《工业企业设计卫生标准(试行)》,分别规定了农田灌溉水质标准、地面水质卫生要求和地面水中有害物质的最高允许浓度。1979年颁布的《环境保护法(试行)》首次以法律的形式对水污染防治作了原则性的规定。

1984年5月11日,第六届全国人大常委会第五次会议通过了《水污染防治法》。这是我国陆地水污染防治方面第一部比较全面的综合性法律,也是国家和地方制定水污染防治条例、规定、办法和实施细则等法规的直接法律依据。为了贯彻实施这项法律,国家颁布和修订了一系列水污染排放标准,比如《生活饮用水卫生标准》《农田灌溉水质标准》《地面水质标准》等。1989年,国家环境保护局颁布了经国务院批准的《水污染防治法实施细则》。

进入20世纪90年代以来,随着我国经济的快速发展,水污染在总体上仍呈

恶化的趋势,并出现了许多新问题和新情况。为此,第八届全国人大常委会第十九次会议于1996年5月15日通过了《关于修改〈水污染防治法〉的决定》,并于同日公布施行。2000年3月,国务院发布了新的《水污染防治法实施细则》。2008年2月28日,第十届全国人大常委会第三十二次会议通过了修订后的《水污染防治法》,自2008年6月1日起施行。它反映了环境保护形势发展的需要,适应了水污染防治工作日益深入的需要。

目前,我国关于水污染防治的法律、法规主要有:《水污染防治法》(1995年5月11日通过,2008年2月28日修订)、《水污染防治法实施细则》(2003年3月20日发布)、《淮河流域水污染防治暂行条例》(1995年8月8日发布)等。除此之外,各地还根据当地的具体情况颁布了一系列关于水污染防治的行政规章、地方法规和地方政府规章等。

三、《水污染防治法》的主要内容

(一)《水污染防治法》的适用范围

《水污染防治法》第2条规定:"本法适用于中华人民共和国领域内的江河、湖泊、运河、渠道、水库等地表水体以及地下水体的污染防治。海洋污染防治适用《中华人民共和国海洋环境保护法》。"

(二)关于水污染防治监督管理体制的法律规定

由于水污染防治与水资源的开发、利用关系密切,工作中常常涉及多个行政主管部门的职责范围。为了提高水污染防治工作的效率,《水污染防治法》规定实行统一监督管理、分工负责和协同管理相结合的监督管理体制,具体而言:

(1)县级以上人民政府环境保护主管部门对水污染防治实施统一监督管理。

(2)交通主管部门的海事管理机构对船舶污染水域的防治实施监督管理。

(3)县级以上人民政府水行政、国土资源、卫生、建设、农业、渔业等部门以及重要江河、湖泊的流域水资源保护机构,在各自的职责范围内,对有关水污染防治实施监督管理。

(三)水污染防治的标准和规划

1. 水环境质量标准的制定

国务院环境保护主管部门制定国家水环境质量标准。省、自治区、直辖市人民政府可以对国家水环境质量标准中未作规定的项目,制定地方标准,并报国务院环境保护主管部门备案。

2. 水污染物排放标准的制定

国务院环境保护主管部门根据国家水环境质量标准和国家经济、技术条件,制定国家水污染物排放标准。省、自治区、直辖市人民政府对国家水污染物排放标准中未作规定的项目,可以制定地方水污染物排放标准;对国家水污染物排放标准中已作规定的项目,可以制定严于国家水污染物排放标准的地方水污染物排放标准。

3. 重要江河流域水污染防治规划的制定

国家确定的重要江河、湖泊的流域水污染防治规划,由国务院环境保护主管部门会同国务院经济综合宏观调控、水行政等部门和有关省、自治区、直辖市人民政府编制,报国务院批准。

(四) 水污染防治措施

1. 一般措施

(1) 禁止向水体排放有毒有害物质

第一,禁止向水体排放油类、酸液、碱液或者剧毒废液;

第二,禁止向水体排放、倾倒放射性固体废物或者含有高放射性和中放射性物质的废水;

第三,禁止向水体排放、倾倒工业废渣、城镇垃圾和其他废弃物;禁止将含有汞、镉、砷、铬、铅、氰化物、黄磷等的可溶性剧毒废渣向水体排放、倾倒或者直接埋入地下;

第四,禁止在江河、湖泊、运河、渠道、水库最高水位线以下的滩地和岸坡堆放、存贮固体废弃物和其他污染物;

第五,禁止利用渗井、渗坑、裂隙和溶洞排放、倾倒含有毒污染物的废水、含病原体的污水和其他废弃物;

第六,禁止利用无防渗漏措施的沟渠、坑塘等输送或者存贮含有毒污染物的废水、含病原体的污水和其他废弃物。

(2) 限制向水体排放的物质

有些种类的废水虽然允许向水体排放,但是必须预先处理以符合国家有关的规定和标准。这些废水包括:

第一,含低放射性物质的废水;

第二,含热废水;

第三,含病原体的污水;

2. 工业水污染防治

(1) 国家对严重污染水环境的落后工艺和设备实行淘汰制度。国务院经济综合宏观调控部门会同国务院有关部门,公布限期禁止采用的严重污染水环境的工艺名录和限期禁止生产、销售、进口、使用的严重污染水环境的设备名录。

(2) 国家禁止新建不符合国家产业政策的小型造纸、制革、印染、染料、炼焦、炼硫、炼砷、炼汞、炼油、电镀、农药、石棉、水泥、玻璃、钢铁、火电以及其他严重污染水环境的生产项目。

3. 城镇水污染防治

《水污染防治法》规定,城镇污水应当集中处理。

(1) 对城市污水集中处理设施排放水污染物的要求

第一,向城镇污水集中处理设施排放水污染物,应当符合国家或者地方规定的水污染物排放标准;

第二,城镇污水集中处理设施的运营单位,应当对城镇污水集中处理设施的出水水质负责;

第三,环境保护主管部门应当对城镇污水集中处理设施的出水水质和水量进行监督检查。

(2) 污水处理费用的收取和使用

第一,城镇污水集中处理设施的运营单位按照国家规定向排污者提供污水处理的有偿服务,收取污水处理费用,保证污水集中处理设施的正常运行;

第二,向城镇污水集中处理设施排放污水、缴纳污水处理费用的,不再缴纳排污费;

第三,收取的污水处理费用应当用于城镇污水集中处理设施的建设和运行,不得挪作他用。

4. 农业和农村水污染防治

(1) 使用农药,应当符合国家有关农药安全使用的规定和标准。

(2) 畜禽养殖场、养殖小区应当保证其畜禽粪便、废水的综合利用或者无害化处理设施正常运转,保证污水达标排放,防止污染水环境。

(3) 向农田灌溉渠道排放工业废水和城镇污水,应当保证其下游最近的灌溉取水点的水质符合农田灌溉水质标准。

5. 船舶水污染防治

(1) 明确船舶应当采取的防污措施。船舶应当按照国家有关规定配置相应的防污设备和器材,并持有合法有效的防止水域环境污染的证书与文书。船舶进行涉及污染物排放的作业,应当严格遵守操作规程,并如实记载。

(2) 对船舶污染物、废弃物处理单位的管理。港口、码头、装卸站和船舶修造厂应当备有足够的船舶污染物、废弃物的接收设施。从事船舶污染物、废弃物接收作业,或者从事装载油类、污染危害性货物船舱清洗作业的单位,应当具备相应的接收处理能力。

(3) 对船舶作业的污染监控。船舶进行残油、含油污水、污染危害性货物残留物的接收作业,或者进行装载油类、污染危害性货物船舱的清洗作业;船舶进行散装液体污染危害性货物的过驳作业;进行船舶水上拆解、打捞或者其他水上、水下船舶施工作业的,应当报作业地海事管理机构批准。在渔港水域进行渔业船舶水上拆解活动,应当报作业地渔业主管部门批准。

(五) 饮用水水源和其他特殊水体保护

1. 重要用水保护区制度

《水污染防治法》第64条规定了重要用水保护区制度,即县级以上人民政府可以对风景名胜区水体、重要渔业水体和其他具有特殊经济文化价值的水体划定保护区,并采取措施,保证保护区的水质符合规定用途的水环境质量标准。

2. 饮用水水源保护区制度

国家建立饮用水水源保护区制度。饮用水水源保护区分为一级保护区和二级保护区;必要时,可以在饮用水水源保护区外围划定一定的区域作为准保护区。

(1) 饮用水水源一级保护区的水体保护

禁止在饮用水水源一级保护区内新建、改建、扩建与供水设施和保护水源无关的建设项目。如若违反该禁止性规定的,由县级以上地方人民政府环境保护主管部门责令停止违法行为,处10万元以上50万元以下的罚款,并报经有批准权的人民政府,责令拆除或者关闭。禁止在饮用水水源一级保护区内从事网箱养殖、旅游、游泳、垂钓或者其他可能污染饮用水水体的活动。如若违反该禁止性规定的,由县级以上地方人民政府环境保护主管部门责令停止违法行为,处2万元以上10万元以下的罚款。个人在饮用水水源一级保护区内游泳、垂钓或者从事其他可能污染饮用水水体的活动的,由县级以上地方人民政府环境保护主管部门责令停止违法行为,可以处500元以下的罚款。

(2) 饮用水水源二级保护区的水体保护

禁止在饮用水水源二级保护区内新建、改建、扩建排放污染物的建设项目。如若违反该禁止性规定的,由县级以上地方人民政府环境保护主管部门责令停止违法行为,处10万元以上50万元以下的罚款,并报经有批准权的人民政府,责令拆除或者关闭。在饮用水水源二级保护区内从事网箱养殖、旅游等活动的,应当按照规定采取措施,防止污染饮用水水体。

(3) 饮用水水源准保护区的水体保护

禁止在饮用水水源准保护区内新建、扩建对水体污染严重的建设项目;改建建设项目,不得增加排污量。如若违反该禁止性规定的,由县级以上地方人民政府环境保护主管部门责令停止违法行为,处10万元以上50万元以下的罚款,并报经有批准权的人民政府批准,责令拆除或者关闭。

(六) 水污染事故处置

1. 水污染事故应急的主体

水污染事故应急的主体是各级人民政府及其有关部门和可能发生水污染事

故的企业事业单位。

2. 对可能发生水污染事故的企业事业单位的要求

可能发生水污染事故的企业事业单位，应当制定有关水污染事故的应急方案，做好应急准备，并定期进行演练。生产、储存危险化学品的企业事业单位，应当采取措施，防止在处理安全生产事故过程中产生的可能严重污染水体的消防废水、废液直接排入水体。

3. 水污染事故报告制度。

企业事业单位造成或者可能造成水污染事故的，应当立即向事故发生地的县级以上地方人民政府或者环境保护主管部门报告。环境保护主管部门接到报告后，应当及时向本级人民政府报告，并抄送有关部门。造成渔业污染事故或者渔业船舶造成水污染事故的，应当向事故发生地的渔业主管部门报告。其他船舶造成水污染事故的，应当向事故发生地的海事管理机构报告。

（七）法律责任

1. 综合运用各种行政处罚手段

《水污染防治法》根据违法行为的不同，规定了责令改正、责令停止违法行为、罚款、暂扣船员适任证件、责令停产停业、责令关闭等措施，同时要求对直接负责的主管人员和其他直接责任人员依法给予处分。（第 70 条、第 72—83 条）

2. 环境保护主管部门的执法手段

《水污染防治法》将责令限期治理、限制生产、限制排放或停产整治等行政强制权赋予环境保护主管部门。（第 74 条）

3. 违法排污者的民事责任和治理责任

《水污染防治法》规定，因水污染受到损害的当事人，有权要求排污方排除危害和赔偿损失。（第 85 条第 1 款）受害者可以请求环境保护主管部门处理损害赔偿责任和赔偿金额纠纷，也可以向人民法院起诉。（第 86 条）违法排污者应当采取治理措施消除污染，逾期不采取治理措施的，环境保护主管部门可以指定有能力的单位代为治理，所需费用由违法者承担。（第 76 条、第 80 条、第 83 条）

此外，在强化行政责任和民事责任的基础上，《水污染防治法》规定，违反本法规定，构成违反治安管理行为的，依法给予治安管理处罚；构成犯罪的，依法追究刑事责任。（第 90 条）

第三节 海洋污染防治法

一、海洋环境污染概述

(一) 海洋环境污染

1. 海洋环境污染损害的定义

《海洋环境保护法》第 95 条第 1 项规定:“海洋环境污染损害,是指直接或者间接地把物质或者能量引入海洋环境,产生损害海洋生物资源、危害人体健康、妨害渔业和海上其他合法活动、损害海水使用素质和减损环境质量等有害影响。”

2. 海洋污染的特点

由于海洋的特殊性,海洋污染与大气污染、陆地污染有很多不同,其突出的特点有:

(1) 污染源广。不仅人类在海洋的活动可以污染海洋,而且人类在陆地和其他活动方面所产生的污染物,也将通过江河径流、大气扩散和雨雪等降水形式,最终都将汇入海洋。

(2) 持续性强 。海洋是地球上地势最低的区域,不可能像大气和江河那样,通过一次暴雨或一个汛期,使污染物转移或消除。一旦污染物进入海洋,很难再转移出去,不能溶解和不易分解的物质在海洋中越积越多,往往通过生物的浓缩作用和食物链传递,对人类造成潜在威胁。

(3) 扩散范围广。全球海洋是相互连通的一个整体,一个海域污染了,往往会扩散到周边,甚至有的后期效应还会波及全球。

(4) 防治难,危害大。海洋污染有很长的积累过程,不易及时发现,一旦形成污染,需要长期治理才能消除影响,且治理费用大。海洋污染造成的危害会影响到各方面,特别是对人体产生的毒害,更是难以彻底清除干净。

(二) 海洋环境污染的危害

海洋环境污染的危害主要表现在:

1. 对海洋生物资源的危害

大量的污染物质和有害能量进入海洋,导致海洋生物赖以栖息繁衍的生态环境发生非自然的变化,从而影响到海洋生物资源的种类、质量和数量,造成海洋生物资源的巨大损失。

2. 危害人体健康

海洋生物资源是人类食物和药物的主要来源之一,其质量的下降必然会对人体健康产生不利影响。尤其是严重有毒有害的污染物质,如汞、镉、DDT 等,能通过食物链在海洋生物体中逐渐富集,最终在被人食用后对人体健康造成危害。

3．妨碍渔业和海上其他合法活动

海洋环境污染对渔业的妨碍,包括造成渔产品质量和数量的降低、海水富营养化导致的赤潮、对海产养殖的损害等。海洋环境污染对海上其他合法活动的妨碍,包括污染物堵塞航道、妨碍船舶航行、破坏海洋景观对海上旅游业的损害等。

4．损害海水食用素质和减损环境质量

人类活动产生的大量污染物质和有害能量不断进入海洋,逐渐超过了一些海域的自然净化能力,使海洋环境的构成发生变化,恶化了海水水质和环境质量,造成海水使用素质的下降。由于人类活动对海洋环境的影响主要集中在沿岸和近海海域,海水水质和海洋环境质量的恶化也主要发生在这些区域。

(三)我国海洋环境污染现状

环境保护部2014年发布的《2013年中国环境状况公报》显示,2013年,我国海域海水环境状况总体较好,近岸海域水质一般。

从全海海域来看,我国全海海域海水环境状况总体较好,符合第一类海水水质标准的海域面积约占全国海域面积的95%。

从近岸海域来看,全国近岸海域水质一般。一、二类海水点位比例为66.4%,比上年下降3个百分点;三、四类海水点位比例为15.0%,比上年上升3个百分点;劣四类海水点位比例为18.6%,与上年持平。主要污染指标为无机氮和活性磷酸盐。

二、我国海洋污染防治立法沿革与概况

自20世纪70年代以来,我国政府十分重视对海洋环境的保护,制定了一系列的保护海洋环境的法规和措施。1974年,国务院转发了交通部起草的《防止沿海水域污染暂行规定》。该规定对船舶排放油类、油性混合物作了规定,并规定了陆源向海洋排污的控制办法,以及违反该规定所承担的法律责任。1979年,全国人大常委会颁布了《环境保护法(试行)》,提出要保护海洋水域,维持水质良好状态。1982年,第五届全国人大常委会第二十四次会议通过了专门的保护海洋环境的《海洋环境保护法》。这是我国最早的一部海洋环境保护方面的专门法律,对海洋环境保护作出了详细的规定。为了进一步贯彻执行这部法律,国务院制定了一系列海洋环境保护的行政法规,如1982年颁布的《防止船舶污染海域管理条例》、1983年颁布的《海洋石油勘探开发环境保护管理条例》、1985年颁布的《海洋倾废管理条例》、1988年颁布的《防止拆船污染环境管理条例》、1990年颁布的《防治陆源污染物污染损害海洋环境管理条例》《防治海岸工程建

设项目污染损害海洋环境管理条例》等。国务院有关部门还制定了《海水水质标准》《船舶污染物排放标准》《海洋石油开发工业含油污水排放标准》等海洋环境保护标准。

为适应强化海洋环境管理、切实保护海洋环境的需要,1999 年 12 月 25 日,第九届全国人大常委会第十三次会议通过了修订的《海洋环境保护法》,自 2000 年 4 月 1 日起施行。修订后的《海洋环境保护法》对原法的内容作了重大修改,由原来的 8 章 48 条增加为 10 章 98 条。与原法相比,新法强调从整体上保护海洋生态系统,对海洋环境监督管理作出了更为全面、系统的规定,增加了对重点海域实行总量控制等内容,强化了法律责任,并对国内法与国际公约相衔接的问题作出了进一步明确的规定。此外,我国还积极加入一系列国际海洋环境保护公约,如《国际油污损害赔偿民事责任公约》《国际干预公害油污事故公约》《联合国海洋法公约》等。

2013 年 12 月 28 日,第十二届全国人大常委会第六次会议决定,对《海洋环境保护法》作出修改。一是将第 43 条修改为:"海岸工程建设项目的单位,必须在建设项目可行性研究阶段,对海洋环境进行科学调查,根据自然条件和社会条件,合理选址,编报环境影响报告书。环境影响报告书报环境保护行政主管部门审查批准。环境保护行政主管部门在批准环境影响报告书之前,必须征求海洋、海事、渔业行政主管部门和军队环境保护部门的意见。"二是将第 54 条修改为:"勘探开发海洋石油,必须按有关规定编制溢油应急计划,报国家海洋行政主管部门的海区派出机构备案。"三是删去第 80 条中的"审核和"。国务院法制办公室主任宋大涵受国务院委托,在十二届全国人大常委会第六次会议上,向全国人大常委会作了关于《海洋环境保护法修正案(草案)》的说明:"《海洋环境保护法》第四十三条规定,海岸工程建设项目环境影响报告书,经海洋行政主管部门审核后,报环境保护行政主管部门审查批准。考虑到海岸工程建设项目环境影响报告书审批是由环境保护行政主管部门实施的,将海洋主管部门的前置审核改为环保部门审批过程中内部征求意见,同样可以发挥海洋主管部门的作用,有利于方便行政管理相对人,提高行政审批效率,草案取消了海洋主管部门的前置审核程序,减少了一道审批,同时还对该法第八十条法律责任作了相应修改。《海洋环境保护法》第五十四条规定,勘探开发海洋石油,必须按有关规定编制溢油应急计划,报国家海洋行政主管部门审查批准。实践中,溢油应急计划主要包括平台作业情况及海域环境资源状况、溢油风险分析及溢油应急能力三方面内容,考虑到这些内容在海洋行政主管部门实施的另一项审批即'海洋石油开发工程环境影响评价报告核准'中已经进行审查,工程竣工验收时也要核查应急演习、演练、培训情况,通过备案同样可以达到督促企业制定和完善溢油应急计划、强化企业环境保护责任的目的,草案取消了溢油应急计划审批,改为备案管理。”

三、《海洋环境保护法》的主要内容

（一）《海洋环境保护法》的效力范围

《海洋环境保护法》的适用范围，不同于一般环境保护法的适用范围，有其特殊性。

1. 适用区域

《海洋环境保护法》第2条第1款规定：“本法适用于中华人民共和国内水、领海、毗连区、专属经济区、大陆架以及中华人民共和国管辖的其他海域。”

《海洋环境保护法》第2条第3款规定：“在中华人民共和国管辖海域以外，造成中华人民共和国管辖海域污染的，也适用本法。”也就是说，即使排污行为不发生在我国管辖海域内，但污染危害后果波及我国管辖海域的，也适用我国《海洋环境保护法》。

2. 对人的适用范围

《海洋环境保护法》第2条第2款规定：“在中华人民共和国管辖海域内从事航行、勘探、开发、生产、旅游、科学研究及其他活动，或者在沿海陆域内从事影响海洋环境活动的任何单位和个人，都必须遵守本法。”

（二）关于海洋环境管理体制的法律规定

由于海洋活动涉及很多方面，因而海洋环境管理涉及多个行政主管部门。《海洋环境保护法》在各部门管理职责上作了分工：

1. 国务院环境保护行政主管部门

国务院环境保护行政主管部门作为对全国环境保护工作统一监督管理的部门，对全国海洋环境保护工作实施指导、协调和监督，并负责全国防治陆源污染物和海岸工程建设项目对海洋污染损害的环境保护工作。

2. 国家海洋行政主管部门

国家海洋行政主管部门负责海洋环境的监督管理，组织海洋环境的调查、监测、监视、评价和科学研究，负责全国防治海洋工程建设项目和海洋倾倒废弃物对海洋污染损害的环境保护工作。

3. 国家海事行政主管部门

国家海事行政主管部门负责所辖港区水域内非军事船舶和港区水域外非渔业、非军事船舶污染海洋环境的监督管理，并负责污染事故的调查处理；对在中华人民共和国管辖海域航行、停泊和作业的外国籍船舶造成的污染事故登轮检查处理。船舶污染事故给渔业造成损害的，应当吸收渔业行政主管部门参与调查处理。

4. 国家渔业行政主管部门

国家渔业行政主管部门负责渔港水域内非军事船舶和渔港水域外渔业船舶污染海洋环境的监督管理,负责保护渔业水域生态环境工作,并调查处理国家海事行政主管部门负责调查处理的污染事故以外的渔业污染事故。

5. 军队环境保护部门

军队环境保护部门负责军事船舶污染海洋环境的监督管理及污染事故的调查处理。

(三) 防治陆源污染物对海洋环境污染损害的措施

陆源污染物,是指从陆地向海域排放的造成海洋环境污染的物质。我国《海洋环境保护法》主要从入海排污口设置和禁限措施两个方面对防治陆源污染物污染海洋环境作了具体规定。

1. 入海排污口设置

入海排污口设置,必须符合以下规定:

(1) 入海排污口位置的选择,应当根据海洋功能区划、海水动力条件和有关规定,经科学论证后,报设区的市级以上人民政府环境保护行政主管部门审查批准。

(2) 在有条件的地区,应当将排污口深海设置,实行离岸排放。设置陆源污染物深海离岸排放排污口,应当根据海洋功能区划、海水动力条件和海底工程设施的有关情况确定,具体办法由国务院规定。

(3) 在海洋自然保护区、重要渔业水域、海滨风景名胜区和其他需要特别保护的区域,不得新建排污口。

2. 禁限措施

禁限措施包括两类:

(1) 禁止性措施

禁止向海域排放油类、酸液、碱液、剧毒废液和高、中水平放射性废水。

禁止经中华人民共和国内水、领海转移危险废物。经中华人民共和国管辖的其他海域转移危险废物的,必须事先取得国务院环境保护行政主管部门的书面同意。

(2) 限制性措施

严格限制向海域排放低水平放射性废水;确需排放的,必须严格执行国家辐射防护规定。

严格控制向海域排放含有不易降解的有机物和重金属的废水。

含有机物和营养物质的工业废水、生活污水,应当严格控制向海湾、半封闭海及其他自净能力较差的海域排放。

向海域排放含热废水,必须采取有效措施,保证邻近渔业水域的水温符合国家海洋环境质量标准,避免热污染对水产资源的危害。

(四) 防治海岸工程建设项目对海洋环境污染损害的措施

1. 严格执行环评制度和“三同时”制度

海岸工程建设项目的单位,必须在建设项目可行性研究阶段,对海洋环境进行科学调查,根据自然条件和社会条件,合理选址,编报环境影响报告书。环境影响报告书经海洋行政主管部门提出审核意见后,报环境保护行政主管部门审查批准。环境保护行政主管部门在批准环境影响报告书之前,必须征求海事、渔业行政主管部门和军队环境保护部门的意见。

海岸工程建设项目的环境保护设施,必须与主体工程同时设计、同时施工、同时投产使用。环境保护设施未经环境保护行政主管部门检查批准,建设项目不得试运行;环境保护设施未经环境保护行政主管部门验收,或者经验收不合格的,建设项目不得投入生产或者使用。

2. 采取措施保护海洋生态环境

禁止在沿海陆域内新建不具备有效治理措施的化学制浆造纸、化工、印染、制革、电镀、酿造、炼油、岸边冲滩拆船以及其他严重污染海洋环境的工业生产项目。

严格限制在海岸采挖砂石。露天开采海滨砂矿和从岸上打井开采海底矿产资源,必须采取有效措施,防止污染海洋环境。

(五) 防治海洋工程建设项目对海洋环境污染损害的措施

海洋工程建设项目,是指在海岸线以下施工兴建的各类海洋工程建设项目,包括海洋石油勘探开发、海上助航工程、跨海桥梁和隧道工程等影响海洋自然生态环境的开发建设项目。

1. 严格执行环评制度和“三同时”制度

海洋工程建设项目必须符合海洋功能区划、海洋环境保护规划和国家有关环境保护标准,在可行性研究阶段,编报海洋环境影响报告书,由海洋行政主管部门批准,并报环境保护行政主管部门备案,接受环境保护行政主管部门监督。海洋行政主管部门在核准海洋环境影响报告书之前,必须征求海事、渔业行政主管部门和军队环境保护部门的意见。海洋工程建设项目的环境保护设施,必须与主体工程同时设计、同时施工、同时投产使用。环境保护设施未经海洋行政主管部门检查批准,建设项目不得试运行;环境保护设施未经海洋行政主管部门验收,或者经验收不合格的,建设项目不得投入生产或者使用。拆除或者闲置环境保护设施,必须事先征得海洋行政主管部门的同意。

2. 防止有污染事故的措施

海洋石油勘探开发及输油过程中,必须采取有效措施,避免溢油事故的发生。

海洋石油钻井船、钻井平台和采油平台的含油污水和油性混合物,必须经过处理达标后排放;残油、废油必须予以回收,不得排放入海。经回收处理后排放的,其含油量不得超过国家规定的标准。

海上试油时,应当确保油气充分燃烧,油和油性混合物不得排放入海。

(六)防治倾倒废弃物对海洋环境污染损害的措施

倾倒,是指通过船舶、航空器、平台或者其他载运工具,向海洋处置废弃物和其他有害物质的行为,包括弃置船舶、航空器、平台及其辅助设施和其他浮动工具的行为。但是,倾倒不包括船舶、航空器、平台或者其他载运工具和设施正常操作产生的废弃物的排放。①

1. 倾倒许可证制度

任何单位未经国家海洋行政主管部门批准,不得向中华人民共和国管辖海域倾倒任何废弃物。需要倾倒废弃物的单位,必须向国家海洋行政主管部门提出书面申请,经国家海洋行政主管部门审查批准,发给许可证后,方可倾倒。禁止中华人民共和国境外的废弃物在中华人民共和国管辖海域倾倒。

2. 倾倒单位的义务

获准倾倒废弃物的单位,必须按照许可证注明的期限及条件,到指定的区域进行倾倒。废弃物装载之后,批准部门应当予以核实。

获准倾倒废弃物的单位,应当详细记录倾倒的情况,并在倾倒后向批准部门作出书面报告。

倾倒废弃物的船舶必须向驶出港的海事行政主管部门作出书面报告。

3. 倾倒主管部门的责任

国家海洋行政主管部门监督管理倾倒区的使用,组织倾倒区的环境监测。对经确认不宜继续使用的倾倒区,国家海洋行政主管部门应当予以封闭,终止在该倾倒区的一切倾倒活动,并报国务院备案。

海洋环境监督管理人员滥用职权、玩忽职守、徇私舞弊,造成海洋环境污染损害的,依法给予行政处分;构成犯罪的,依法追究刑事责任。

(七)防治船舶及有关作业活动对海洋环境污染损害的措施

1. 防污设备

从事船舶污染物、废弃物、船舶垃圾接收、船舶清舱、洗舱作业活动的,必须具备相应的接收处理能力。船舶必须配置相应的防污设备和器材。载运具有污染危害性货物的船舶,其结构与设备应当能够防止或者减轻所载货物对海洋环境的污染。

① 参见汪劲:《中国环境法原理》,北京大学出版社 2003 年版,第 208 页。

2. 防污文件

船舶必须按照有关规定持有防止海洋环境污染的证书与文书,在进行涉及污染物排放及操作时,应当如实记录。

3. 船舶污染损害民事赔偿制度

造成海洋环境污染损害的责任者,应当排除危害,并赔偿损失;完全由于第三者的故意或者过失,造成海洋环境污染损害的,由第三者排除危害,并承担赔偿责任。

国家完善并实施船舶油污损害民事赔偿责任制度;按照船舶油污损害赔偿责任由船东和货主共同承担风险的原则,建立船舶油污保险、油污损害赔偿基金制度。实施船舶油污保险、油污损害赔偿基金制度的具体办法由国务院规定。

鉴于国务院尚未制定船舶油污损害赔偿责任强制保险的行政法规,因此从事国内沿海油品运输的船舶投保油污损害赔偿责任险,目前应当向国内经营商业保险业务的保险公司投保。①

第四节　固体废物污染防治法

一、固体废物污染概述

根据我国《固体废物污染环境防治法》第88条的规定,所谓"固体废物",是指在生产、生活和其他活动中产生的丧失原有利用价值或者虽未丧失利用价值但被抛弃或者放弃的固态、半固态和置于容器中的气态的物品、物质以及法律、行政法规规定纳入固体废物管理的物品、物质。

废物又称"废弃物",从其物质形态上看,可划分为固态、液态和气态三种废物。对于液态废物和气态废物而言,大部分渗透、掺杂于水、空气中,直接或经处理排入水体、大气中。这些废水、废气被纳入我国相关大气污染及水污染防治的法律控制。不能排入水体的液体废物与不能排入大气的置于容器中的气态废物,则适用固体废物污染防治法。

"废物"并不是一个绝对的概念,而是一个相对的概念。从时间上看,它只是在目前的科学技术和经济条件下无法加以利用,随着社会发展、科学进步以及人们要求的变化,今天的废物就有可能成为明天的资源。从空间角度看,它仅仅是相对于某一过程或某一方面没有使用价值,而并非在一切过程或一切方面都没有使用价值。某一过程的废物,往往可以成为另一过程的原料。固体废物一般具有工业原材料所具备的化学、物理特性,并且较废水、废气容易收集、运输、

① 参见中国保险监督管理委员会:《关于境外船东互保机构承保国内航行油轮油污损害责任保险问题的复函》(保监函【2002】13号)。

加工处理,所以可以回收利用。在这一意义上,固体废物常常被称为“放错地方的资源”。

固体废物产生于人类生产、消费等一系列活动中,在资源开发与产品制造过程中必然产生废物,任何产品经过使用和消费后也会产生废物。其来源大体可分为两类:一类是在生产过程中产生的废物,称为“生产废物”;另一类是产品进入市场后在流通过程中或使用消费后产生的废物,称为“生活废物”。

固体废物种类繁多,组成复杂。关于固体废物的分类,按其化学成分,可以分为有机废物和无机废物;按其危害性,可以分为一般废物和危险废物;按其形状,可以分为固态废物(颗粒状、粉状、块状)和半固态废物(污泥)。我国法律从废物管理的角度出发,将固体废物划分为工业固体废物、生活垃圾以及危险废物。

随着我国工业化、城市化进程的加快,固体废物的产生量逐年增加,提高和改善固体废物管理已成为我国环境资源管理领域的一项重大课题。从近年来我国固体废物的现状来看,2013 年,全国一般工业固体废物产生量 32.8 亿吨,比上年减少 0.41% 。[①] 2012 年我国城市人口人均年产 0.24 吨垃圾,全国城市的生活垃圾清运量有 1.71 亿吨,相比 2008 年数据增长了 11% 。[②]

固体废物本身具有两重性,既具有可回收利用的资源性,又具有危害性,不适当处置会产生环境污染。固体废物的堆放侵占大量土地,我国许多城市都已经出现“垃圾围城”现象。更为严重的是,被侵占的土地中有近 2/3 是耕地。固体废物中的有害物质一旦溶解、渗透,会造成可怕的水体污染和土壤污染。另外,堆放的固体废物中的颗粒物、粉尘等可随风飘扬,采用焚烧方式处理固体废物也会造成严重的大气污染。比如,焚烧垃圾可产生二噁英,扩散到大气中会对周边居民造成严重的身体损害。固体废物污染环境的最终受体是人类,固体废物中的有害成分作用于水体、大气和土壤,从而造成自然环境的污染,可以通过多种途径损害人体健康。[③]

二、我国资源循环管理立法沿革与概况

1973 年 11 月 17 日,国家计委、国家建委、卫生部联合批准颁布了我国第一个环境标准——《工业“三废”排放试行标准》,为开展“三废”治理和综合利用工作提供了依据。1977 年 4 月,国家计委、国家建委和国务院环境保护领导小

---

① 环境保护部:《2013 年环境统计年报》。

② 参见钱贺进、丘美芳:《工程院院士:政府补贴决定垃圾焚烧厂排放》,载《瞭望东方周刊》2014 年 05 月 19 日。

③ 参见崔兆杰、谢锋编著:《固体废物的循环经济——管理与规划的方法和实践》,科学出版社 2005 年版,第 8 页。

组联合下发了《关于治理工业"三废",开展综合利用的几项规定》的通知,标志着中国以治理"三废"和综合利用为特色的污染防治进入新的阶段。这一时期,随着人们对环境问题认识程度的不断加深,我国从国外引入了"环境保护"这一概念。[①] 50、60年代提出的"三废"治理和综合利用概念,就逐步被"环境保护"概念所替代。[②] 从而"综合利用"就成为"环境保护"的一个下位概念,主要指固体废物的管理工作。[③]

20世纪80年代,我国固体废物污染防治工作主要以综合利用为主,把固体废物纳入资源管理范围,制定固体废物资源化方针和鼓励综合利用废物的政策。[④] 1985年国务院批转的国家经委《关于开展资源综合利用若干问题的暂行规定》中明确规定:"开展资源综合利用是一项重大的技术经济政策,对合理利用资源,增加社会财富,提高经济效益,保护自然环境,都有重要的意义。"1987年,国家经委会同财政部、商业部和国家物资局下发了《关于进一步开发利用再生资源若干问题的通知》,提出对再生资源行业实行鼓励发展的产业政策及经济优惠政策。1989年,国家计委发布《1989—2000年全国资源综合利用发展纲要(试行)》,提出到20世纪末,资源综合利用的总任务是:大力研究推广资源综合利用的先进技术和管理经验,建设一批资源综合利用的试点地区和示范工程,提高资源综合利用项目的经济效益,使我国资源综合利用得到较大的发展。

从20世纪80年代中期开始,国家就委托国务院环保部门从固体废物污染防治的角度起草固体废物处理的法案。[⑤] 经历近十年的征求意见和修改,1995年10月,全国人大常委会通过了《固体废物污染环境防治法》。这部法律系统规定了防治固体废物处理的基本原则、监管体制、制度措施、法律责任等内容,为固体废物污染环境防治工作、控制固体废物污染转移以及危险废物的特别管理提供了法律依据和保障。

至此,我国有关固体废物管理的规范系统就形成了两套体系,即固体废物污染防治法律法规体系与资源综合利用政策体系。

为了应对我国经济高速经济增长带来的资源环境制约问题,以及响应国际社会循环经济的立法趋势,促进经济社会的可持续发展,我国于2002年制定了

① 参见《中国"环保之父"曲格平:环保改变他的命运》,http://news.xinhuanet.com/report/2004-11/08/content / 2975877.htm,2007年3月5日访问。

② 参见解振华:《我国环保事业的回顾与展望》,http://cssd.acca21.org.cn/news0705.html,2008年12月25日访问。

③ 1979年《环境保护法(试行)》中,除了对矿产资源的综合利用作出规定外,还规定要防治工矿企业和城市生活产生的废渣、粉尘、垃圾等对环境造成的污染和危害,特别是对废渣规定实行综合利用、化害为利,并对粉尘采取吸尘和净化、回收措施。

④ 参见沈建新:《略谈固体废物污染防治法规和标准》,载《有色金属设计与研究》1997年第1期。

⑤ 参见汪劲:《环境法学》,北京大学出版社2006年版,第517页。

《清洁生产促进法》,于2004年对《固体废物污染环境防治法》进行了修订。新修订的法律强调:国家采取有利于固体废物综合利用活动的经济、技术政策和措施,对固体废物实行充分回收和合理利用,促进清洁生产和循环经济发展。2008年8月,我国颁布了《循环经济促进法》。该法的目的是,促进循环经济的发展,提高资源利用率,保护和改善环境,实现可持续发展。2009年2月,国务院颁布了《废弃电器电子产品回收处理管理条例》,其立法宗旨是促进资源综合利用和循环经济发展。由此,我国的固体废物管理从单纯的污染防治开始转变为积极的循环利用,固体废物管理法制将逐步进入一个新的发展阶段。

三、固体废物污染防治法的主要内容

如上所述,固体废物管理法制已经取得了长足的发展,尤其是《循环经济促进法》的制定,开辟了环境法制新的篇章。由于本书体例与篇幅的限制,以下只就我国现行《固体废物污染环境防治法》进行论述。

(一)固体废物污染防治的基本规定

1. 固体废物管理体制

我国在环境保护管理方面实行统一管理与部门分工负责管理相结合的行政管理体制。《固体废物污染环境防治法》第10条第1、2款规定:"国务院环境保护行政主管部门对全国固体废物污染环境的防治工作实施统一监督管理。国务院有关部门在各自的职责范围内负责固体废物污染环境防治的监督管理工作。县级以上地方人民政府环境保护行政主管部门对本行政区域内固体废物污染环境的防治工作实施统一监督管理。县级以上地方人民政府有关部门在各自的职责范围内负责固体废物污染环境防治的监督管理工作。"

环保部门对固体废物污染环境的防治工作实施统一监督管理。其主要职责包括:(1)制定国家固体废物污染环境防治技术标准;(2)建立固体废物污染环境监测制度;(3)对建设产生固体废物的项目以及建设贮存、利用、处置固体废物的项目依法进行环境影响评价;(4)验收、监督和审批固体废物污染环境防治设施的"三同时"及其关闭、拆除;(5)对与固体废物污染环境防治有关的单位进行现场检查。

国务院建设行政主管部门和县级以上地方人民政府环境卫生行政主管部门负责生活垃圾清扫、收集、贮存、运输和处置的监督管理工作。

2. 实行"三化"原则

《固体废物污染环境防治法》第3条第1款规定:"国家对固体废物污染环境的防治,实行减少固体废物的产生量和危害性、充分合理利用固体废物和无害化处置固体废物的原则,促进清洁生产和循环经济发展。"该条款规定了对固体废物实行减量化、资源化和无害化的原则,简称"三化"原则。

减量化是指最大限度地合理开发利用资源,尽可能地减少资源消耗,降低固体废物的产生量和排放量。资源化是指对已经产生的固体废物进行回收、加工、循环利用等。无害化是指对已经产生又无法或暂时不能再利用的固体废物进行无害或低危害的安全处理、处置,以防止、减少固体废物的污染危害。

"三化"原则是防治固体废物污染环境的首要原则,集中体现了固体废物管理的指导思想和基本战略。

在国家层面,(1) 要采取有利于固体废物综合利用活动的经济、技术政策和措施,对固体废物实行充分回收和合理利用;(2) 鼓励、支持采取有利于保护环境的集中处置固体废物的措施,促进固体废物污染环境防治产业发展;(3) 组织编制城乡建设、土地利用、区域开发、产业发展等规划,应当统筹考虑减少固体废物的产生量和危害性、促进固体废物的综合利用和无害化处置;(4) 鼓励单位和个人购买、使用再生产品和可重复利用产品;(5) 加强防治固体废物污染环境的宣传教育,倡导有利于环境保护的生产方式和生活方式。

在企事业单位、居民层面,对其产生的固体废物依法承担污染防治责任。

3. 实行全过程管理原则

所谓"全过程管理",是指对固体废物从产生、收集、贮存、运输、利用直到最终处置的全部过程及各个环节,都实行控制管理和开展污染防治。实施这一原则,是基于固体废物从其产生到最终处置的全过程中及各个环节都有产生污染危害的可能性,因此有必要对全过程及各个环节都施以控制和监督。

(1) 源头控制环节

第一,产品和包装物的设计、制造,应当遵守国家有关清洁生产的规定。国务院标准化行政主管部门应当组织制定有关标准,防止过度包装造成环境污染。

第二,国家鼓励科研、生产单位研究、生产易回收利用、易处置或者在环境中可降解的薄膜覆盖物和商品包装物。

(2) 固体废物产生环节

产生固体废物的单位和个人,应当采取措施,防止或者减少固体废物对环境的污染。

(3) 固体废物排放环节

第一,收集、贮存、运输、利用、处置固体废物的单位和个人,必须采取防扬散、防流失、防渗漏或者其他防止污染环境的措施,不得擅自倾倒、堆放、丢弃、遗撒固体废物。

第二,禁止任何单位或者个人向江河、湖泊、运河、渠道、水库及其最高水位线以下的滩地和岸坡等法律、法规规定禁止倾倒、堆放废弃物的地点倾倒、堆放固体废物。

(4) 固体废物回收环节

第一,生产、销售、进口依法被列入强制回收目录的产品和包装物的企业,必须按照国家有关规定对该产品和包装物进行回收。

第二,使用农用薄膜的单位和个人,应当采取回收利用等措施,防止或者减少农用薄膜对环境的污染。

第三,从事畜禽规模养殖应当按照国家有关规定收集、贮存、利用或者处置养殖过程中产生的畜禽粪便,防止污染环境。

(5) 固体废物处理环节

第一,对收集、贮存、运输、处置固体废物的设施、设备和场所,应当加强管理和维护,保证其正常运行和使用。

第二,禁止在自然保护区、风景名胜区、饮用水水源保护区、基本农田保护区和其他需要特别保护的区域内,建设工业固体废物集中贮存、处置的设施、场所和生活垃圾填埋场。

第三,禁止在人口集中地区、机场周围、交通干线附近以及当地人民政府划定的区域露天焚烧秸秆。

第四,拆解、利用、处置废弃电器产品和废弃机动车船,应当遵守有关法律、法规的规定,采取措施,防止污染环境。

(6) 固体废物转移环节

第一,转移固体废物出省、自治区、直辖市行政区域贮存、处置的,应当向固体废物移出地的省、自治区、直辖市人民政府环境保护行政主管部门提出申请。移出地的省、自治区、直辖市人民政府环境保护行政主管部门应当商经接受地的省、自治区、直辖市人民政府环境保护行政主管部门同意后,方可批准转移。

第二,禁止境外的固体废物进境倾倒、堆放、处置。

第三,禁止进口不能用作原料或者不能以无害化方式利用的固体废物;对可以用作原料的固体废物实行限制进口和自动许可进口分类管理;进口的固体废物必须符合国家环境保护标准,并经质量监督检验检疫部门检验合格。

将境外的固体废物进境倾倒、堆放、处置的,进口属于禁止进口的固体废物或者未经许可擅自进口属于限制进口的固体废物用作原料的,由海关责令退运该固体废物,可以并处10万元以上100元以下的罚款;构成犯罪的,依法追究刑事责任。进口者不明的,由承运人承担退运该固体废物的责任,或者承担该固体废物的处置费用。

对已经非法入境的固体废物,由省级以上人民政府环境保护行政主管部门依法向海关提出处理意见,海关应当依照《固体废物污染环境防治法》第78条的规定作出处罚决定;已经造成环境污染的,由省级以上人民政府环境保护行政主管部门责令进口者消除污染。

（二）固体废物污染防治的分类管理规定

固体废物具有来源广泛、成分复杂的特征。因此，《固体废物污染环境防治法》明确规定主管部门应当针对不同的固体废物制定不同的对策或措施；确立了对固体废物实施分类管理的原则，将固体废物分为工业固体废物、生活垃圾以及危险废物三类。其中，对工业固体废物、生活垃圾采取一般管理措施，对危险废物采取特别管理措施。

1. 工业固体废物

工业固体废物，是指在工业生产活动中产生的固体废物。在我国，对工业固体废物污染环境的监督管理工作主要由环境保护部门负责实施。

（1）政府部门的职责

如前所述，国家鼓励、支持综合利用资源，并采取有利于固体废物综合利用活动的经济、技术政策和措施。《固体废物污染环境防治法》明确规定了有关政府部门在工业固体废物管理方面的政策措施。

第一，国务院环境保护行政主管部门应当会同国务院经济综合宏观调控部门和其他有关部门对工业固体废物对环境的污染作出界定，制定防治工业固体废物污染环境的技术政策，组织推广先进的防治工业固体废物污染环境的生产工艺和设备。

第二，国务院经济综合宏观调控部门应当会同国务院有关部门组织研究、公布限期淘汰产生严重污染环境的工业固体废物的落后生产工艺、落后设备的名录。

第三，县级以上人民政府有关部门应当制定工业固体废物污染环境防治工作规划，推广能够减少工业固体废物产生量和危害性的先进生产工艺和设备，推动工业固体废物污染环境防治工作。

（2）企事业单位的义务

“国家对固体废物污染环境防治实行污染者依法负责的原则”，这一规定要求企事业单位承担污染防治责任。

第一，建立、健全污染环境防治责任制度，采取防治工业固体废物污染环境的措施。

第二，合理选择和利用原材料、能源和其他资源，采用先进的生产工艺和设备，减少工业固体废物产生量，降低工业固体废物的危害性。

第三，生产、销售、进口或者使用淘汰的设备，或者采用淘汰的生产工艺的，由县级以上人民政府经济综合宏观调控部门责令改正；情节严重的，由县级以上人民政府经济综合宏观调控部门提出意见，报请同级人民政府按照国务院规定的权限决定停业或者关闭。

第四，向环保部门提供工业固体废物的种类、产生量、流向、贮存、处置等有关资料。

第五,根据经济、技术条件对其产生的工业固体废物加以利用;对暂时不利用或者不能利用的,必须按照国务院环境保护行政主管部门的规定建设贮存设施、场所,安全分类存放,或者采取无害化处置措施。

第六,矿山企业应当采取科学的开采方法和选矿工艺,减少尾矿、矸石、废石等矿业固体废物的产生量和贮存量。尾矿、矸石、废石等矿业固体废物贮存设施停止使用后,矿山企业应当按照国家有关环境保护规定进行封场,防止造成环境污染和生态破坏。违反封场规定的,由县级以上地方人民政府环境保护行政主管部门责令限期改正,可以处5万元以上20万元以下的罚款。

(3) 企事业单位终止、变更后污染防治责任的承担

第一,产生工业固体废物的单位需要终止的,应当事先对工业固体废物的贮存、处置的设施、场所采取污染防治措施,并对未处置的工业固体废物作出妥善处置,防止污染环境。

第二,产生工业固体废物的单位发生变更的,变更后的单位应当按照国家有关环境保护的规定对未处置的工业固体废物及其贮存、处置的设施、场所进行安全处置或者采取措施保证该设施、场所安全运行。变更前当事人对工业固体废物及其贮存、处置的设施、场所的污染防治责任另有约定的,从其约定;但是,不得免除当事人的污染防治义务。

第三,对《固体废物污染环境防治法》施行前已经终止的单位未处置的工业固体废物及其贮存、处置的设施、场所进行安全处置的费用,由有关人民政府承担;但是,该单位享有的土地使用权依法转让的,应当由土地使用权受让人承担处置费用。当事人另有约定的,从其约定;但是,不得免除当事人的污染防治义务。

2. 生活垃圾

生活垃圾,是指在日常生活中或者为日常生活提供服务的活动中产生的固体废物以及法律、行政法规规定视为生活垃圾的固体废物。

《固体废物污染环境防治法》分别规定了地方政府、环卫部门、垃圾处理企业以及居民等在生活垃圾排放、收集、运输、处置等环节的责任。

(1) 地方政府统筹安排建设城乡生活垃圾收集、运输、处置设施,逐步建立和完善生活垃圾污染环境防治的社会服务体系。城市人民政府有关部门应当统筹规划,合理安排收购网点,促进生活垃圾的回收利用工作。

(2) 环卫部门组织对城市生活垃圾进行清扫、收集、运输和处置,可以通过招标等方式选择具备条件的单位从事生活垃圾的清扫、收集、运输和处置。

(3) 垃圾处理企业清扫、收集、运输、处置城市生活垃圾,应当遵守国家有关环境保护和环境卫生管理的规定,防止污染环境。对城市生活垃圾应当及时清

运,逐步做到分类收集和运输,并积极开展合理利用和实施无害化处置。

（4）回收利用者从生活垃圾中回收的物质必须按照国家规定的用途或者标准使用,不得用于生产可能危害人体健康的产品。

（5）垃圾产生者对城市生活垃圾应当按照环境卫生行政主管部门的规定,在指定的地点放置,不得随意倾倒、抛撒或者堆放。违反规定的,环卫部门责令停止违法行为,限期改正,处以罚款。

（6）工程施工单位应当及时清运、利用或者处置工程施工过程中产生的固体废物。

（7）从事公共交通运输的经营单位,应当按照国家有关规定,清扫、收集运输过程中产生的生活垃圾。违反规定的,环卫部门责令停止违法行为,限期改正,处以罚款。

（8）从事城市新区开发、旧区改建和住宅小区开发建设的单位,以及公共设施、场所的经营管理单位,应当按照国家有关环境卫生的规定,配套建设生活垃圾收集设施。

3. 危险废物

危险废物,是指列入国家危险废物名录或者根据国家规定的危险废物鉴别标准和鉴别方法认定的具有危险特性的固体废物。所谓危险特性,主要是指毒性、易燃性、腐蚀性、反应性、传染疾病性、放射性等。

我国对具有严重危险性质的危险废物实行严格控制和重点管理,《固体废物污染环境防治法》对危险废物的污染防治提出了较一般废物更为严格的标准和更高的技术要求。因此,关于危险废物污染环境的防治,除适用一般规定外,还需要执行下列特别规定:

（1）实行国家危险废物名录制

国务院环境保护行政主管部门应当会同国务院有关部门制定国家危险废物名录,规定统一的危险废物鉴别标准、鉴别方法和识别标志。

（2）实行危险废物识别标志制

对危险废物的容器和包装物以及收集、贮存、运输、处置危险废物的设施、场所,必须设置危险废物识别标志。

（3）实行危险废物集中处置

国务院环境保护行政主管部门会同国务院经济综合宏观调控部门组织编制危险废物集中处置设施、场所的建设规划,报国务院批准后实施。县级以上地方人民政府应当依据危险废物集中处置设施、场所的建设规划组织建设危险废物集中处置设施、场所。重点危险废物集中处置设施、场所的退役费用应当预提,列入投资概算或者经营成本。

(4) 危险废物产生者的义务

第一,制定管理计划与申报义务。产生危险废物的单位,必须按照国家有关规定制定危险废物管理计划,并向所在地县级以上地方人民政府环境保护行政主管部门申报危险废物的种类、产生量、流向、贮存、处置等有关资料。危险废物管理计划应当包括减少危险废物产生量和危害性的措施以及危险废物贮存、利用、处置措施,并报所在地县级以上地方人民政府环境保护行政主管部门备案。申报事项或者危险废物管理计划内容有重大改变的,应当及时申报。

第二,处置义务。产生危险废物的单位,必须按照国家有关规定处置危险废物,不得擅自倾倒、堆放;不处置的,由所在地县级以上地方人民政府环境保护行政主管部门责令限期改正;逾期不处置或者处置不符合国家有关规定的,由所在地县级以上地方人民政府环境保护行政主管部门指定单位按照国家有关规定代为处置,处置费用由产生危险废物的单位承担。违反规定,危险废物产生者不处置其产生的危险废物又不承担依法应当承担的处置费用的,由县级以上地方人民政府环境保护行政主管部门责令限期改正,处代为处置费用 1 倍以上 3 倍以下的罚款。

第三,缴纳危险废物排污费义务。以填埋方式处置危险废物不符合国务院环境保护行政主管部门规定的,应当缴纳危险废物排污费。危险废物排污费用于污染环境的防治,不得挪作他用。对不按照国家规定缴纳危险废物排污费的,限期缴纳,逾期不缴纳的,处应缴纳危险废物排污费金额 1 倍以上 3 倍以下的罚款。

(5) 危险废物经营者的义务

第一,从事收集、贮存、处置危险废物经营活动的单位,必须向县级以上人民政府环境保护行政主管部门申请领取经营许可证;从事利用危险废物经营活动的单位,必须向国务院环境保护行政主管部门或者省、自治区、直辖市人民政府环境保护行政主管部门申请领取经营许可证。禁止无经营许可证或者不按照经营许可证规定从事危险废物收集、贮存、利用、处置的经营活动。无经营许可证或者不按照经营许可证规定从事收集、贮存、利用、处置危险废物经营活动的,由县级以上人民政府环境保护行政主管部门责令停止违法行为,没收违法所得,可以并处违法所得三倍以下的罚款。

第二,收集、贮存危险废物,必须按照危险废物特性分类进行。禁止混合收集、贮存、运输、处置性质不相容而未经安全性处置的危险废物。贮存危险废物必须采取符合国家环境保护标准的防护措施,并不得超过 1 年;确需延长期限的,必须报经原批准经营许可证的环保部门批准。禁止将危险废物混入非危险废物中贮存。

（6）危险废物转移者的义务

第一，转移危险废物的，必须按照国家有关规定填写危险废物转移联单，并向危险废物移出地设区的市级以上地方人民政府环境保护行政主管部门提出申请。移出地设区的市级以上境保护行政主管部门应当商经接受地设区的市级以上地方人民政府环境保护行政主管部门同意后，方可批准转移该危险废物。未经批准的，不得转移。转移危险废物途经移出地、接受地以外行政区域的，危险废物移出地设区的市级以上地方人民政府环境保护行政主管部门应当及时通知沿途经过的设区的市级以上地方人民政府环境保护行政主管部门。

第二，运输危险废物，必须采取防止污染环境的措施，并遵守国家有关危险货物运输管理的规定。禁止将危险废物与旅客在同一运输工具上载运。

（7）其他规定

第一，收集、贮存、运输、处置危险废物的场所、设施、设备和容器、包装物及第他物品转作他用时，必须经过消除污染的处理，方可使用。

第二，产生、收集、贮存、运输、利用、处置危险废物的单位，应当制定意外事故的防范措施和应急预案，并向所在地县级以上地方人民政府环境保护行政主管部门备案。

第三，因发生事故或者其他突发性事件，造成危险废物严重污染环境的单位，必须立即采取措施消除或者减轻对环境的污染危害，及时通报可能受到污染危害的单位和居民，并向所在地县级以上地方人民政府环境保护行政主管部门和有关部门报告，接受调查处理。在发生或者有证据证明可能发生危险废物严重污染环境、威胁居民生命财产安全时，县级以上地方人民政府环境保护行政主管部门或者其他固体废物污染环境防治工作的监督管理部门必须立即向本级人民政府和上一级人民政府有关行政主管部门报告，由人民政府采取防止或者减轻危害的有效措施。有关人民政府可以根据需要责令停止导致或者可能导致环境污染事故的作业。

第五节　噪声污染防治法

一、环境噪声污染概述

根据我国《环境噪声污染防治法》第 2 条的规定，环境噪声是指在工业生产、建筑施工、交通运输和社会生活中所产生的干扰周围生活环境的声音。这一定义是从噪声的来源上对其进行定义,不同于环境科学上的定义。[①] 这一规定明确地将自然界产生的噪声排除在法律规定之外,同时也明确了人类活动中哪些行为属于噪声的产生源。

《环境噪声污染防治法》规定的"环境噪声污染",则是指所产生的环境噪声超过国家规定的环境噪声排放标准,并干扰他人正常生活、工作和学习的现象。与"环境噪声"的概念相比较,在环境噪声排放标准规定的数值以内排放的,可称为"环境噪声";超过环境噪声排放标准规定的数值排放噪声并产生了干扰现象的,则称为"环境噪声污染"。

从环境噪声本身的性质看,它是一种令人感觉不愉快的声音,属于所有接受者所不需要的或使人们在心理或生理上感觉不愉快的声音,具有无形性、多发性、局限性、暂时性、危害性以及不易评估性等特点。

环境保护部2014年发布的《2013年中国环境状况公报》显示,2013年,全国城市声环境质量基本保持稳定。从区域声环境来看,地级及以上城市:316个进行昼间监测的城市中,区域声环境质量为一级和二级的城市比例为76.9%,三级的城市比例为22.8%,五级的城市比例为0.3%,无四级城市。与上年相比,城市区域声环境质量二级的城市比例下降1.8个百分点,三级的城市比例上升2.5个百分点,其他级别的城市比例无明显变化。293个进行夜间监测的城市中,区域声环境质量为一级和二级的城市比例为48.5%,三级和四级的城市比例为51.5%,无五级城市。

二、我国噪声污染防治立法沿革与概况

早在20世纪50年代我国制定的《工厂安全卫生规程》中,就对工厂内各种噪声源规定了防治措施。1973年,在国务院发布的《关于保护和改善环境的若干规定(试行草案)》中,专门对工业和交通噪声的控制作出了规定。1979年《环境保护法(试行)》对噪声污染防治进行了相关规定。[②]

1986年,国务院制定了《民用机场管理暂行规定》,对防治民用飞机产生的噪声作出了控制性规定。到1989年,国务院公布了专门的《环境噪声污染防治条例》(已失效),为全面开展防治环境噪声污染的行政管理提供了行政法规的依据。1996年,我国在全面总结环境噪声污染防治工作经验的基础上,颁布了《环境噪声污染防治法》。

2009年4月17日,我国开始实施修订后的《环境噪声与振动标准目录》。

---

① 环境科学上的噪声定义较为宽泛,但凡声音接受者当时所不需要的声音就是噪声。通常,40 dB的环境声音就被认为是噪声,超过40 dB就是有害的噪声。

② 《环境保护法(试行)》第22条规定:"加强对城市和工业噪声、震动的管理。各种噪声大、震动大的机械设备、机动车辆、航空器等,都应当装置消声、防震设施。"

这一目录包括声环境质量标准、环境噪声排放标准以及相关监测规范和方法标准。其中,声环境质量标准(GB 3096-2008)、工业企业厂界环境噪声排放标准(GB 12348-2008)、社会生活环境噪声污染排放标准(GB 22337-2008)均为2008年8月19日发布,自2008年10月1日起实施的新标准。自实施之日起,原《城市区域环境噪声标准》《城市区域环境噪声测量方法》等一系列共10个标准被废止。至此,我国的环境噪声标准形成了一套较为完整的体系。

三、噪声污染防治法的主要内容

(一)环境噪声污染防治的基本规定

1. 噪声污染防治的管理体制

首先,国务院环境保护行政主管部门对全国环境噪声污染防治实施统一监督管理,负责下列主要工作:第一,分别不同的功能区,制定国家声环境质量标准;第二,根据国家声环境质量标准和国家经济、技术条件,制定国家环境噪声排放标准;第三,建立环境噪声监测制度,制定监测规范,并会同有关部门组织监测网络等。

其次,县级以上地方人民政府环境保护行政主管部门对本行政区域内的环境噪声污染防治实施统一监督管理,负责下列主要工作:第一,审批建设项目环境影响报告书;第二,对建设项目中的环境噪声污染防治设施进行验收;第三,审批企事业单位拆除或者闲置环境噪声污染防治设施的申报;第四,对排放环境噪声的单位进行现场检查;第五,接受工业企业使用产生环境噪声污染的固定设备的申报;第六,接受城市市区范围内施工单位使用机械设备产生环境噪声的申报;第七,接受城市市区噪声敏感建筑物集中区域内商业企业使用固定设备造成环境噪声污染的申报;第八,依法对违法行为给予行政处罚等。

各级公安、交通、铁路、民航等主管部门和港务监督机构,根据各自的职责,对交通运输和社会生活噪声污染防治实施监督管理。例如,城市人民政府公安机关可以根据本地城市市区区域声环境保护的需要,划定禁止机动车辆行驶和禁止其使用声响装置的路段和时间,并向社会公告;同时,进行监督管理,对违反者予以处罚等。

2. 总体规划及地方声环境功能区规划制度

在总体上,国务院和地方各级人民政府应当将环境噪声污染防治工作纳入环境保护规划,并采取有利于声环境保护的经济、技术政策和措施。

地方各级人民政府在制定城乡建设规划时,应当充分考虑建设项目和区域开发、改造所产生的噪声对周围生活环境的影响,统筹规划,合理安排功能区和建设布局,防止或者减轻环境噪声污染。城市规划部门在确定建设布局时,应当依据国家声环境质量标准和民用建筑隔声设计规范,合理划定建筑物与交通干线的防噪声距离,并提出相应的规划设计要求。

我国新修订的《声环境质量标准》对功能区的划定进行了新的规定,详见下文环境质量标准的相关内容。同时,在环保部发布的《2009—2010 年全国污染防治工作要点》中明确提出,到 2010 年底前,要按照《声环境质量标准》完成全国城市环境噪声功能区划。

3. 环境标准制度

(1) 声环境质量标准制度

国务院环境保护行政主管部门分别不同的功能区制定国家声环境质量标准。县级以上地方人民政府根据国家声环境质量标准,划定本行政区域内各类声环境质量标准的适用区域,并进行管理。声环境质量标准是衡量区域环境是否受到环境噪声污染的客观标准,也是制定环境噪声排放标准的主要依据。同时,声环境质量标准还是城市规划部门划定建筑物与交通干线防噪声距离的法定标准之一。

根据 2009 年 4 月 17 日实施的《环境噪声与振动标准目录》,声环境质量标准由三个标准构成:《声环境质量标准》《机场周围飞机噪声环境标准》《城市区域环境振动标准》。目前,我国执行的是 2008 年 10 月 1 日起实施的《声环境质量标准》,该标准规定了五类声环境功能区的环境噪声限值及测量方法,适用于声环境质量评价与管理。这一标准是对《城市区域环境噪声标准》和《城市区域环境噪声测量方法》的修订。自该标准实施之日起,原来的两项标准被废止。该标准系 1982 年首次发布,1993 年第一次修订,2008 年第二次修订。

与原标准相比,修订后的新标准扩大了适用区域,将乡村地区纳入标准适用范围;将环境质量标准与测量方法标准合并为一项标准;明确了交通干线的定义,对交通干线两侧四类环境噪声限值作了调整,将其细分为 4a 和 4b 两类,并相应调整了噪声等效声级;提出了声环境功能区监测和噪声敏感建筑物监测的要求。

表 10-1 五类功能区环境噪声限值标准

<table>
<tr><th colspan="2">类别</th><th>昼间</th><th>夜间</th><th>适用区域</th></tr>
<tr><td colspan="2">0</td><td>50 dB</td><td>40 dB</td><td>康复疗养区等特别需要安静的区域</td></tr>
<tr><td colspan="2">1</td><td>55 dB</td><td>45 dB</td><td>以居民住宅、医疗卫生、文化教育、科研设计、行政办公为主要功能,需要保持安静的区域</td></tr>
<tr><td colspan="2">2</td><td>60 dB</td><td>50 dB</td><td>以商业金融、集市贸易为主要功能,或者居住、商业、工业混杂,需要维护住宅安静的区域</td></tr>
<tr><td colspan="2">3</td><td>65 dB</td><td>55 dB</td><td>以工业生产、仓储物流为主要功能,需要防治工业噪声对周围环境产生严重影响的区域</td></tr>
<tr><td rowspan="2">4</td><td>4a</td><td>70 dB</td><td>55 dB</td><td>高速公路、一级公路、二级公路、城市快速路、城市主干路、城市次干路、城市轨道交通(地面段)、内河航道两侧区域</td></tr>
<tr><td>4b</td><td>70 dB</td><td>60 dB</td><td>铁路干线两侧区域</td></tr>
</table>

资料来源:《声环境质量标准》(GB 3096-2008)。

(2) 噪声排放标准制度

国务院环境保护行政主管部门根据国家声环境质量标准和国家经济、技术条件,制定国家环境噪声排放标准。目前,我国的环境噪声排放标准共有九类。其中,《工业企业厂界环境噪声排放标准》(GB12348-2008)、《社会生活环境噪声排放标准》(GB22337-2008)是2008年10月1日起实施的新标准,取代原有的《工业企业厂界噪声标准》(GB12348-90)、《工业企业厂界噪声测量方法》(GB12349-90)。下文将结合工业噪声污染、建筑施工噪声污染、交通运输噪声污染以及社会生活噪声污染防治的法律规定,对各项标准的具体内容分别阐述。

4. 对排放偶发性强烈噪声的特别规定

在城市范围内从事生产活动确需排放偶发性强烈噪声的,必须事先向当地公安机关提出申请,经批准后方可进行。当地公安机关应当向社会公告。

此外,《环境噪声污染防治法》第三章还规定了建设项目环境影响评价制度、"三同时"制度、限期治理制度(第13、14、17条)、排污收费制度(第16条)、落后设备淘汰制度、环境监测制度、现场检查制度(第18、20、21条)等。

(二) 环境噪声污染防治的分类管理规定

1. 工业噪声污染

工业噪声,是指在工业生产活动中使用固定的设备时产生的干扰周围生活环境的声音。在城市范围内向周围生活环境排放工业噪声的,应当符合国家规定的工业企业厂界噪声排放标准。2008年8月19日,环境部与国家质量监督检验检疫总局联合发布了新的《工业企业厂界环境噪声排放标准》,并于同年10月1日起实施,原有的《工业企业厂界噪声标准》和《工业企业厂界噪声测量方法》被废止。这是该标准自1990年制定实施以来第一次修订,这次修订将《工业企业厂界噪声标准》和《工业企业厂界噪声测量方法》合二为一,名称改为《工业企业厂界环境噪声排放标准》,并修改了标准的适用范围、背景值修正表,补充了0类区噪声限值、测量条件、侧点位置、测点布设和测量记录,增加了部分术语和定义、室内噪声限值、背景噪声测量、测量结果和测量结果评价的内容。

在工业生产中因使用固定的设备造成环境噪声污染的工业企业,必须按照国务院环境保护行政主管部门的规定,向所在地的县级以上地方人民政府环境保护行政主管部门申报拥有的造成环境噪声污染的设备的种类、数量以及在正常作业条件下所发出的噪声值和防治环境噪声污染的设施情况,并提供防治噪声污染的技术资料。

对可能产生环境噪声污染的工业设备,由国务院有关主管部门根据声环境保护的要求和国家的经济、技术条件,逐步在依法制定的产品的国家标准、行业标准中规定噪声限值。

2. 建筑施工噪声污染

建筑施工噪声，是指在建筑施工过程中产生的干扰周围生活环境的声音。在城市市区范围内向周围生活环境排放建筑施工噪声的，应当符合国家规定的建筑施工场界排放标准。目前，我国实施的是1991年实施的《建筑施工场界噪声限制标准》。

在城市市区噪声敏感建筑物集中区域①内，禁止夜间进行产生环境噪声污染的建筑施工作业，但抢修、抢险作业和因生产工艺上要求或者特殊需要必须连续作业的除外。因特殊需要必须连续作业的，必须有县级以上人民政府或者其有关主管部门的证明。夜间作业的，必须公告附近居民。对违反者，可予以责令改正和并处罚款。

3. 交通运输噪声污染

交通运输噪声，是指机动车辆（特指汽车和摩托车）、铁路机车、机动船舶、航空器等交通运输工具在运行时所产生的干扰周围生活环境的声音。

（1）机动车制造、销售或进口的噪声防治规定

禁止制造、销售或者进口超过规定的噪声限值的汽车。在城市市场范围内行使的机动车辆所使用的消声器和喇叭，必须符合国家规定的要求。

（2）声响装置规定

机动车辆在城市市区范围内行驶，机动船舶在城市市区的内河航道航行，铁路机车驶经或者进入城市市区、疗养区时，必须按照规定使用声响装置。特种机动车辆在执行非紧急任务时，禁止使用警报器。此外，城市人民政府公安机关可以根据本地城市市区区域声环境保护的需要，划定禁止机动车辆形式和禁止其使用声响装置的路段和时间，并向社会公告。

（3）道路建设噪声控制规定

建设经过已有的噪声敏感建筑物集中区域的高速公路和城市高架、轻轨道路，有可能造成环境噪声污染的，应当设置声屏障或者采取其他有效的控制环境噪声污染的措施。在已有的城市交通干线的两侧建设噪声敏感建筑物的，建设单位应当按照国家规定间隔一定距离，并采取减轻、避免交通噪声影响的措施。

（4）交通枢纽地区噪声控制

在车站、铁路编组站、港口、码头、航空港等地指挥作业时使用广播喇叭的，应当控制音量，减轻噪声对周围生活环境的影响。穿越城市居民区、文教区的铁路，因铁路机车运行造成环境噪声污染的，当地城市人民政府应当组织铁路部门

---

① 依照我国《环境噪声污染防治法》的规定，噪声敏感建筑物是指医院、学校、机关、科研单位、住宅等需要保持安静的建筑物；噪声敏感建筑物集中区域是指医疗区、文教科研区和以机关或者居民住宅为主的区域。

和其他有关部门,制定减轻环境噪声污染的规划。铁路部门和其他有关部门应当按照规划的要求,采取有效措施,减轻环境噪声污染。

(5) 航空器噪声控制

除起飞、降落或者依法规定的情形以外,民用航空器不得飞越城市市区上空。城市人民政府应当在航空器起飞、降落的净空周围划定限制建设噪声敏感建筑物的区域;在该区域内建设噪声敏感建筑物的,建设单位应当采取减轻、避免航空器运行时产生的噪声影响的措施。民航部门应当采取有效措施,减轻环境噪声污染。

4. 社会生活噪声污染

社会生活噪声,是指人为活动所产生的除工业噪声、建筑施工噪声和交通运输噪声之外的干扰周围生活环境的声音。2008 年 8 月 19 日,环境保护部发布了《社会生活环境噪声排放标准》,这是我国首次发布该类标准。该标准对社会生活噪声污染源达标排放进行了义务性的规定,对营业性文化娱乐场所和商业经营活动中可能产生环境噪声污染的设备、设施规定了边界噪声排放限值和测量方法。在环境噪声排放限值方面,该标准规定了边界噪声排放限值、结构传播固定设备室内噪声排放限值两类。

(1) 商业经营、营业性文化娱乐场噪声控制

在城市市区噪声敏感建筑物集中区域内,因商业经营活动中使用固定设备造成环境噪声污染的商业企业,必须按照国务院环境保护行政主管部门的规定,向所在地的县级以上地方人民政府环境保护行政主管部门申报拥有的造成环境噪声污染的设备的状况和防治环境噪声污染的设施的情况。

新建营业性文化娱乐场所的边界噪声必须符合国家规定的环境噪声排放标准;不符合国家规定的环境噪声排放标准的,文化行政主管部门不得核发文化经营许可证,工商行政管理部门不得核发营业执照。对于经营中的文化娱乐场所,也同样执行该规定。

(2) 饮食服务业噪声控制

我国《环境噪声污染防治法》规定,禁止在城市市区噪声敏感建筑物集中区域内使用高音广播喇叭,并禁止在商业经营活动中使用高音广播喇叭或者采用其他发出高噪声的方法招揽顾客。在商业经营活动中使用空调器、冷却塔等可能产生环境噪声污染的设备、设施的,其经营管理者应当采取措施,使其边界噪声不超过国家规定的环境噪声排放标准。在城市市区街道、广场、公园等公共场所组织娱乐、集会等活动,使用音响器材可能产生干扰周围生活环境的过大音量的,必须遵守当地公安机关的规定。

(3) 住宅楼噪声控制

在已竣工交付使用的住宅楼进行室内装修活动,应当限制作业时间,并采取

其他有效措施,以减轻、避免对周围居民造成环境噪声污染。使用家用电器、乐器或者进行其他家庭室内娱乐活动时,应当控制音量或者采取其他有效措施,避免对周围居民造成环境噪声污染。

第六节　放射性污染防治法

一、放射性污染概述

放射性物质,是指能够产生放射性及辐射的元素及其化合物。放射性污染,则是指由于人类活动造成物料、人体、场所、环境介质表面或者内部出现超过国家标准的放射性物质或者射线,从而危害人体健康的现象。

二、我国放射性污染防治立法沿革与概况

我国对于放射性污染的立法主要侧重于安全防治领域,坚持预防为主、防治结合的管理模式。早在20世纪六七十年代,我国就制定了《放射性工作卫生防护暂行规定》。1986年,国务院制定了《民用核设施安全监督管理条例》。1987年,国务院制定了《核材料管理条例》,国家环保局制定了《城市放射性废物管理办法》。1989年,国务院制定了《放射性同位素与射线装置放射防护条例》。1990年,国家环保局制定了《放射环境管理办法》。2003年6月,第十届全国人大常委会通过了《放射性污染防治法》,这是我国首部关于放射性污染防治的法律。2006年,商务部、海关总署、国家环保总局和国家质量监督检验检疫总局联合颁布了《限制进口放射性同位素目录》,并实施了《射线装置分类办法》。2007年,国务院制定《民用核安全设备监督管理条例》,并批准了《进口民用核安全设备监督管理规定》。

三、放射性污染防治的主要内容

(一)放射性污染防治的基本规定

1. 放射性污染防治的管理体制

根据我国环境保护领域统一管理与分工负责相结合的行政管理体制,放射性污染防治的管理体制也相应规定了国务院环境保护行政主管部门对全国放射性污染防治工作依法实施统一监督管理,国务院卫生行政部门和其他有关部门依据国务院规定的职责,对有关的放射性污染防治工作依法实施监督管理。

2. 安全管理原则

我国《放射性污染防治法》第3条规定,国家对放射性污染的防治,实行预防为主、防治结合、严格管理、安全第一的方针。

3．总体规划制度

县级以上人民政府应当将放射性污染防治工作纳入环境保护规划。2007年，国务院批准了《核安全与放射性污染防治规划（2006—2010年）》，强调以核设施和放射源的安全监管为重点，加强放射性废物的处理处置能力，全面加强核与辐射安全管理，确保核与辐射环境安全。

4．放射性污染防治标准制度

国家放射性污染防治标准由国务院环境保护行政主管部门根据环境安全要求、国家经济技术条件制定。例如，2003年实施的《电离辐射防护与辐射源安全基本标准》，对电离辐射防护和辐射源安全的基本要求进行了规定。

5．环境监测制度

国家建立放射性污染监测制度。国务院环境保护行政主管部门会同国务院其他有关部门组织环境监测网络，对放射性污染实施监测管理。2007年，国家辐射监测网第一批国控点投入运行，其中包括了在重点城市设置36个辐射环境自动监测站以及水体、陆地、土壤、电磁辐射监测以及重点和核安全预警点。

6．资质管理制度

国家对从事放射性污染防治的专业人员实行资格管理制度；对从事放射性污染监测工作的机构实行资质管理制度。例如，2008年施行的《民用核安全设备无损检验人员资格管理规定（HAF602）》和《民用核安全设备焊工焊接操作工资格管理规定（HAF603）》。

7．环境标识制度

放射性物质和射线装置①应当设置明显的放射性标识和中文警示说明。生产、销售、使用、贮存、处置放射性物质和射线装置的场所，以及运输放射性物质和含放射源的射线装置的工具，应当设置明显的放射性标志。

标志17　一级放射性物品　　标志18　二级放射性物品　　标志19　三级放射性物品

图10-1　放射性标识和警示说明图②

① 射线装置，是指X线机、加速器、中子发生器以及含放射源的射线装置。

② 图片来源：安全标志牌网，http://www.simarkehsy.com/，2009年5月20日访问。

8. 特别管理制度

含有放射性物质的产品,应当符合国家放射性污染防治标准;不符合国家放射性污染防治标准的,不得出厂和销售。使用伴生放射性矿渣和含有天然放射性物质的石材做建筑和装修材料,应当符合国家建筑材料放射性核素控制标准。

(二) 放射性污染防治的分类管理规定

1. 核设施管理

根据《放射性污染防治法》及相关行政法规的规定,我国在核设施管理领域的法律规定主要有:

(1) 核设施审批制度

核设施营运单位在进行核设施建造、装料、运行、退役等活动前,必须按照国务院有关核设施安全监督管理的规定,申请领取核设施建造、运行许可证和办理装料、退役等审批手续。核设施营运单位领取有关许可证或者批准文件后,方可进行相应的建造、装料、运行、退役等活动。进口核设施,应当符合国家放射性污染防治标准。

(2) 规划限制区制度

核动力厂等重要核设施外围地区应当划定规划限制区。核设施营运单位应当对核设施周围环境中所含的放射性核素的种类、浓度以及核设施流出物中的放射性核素总量实施监测,并定期向相关管理部门报告监测结果。

2. 核技术利用

目前,我国核技术利用领域的相关立法主要有《放射性同位素与射线装置安全和防护条例》及《放射性同位素与射线装置安全许可管理办法》。

(1) 放射性同位素[①]和射线装置许可、登记及环境影响评价制度

生产、销售、使用放射性同位素和射线装置的单位,应当按照国务院有关放射性同位素与射线装置放射防护的规定申请领取许可证,办理登记手续。转让、进口放射性同位素和射线装置的单位以及装备有放射性同位素的仪表的单位,应当按照国务院有关放射性同位素与射线装置放射防护的规定办理有关手续。同时,涉核单位在申请领取许可证前应当编制环境影响评价文件,报相关部门审查批准;未经批准,相关部门不得颁发许可证。

(2) 放射性同位素管理

放射性同位素应当单独存放,不得与易燃、易爆、腐蚀性物品等一起存放,其贮存场所应当采取有效的防火、防盗、防射线泄漏的安全防护措施,并指定专人负责保管。贮存、领取、使用、归还放射性同位素时,应当进行登记、检查,做到账物相符。

① 放射性同位素,是指某种发生放射性衰变的元素中具有相同原子序数但质量不同的核素。

生产、使用放射性同位素和射线装置的单位,应当按照国务院环境保护行政主管部门的规定对其产生的放射性废物进行收集、包装、贮存。

(3) 放射源管理

生产放射源①的单位,应当按照国务院环境保护行政主管部门的规定回收和利用废旧放射源;使用放射源的单位,应当按照国务院环境保护行政主管部门的规定将废旧放射源交回生产放射源的单位或者送交专门从事放射性固体废物贮存、处置的单位。同时,应当建立健全安全保卫制度,指定专人负责,落实安全责任制,制定必要的事故应急措施。发生放射源丢失、被盗和放射性污染事故时,有关单位和个人必须立即采取应急措施,并向公安部门、卫生行政部门和环境保护行政主管部门报告。

3. 铀(杜)矿和伴生放射性矿开发利用的管理

(1) 报告审批制度

开发利用或者关闭铀(钍)矿的单位以及开发利用伴生放射性矿的单位,应当在申请领取采矿许可证或者办理退役审批手续前编制环境影响报告书,报国务院环境保护行政主管部门审查批准。

(2) 开发利用单位的义务

铀(钍)矿开发利用单位应当对铀(钍)矿的流出物和周围的环境实施监测,并定期向国务院环境保护行政主管部门和所在地省、自治区、直辖市人民政府环境保护行政主管部门报告监测结果。

对铀(钍)矿和伴生放射性矿开发利用过程中产生的尾矿,应当建造尾矿库进行贮存、处置;建造的尾矿库应当符合放射性污染防治的要求。

铀(钍)矿开发利用单位应当制定铀(钍)矿退役计划。铀矿退役费用由国家财政预算安排。

4. 放射性废物的管理

根据《放射性污染防治法》及《城市放射性废物管理办法》,这一领域主要有以下规定:

(1) 减量化

涉核单位应当合理选择和利用原材料,采用先进的生产工艺和设备,尽量减少放射性废物的产生量。

(2) 达标排污

向环境排放放射性废气、废液,必须符合国家放射性污染防治标准。其中,产生放射性废气、废液的单位向环境排放符合国家放射性污染防治标准的放射

① 放射源,是指除研究堆和动力堆核燃料循环范畴的材料以外,永久密封在容器中或者有严密包层并呈固态的放射性材料。

性废气、废液,应当向审批环境影响评价文件的环境保护行政主管部门申请放射性核素排放量,并定期报告排放计量结果。

(3) 污染者负担义务

产生放射性固体废物的单位,应当按照国务院环境保护行政主管部门的规定,对其产生的放射性固体废物进行处理后,送交放射性固体废物处置单位处置,并承担处置费用。设立专门从事放射性固体废物贮存、处置的单位,必须经国务院环境保护行政主管部门审查批准,取得许可证。

(4) 分类处置制度

低、中水平放射性固体废物在符合国家规定的区域实行近地表处置。高水平放射性固体废物实行集中的深地质处置。在放射性固体废物处置场所选址方面,由主管部门在环境影响评价的基础上编制放射性固体废物处置场所选址规划,报国务院批准后实施。

(5) 放射性废物处置的禁止性规定

禁止利用渗井、渗坑、天然裂隙、溶洞或者国家禁止的其他方式排放放射性废液。禁止在内河水域和海洋上处置放射性固体废物。禁止未经许可或者不按照许可的有关规定从事贮存和处置放射性固体废物的活动。禁止将放射性固体废物提供或者委托给无许可证的单位贮存和处置;禁止将放射性废物和被放射性污染的物品输入中华人民共和国境内或者经中华人民共和国境内转移。

第七节 危险物质的安全管理的法律规定

一、危险化学品的安全管理

(一) 危险化学品的概念

危险化学品,是指具有毒害、腐蚀、爆炸、燃烧、助燃等性质,对人体、设施、环境具有危害的剧毒化学品和其他化学品。

(二) 危险化学品安全管理立法概况

我国目前尚无对危险化学品的专门法律,但已经出台了一些有关防治化学品污染的行政法规和部门规章,其中行政法规类的主要有:《监控化学品管理条例》(1995 年 12 月 27 日发布,根据 2011 年 1 月 8 日起实施的《国务院关于废止和修改部分行政法规的决定》修订)、《危险化学品安全管理条例》(2002 年 1 月 26 日公布,2011 年 2 月 16 日修订,根据 2013 年 12 月 7 日起施行的《国务院关于修改部分行政法规的决定》修订)。部门规章类的主要有:《防止含多氯联苯电力装置及其废物污染环境的规定》(1991 年 1 月 23 日发布)、《关于防治铬化物生产建设中环境污染的若干规定》(1992 年 5 月 5 日发布)、《危险化学品建设项目安全监督管理办法》(2012 年 1 月 30 日公布)等。这些立法对于危险化学品污染的防治起到了积极作用。

(三) 危险化学品安全管理的主要内容

1. 危险化学品监督管理体制

安全生产监督管理部门负责危险化学品安全监督管理综合工作,组织确定、公布、调整危险化学品目录,对新建、改建、扩建生产、储存危险化学品的建设项目进行安全条件审查,核发危险化学品安全生产许可证、危险化学品安全使用许可证和危险化学品经营许可证,并负责危险化学品登记工作。公安机关、质量监督检验检疫部门、环境保护主管部门、交通运输主管部门、卫生主管部门、工商行政管理部门、邮政管理部门在各自职责范围内,负责危险化学品安全的监督管理。

2. 危险化学品目录管理制度

建立统一的危险化学品目录确定、调整机制。危险化学品目录由国务院安全生产监督管理部门会同国务院工业和信息化、公安、环境保护、卫生、质量监督检验检疫、交通运输、铁路、民用航空、农业主管部门,根据化学品危险特性的鉴别和分类标准确定、公布,并适时调整。

3. 生产、储存危险化学品的建设项目安全条件审查制度

国家对危险化学品的生产、储存实行统筹规划、合理布局。新建、改建、扩建生产、储存危险化学品的建设项目,应当由安全生产监督管理部门进行安全条件审查,同时对安全条件审查的实施程序作了明确规定。

4. 危险化学品安全生产许可证制度

危险化学品生产企业应当依照《安全生产许可证条例》的规定,取得危险化学品安全生产许可证。

5. 生产、储存危险化学品单位的义务

生产、储存危险化学品的单位应当根据其生产、储存的危险化学品的种类和危险特性,在作业场所设置相应的监测、监控、通风、防晒、调温、防火、灭火、防爆、泄压、防毒、中和、防潮、防雷、防静电、防腐、防泄漏以及防护围堤或者隔离操作等安全设施、设备,并按照国家标准、行业标准或者国家有关规定对安全设施、设备进行经常性维护、保养,保证安全设施、设备的正常使用。

6. 危险化学品安全使用许可制度

使用危险化学品从事生产并且使用量达到规定数量的化工企业(属于危险化学品生产企业的除外),应当取得危险化学品安全使用许可证。

对于危险化学品安全使用许可证的适用范围,有两个方面的限制规定:一是企业性质的限制,即必须是使用危险化学品从事生产的化工企业;二是使用量的限制,即使用量必须达到规定的数量标准。同时具有这两种情形的企业,才需要

取得危险化学品安全使用许可证。使用危险化学品从事生产的企业,有的本身就属于危险化学品生产企业,依法需要取得危险化学品安全生产许可证。为避免重复许可,这类企业不需要再取得危险化学品安全使用许可证。申请危险化学品安全使用许可证的化工企业,还应当具备下列条件:有与所使用的危险化学品相适应的专业技术人员;有安全管理机构和专职安全管理人员;有符合国家规定的危险化学品事故应急预案和必要的应急救援器材、设备;依法进行了安全评价。

7. 危险化学品经营许可制度

国家对危险化学品经营(包括仓储经营)实行许可制度。未经许可,任何单位和个人不得经营危险化学品。

从事危险化学品经营的企业应当具备下列条件:

(1) 有符合国家标准、行业标准的经营场所,储存危险化学品的,还应当有符合国家标准、行业标准的储存设施;

(2) 从业人员经过专业技术培训并经考核合格;

(3) 有健全的安全管理规章制度;

(4) 有专职安全管理人员;

(5) 有符合国家规定的危险化学品事故应急预案和必要的应急救援器材、设备。

8. 危险化学品内河运输安全管理制度

对内河封闭水域,由于与外界没有水源交换,一旦发生危险化学品事故,造成水体污染,危害后果很难消除,所以实行最严格的安全管理制度,禁止运输剧毒化学品以及国家规定禁止通过内河运输的其他危险化学品。对内河非封闭水域,由于其水体自然循环,有一定的自净能力,在严格采取确保运输安全措施的前提下,可以允许通过内河运输。但是,严格限制运输危险化学品的范围,具体由交通运输部、环境保护部、工业和信息化部、安全生产监管总局四个部门,根据危险化学品的危险特性、危险化学品对人体和水环境的危害程度以及消除危害后果的难易程度等因素,规定禁止通过内河运输的剧毒化学品以及其他危险化学品的范围。

9. 危险化学品登记制度

国家实行危险化学品登记制度,为危险化学品安全管理以及危险化学品事故预防和应急救援提供技术、信息支持。危险化学品生产企业、进口企业,应当向国务院安全生产监督管理部门负责危险化学品登记的机构办理危险化学品登记。危险化学品登记包括下列内容:

(1) 分类和标签信息;

(2) 物理、化学性质;

（3）主要用途；

（4）危险特性；

（5）储存、使用、运输的安全要求；

（6）出现危险情况的应急处置措施。

10．危险化学品事故应急救援制度

县级以上地方人民政府安全生产监督管理部门应当会同工业和信息化、环境保护、公安、卫生、交通运输、铁路、质量监督检验检疫等部门，根据本地区实际情况，制定危险化学品事故应急预案，报本级人民政府批准。危险化学品单位应当制定本单位危险化学品事故应急预案，配备应急救援人员和必要的应急救援器材、设备，并定期组织应急救援演练。危险化学品单位应当将其危险化学品事故应急预案报所在地设区的市级人民政府安全生产监督管理部门备案。

发生危险化学品事故，事故单位主要负责人应当立即按照本单位危险化学品应急预案组织救援，并向当地安全生产监督管理部门和环境保护、公安、卫生主管部门报告；道路运输、水路运输过程中发生危险化学品事故的，驾驶人员、船员或者押运人员还应当向事故发生地交通运输主管部门报告。

发生危险化学品事故，有关地方人民政府应当立即组织安全生产监督管理、环境保护、公安、卫生、交通运输等有关部门，按照本地区危险化学品事故应急预案组织实施救援，不得拖延、推诿。有关地方人民政府及其有关部门应当按照下列规定，采取必要的应急处置措施，减少事故损失，防止事故蔓延、扩大：

（1）立即组织营救和救治受害人员，疏散、撤离或者采取其他措施保护危害区域内的其他人员；

（2）迅速控制危害源，测定危险化学品的性质、事故的危害区域及危害程度；

（3）针对事故对人体、动植物、土壤、水源、大气造成的现实危害和可能产生的危害，迅速采取封闭、隔离、洗消等措施；

（4）对危险化学品事故造成的环境污染和生态破坏状况进行监测、评估，并采取相应的环境污染治理和生态修复措施。

危险化学品事故造成环境污染的，由设区的市级以上人民政府环境保护主管部门统一发布有关信息。

二、农药的安全管理

（一）农药的概念和种类

1．农药的概念

根据我国《农药管理条例》的解释："农药，是指用于预防、消灭或者控制危害农业、林业的病、虫、草和其他有害生物以及有目的地调节植物、昆虫生长的化学合成或者来源于生物、其他天然物质的一种物质或者几种物质的混合物及其制剂。”

2. 农药的种类

农药包括用于不同目的、场所的下列各类:

(1) 预防、消灭或者控制危害农业、林业的病、虫(包括昆虫、蜱、螨)、草和鼠、软体动物等有害生物的;

(2) 预防、消灭或者控制仓储病、虫、鼠和其他有害生物的;

(3) 调节植物、昆虫生长的;

(4) 用于农业、林业产品防腐或者保鲜的;

(5) 预防、消灭或者控制蚊、蝇、蜚蠊、鼠和其他有害生物的;

(6) 预防、消灭或者控制危害河流堤坝、铁路、机场、建筑物和其他场所的有害生物的。

(二) 农药安全管理的立法概况

我国对农药的管理非常重视,虽然尚无防治农药污染的专门法律,但是大量行政法规和部门规章的出台对防治农药污染环境起到了积极作用。这些行政法规和部门规章主要有:《农药安全使用规定》(1982 年 6 月 5 日公布)、《农药登记规定实施细则》(1982 年 9 月 1 日发布)、《农药毒性试验方法暂行规定》(1982 年 9 月 1 日发布)、《农药登记规定》(1984 年 4 月 10 日发布)、《农药安全使用标准》(1984 年发布)、《农药合理使用准则》(1984 年发布)、《农药管理条例》(1997 年 5 月 8 日发布,2001 年 11 月 29 日修订)、《农药管理条例实施办法》(1999 年 4 月 27 日发布,2002 年 7 月 27 日、2004 年 7 月 1 日修订)等。

(三) 农药污染防治的主要法律规定

1. 农药登记制度

国家实行农药登记制度。生产(包括原药生产、制剂加工和分装,下同)农药和进口农药,必须进行登记。

2. 农药生产的规定

开办农药生产企业(包括联营、设立分厂和非农药生产企业设立农药生产车间),应当具备下列条件,并经企业所在地的省、自治区、直辖市工业产品许可管理部门审核同意后,报国务院工业产品许可管理部门批准;但是,法律、行政法规对企业设立的条件和审核或者批准机关另有规定的,从其规定:

(1) 有与其生产的农药相适应的技术人员和技术工人;

(2) 有与其生产的农药相适应的厂房、生产设施和卫生环境;

(3) 有符合国家劳动安全、卫生标准的设施和相应的劳动安全、卫生管理制度;

(4) 有产品质量标准和产品质量保证体系;

（5）所生产的农药是依法取得农药登记的农药；

（6）有符合国家环境保护要求的污染防治设施和措施，并且污染物排放不超过国家和地方规定的排放标准。

农药生产企业经批准后，方可依法向工商行政管理机关申请领取营业执照。

国家实行农药生产许可制度。农药生产企业应当按照农药产品质量标准、技术规程进行生产，生产记录必须完整、准确。

3．农药经营的规定

下列单位可以经营农药：

（1）供销合作社的农业生产资料经营单位；

（2）植物保护站；

（3）土壤肥料站；

（4）农业、林业技术推广机构；

（5）森林病虫害防治机构；

（6）农药生产企业；

（7）国务院规定的其他经营单位。

经营的农药属于化学危险物品的，应当按照国家有关规定办理经营许可证。

农药经营单位应当具备下列条件和有关法律、行政法规规定的条件，并依法向工商行政管理机关申请领取营业执照后，方可经营农药：

（1）有与其经营的农药相适应的技术人员；

（2）有与其经营的农药相适应的营业场所、设备、仓储设施、安全防护措施和环境污染防治设施、措施；

（3）有与其经营的农药相适应的规章制度；

（4）有与其经营的农药相适应的质量管理制度和管理手段。

4．安全使用农药的规定

超过产品质量保证期限的农药产品，经省级以上人民政府农业行政主管部门所属的农药检定机构检验，符合标准的，可以在规定期限内销售；但是，必须注明“过期农药”字样，并附具使用方法和用量。

县级以上各级人民政府农业行政主管部门应当根据“预防为主，综合防治”的植保方针，组织推广安全、高效农药，开展培训活动，提高农民施药技术水平，并做好病虫害预测预报工作。

使用农药应当遵守农药防毒规程，正确配药、施药，做好废弃物处理和安全防护工作，防止农药污染环境和农药中毒事故。

使用农药应当遵守国家有关农药安全、合理使用的规定，按照规定的用药量、用药次数、用药方法和安全间隔期施药，防止污染农副产品。剧毒、高毒农药不得用于防治卫生害虫，不得用于蔬菜、瓜果、茶叶和中草药材。

思考题

1. 简述大气污染物排放总量控制制度。
2. 简述水污染防治的标准和规划。
3. 简述海洋环境管理体制的法律规定。
4. 固体废弃物污染防治的“三化”原则是指什么?

推荐阅读

1. 张梓太主编:《环境与资源保护法学》,北京大学出版社 2007 年版。
2. 吕忠梅:《环境法》,高等教育出版社 2009 年版。

第三编

自然资源法

第十一章 自然资源法概述

【导言】

自然资源法是环境与资源保护法学的重要组成部分。自然资源对环境以及人类社会的生存和发展意义重大。自然资源的若干理论问题是自然资源立法和理论研究的基础。自然资源法是指调整在自然资源开发利用、保护和管理过程中所发生的各种社会关系的若干法律规范的总称。本章主要就自然资源以及自然资源法的基础理论问题进行论述,包括自然资源的概念、分类、特征,自然资源与人类社会,自然资源与法等。

第一节 自然资源概述

一、自然资源的概念

自然资源由“自然”和“资源”两部分组成,其中“资源”一词处于中心位置,成为对自然资源进行内涵界定的基础。因此,对自然资源概念的分析,应首先从“资源”一词入手。从语义上分析,“资源”的基本含义是指资财的来源。[①] 不难看出,上述看似简单的定义却因其在内涵和外延方面的不确定性,使得难以对“资源”一词进行准确的把握和定性。针对该问题,有学者提出,“资源”一词是具有向度(dimension)的一个观念,一种物质被称为“资源”是有时间、社会制度、目的与手段设计及技术的向度的。[②] 也就是说,对“资源”一词的把握和认识必须是在外部条件既定的前提下,根据研究的需要确定其意义的归属,只有这样才能有效避免在认识中的混淆。这实际上也为对自然资源含义的理解提供了一个有益的可供遵循的思路。

根据“资源”一词的基本含义,可以简单地认为自然资源主要是指自然界中资财的来源,主要是指在自然界中可以为人类带来财富的自然条件和自然要素,如土地、水、矿藏、森林、草原、野生动植物、阳光、空气等。根据“资源”一词含义的向度要求,对自然资源的认识也必须基于特定的前提和条件。首先,在技术方

---

① 参见《辞海》,上海辞书出版社1989年版,第2122页。

② 参见于宗先主编:《经济学百科全书(第七编)·人力资源、资源经济学、农业经济学》,台湾联经出版事业公司1986年版,第2422页。

面,随着人类社会科学技术水平的不断提高,对自然资源开发利用的深度、广度和精度也在不断扩大。比如在人类历史上,结构材料曾经历过多次变化,起初青铜代替石头,铁代替青铜,后来钢又代替铁,现在铝和强化的塑料正在取代钢做某些结构原料,[①]这从一个侧面有力地说明了技术能力与自然资源的密切相关性。其次,在经济方面,经济能力的强弱也在一定程度上影响着对自然资源的开发利用程度。比如,尽管地球的两极地区蕴涵了世界上绝大多数的淡水资源,但由于开采和运输的成本问题,它们目前还不能成为世界大多数国家的淡水来源。还有,公共决策和制度的因素也会在一定程度上对可开发利用的自然资源范围产生影响。比如目前世界上有些国家或地区出于多种考虑,往往在一定时间和空间内对某些种类的自然资源进行封存,这已经成为当前国际社会一种比较通行的做法,姑且不对此进行优劣评价,但这种做法本身势必对自然资源所涵盖的外延产生明显的影响。除了上述因素之外,还会有其他的外部条件对自然资源的认识和了解产生不同程度的影响,应该根据不同研究的目的和需要对自然资源进行理论上的合理定位。

除此之外,在对自然资源的理解方面还有一个需要指出的问题,就是目前对自然资源的认识主要还是从经济角度出发的,体现出明显的实用主义的价值倾向,这种认识问题的思路无疑是片面的。把自然资源界定为自然界中可以为人类带来财富的来源,这只是从社会的角度对自然资源的一种定义方式,但这并不意味着为人类社会提供财富是自然资源的唯一存在价值,从某种程度上来说,自然资源对于自然界的生态价值与功能更能体现其内涵的质的规定性。因此,对自然资源的认识和把握,必须摆脱实用主义的影响,重视自然资源的生态价值与功能。只有以自然资源的经济与生态双重属性为起点,所展开的相关制度设计才可能是科学和有效的,否则一切的理论分析和论证必将偏离正确的方向。

二、自然资源的分类

自然资源是一个外延非常宽泛的概念,为保证针对性的研究能够得以顺利展开,并为围绕自然资源衍生的各种开发利用和保护行为设置合理的制度规范,应该根据研究的需要,依据不同的划分标准,对自然资源进行多种科学分类。

以自然资源的自然赋存条件为标准,可以将其分为地下资源和地表资源两类。地下资源又称“地壳资源”,主要是指赋存在地表以下的金属、非金属原料资源和石化燃料资源,包括铝、铁、石油、煤炭、天然气等;地表资源又称“生物圈资源”,主要是指构成地表生物圈的自然因素和自然条件,包括土地、水、气候、生物资源等。

---

① 参见肖乾刚主编:《自然资源法》,法律出版社 1992 年版,第 1 页。

以自然资源的再生程度为标准，可以将其分为可再生资源、不可再生资源和恒定资源三类。第一类，可再生资源，主要是指那些基于自身特质，在适宜的外部条件中具有自我更新和恢复能力的自然资源形态。根据再生能力的不同特点，可再生资源又可分为两种：一种是生物资源，主要表现为由动物、植物、微生物及其与周围环境相互作用形成的不同层次的生态系统，如森林、草原、野生动物群落等。生物资源的再生能力来自于其自身的生命力，只要外部条件适宜，其自身的繁衍与进化即可形成生生不息的生命过程，维持生态系统和生物物种的持续存在。另外一种是非生物资源，比如土地、水等，它们虽然没有生命，但具备在一定条件下进行恢复和更新的客观规律，只要人类的活动不破坏这些规律，同样可以保证对这些非生物资源的循环使用。第二类，不可再生资源，主要是指那些经历过若干地质年代形成，在人类可预期的时限内无法再生，并随人类开发强度的增大而趋于枯竭的资源，主要包括各种金属和非金属矿物以及石化燃料矿物。尽管不可再生资源在人类社会的发展史上曾经并正在发挥着不可替代的支持作用，但这类资源没有生命力，也没有再生能力，而且其总储量正随着开发利用而逐渐耗竭。因此，如何加强对不可再生资源的合理利用并尽可能延长其使用期限，是当前摆在人类面前的一个重要课题。第三类，恒定资源，是指那些在自然界大量存在，而且在人类可预期的时限内无论怎么利用，都不会引起数量减少的自然资源类型。太阳能即为一种典型的恒定资源。对于恒定资源，应不断扩大对其开发利用的效率和范围，逐步增加其在整个自然资源利用过程中的比例。

自然资源还可以按照其存续状态划分为存量资源和流量资源；按照其对人类社会的用途划分为工业资源、农业资源、旅游资源等；按照其基本属性划分为土地资源、水资源、矿物资源、生物资源等。究竟采用如何的分类标准，主要取决于研究的目的与要求。

就自然资源法而言，对自然资源的分类研究将对自然资源开发利用的有关行为规范设计及单行法的形成产生积极的影响，但这种分类研究"并不意味着按自然资源品种进行立法并构建法律制度就是可取的"[①]。因此，虽然基于不同自然资源类型开发利用的特殊性进行特殊的法律规则设计是必要的，但自然资源赋存的整体性与关联性决定了统一的法律规范也是必需的。这个问题在一定程度上存在于我国目前的自然资源立法中，单行法的迅速发展和综合性立法的欠缺，导致了我国自然资源法制的结构性失衡，这一点应是在今后自然资源法的理论研究和立法实践中必须予以着力解决的重要问题。

---

① 肖国兴、肖乾刚：《自然资源法》，法律出版社 1999 年版，第 15 页。

三、自然资源的特征

自然资源的特征是一种规律性的存在,它不仅从根本上决定了人类对自然资源进行开发利用及保护的内容和方式,同时更是自然资源法进行法律制度构建的起点和内在的决定性因素。因此,应当从不同角度出发,对自然资源的特征进行较为全面的把握和认识。

(一)自然资源的自然性

从根本上来说,自然资源都是不依赖于人类的主观意识而客观存在于自然界的自然要素和自然条件,它们的产生、发展和变化都必然遵循一定的自然规律,而不以人的意志为转移。尽管人类社会对自然资源开发利用的深度和广度在不断地拓展,在一定程度上使得自然资源的赋存和利用越来越多地带上了人化作用的烙印,但对自然资源而言,从根本上对其演变起决定性作用的依然是自然规律,人类围绕自然资源展开的各种社会经济活动只是对自然规律的认识和掌握,对自然规律的违背只能带来灾难性的后果,当前所面临的严峻的自然资源形势就很好地说明了这个问题。同时,自然资源的自然性还决定了尽管自然资源是人类社会财富的来源,但它们并不凝结必要的社会劳动,从某种意义上来说自然资源是大自然对人类社会的恩赐,这就使其区别于一般的物和社会财富,再加之自然资源本身所具有的在质、量、形态、时间、空间等上的多种自然属性,使得将其纳入法律调整的范围必然困难重重。所以,相对于传统的法律部门,自然资源法的理论创新与进化也就成为必然。

(二)自然资源的社会性

尽管自然性是自然资源存在的基础,但围绕着对自然资源的开发利用,自然资源的社会性也日益明显。这主要是因为,虽然人类围绕自然资源展开的各种社会经济活动只是对自然规律的认识和掌握,但这个对自然规律认识和掌握的过程却是一个社会过程,在这个过程中,社会个体及群体的主观能动性在发挥着积极的推动作用。尤其是人类进入工业社会之后,随着社会需求的不断扩大和经济技术水平的逐步提高,越来越多的自然资源要素被纳入社会生产的循环过程中,这不仅为人类社会的发展进步提供了有力的支撑,同时也衍生出诸多负面的社会影响,比如自然资源的浪费与破坏、环境污染等社会经济发展过程中的外部性问题,正是这种情况的存在,才逐步产生了对自然资源进行法律调整的社会需求。因此,必须重视当今社会对自然资源越来越深入的社会性影响,这也是自然资源与法律的基本连接点之一。

(三)自然资源的整体性

虽然可以从不同的角度对自然资源进行多种分类,但对于自然赋存状态中的自然资源而言,它们之间有着相互的、内在的和有机的联系,是一个赋存相连的统一整体,共同构成自然环境不可分割的组成部分。自然资源的整体性在两个方面表现得尤为明显。首先,不同自然资源类型存在形态的相连性。森林、河流、矿藏、草原、野生动物等多种自然资源都附着于土地之上或蕴涵在土地之中,其中的任何一种都不可能独立存在,任何一种自然资源类型的存在都为其他自然资源提供了存在的物质基础和前提,从而形成了一种共生共存的相互关系。其次,不同自然资源类型功能的相关性。在自然的生态系统中,各种自然资源的功能是相互影响、相互制约和相互促进的,其中任何一种自然资源的变化,都必将对其他自然资源的存在和功能发挥产生影响,甚至影响到整个生态系统的正常运行。比如在一个生态系统中,森林资源的变化将直接影响到与之相关的土地、草原、河流、野生动植物等多种自然资源类型的存在状态和功能发挥的程度。因此,自然资源整体性特征所决定的其存在形态的相连性和功能的相关性,要求我们必须用整体和系统的观念看待自然资源,在相关的法律规范设计上也应该有整体性,并以此为基础,不断推动自然资源立法的体系化发展。

(四) 自然资源的相对性

面对人类社会日趋增长的需求,如何对当前乃至未来自然资源供给的总体状况作出一个合理的判断与评价,将直接影响到自然资源法学研究的理论定位和相关立法实践的基本思路。对这个问题的认识应把握两个方面。首先,绝大部分自然资源的存量是有限的。对于不可再生资源来说,其形成的地质年代过程远远超过人类社会的预期时限,因此就现有的不可再生资源而言,只能是越用越少;对于可再生资源来说,其再生能力的维持和实现是需要一定条件的,而人类社会对自然资源开发利用的扩张性倾向往往会削弱甚至破坏可再生资源的自我更新和恢复能力,导致可再生资源数量和质量的长期性衰落。其次,自然资源的供给能力在一定程度上也具备拓展的可能。随着人类社会经济技术水平的不断提高,人类对自然的认识和了解能力也在不断增强。人类一方面会对现有的自然资源的开发利用方式和内容进行不断改进,提高对自然资源的利用效率,另一方面还会不断发现新的自然资源形态,不断扩大对自然资源开发利用的领域和范围,通过这两方面的努力有效拓展自然资源的供给能力。将自然资源的有限性和拓展性结合起来看,自然资源在供给上是具有明显相对性的,既存在不利因素,同时也有有利因素。因此,围绕自然资源的各种制度设计就要充分调动人类的主观能动性,尽量克服不利因素,充分发挥有利因素,尽最大可能保持自然资源的稳定赋存和持续供给。

四、与自然资源相关的概念

(一) 自然资源与环境

自然资源与环境是相互之间联系非常密切的两个概念,如何看待和处理二者之间的相互关系不仅至今没有定论,而且已经成为一个颇有争议的问题。有些学者认为,环境是一个上位的概念,自然资源应该包含其中,这一点无论是在理论上还是在现实的立法实践中都是可以找到明确依据的。[①] 对于这样的观点,也有学者针锋相对地指出,虽然从资源与环境的整体性出发,将自然资源作为环境结构和要素,有利于从宏观上准确理解可持续发展的丰富内涵,但从现行各国的决策上看,资源对策与环境对策尚未形成统一的行动,特别是资源利用与环境保护的同一规范机理尚待研究,这种观点在决策上的应用价值还需要验证。而且,从资源问题与环境问题的成因上看,前者为因,后者为果,将二者或者并入自然资源,或者并入环境都可能带来形而上学的思考,不利于对这一问题的理解。[②]

之所以在认识上产生如此明显的差异,其根本原因在于,对于人类社会而言自然要素的多功能性及由此所导致的开发利用的多目标性。实际上,无论自然资源也好,环境也好,其不同称谓的共同指向只有一个,那就是自然要素,但由于同一自然要素自身所具有的多功能性,人们往往从不同的用途出发对其有不同的称谓。就目前的认识水平和思维定式而言,就同一种自然要素,如果是从经济和实用的角度考虑,就会将其称为“自然资源”,而如果是从生态效用的角度出发,则会将其称为“环境”。比如就森林来说,如果考虑到其提供木材的作用时,一般将其作为森林资源,而如果是从涵养水源、保持水土、净化空气的角度出发,那就会将其称为森林环境。因此,自然资源或者环境仅是人们从不同角度出发对同一自然要素的不同称谓,二者既不相互包容,也不截然对立,而且随着社会发展模式的生态化转向,自然要素的经济和生态效用被结合的程度越来越紧密,环境与自然资源的融合趋势也越来越明显。比如,有学者指出:“环境容量在很大程度上是一种可再生资源。”[③]所以,对自然要素采用环境或自然资源的称谓只是出于现阶段不同角度研究的需要,并无实际意义。

(二)自然资源与资源产品

自然资源与资源产品是两个既相互联系又有明显区别的概念。一般来说,自然资源是指处于自然赋存状态下的各种自然要素,比如森林、矿藏、河流、草原等;而资源产品则专指那些通过人力介入对自然资源开发利用而形成的产物,比如对矿藏发掘得到的矿产品、采伐森林所得到的木材、从天然河流中取得的水等。尤其对自然资源法的研究而言,对自然资源和资源产品的区分必须特别注意,因为在自然资源法的有关规定中,自然资源和资源产品的权属主体范围是不

---

① 参见韩德培主编:《环境保护法学教程》,法律出版社2003年版,第3页。

② 参见肖国兴、肖乾刚:《自然资源法》,法律出版社1999年版,第1页。

③ 中国科学院可持续发展研究组:《2002年中国可持续发展战略报告》,科学出版社2002年版,第118页。

同的。在我国,大多数自然资源的所有权都是属于国家的,而且禁止流转,但资源产品的所有权主体却是可以多元化的,并且还是可以流转的。所以,必须对自然资源和资源产品进行明确的区分。

第二节　自然资源与人类社会

一、自然资源与人类社会的相互作用与影响

人类社会在不断发展进化的过程中,时刻在与大自然进行着物质交换、能量循环和信息传递,正是在这种不间断的相互作用的有力推动下,人类社会才得以不断发展和进步,而各种类型的自然资源则构成了人类社会与自然界相互作用与影响的基本物质载体。所以,在某种意义上完全可以认为,人类社会的文明史实际上也是一部人类社会对自然资源开发利用的历史。因此,无论是在过去、现在和将来,自然资源与人类社会的相互作用与影响都将成为人类社会发展进步过程中一个引人注目的主要方面。

基于人自身所具有的主观能动性,在人类社会与自然资源的相互影响过程中,首先表现为人对自然资源的开发利用及保护等各种人化作用的介入,而自然资源也会逐渐表现出一些直接或间接的对人类社会的反作用,这种反作用可能是积极的,但也可能是消极的,在很大程度上它取决于人类社会对自然资源开发利用的规模和水平,以及对自然规律的认识掌握程度和科学技术的发展水平。

在近代工业革命之前漫长的农业社会中,低下的社会生产力发展水平决定了在那个阶段对自然资源的开发利用也处在一个相对较低的水平。与当时的社会生产方式相应,对自然资源的开发利用主要体现为游牧、渔猎、采集、耕种等途径。正是这种相对低下的开发利用水平决定了当时人类社会对自然资源的需求在总体上不可能超出自然资源的供给能力,因此,在农业社会中,自然资源的供需状况总的来说是平衡的。在人类社会进入工业社会之后,科学技术水平的发展日新月异,人类社会可以更广泛、更深入地获取自然资源,而且不断通过对自然资源自身形态和性质的改变来满足对其开发利用的不同目标和需求。以对自然资源深入和全面的开发利用为依托,人类社会创造了辉煌的工业文明,但这同时也决定了人类社会对自然资源开发利用的广度和深度在不断拓展,并且已经在总体上接近了自然资源对人类社会供给的极限。当前日趋严峻的环境资源局势即为自然资源在总体上供求濒临失衡的显著表现,同时也是自然资源对人类社会掠夺性开发利用的反作用表现。长此以往,必然导致自然资源在总体上的衰落与耗竭,而如果失去自然资源的物质支撑,人类社会也将不复存在。

因此,对于自然资源与人类社会的相互作用与影响必须进行全面的理解和评价,它既可能表现为良性的相互促进,也可能表现为破坏性的恶性循环,何去何从,最终还是取决于人类自身的选择。社会的发展与进步是必然的,但也必须充分考虑自然资源的承载能力和容量,人自身主观能动性的发挥应以对自然规律的认识和掌握为基础,通过对自然资源开发利用指导思想和行为方式的不断优化,逐步形成人类社会开发利用与自然资源供给相互促进的良性循环。

二、自然资源与可持续发展

工业社会之后,伴随着社会化工业生产向纵深发展,经济增长的负面效应日益显现,20 世纪 60 年代末在工业化国家相继出现重大的污染和公害事件,各种自然资源也逐步呈现出整体的退化趋势,此时,“人类环境的问题,不是如同平常所理解的仅仅是自然环境因素如空气、水、土地的恶化问题,而是一个当前人类的社会经济发展方向和发展模式与地球生命支持能力相悖的问题。”①于是,在对传统生产与发展方式反思的基础上,国际社会提出了可持续发展理论。

由挪威首相布伦特兰领导的世界环境与发展委员会在 1987 年 4 月发表了报告《我们共同的未来》,正式提出可持续发展的战略和理论,指出“可持续发展是既满足当代人的需要,又不对后代人满足其需要的能力构成危害的发展”②。到目前为止,这一最初起源于协调经济发展与环境保护的理论范畴逐步被赋予了越来越丰富的内涵,其适用范围也遍及经济、文化、人口、教育、科技发展等不同的社会领域。但无论从哪个角度对可持续发展进行理解,可持续利用的自然资源都是实现可持续发展的基本前提,也是社会中各种经济产业和文明形态得以存在和发展的决定性物质因素。

但是,对于任何国家来说,能够有效开发利用的自然资源都是有限的,尤其对于我国这样一个人口大国,自然资源的问题就显得更为突出。长期以来,由于观念、体制等方面的原因,本来就十分有限的自然资源已经遭到了过度的开发利用,并由此带来了严重破坏。当前,面对庞大的人口基数和处于工业化初期的经济发展要求,在我国资源开发利用过程中依然普遍存在着承载能力低、开发利用效率低、资源后续产业物耗高等问题。③ 我国原本就不容乐观的自然资源形势显得更加严峻,在某种程度上已经威胁到了我国社会经济发展的自然物质基础。在这样的情况下,对可持续发展的贯彻只能是一句空话。

---

① 王曦编著:《国际环境法》,法律出版社 1998 年版,第 9 页。

② 世界环境与发展委员会:《我们共同的未来》,吉林人民出版社 1997 年版,第 52 页。

③ 参见付英、程绪平:《构建适应保护资源的政策法律新框架》,载《中国人口环境与资源》2001 年第 1 期。

因此,尽管实现可持续发展战略是一个庞大的社会系统工程,然而对自然资源持续供给的有效保证无疑在贯彻可持续发展的过程中处于基础性的地位。但是,自然资源赋存的总量是有限的,而社会经济发展对自然资源的需求却在不断地扩张,这就决定了必须在遵循自然规律的基础上进行有效的法律制度和规则设计,以法律的调整和规范不断优化社会对自然资源的开发利用和保护方式,逐步提高对自然资源开发利用的效率与水平,力争实现自然资源需求与供给的动态平衡,在保证自然资源稳定和持续供给的前提下,不断推动社会的进步与发展。应该说,这是贯彻与实现可持续发展战略的基本起点。

三、自然资源的合理开发利用

对自然资源的开发利用是人类社会发展与进步过程中的基本环节,也是人类社会与自然界之间进行物质交换、能量循环和信息传递的主要方式,因此,对自然资源进行开发利用的意义对人类社会来说是不言而喻的。但是,对自然资源的开发利用并不是可以盲目或任意进行的,应该是以掌握自然资源存在和发展的基本规律为前提,对其进行合理的开发利用,尽可能保证对自然资源的开发利用活动不对其赋存和演变产生负面影响,力争形成经济发展与自然资源开发利用之间良好的互动关系。基于不同类型自然资源自身属性和对开发利用要求的不同,对其进行合理开发利用的方式和途径也不一样,需要区别对待。

对可再生资源的合理开发利用应遵循两个基本原则:其一,维持和增强可再生资源的再生能力;其二,对可再生资源的开发利用速度不得超过其再生速度。这两个方面既有区别又有联系,只有在这样的指导思想下,才能保证对可再生资源的持续利用,并实现对经济发展与生态平衡的兼顾。对可再生资源合理开发利用的具体方式和途径有:第一,优化利用。自然资源的多功能性决定其必然在经济、生态和社会等不同领域同时具有多种用途,因此需要结合考虑自然资源自身的特点和外在的现实需求,优化对自然资源的开发利用的方向和方式,实现自然资源效能发挥的最大化。第二,适度利用。可再生资源的再生能力是有限的,因此对可再生资源的开发利用必须适度,把开发利用的速度和范围控制在可再生资源的再生能力之内,这样才不至于对可再生资源的再生能力形成破坏,从而实现对可再生资源的持续利用。第三,整体利用。可再生资源的自然赋存和功能往往表现为互相联系和互相影响的整体,这决定了对可再生资源的开发利用不能仅仅以个别自然资源类型用途的实现为出发点,而必须着眼于不同区域内可再生资源的整体,实现自然资源的整体功能效益。

对不可再生资源的合理开发利用也应遵循两个基本原则:其一,提高不可再生资源的开发利用效率;其二,延长不可再生资源的开发利用期限。以此思想为指导,对不可再生资源(主要是指矿产资源)合理开发利用的具体方式和途径有:第一,综合利用。矿产资源中的许多种类是伴生或共生的,即同一区域蕴藏着多种矿产资源,对于许多伴生矿应同时或连续开采,不应只开采其中的一种或几种,应同时或连续冶炼,提取所有可能提取的矿产品。第二,最优利用。当同一种产品能从多种资源中提取,或能从一种资源中提取多种产品时,从哪一种资源中提取,或提取哪一种产品,不仅应考虑技术和经济效益的合理性,还应考虑资源的蕴藏量和开采能力,对于蕴藏量少的矿产应尽量采用替代资源,使资源能用于最需要的用途。① 第三,重复利用。不能把已经开发利用过的矿产资源当作废物,因为不同的社会生产环节对矿产资源的用途要求是不一样的,某些经济活动开发利用过的矿产资源完全可能在其他生产环节中被用作生产原料。应该加强对矿产资源的多次利用和重复利用,这是提高对矿产资源的开发利用效率并延长开发利用期限的重要途径。第四,拓展利用。针对不可再生资源存量的有限性,要依托不断进步的现代科学技术手段加强对其拓展利用。一方面要扩大对现有矿产资源的利用范围,拓展矿产资源新的功能和用途,并加强对贫矿、深矿、边远矿、海洋矿等开采技术难度大的矿产资源的开发利用,另一方面要加强对新矿藏的寻找和勘探工作,扩大矿产资源的赋存总量。加强对矿产资源的拓展利用,是充分发挥人类的主观能动性,提高对矿产资源的开发利用效率并延长开发利用期限的基本实现方式。

恒定资源是在自然界中大量存在,无论如何使用其总量也不会减少且无污染或少污染的资源,如太阳能、风能等。从理论上讲,恒定资源的开发利用可以最理想地保证人类对自然资源的需求。然而,人类利用恒定资源的经济技术水平有限,开发利用量也极为有限。因此,对恒定资源合理开发利用的具体方式和途径有:第一,规模利用。恒定资源的利用主要是作为能源、动力,其自身化学、物理性质和结构决定了其只有形成一定规模才具有开发价值,如太阳能最大功率每小时才 1000 瓦。第二,及时利用。恒定资源如果当时未加工利用、收集或储存,过后就再也得不到。②

四、自然资源的保护

自然资源的保护主要是针对自然资源的过度开发利用以及由此所导致的自然资源在质和量两方面的减损和破坏。对于自然资源,人类社会首先着眼于如何通过开发利用为自身所用,这原本也无可非议,但追求经济效益最大化所必然具有的强烈扩张性,决定了对自然资源的开发利用往往忽视对自然资源自身的养护,这不仅容易造成对自然资源社会经济功能之外的其他功能的破坏,而且最

---

① 参见肖乾刚主编:《自然资源法》,法律出版社 1992 年版,第 9 页。

② 参见肖国兴、肖乾刚:《自然资源法》,法律出版社 1999 年版,第 17 页。

终会导致自然资源自身的数量和质量在整体上的衰落。因此,对自然资源的保护就是要克服和纠正在自然资源开发利用过程中对自然资源自身所带来的负面作用和影响,通过采取各种有效措施维持和强化可持续利用的自然资源基础,在保持生态平衡的前提下,保证社会经济发展对自然资源合理需求的满足。

随着对自然规律认识的不断深入,有关自然资源保护的指导思想也在不断地发生着变化。最初产生自然资源保护的观念,主要是针对工业革命之后伴随经济的飞速发展而对自然资源严重的掠夺性开发和破坏,因此当时提倡的是严格的和禁止性的静态保护,主要表现为保留、封存等措施,这种局面的出现决定于当时的自然资源态势和人类认识水平,从根本上反映的是经济发展与自然资源保护之间的对立和矛盾。但随着社会的不断发展进步,人们逐渐认识到,自然资源本身也不是处于静止和一成不变的状态,它也在遵循着一定的规律不断地发展和演变,因此对自然资源的保护也不能仅局限于静态的和禁止性的措施,在认识和掌握自然规律的基础上,可以通过人化作用对自然资源的介入恢复、强化和发展自然资源,在一定程度和范围内实现自然资源质的提高和量的扩张。所以,对自然资源保护的指导思想也应逐步实现"从静态保护到动态发展,从经济性开发到生态建设"的战略性转变。

在此需要特别指出的是,必须科学看待和处理自然资源保护与开发利用的相互关系。从根本上来说,对自然资源的保护与开发利用并不矛盾,它们是一个问题的两个方面,共同存在于人类社会与自然资源相互作用的同一过程之中。一般认为,对自然资源的开发利用主要着眼于自然资源的社会经济属性,而对自然资源的保护则更为看中其自然生态功能。但实际上自然资源的经济属性与生态功能并不截然对立,而在根本上相互依存、密切相关,而且伴随着当前社会经济的生态化转型,经济效益与生态效益的共生与共存表现得更为明显,要求对自然资源的开发利用必须考虑对其生态功能的保护和发展,而对自然资源的保护也应在一定程度与范围内形成经济方面的约束与激励机制。有学者提出,对自然资源而言,"明智的利用蕴涵着保护"①,那么同时也可以认为,有效的保护实际上也保证了对自然资源的持续开发利用。

第三节 自然资源与法

一、自然资源日益显著的社会属性

一般而言,对自然资源的基本属性认识往往是建立在其自然生态属性的基

---

① 戴星翼:《走向绿色的发展》,复旦大学出版社 1998 年版,第 10 页。

础上,结合开发利用的需要强调其可用性。但这种认识基本上是把自然资源的可用性与自然属性密切相连,而排斥和否认其社会属性。寻根问底,对自然资源社会属性的忽略是在农业社会自然经济状态下的产物,并一直沿袭至今。然而自从人类进入工业社会之后,生产与生活方式已发生了根本性的变化,对自然资源影响的广度和深度也远非往昔可比。随着科技的进步与经济活动空间的扩张,越来越多的自然资源要素被纳入了社会再生产的进程,越来越多的人化作用介入自然资源的演化过程,自然资源的社会属性也日益明显。因此,必须对自然资源的社会属性予以充分的肯定,自然资源不再是“天赐物”或“天然财富”,而应从社会发展要素角度对其进行定位,并全面分析其社会属性的主要特征构成,为对其进行社会性的法律调整设定前提。

(一) 自然资源的稀缺性

“稀缺”(scarcity)描述的是社会的一种常态:物品是有限的,而需要则总是无限的。[①] 需要和满足之间的差距形成了稀缺,它实质上反映的是物品的赋存及生产与需求之间的矛盾,围绕该矛盾的解决,政治的、经济的、法律的等诸多社会机制应运而生,社会进步也同样是一个在众多合理分配稀缺物品的制度设计中进行取舍与选择的过程。如果没有稀缺性的存在,那么大多数经济与法律制度的规范和约束都将因前提条件的不具备而丧失其存在的必要性。反过来说,如果针对稀缺的物品缺乏相应的制度设计,那将必然导致物品消费与使用的混乱无序,最终可能形成对社会公认的公平及效率等价值判断标准的威胁。

从某种程度上来说,目前的自然资源状况是上述情形的典型写照。在通常的观念中,对自然资源的丰裕程度的理解往往是建立在“取之不尽,用之不竭”的指导思想之上,而且往往把自然资源的自然供给和社会的经济再生产视为两个独立的过程,在经济发展的同时将自然的承载与支撑视为当然,这种认识上的偏差是形成当今自然资源严峻形势的重要原因之一。面对日益严重的自然资源危机,已经引起了诸多反思,自然资源稀缺观念的形成应首当其冲。

自然资源的稀缺性是一个历史的概念。在不同历史时期,自然资源满足社会经济发展和进步的程度也不相同。从根本上说,自然资源的赋存总量是相对确定的,之所以会在不同阶段表现出满足程度的差异,这主要和当时生产力发展水平以及由此决定的对自然资源的阶段性需求总量有关。而且,在工业社会之前的大多数社会形态中,因受科学技术水平及人口等因素的影响,即使在某个历史时期特定的区域会出现地区性的自然资源供给短缺,但也并不表明当时就出现了自然资源在总体上的稀缺,因为人们往往通过迁徙等方法就能解决这些局

① 参见〔美〕保罗·A.萨缪尔森、威廉·D.诺德豪斯:《经济学》(第14版)(上),胡代光译,北京经济学院出版社1996年版,第14页。

部性的问题。这也从另一个侧面表明,在当时,自然资源在总体上的供给是可以满足需要的,不存在稀缺的问题。自然资源稀缺性的真正凸现发生在工业革命之后,是各国相继进入现代工业社会的产物,关于社会化工业生产所带来的自然资源危机已不用更多的论据去证明。自然资源危机是其供给短缺的外在表现,实际上反映的是自然资源日益稀缺的现实。在这样的情况下,自然资源不可能只是单纯的自然要素,其稀缺性已经决定了它必然具有日益明显的社会属性,并且与社会的经济过程密切联系无法分离。自然资源法的稀缺性及其导致的对合理配置的实际需要,是促使自然资源法形成与出现的一个基本动因,这实际上也从一个侧面解释了现代意义上的自然资源法为什么产生于工业革命之后。

(二)自然资源与绿色核算体系[①]

从可持续发展的角度来看,传统的国民经济核算体系在进行资本与成本评估时在两方面存在着明显的缺陷:其一,它忽略了在自然资源方面出现的稀缺,而这已经危及经济发展所需维持的生产力水平;其二,它也忽略了主要由污染导致的环境质量下降,以及随之而来对人类健康和财富带来的影响,甚至一些用来维持环境质量的费用也被当作国民收入和生产的增加来加以核算,而实际上这些费用只应当作为社会的维持成本,而不能当成社会财富的增加。

因此,将自然(资源、环境)因素纳入国民经济核算,构建资源—经济—环境一体化的绿色核算体系,是当今人类社会制定和实现可持续发展战略最为重要的基础性工作之一,也是当今世界各国政府及理论界普遍关注的焦点问题。国际上从20世纪60年代,我国从1980年,就开始建立全面反映环境污染和环境治理水平的绿色统计报告制度。联合国统计机构在1988年提出了最初的宏观环境绿色核算体系框架,称为“环境与经济综合核算卫星体系”(SEEA)。

绿色核算体系的形成与建立,反映了当代社会人类对环境与自然资源价值和功能的再认识,其基本思路在于认为生态环境作为资产,能向生产者和消费者提供服务,比如向生产者提供自然资源以供生产使用,向消费者提供安静休憩区、自然景观等,这种服务会产生收入流,从而增加国民收入。但另一方面,由于环境污染和生态破坏等环境资源问题的存在,生产者和消费者的利益会受到直接或间接的损害。直接的损害包括生产者需要的自然资源的缺乏、质量下降等,以及消费者所承受的由于环境问题而造成的疾病痛苦等;间接的损害则是一种

---

① 关于绿色核算的详细内容可参见雷明:《绿色投入产出核算——理论与应用》,北京大学出版社2000年版,第1—24页。此方面研究类似的概念还有“绿色价格体系”“绿色国民账户”“自然资源核算”等,参见戴星翼:《走向绿色的发展》,复旦大学出版社1998年版,第151—181页;钱阔、陈绍志主编:《自然资源资产化管理——可持续发展的理想选择》,经济管理出版社1996年版,第172—213页。尽管在概念的使用上存在差异,但其基本的研究思路是一致的,即对传统的国民经济核算进行修正,将环境与自然资源成本视为社会成本的组成部分并将其纳入国民经济成本与资本的评估,确立集自然资源、经济和环境为一体的绿色核算体系。

机会成本，即一方对自然环境的占有，必然剥夺其他方对该资源的使用权利，当然这是在资源有限的情况下。从社会角度来看，这两种损害都会减少国内生产总值。因此，绿色核算就是要综合反映环境生态资产正负两方面的效应，并把它们纳入国民经济核算体系，从而调整现有的GDP以得出更为精确的GDP信息。

绿色核算的思想是以承认自然资源的社会属性为前提的，它实际上表明，自然资源作为社会生产要素的一种，在社会经济再生产的不同阶段充当了资产与成本的不同角色，自然资源的生产与消费已成为社会再生产过程不可分离的组成部分。因此，如何为自然资源设计合适的生产与运营机制，以尽可能扩大其资产含量并缩减其成本效应，应成为当前理论研究与实践关注的重点。

（三）自然资源与生产力的密切相关性

生产力是人类社会发展与进步最活跃、最根本的推动因素，然而在论及生产力与自然的关系时，却在相当程度上存在着一些认识上的偏差。通常认为，生产力是人类征服自然、改造自然的实际能力，是解决人与自然之间矛盾的客观物质力量。这就把生产力与自然对立了起来，将二者视为此消彼长的矛盾关系，应该说这种看法是片面的。

实际上，生产力与自然的关系是相互促进和协调一致的。可以以生产力的构成要素为切入点进行考察。生产力的构成包括两类：一类是劳动对象、以生产工具为主的劳动资料、劳动者这类独立实体性要素，其中，生产工具是生产力水平的标志，劳动者是最活跃的主导因素；另一类是非独立的附着性、渗透性因素，包括科学技术、劳动组织、生产管理、智力资本等。以构成生产力的独立实体性要素而言，无论是劳动者还是劳动对象和劳动资料，从始至终无一能够摆脱自然因素的决定与影响，这一点从人类的出现和进化或从旧石器时代开始的人类对生产工具的选择和改进等科学已经证明的演化历程都可以得到有力的佐证。再从生产力的实现入手，劳动者通过以生产工具为主的劳动资料为中介，对劳动对象施加人化作用的影响，从表面上看这一过程似乎是以劳动者的主观能动性为主，但实际上这是一个人类与各种自然资源进行物质交换、能量流动和信息传递的过程。只有构成自然资源的各种自然因素才是生产力得以形成和发展的物质依托，过去如此，而今依然，有所不同的是这一点在现在表现得更为突出和明显，自然资源与生产力的密切相关性也得到更加充分的证明。

生产力处在一定社会关系中并受到一定社会关系的制约，同时随着社会历史活动的变化而变化，这一点充分说明了生产力社会性的基本属性。而自然资源与生产力的密切相关性则以生产力为中介把自然资源的自然属性与社会属性有机地统一了起来。

二、自然资源的社会属性及其法律调整

上文充分论述了自然资源的社会属性，因为对自然资源社会属性的确认和明确是将其纳入法律发挥作用序列的基本前提。法律作为一种基本和重要的社会控制机制，主要是通过对社会关系的调整发挥其功能，保证和维持一定的社会秩序。所以，特定类型社会关系的形成和存在是法律有效发挥作用的前提条件，而且也只有形成一定的社会关系才会产生对法律调整的现实需求。自然资源显著的社会属性决定了围绕自然资源的开发、利用、保护和管理等各种社会活动必然产生多种社会关系，这是将自然资源纳入法律作用的范围并进一步促进自然资源法形成和出现的决定性因素。

在长期的历史发展过程中，相对低下的生产力发展水平决定了社会生产对自然资源利用的广度和深度都极其有限，人们对自然资源的认识和理解也往往仅局限于其自然属性。在这样的情况下法律对自然资源的作用范围也非常有限，仅限于那些便于人们开发利用而且财产属性明显的自然资源类型，土地资源即为其中典型的代表，除了土地之外的大多数自然资源类型比如河流、矿产、野生动植物等，在人们心目中基本上属于自然物，是根本无法纳入法律的作用范围的。而且即使法律对土地的分配和保护，也只是将其作为私有财产的一种，而不是将其作为自然资源来看待。在这样的情况下，法和自然资源之间缺乏必然的联系。

随着社会的发展进步和生产力水平的不断提高，自然资源与人类社会的相关性也在不断增强，围绕自然资源展开的各种社会活动逐渐增多，并日益生成与自然资源相关的各种复杂的社会关系，这使自然资源自身的社会属性也日益明确和显著。以此为前提，为保证形成与自然资源相关的稳定、合理的社会秩序，必然要求对围绕自然资源形成的各种社会关系进行必要的调整和规范。尽管存在多种社会关系的调整机制，但法律必然在其中占据优越的地位并对自然资源相关社会关系的调整和规范发挥基础性的作用。因此，正是自然资源显著的社会属性在自然资源与法之间建立的有机联系，使自然资源进入了法律发挥作用的领域和范围。

所以，在此需要明确指出的是，自然资源与法之间并不存在固有的必然联系，法律对自然资源作用的发挥只能是一个从无到有并不断发生功能变化的发展过程，在这个过程中，逐渐增强的自然资源的社会属性是一个决定性的推动因素，这在一定程度上也是自然资源法形成与发展的基本逻辑起点。

第四节 自然资源法的概念和调整对象

一、自然资源法的概念

自然资源法是调整在自然资源开发利用、保护和管理过程中所发生的各种社会关系的法律规范的总称。这是从内涵的角度出发对自然资源法作出的理论限定。从外延方面来看,自然资源法主要包括各种不同自然资源类型方面的法律,就我国现行的法律而言,主要有水法、土地管理法、矿产资源法、渔业法、森林法、草原法、野生动物法、水土保持法和防沙治沙法等,以及相关的行政法规、规章和地方性法规。

对自然资源法的认识和理解,至少应把握以下两个方面:

(一)自然资源法的调整对象是特定的社会关系

自然资源法调整的社会关系是在自然资源开发利用、保护和管理过程中所发生的各种社会关系,即自然资源社会关系。凡不与自然资源开发利用、保护和管理有关的社会关系,就不属于自然资源法的调整范围。应当指出的是,由于自然资源社会关系的综合性和复杂性,在对其进行判断和取舍时不应受传统法学思维定式的局限,因为在自然资源社会关系中,既包含了横向的财产关系和交易关系,同时还大量存在纵向的管理关系,在同一个法律领域纵向和横向社会关系的并存,已经超越了在传统法学理论中以公法和私法的划分为基础所形成的部门法对社会关系的选择与取舍。因此,在对自然资源法的调整对象作出判断时,只需分析和考察该社会关系是否形成于自然资源开发利用、保护和管理的过程之中,至于其是横向的还是纵向的,其归属于公的范畴还是具有私的性质,则都无关紧要,并不能列入考虑之列。

(二)自然资源法是特定法律规范的总称

自然资源法虽然是一个新兴的法律领域,但它和其他部门法在法的质的规定性上是一样的,具有法的一般性特征:它也是以国家意志出现的、以国家强制力保证实施的行为规范,并以规定法律关系主体的权利与义务为其主要内容。因此,某些虽然与自然资源开发利用后的保护管理相关,但并非是国家机关通过立法程序颁布实施的政策性文件,就不能将其归入自然资源法的范围之中。比如《中国自然保护纲要》,虽然也在自然资源的开发利用和保护管理过程中起着重要的作用,但因其缺乏法的基本特征,所以就不是自然资源法的组成部分。同样道理,某些与自然资源开发利用和保护管理密切相关的技术性规范,由于其并不是以权利和义务的规定为主要内容,所以也不能算是自然资源法的组成部分。作出这样的划分,其重要原因在于,基于自然资源开发利用和保护管理的战略性、综合性和技术性,在对自然资源进行有效社会控制方面除了自然资源法以外,还会有很多并行的政策性和技术性规范,但不能把自然资源法与这些文件或规范进行混淆,否则就容易迷失对自然资源法的正确研究方向。

二、自然资源法的调整对象

如前文所述,自然资源法所调整的社会关系是十分广泛和复杂的。为有利于从整体上认识和把握自然资源法的调整对象,可以大致把其划分为以下几类:

(一)自然资源的权属关系

自然资源的权属关系是自然资源法调整对象的核心与基础。所有围绕自然资源展开的社会经济活动首先必须解决的问题是,谁有对自然资源进行占有、使用、收益和处分的权利,也就是确定自然资源的权利归属的问题,只有在这个问题得到有效解决的前提下,所有对自然资源的社会活动才有可能得以进一步展开,并形成稳定的自然资源开发利用和保护管理的社会秩序。因此,合理确定自然资源的权属关系,是对自然资源进行法律制度设计与安排的基本起点。

自然资源的权属是一个概括性的说法,自然资源的多功能性和对其开发利用的多目标需求,决定了自然资源的权属必然是一个多种权利形态组成的权利体系,其中包括自然资源的所有权、使用权、经营管理权和其他权益等。另外,如何在法律上确定和维持一定的自然资源权属关系,一方面取决于一国的基本社会经济制度,另一方面也与国家在不同时期对自然资源管理不同的指导思想有关。

(二)自然资源的流转关系

自然资源的流转关系是从动态的角度对自然资源的社会配置所进行的理论描述和概括。基于专业的社会分工和对自然资源不同的开发利用要求,为保证自然资源开发利用水平和效率的不断提高,必须实现自然资源在不同社会主体之间的流转。① 在市场化条件下,自然资源的流转关系在现实中主要表现为不同社会主体基于平等自愿、等价有偿等原则所进行的自然资源的权利交易。自然资源的流转是实现其自然价值向社会价值转化的基本环节和途径,从某种意义上来说,"自然资源价值不是在支配和利用中产生,而是在交易中产生的。"② 因此,自然资源的流转关系是自然资源法调整对象的重点所在。我国目前正处于计划经济向市场经济的转型时期,如何形成和确立在市场化条件下自然资源的流转关系,并以此为基础不断提高我国的自然资源开发利用水平和效率,是我国自然资源法当前理论与实践必须着力解决的主要问题之一。

---

① 当然,自然资源毕竟不等同于一般的物,其社会化流转还是要受到一定程度和范围限制的。

② 肖国兴、肖乾刚:《自然资源法》,法律出版社 1999 年版,第 35 页。

(三) 自然资源的管理关系

为保证自然资源开发利用的有序进行,并有效协调围绕自然资源开发利用所产生的经济利益、社会利益和生态效益的冲突,必须由国家对自然资源开发利用和保护管理的过程进行必要的介入和干预,这是国家对自然资源进行有效管理的根本原因。由于与自然资源有关的社会活动的广泛性,自然资源的管理关系也十分广泛和复杂。概括地说,主要包括各级人民政府的管理、各级人民政府中各种自然资源行政主管部门的管理、各级人民政府中的各有关部门对各种自然资源的辅助管理三个主要方面。其中,各级人民政府中的各种自然资源行政主管部门的管理又有两种不同的自然资源管理关系:自然资源行业管理关系和专项自然资源管理关系。[①] 在自然资源的利用中,形成了一些独立的经济行业,如林业、牧业、矿业、渔业等,行业的特殊需求产生的行业管理关系是自然资源法的重要内容。专项资源管理是指对土地和水等自然资源的管理,不是某一种经济行业,它关系到整个国计民生和多种经济活动,这种对特定自然资源类型形成的专项自然资源管理关系,也是自然资源法的调整对象。

(四) 自然资源的其他关系

自然资源的开发利用和保护管理所产生的社会关系是十分复杂的,除了上述关系之外,还会涉及其他一些诸如财政、税收、金融、劳动、保险等关系,这些社会关系大多由其他法律调整,但其中有些内容却需要由自然资源法予以特别调整。当然,这里面还存在着一个自然资源法与其他法律部门的协调问题。

思考题

1. 按照自然资源的再生程度,可以将自然资源分为哪几个类别?
2. 自然资源具有哪些特征?自然资源与环境、资源产品等概念具有哪些区别?
3. 对可再生资源和不可再生资源的合理开发利用应分别遵循哪些基本原则?
4. 自然资源的调整对象包括哪些社会关系?

推荐阅读

1. 肖乾刚主编:《自然资源法》,法律出版社 1992 年版,第 1 章。
2. 肖国兴、肖乾刚:《自然资源法》,法律出版社 1999 年版,第 1 章。
3. 刘志坚、李志强等:《自然资源保护法原理》,兰州大学出版社 2007 年版。

① 参见肖乾刚主编:《自然资源法》,法律出版社 1993 年版,第 11 页。

第十二章　自然资源法的法律属性分析

【导言】

法的历史演进是理解法的内在精神的重要视角。自然资源法的法律形态演变经历了特别物权法、单行法以及体系化三个时期，自然资源法的法律理念变迁体现在生态化和社会化两个方面。本章主要就自然资源法的法律形态以及法的理念的变迁展开论述。

第一节　自然资源法的法律形态演变

一、自然资源法的法律形态演变概述

自然资源法的法律形态，是指自然资源法在其不同发展阶段借以存在的法律形式与状态的外在表现。自然资源法从形成之初至今，其法律形态一直在发生着不断的演变，这种演变不是自发形成的，而是从根本上决定于特定历史阶段的社会物质生活条件。具体而言，从根本上推动其法律形态不断发生演变的社会现实因素主要来自于以下三个方面：

首先，对自然资源的社会定位不同。在人类社会的不同发展阶段，对自然资源的认识也在不断地发生着变化，并由此决定了对自然资源不同的社会定位。最初，自然资源被作为大自然对人类社会的恩赐，属于自然物，在这种情况下很难将其纳入法律调整的范围。后来，部分与人们日常生活联系密切、物化衡量相对容易的自然资源类型，被纳入了私有财产的范畴，比如土地、草原等。但在这个阶段人们对自然资源的认识并非现代严格意义上的自然资源，而仅仅将其定位于私有财产的一种，自然资源与作为其他私有财产客体的物并无根本区别。工业社会之后，随着工业生产社会化程度的不断提高，自然资源作为一种重要的社会资源日益引起社会的普遍关注，围绕自然资源展开的法律制度设计也主要是从满足社会发展需要的角度出发。因此，在不同社会发展阶段对自然资源的社会定位不同，自然资源法的基本指导思想和发挥作用的主要领域也不相同，这就决定了自然资源法对法律形态的需求也不一样。

其次，对自然资源的社会需求不同。在人类发展的不同历史时期，对自然资源的社会需求也是不一样的，这种需求的变化从根本上决定于特定历史时期的

生产力与科技发展水平。在近代工业社会之前漫长的农耕社会之中,生产力与科学技术的发展速度缓慢,发展水平也相对低下,在这种情况下人类社会对自然资源开发利用的广度和深度都是十分有限的,这在实际上决定了人类对自然资源的社会需求也是有限的,并没有超出自然资源的实际供给能力。但在工业革命之后,科学技术发展日新月异,生产力水平也在快速提高,人类社会对自然资源开发利用的规模、广度和深度都远非昔日可比,而且随着社会经济总量的不断扩张,人们对自然资源的社会需求也在急剧扩大,在某些领域已经逼近甚至超过自然资源自身的承载能力,自然资源的供求濒临失衡。对自然资源社会需求变化所导致的截然不同的供求状况,决定了自然资源法必须采取不同的法律对策设计,以适应不同的社会现实。

还有,不同发展阶段所面临的社会情势不同。从本质上讲,人类社会的经济发展始终是一个从非均衡到均衡的过渡,在这个进程中不断地实现量的扩张和质的提高,从而不断推动社会的发展与进步。但具体到每一个特定的阶段,社会经济发展的侧重点和注意力是不相同的。在社会经济发展的早期或原始积累阶段,人们关注的主要是经济总量的增加,一切社会经济活动都以此为核心展开,对自然资源开发利用的目标也非常单一,就是满足经济发展的需求。但在社会发展到一定阶段之后,经济发展初期所积累的很多社会问题逐渐凸现,人们也慢慢地意识到,在注重经济总量增加的同时,必须充分重视发展结构的不断改善,在取得显著的经济效益的同时,也必须注重社会效益和生态效益,否则发展是不健康的,也是不可能长远的。具体到自然资源而言,在强调其开发利用的经济性的同时,必须保证对其社会性和生态性的需求,这是维持社会发展持续进行的基本前提。在这样的情况下,自然资源法的主要作用对象也必须进行及时的调整,逐步实现法律规范的指向由单一的经济功能向社会功能和生态功能的拓展。

二、自然资源法法律形态的发展与进化

随着人类对自然资源认识的不断深入,并由于生产力的不断发展和社会分工的有力推动,自然资源法在不同的历史时期表现出了鲜明的阶段性特征。综观自然资源法法律形态的发展与进化,大概可以将其分为三个阶段:19 世纪以前的特别物权法时期、19 世纪初期到 20 世纪 50 年代的单行法时期、20 世纪 60 年代以后的体系化时期。[①] 以此思路为指导,我们可以对这三个阶段自然资源的法律形态进行一番简要分析。

(一) 19 世纪以前的特别物权法时期

从原始社会到资本主义社会前期,开发和利用自然资源构成了人类经济活

① 参见肖乾刚主编:《自然资源法》,法律出版社 1992 年版,第 17 页。

动的主要内容,并由此推动了人类社会的进步和发展,人类社会早期的两次社会分工就是人类对自然资源不同的利用阶段和水平在社会经济生活中的反映。由于当时科学技术水平和生产力水平低下,人类社会的发展在很大程度上取决于对自然资源的开发利用水平,社会经济活动的发展也直接依赖于自然资源的开发利用规模。与此相应,早期有关自然资源的立法,主要是以促进自然资源的开发、利用为目的。随着生产力的发展及由此所带来的私有制在社会经济生活中的逐步确立,自然资源的开发利用成为私人经济的一部分,自然资源作为私有制生产的重要生产资料,与作为其他私有财产的物一样,有着分配和保护的需要。伴随着法律私有权的发达,自然资源物权是此阶段关于自然资源的主要法律内容。

此阶段自然资源法的特点主要表现在内容单一,法律关系简单,主要从属于民法的范畴。由于当时人类对自然资源的认识有限,因此自然资源的最初利用一般是与土地分不开的,社会生产的分工和资源利用技术的发展,还没有达到需要在法律上对各种自然资源物权给予专门识别的程度,各种自然资源的特别物权一般是被包括在土地物权之中,这也是土地所有权、地上权、地役权及永佃权等各种传统物权的起源。这一方面说明了当时自然资源法律关系简陋,没有给予专门立法的必要,以民法的特别条款即能将其概括;另一方面也从侧面反映出,地上权、地役权、永佃权等各类物权仅仅是自然资源物权的早期发展形态,如果依旧试图从这些传统的物权形态中为当今的自然资源权属制度设计找到合理的理论支撑,那势必只能收到事倍功半之效。

(二) 19 世纪初期到 20 世纪 50 年代的单行法时期

产业革命的发生给人类社会的生产力带来了前所未有的推动,并有力地促进了社会分工的进一步发展,社会经济中分化出许多新的经济部门和行业,某些自然资源的专门利用逐渐成长为社会经济中的独立行业,如林业、矿业等。经济行业的发展,使得自然资源权属与行业管理相结合,丰富了自然资源法律关系的内容,产生了自然资源行业法,如林业法、矿业法等。还有,社会分工所导致的新经济行业的发展,引起了某些自然资源利用方式和内容的多样化、复杂化,比如土地和水资源就承载了多种行业的发展,这种状况反映了自然资源利用关系的复杂化,对土地和水资源有了专门的管理需要,形成了土地法、水法等专门的自然资源品种法。与前一阶段的自然资源法相比,以规范行业经济关系和专项自然资源利用关系为立法目的,以行业管理和特定类型自然资源管理为主要内容,以单行法律为主要形式,是这一时期自然资源法的主要特点。

这一阶段是自然资源法得以初步确立和迅速发展的黄金时期。由于社会的进步和经济结构的变化,在资源开发利用中产生了行业管理和资源管理的客观需要,使有史以来对自然资源开发利用的纯粹私人经济行为有效地介入了国家的干预。这使真正意义上的自然资源法从其产生起即具有强烈的私法公法化的倾向,与传统在很大程度上仅以私法手段为主要内容的特别物权法相比独具特色,体现了自然资源不同于其他物的基本特征和自然资源法自身所应具有的独特的法律属性。这一点至今对自然资源法的研究仍有着重要的理论价值。

(三) 20 世纪 60 年代以后的体系化时期

20 世纪 60 年代开始,随着环境保护运动的蓬勃兴起,人们对自然资源的社会性、整体性、相对性的认识有了新的发展和重大演变,面对人类此前对资源掠夺性开发破坏所带来的严重自然资源危机,自然资源保护主义和资源合理利用主义成为社会的主流思潮,生态学和系统论深化了人们对自然资源的研究,各种自然资源之间的相互联系、共同性质及其有机统一性被更多地揭示出来,产生了整体意义的自然资源概念。而且,随着可持续发展等新的社会观念的形成,人们对自然资源与社会之间的相互作用和影响也有了更加全面的认识。这些认识把各单行的自然资源法联结起来,形成了一种体系化的发展态势。这种体系化的发展趋势主要包括两个方面:首先,针对各种自然资源利用之间的相互联系,通过闭矿后的土地复垦更新利用制度、国土规划整治制度等一些新法律制度的建设,更加密切了各单行自然资源法的相互联系;其次,针对自然资源开发利用与养护的辩证关系以及自然资源的社会功能,建立和形成了土地用途管制、森林生态效益补偿基金等制度领域,从而更加强了对自然资源的生态化和社会化保护。与前一阶段相比,以自然资源的有效保护及其合理利用为目的,逐步加强自然资源开发利用与养护之间的制度化联系,推动自然资源法的体系化发展,是现代自然资源法的发展趋势。

第二节 自然资源法的法律理念变迁

对自然资源法法律形态演变的考察与分析只是从外在表现方面,对自然资源法的发展与进化过程在理论上作出的概括性描述。但是从根本上来说,自然资源法法律形态的不断发展变化实际上是其内在蕴涵的法律精神与理念发生变迁的外在表现。为了能够更加深入地理解和掌握自然资源法自身发展与演变的基本规律,需要在了解自然资源法法律形态演变过程的基础上,进一步认识和分析自然资源法内在的基本法律理念的变迁。通过内外两个方面的深入了解,较为全面地把握自然资源法所具有的独特法律属性,并为其进行合理的理论定位。概括而言,自然资源法的法律理念变迁主要体现在两个方面:社会化和生态化,下面将分别对这两个方面进行简要分析。

(一) 社会化

法律的社会化,是对法律从 20 世纪二三十年代开始并持续至今的法律的基本指导思想和价值观念从以个人为本位到以社会为本位进行变迁的概括性说法。自从以国家干预为核心的凯恩斯经济学说取代亚当·斯密的经济自由主义学说而占据西方官方主流经济学的地位之后,世界各国的政策导向逐步实现了由自由放任主义向国家干预经济的转变。与此相应,更多的国家公权力逐渐介入传统的私法领域,试图通过对私法关系的监督、干预更为有效地解决当时所面临的包括自然资源破坏与退化在内的各种社会问题,促进公共福利和人民生活的改善。这样的指导思想主要体现在一些传统的法律部门之外,出现了劳动、社会保障、消费者权益保护、环境与自然资源等经济社会立法,打破了长期以来沿袭的对国家立法所作出的公法与私法的截然划分,出现了私法公法化和公法私法化的发展趋势,在公法与私法之间逐步形成和确立了社会法的中间领域。这些运用社会法理论矫正传统私法自治原则缺陷的变化趋势,从学理上被称为法律的社会化。

自然资源法是近代法律精神与理念社会化变迁的重点领域。在自然资源法的发展过程中,从最初的特别物权法到后来的以行业管理和特定类型自然资源管理为主要内容的单行法的法律形态演变,是自然资源法法律理念社会化变迁的典型体现。因为,传统的物权法是私法属性表现最为强烈和集中的法律领域,它对自然资源的制度设计完全是在把自然资源当作纯粹的私有财产这一基本前提下进行的,而后来产生的以行业管理和特定类型自然资源管理为主要内容的各种自然资源单行法,则是有史以来首次对自然资源开发利用的纯粹私人经济行为有效地介入了国家的干预,这使真正近代意义上的自然资源法从其产生起就具有强烈的私法公法化的社会法倾向。就本质而言,自然资源法的社会化实质上反映了随着社会的发展与进步,自然资源法的基本理念由个人本位向社会本位的转变,其主要关怀目标也从个体利益转向社会公共利益。

当然,社会公共利益是一个内涵和外延都极为宽泛的范畴,而且在不同的发展阶段所体现的主要内容也不尽相同。在自然资源法的社会化初期,其关注的社会公共利益主要是以社会共同的经济利益为重点,这决定于当时的社会经济发展状况。而时至今日,公众对社会共同利益的需求已趋向多元化,关注的层次也在不断地提升,在经济公益被相对满足之后,事关社会存续与发展的自然资源的生态利益逐渐凸现而成为公众关注的另一焦点。因为对自然资源自然生态功能的保护和强化不仅关系到自然资源自身的赋存状态,而且将从根本上影响到基于自然资源自然生态功能而产生的其对社会的承载能力。因此,对自然资源的社会经济利益与生态利益的协调与并重已逐步成为当前社会公共利益的优先关注领域,这也是自然资源法的法律理念在社会化变迁的同时,逐步形成生态化法律理念变迁的主要原因之一。

从我国自然资源法的实践中来看,其法律理念的社会化变迁在目前主要体现在两个方面。首先,对自然资源开发利用公共安全性的保障。比如,1998年修订后的《土地管理法》就明确规定了土地用途管制制度,并特别强调了对耕地的特殊保护,将耕地总量动态平衡的目标写进了法律,确立了占补平衡制度,而且将基本农田保护制度上升为了法律。[①] 这些法律规定实现了《土地管理法》从以往的以保障建设用地供应为基本目标到切实保护耕地为主的根本性转变,以保障国计民生的基本需要为出发点,加强了对土地资源开发利用的公共安全性的保护。其次,对自然资源养护与管理的社会公众参与的促进与保障。充分而有效的社会公众参与是现代民主思想的重要体现,而且也是从根本上保证对自然资源养护和管理顺利展开并不断优化其实际效果的重要方面,这个问题也正逐步地体现在我国相关的自然资源立法之中。比如,《防沙治沙法》规定,国务院和省、自治区、直辖市人民政府应当制定优惠政策,鼓励和支持单位和个人防沙治沙,县级以上地方人民政府应当按照国家有关规定,根据防沙治沙的面积和难易程度,给予从事防沙治沙活动的单位和个人资金补助、财政贴息以及税费减免等政策优惠。[②]

（二）生态化

传统经济形态中的实用主义对法律的影响根深蒂固,在这样的指导思想下,最初的自然资源法对社会关系的调整和规范的基本落脚点在于自然资源的实用性,这种实用性主要体现在自然资源的经济价值或经济效能,因此,自然资源法一切法律规范和制度的设计是以实用主义为中心的,基本目标在于促进自然资源经济价值在最大限度上的实现。但随着社会的发展变化和人们对自然资源认识的逐渐深入,自然资源法上述单一的价值取向不得不进行逐渐的调整与改变。这主要基于两方面的原因。首先,经过长期的积累,单一强调对自然资源经济性开发利用所导致的社会问题在日益显露,主要表现为对自然资源的严重破坏、浪费,自然资源在整体上呈现退化的趋势,在很多领域已经无法满足人类社会经济性开发的需求。其次,自然资源的退化在影响到经济发展的同时,也对人们的日常生活环境产生了明显的影响,比如森林砍伐所导致的水土流失和泥石流、植被退化所形成的沙尘性气候、过度引水灌溉造成的土壤盐碱化和河流断流等,这些问题已经在某种程度上对人类生存的基本需要形成了威胁。因此,以实用主义为中心的自然资源法的基本价值观念受到了社会的普遍质疑,产生了法律理念变迁的必要与可能。

在近代自然资源法的发展过程中,生态化的基本理念在自然资源法中得以逐步形成和确立。自然资源法生态化的法律理念,主要是指以自然资源赋存与

---

① 参见《土地管理法》第3条、第4条、第31条、第34条等。

② 参见《防沙治沙法》第33条。

演变的自然规律为前提，在自然资源法的法律规范与制度设计上充分考虑自然资源的生态承载能力，以维持和保证自然资源生态功能完整性的基本法律精神与观念。宏观而言，生态化的法律理念是可持续发展战略在自然资源法中的实际贯彻与体现，因为只有维持和保证自然资源自身生态功能的完整性，才有可能提供可持续利用的自然资源基础，这是社会得以发展与进步的基本物质保障。而且，自然资源功能的复合性也决定了其生态功能与经济功能是彼此联系、相互影响的，对生态功能的维持与保护是其经济功能得以最大限度实现的基本前提，那么同时，对自然资源生态功能的破坏将使其社会经济功能的存在失去基本的物质依托。因此，生态化的法律理念也在实际上保证了满足社会经济发展对自然资源的长远需求。

目前，生态化的法律理念在我国自然资源法的立法实践中主要体现在两个方面。首先，改进对自然资源的开发利用方式或者明确一定的开发利用限度，协调对自然资源经济性开发与对其进行生态化保护的相互关系。比如，《矿产资源法》明确规定，开采矿产资源，应当节约用地，耕地、草原、林地因采矿受到破坏的，矿山企业应当因地制宜地采取复垦利用、植树种草或者其他利用措施。① 还有，《森林法》规定，国家根据用材林的消耗量低于生长量的原则，严格控制森林年采伐量；国家制定统一的年度木材生产计划，年度木材生产计划不得超过批准的年采伐限额等。② 其次，专门对自然资源的生态功能保护作出规定，以突出和强调该问题的重要性。比如，《水法》中规定，在干旱和半干旱地区开发、利用水资源，应当充分考虑生态环境用水需要。③ 又比如，《森林法》中规定，国家设立森林生态效益补偿基金，用于提供生态效益的防护林和特种用途林的森林资源、林木的营造、抚育、保护和管理，森林生态效益补偿基金必须专款专用，不得挪作他用。④ 这些法律规定都是生态化的法律理念在立法实践中的明确体现。

思考题

1. 自然资源法法律形态的发展与进化分为哪三个阶段？
2. 简述自然资源法的法律理念变迁。

推荐阅读

1. 肖乾刚主编：《自然资源法》，法律出版社 1992 年版，第 3 章。
2. 肖国兴、肖乾刚：《自然资源法》，法律出版社 1999 年版，第 3 章。

---

① 参见《矿产资源法》第 32 条。
② 参见《森林法》第 29 条、第 30 条。
③ 参见《水法》第 21 条。
④ 参见《森林法》第 8 条。

第十三章　自然资源法的基本制度构成

【导言】

自然资源法律制度是自然资源法基本原则所蕴涵法律精神的具体化，是自然资源法的重要组成部分。根据自然资源法调整对象理论的有关内容，从理论上可以把自然资源法的调整对象分为自然资源权属关系、自然资源流转关系、自然资源管理关系三类。与此相应，本章主要从自然资源权属制度、自然资源流转制度、自然资源行政管理制度三个方面展开论述。

第一节　自然资源法基本制度构成概述

一、自然资源法基本制度构成的概念

对自然资源法律制度的研究，不同于其他部门法的制度研究，因为就目前的情况而言，在理论上并没有对自然资源法的法律制度作出明确的概括和归纳，学者们在此方面的相关研究也往往是针对某些特定方面，就某个具体法律制度所进行的理论分析。因此，总的来说，目前对自然资源法律制度的研究缺乏内在的联系性和理论的一致性，在自然资源法的基本理论中还没有形成稳定的自然资源法律制度体系，这是当前对自然资源法律制度研究的基本现状。这种局面的形成主要基于两方面的原因。首先，在当前的自然资源法律体系中，各单行立法发展迅速但综合性立法一直欠缺，这种体系上的缺陷决定了目前的自然资源法缺乏从基本法的角度对法律制度作出总体性的归纳和设计，没有为自然资源法律制度的理论与实践提供一个可供参照的主导性指导思想。其次，从单行法的角度来看，目前自然资源法的各单行法基本上是以不同的自然资源品种或行业为基础的，规范对象的差异性在一定程度上决定了自然资源各单行法之间的联系相对比较松散，因此，无论在理论上还是在实践中都很难形成较为一致的基本法律制度，而是各自根据自身不同的需求采用了不同的具体制度。这两方面原因所导致的自然资源法基本法律制度的不明确性，为从制度角度对自然资源法的研究带来了很大的困难。所以，对该问题的研究必须转换研究视角，形成新的研究思路。

基于上述原因，本章把主要研究对象确定为自然资源法的基本制度构成。

此处所说的自然资源法的基本制度构成，主要是指自然资源法基本法律制度所应包括的主要方面及其应有的制度结构。确立这样的研究视角主要是基于以下两方面的考虑：其一，将研究着眼于自然资源法的基本制度构成，有效避免了因局限于各单行法具体法律制度而形成形而上的相对机械的研究思路，使对自然资源法的制度研究更具有内在的联系性和理论的一致性，从而突出自然资源法基本法律制度应有的理论特征。其二，对自然资源法基本制度构成的研究，具有较为明显的应然性，它是为构建自然资源法基本法律制度体系所进行的必要性和可行性的分析和论证。就目前的情况而言，这种研究带有一定的前瞻性，将为我国综合性自然资源立法对法律制度的设计及自然资源法律制度在总体上的发展与完善提供针对性的理论支持。

二、自然资源法基本制度构成的内容

如何确定自然资源法的基本制度构成，是本章首先需要解决的基本问题。对这个问题的解决，应从法律制度的基本内涵出发，为合理界定其基本构成寻求理论依据。如前文所述，自然资源法律制度，是指在自然资源法中，调整特定自然资源社会关系，并具有相同或相似法律功能的一系列法律规范所组成的整合性的规则系统。可见，相对一致的调整对象和法律功能是判断法律制度基本构成主要的在质的方面的规定性因素，其中，比较而言，调整对象的一致性将发挥更为明显的主导性作用，因为，法律制度所针对的同一类型的社会关系是其产生相同或相似法律功能的基本前提。根据自然资源法调整对象理论的有关内容，从理论上把自然资源法的调整对象分为自然资源权属关系、自然资源流转关系、自然资源管理关系三类，与此相应，自然资源法的基本制度构成也应包括自然资源权属制度、自然资源流转制度、自然资源行政管理制度三个基本方面。

第二节　自然资源权属制度

一、自然资源权属制度概述

自然资源权属制度是与自然资源权属相关的法律制度安排在理论上的抽象和概括。自然资源权属制度主要是通过对自然资源权属的界定，明确对自然资源的归属、支配以及由此产生法律后果的分配。自然资源权属制度是围绕自然资源开发利用、保护和管理进行相关法律制度设计的逻辑起点。根据现行有关法律、法规的规定，我国的自然资源权属制度主要包括两个层次的权利形态：自然资源所有权和自然资源使用权。

自然资源权属制度与传统的民法物权理论既有联系又有区别。从联系的角

度来看,自然资源权属制度所包含的所有权和使用权来自传统民法物权理论的概念,而且自然资源权属制度和民法物权在规范对象上也有一定的重合,比如土地资源,就是最早进入民法物权调整领域的自然资源类型,直到目前为止,土地权属依然是民法中不动产物权的基本组成部分。但从区别的角度来看,自然资源权属制度与传统的民法物权又存在明显的差异。首先,在权利客体的定位上是不一样的,自然资源权属制度要求从生态功能、财产价值等不同角度全面理解和把握自然资源的属性,而传统的民法物权依然是把自然资源当作民法思维中的“物”来对待,只强调以其财产价值为基础的社会经济属性。其次,自然资源自然赋存的整体性和关联性,使其无法满足传统民法物权理论中对“物”的特定化要求。因此,从目前的情况来看,自然资源权属制度的具体权利类型与物权还是难以兼容的。

所以,自然资源权属制度与传统的民法物权相比较而言,有共性的一面,但也有个性的一面。这决定了自然资源权属制度的理论构建应以传统的民法物权理论为基础,但不能局限于传统理论的禁锢,自然资源权属制度的功能定位和内容设计应以自然资源的开发利用和保护管理的实际需要为出发点。基于现实需求的理论创新不仅是自然资源权属制度的生命力和价值所在,而且也必将推动传统民法物权理论的进化与发展。

二、自然资源所有权

自然资源所有权,是所有权人依法占有、使用、收益、处分自然资源的权利。在我国公有制的条件下,自然资源的所有权是为公有所垄断的,包括国家所有和集体所有,不存在严格意义上的个人自然资源所有权。国家和集体之外的权利主体,只可能享有资源产品的所有权,而不可能享有对自然资源的所有权。

在我国,国家自然资源所有权的客体是没有限制的,国家可以取得任何类型自然资源的所有权。而集体自然资源所有权的客体是有限制的,根据现行的有关法律规定,矿产资源、水资源、海域资源、野生动物资源、城市土地资源是被明确排除在集体自然资源所有权客体之外的。

(一)自然资源所有权的取得

自然资源所有权的取得,是指自然资源的权利主体根据一定的法律事实取得某类自然资源的所有权,从而行使对该自然资源占有、使用、收益、处分的各项权能。自然资源所有权的取得是一个权利从无到有的创设过程,是自然资源理论与实践的起点。根据我国现行的法律规定,虽然国家和集体都可以成为自然资源所有权的主体,但各自权利取得的方式是有明显差异的。

1. 自然资源国家所有权的取得。在我国,自然资源国家所有权的取得有法定取得、强制取得、天然孳息和自然添附三种方式。

（1）法定取得。法定取得是指国家根据法律规定直接取得自然资源的所有权。在我国，法定取得是国家取得自然资源所有权的主要方式。我国与自然资源相关的立法中大多都明确规定了自然资源的国家所有权。我国《宪法》中对自然资源的国家所有权作出了概括性的规定，《矿产资源法》《水法》《海域使用管理法》《野生动物保护法》等自然资源单行立法也都各自在总则中明确规定了矿产资源、水资源、海域资源、野生动物资源属于国家所有。

（2）强制取得。强制取得是指在法律规定的特定场合下，国家从社会公共利益出发，不顾及所有人的意志和权利，直接采用没收、征收、国有化等强制手段取得所有权的方式。其中国有化和没收是国家在新中国成立初期取得自然资源所有权的主要形式。对于征收，现行立法也有明确的规定，比如《土地管理法》规定，国家为公共利益需要，可以依法对集体所有的土地实行征收。征收之后，国家就取得了对征收土地的所有权。

（3）天然孳息和自然添附。天然孳息是指按照物质的自然生长规律而产生的果实与动物的出产物。[①] 天然孳息主要是针对那些可再生资源而言的，比如树木的自然生长导致森林资源木材蓄积量的增加，野生动物在自然条件下通过自身生殖繁衍导致野生动物种群数量的扩大等，这些都属于自然资源的天然孳息。根据民法所有权的有关理论，除非法律另有规定或当事人另有约定，天然孳息所有权的归属一般应由原物所有权人享有。所以，国家在拥有对这些资源所有权的前提下，也相应地取得对这些天然孳息的所有权。自然添附是指在自然条件的作用下使自然资源产生或增加的情形。这种情况较为典型地体现在土地资源上，比如，由河流冲积而形成的成片土地，这些土地都使得国家所有的土地面积增加，从而成为自然添附物。

2. 自然资源集体所有权的取得。在我国，自然资源集体所有权的取得有法定取得、天然孳息、劳动生产取得三种方式。

（1）法定取得。法定取得是指集体组织根据法律的规定直接取得自然资源所有权。在我国的相关立法中大多都是在规定自然资源国家所有权的同时，通过列举或排除的方式明确规定集体可以取得的自然资源所有权的范围。在我国《宪法》中，明确规定了集体可以依法取得森林、山岭、草原、荒地、滩涂等自然资源的所有权，还规定了农村和城市郊区的土地，除由法律规定属于国家所有的以外，属于集体所有，宅基地和自留地、自留山也属于集体所有。为落实《宪法》的规定，各相关的自然资源单行法如《土地管理法》《森林法》《草原法》也都分别对集体对土地、森林、草原的所有权作出了进一步的详细规定。另外，在所有权取得的确认方式上，国家自然资源所有权与集体自然资源所有权也不一样。国

① 参见王利明等:《民法学》,法律出版社 2005 年版,第 404 页。

家依法取得的自然资源所有权不需要登记注册确认,而集体自然资源所有权的取得,必须按照法定的程序,由一定的政府机构登记注册并核发证书。对此,《土地管理法》有明确规定:农民集体所有的土地,由县级人民政府登记造册,核发证书,确认所有权。类似的规定也同样存在于《森林法》《草原法》《渔业法》等相关立法之中。

(2)天然孳息。集体组织作为对自然资源的原所有人,同样可以依法取得其所有的自然资源天然孳息的所有权。

(3)劳动生产取得。主要是指集体组织通过投入劳动而新产生的自然资源,比如集体组织通过植树造林而新产生的森林资源,这些自然资源是集体组织开发利用行为的劳动成果,集体组织当然取得这些自然资源的所有权。通过劳动生产取得所有权是一种基本的所有权取得方式,对自然资源的集体所有权而言,这种取得方式有着尤其重要的意义。因为它从制度安排上鼓励和保障了集体组织对自然资源的劳动投入,这对于我国广大农村地区生态环境和自然资源状况的改善发挥了积极的促进作用。

(二)自然资源所有权的变更

自然资源所有权的变更,是指自然资源所有权主体的变化,亦即自然资源从一主体转移给另一主体。自然资源所有权可因征收、所有权主体的分立与合并、对换或调换等原因而变更。

(三)自然资源所有权的消灭

自然资源所有权的消灭,是指因某种法律事实致使所有权人丧失其所有权的情形。自然资源所有权的消灭,基于两种情况:所有权客体的消灭和强制消灭。

1. 所有权客体的消灭。由于自然或人为的原因导致某种自然资源消灭,该自然资源的所有权也就随之消灭。比如,某种野生动物资源因滥捕滥猎而导致种群的灭绝,森林资源因火灾而不复存在,那么在上述自然资源上的所有权也就随之消灭。

2. 强制消灭。这是指国家依法采用强制手段,致使原自然资源所有权的权利消灭。比如,上文提到了国家对集体所有的土地进行征收,征收后国家就取得了征收土地的所有权,而原集体的土地所有权也就随之消灭。

三、自然资源使用权

自然资源使用权是指在自然资源开发利用过程中,自然资源的非所有权人对自然资源享有的以开发利用为主要内容的各种权利的统称。如前文所述,我国自然资源所有权是为公有所垄断的,在这种情况下,对自然资源的合理开发利用及自然资源要素市场的建立必须是以对自然资源的非所有使用为基础,这一现实国情是自然资源使用权理论研究和实践的一个基本前提。从传统民法物权理论发展与变迁的基本趋势来看，随着物权法从“归属”到“利用”的重心转变，以使用权为核心的用益性权利更受到法律的重视，出现了他物权优位和所有权虚化的倾向，用益性的物权类型逐步取代所有权而成为物权法的中心。这样的发展趋势实际上反映了一个基本思路：权利的行使并不等同于权利的归属，权利归属的单一性也并不妨碍权利行使方式的多样性和灵活性。对自然资源使用权的研究也应遵循这样的基本思路，主要着眼于对自然资源的有效利用及其权利的实际运作，在强化“使用”的过程中，不断丰富和发展我国自然资源权的理论与实践。

（一）自然资源使用权在相关立法中的体现

根据自然资源单行法的有关规定，我国现行的自然资源使用权主要有以下几种：《土地管理法》中所规定的土地使用权，《水法》中所规定的取水权，《森林法》中所规定的林地、森林、林木的使用权和承包经营权，《矿产资源法》中所规定的探矿权和采矿权，《渔业法》中所规定的养殖权和捕捞权，《草原法》中所规定的草原使用权和承包经营权，《海域管理法》中规定的海域使用权，野生动植物保护法中所规定的狩猎权、采集权和驯养繁殖权等。单从立法上来看，对自然资源使用权的规定还是较为全面的。

（二）自然资源使用权的取得

自然资源使用权的取得，是指自然资源的有关权利主体通过一定的方式取得对自然资源开发利用的权利。自然资源使用权的取得是在我国自然资源公有垄断的前提下，实现对自然资源实际利用的重要环节。根据现行的有关立法以及实践的基本情况，自然资源使用权的取得有法律授权取得、许可或承包经营取得、转让取得、开发利用取得等方式。

1. 法律授权取得。授权取得是指自然资源权利主体通过法律规定的授权取得自然资源的使用权。比如，《土地管理法》规定：国有土地和农民集体所有的土地，可以依法确定给单位或者个人使用；《草原法》规定：全民所有的草原，可以固定给集体长期使用。需要引起注意的是，通过授权获得的自然资源使用权需要通过一定的法律程序予以确认。比如《土地管理法》在上述规定之后还规定：单位和个人依法使用的国有土地，由县级以上人民政府登记造册，核发证书，确认使用权。

2. 许可或承包经营取得。许可取得和承包经营取得分别适用于国家所有的自然资源和集体所有的自然资源。对于国家所有的自然资源，是由有关的行政主管部门颁发许可赋予相对人自然资源的使用权，比如通过向地质矿产行政主管部门申请采矿许可，相对人取得采矿权，通过向水行政主管部门申请取水许可，相对人取得取水权等。对于集体所有的自然资源，则是依据法律的规定，通过承包经营合同的方式由承包经营者取得一定期限内某类自然资源的使用权。比如,《土地管理法》规定:农民集体所有的土地由本集体经济组织的成员承包经营,从事种植业、林业、畜牧业、渔业生产;土地承包经营期限为30年;发包方和承包方应当签订承包合同,约定双方的权利和义务。

3. 转让取得。转让取得是指单位或者个人通过自然资源使用权的买卖取得其使用权。转让取得是在我国市场化取向改革进程中,实现自然资源的市场化流转,优化自然资源配置的重要途径。各自然资源单行立法中结合自然资源自身的特点,并从实际操作的现实需要出发,对自然资源使用权转让的途径、方式、范围、条件等问题作出了相应的规定。但是,自然资源的社会性和公益性特点,决定了自然资源使用权的转让不同于一般物的买卖,法律对自然资源使用权的流转规定了诸多限制性的条件。比如,《矿产资源法》规定:禁止将探矿权、采矿权倒卖牟利;《森林法》规定:森林、林木、林地使用权可以依法转让,也可以依法作价入股或者作为合资、合作造林、经营林木的出资、合作条件,但不得将林地改为非林地。

4. 开发利用取得。开发利用取得是指权利主体通过对自然资源的开发利用活动取得对该自然资源的使用权。比如,《土地管理法》规定:开发未确定使用权的国有荒山、荒地、荒滩从事种植业、林业、畜牧业、渔业生产的,经县级以上人民政府依法批准,可以确定给开发单位或者个人长期使用。

(三) 自然资源使用权的变更

自然资源使用权的变更,是指自然资源使用权的主体或内容所发生的变化。它通常因主体的合并或分立、使用权的转让、破产或抵债、合同内容变更等原因而变更。①

(四) 自然资源使用权的消灭

自然资源使用权的消灭,是指自然资源使用权因为某种法律事实的出现而丧失的情形。自然资源使用权的消灭,主要基于三种情况:使用权客体消灭、出现特定的法律事由、使用权期限届满。

1. 使用权客体消灭。由于自然或人为的原因导致某种自然资源的消灭,该自然资源的使用权也就随之消灭。比如,由于水流侵蚀而导致土地面积减少,减少部分的土地的使用权也就随之消灭;矿产资源因为开发利用耗竭而导致采矿权的消灭等。

2. 出现特定的法律事由。这种情况是指出现了约定或法定的事由,导致自然资源使用权的消灭。比如,《土地管理法》规定:已办理审批手续的非农业建设占用耕地,连续两年未使用的,经原批准机关批准,由县级以上人民政府无偿

① 参见金瑞林主编:《环境与资源保护法学》,北京大学出版社2006年版,第160页。

收回用地单位的土地使用权。

3. 使用权期限届满。在我国，大多数自然资源的使用权都是有期限的，在使用期限届满后，原使用权随之消灭，原权利人如果需要继续使用自然资源，必须重新依法取得自然资源使用权。

第三节　自然资源流转制度

一、确立自然资源流转制度的必要性

自然资源流转制度，主要是在自然资源的社会配置领域，要求充分发挥市场机制的基础性作用，通过各种自然资源开发利用的使用权的市场化流动和转让，[①]实现自然资源的优化配置，促进和推动自然资源开发利用效率和水平的不断提高。比较而言，自然资源权属制度通过对自然资源权利归属的法律规定体现了法律制度设计对静态方面安全的要求，而自然资源流转制度则更多体现了法律对自然资源社会关系调整在动态方面安全的保证。我国目前正处于由计划经济向市场经济过渡的社会经济转型期，顺应市场经济对社会资源配置的基本要求，及时形成和确立以市场机制为基础的自然资源流转制度，对于进一步发展和完善自然资源法律制度体系而言，不仅可能而且必要，这种必要性主要体现在以下三个方面：

（一）体现市场经济的必然要求

在实质上，市场经济是一种以交易为基础的经济形态，从法律上来讲，可以认为交易实际上就是权利的流动和转让，尤其是具有明显经济属性的权利之间的相互交换。而就各种自然资源使用权的基本属性而言，它们是不同社会主体展开对自然资源开发利用的基本起点，通过何种方式取得与行使这些权利将与自然资源开发利用所获得的经济效益密切相关。在市场化的条件下，经济效益作为基本的内生变量，其实现程度与交易或者说权利的交换紧密相连，因为经济效益的存在促成了权利流动和转让的动机和基本需求，而不断进行的各种权利流动和转让则促进和推动了经济效益的实现和扩大。因此，不断地进行市场化流动和转让，应成为各种自然资源使用权在市场经济体制中实际运作的基本形式，而及时形成与确立自然资源的流转制度则为自然资源他项权利的市场化流转提供了有力的法律保障。

（二）推动自然资源价值的真正实现

长期以来对自然资源价值的否认，固然有认识方面的问题，但在计划经济体

---

① 自然资源所有权的国有垄断实际上决定了自然资源的所有权在我国是禁止市场化流动和转让的。

制中对自然资源无偿划拨的分配方式也是实践中造成忽略自然资源价值的重要原因所在。而在市场化的条件下,基于价值规律形成的等价交换则为自然资源价值的真正实现提供了现实可行的途径。首先,等价交换意味着物品在价值上相等是进行交换的基本前提,对于自然资源而言,这就从根本上肯定和确认了自然资源价值的存在,有效地纠正了自然资源无价的错误认识;与此同时,自然资源市场化流转的过程实质上是自然资源与其他商品和媒介物进行交换的过程,在这个过程中其他商品或媒介物的价值就会表现在自然资源身上,使其价值化,实际上,"自然资源具有价值是一个事实,其关键是能否将自然资源作为商品推向市场及法律是否做出了权利交易的制度安排。"①因此,只要自然资源进入市场,自然资源的价值就是现实可见的。所以,市场化的流转是有效确认自然资源价值并推动其得以真正实现的基本途径。

(三)促进自然资源的优化配置,提高自然资源的开发利用效率和水平

用市场经济取代传统的计划经济,最根本的原因在于提高对社会资源的配置效率,这一点对于自然资源而言,有着特别重要的针对性。自然资源的市场化流转必然决定了每一个开发利用自然资源的社会个体在自然资源的取得方面是要付出成本的,这就会使成本与效益的对比衡量成为自然资源开发利用过程中的主导性因素,从而建立与市场机制发挥作用内在机理一致的经济激励与约束机制,这种机制的形成和实际运作是提高自然资源开发利用效率和水平的基本保证。因为对于每一个开发利用自然资源的社会个体而言,只有在经济效益方面的损益才会对其产生内在的约束和促进作用,在充分考虑成本的前提下,为保证最终取得尽可能大的经济效益,每个自然资源的开发利用者都会自觉通过避免浪费、优化开发利用行为、加强管理等方式促进产出的最大化,这将使提高自然资源的开发利用效率和水平从可能变为现实。从其产生的社会效果来看,对自然资源开发利用效率和水平的提高,同时也最大限度地减轻了自然资源开发利用过程中的外部性问题对环境造成的负面影响,在一定程度上保证了自然资源开发利用与环境保护的亲和性。

二、构建自然资源流转制度的基本思路

(一)促进流转

促进流转的思路,是构建自然资源流转制度在宏观方面的基本指导思想,它要解决的是一个必要性的问题。需要明确指出的是,此处所说的流转是以市场机制为基础的自然资源权属的市场化流动,之所以对这一点给予特别强调,主要是因为,在我国传统的计划体制中,在自然资源的配置方面也表现出一定程度的

---

① 肖国兴、肖乾刚:《自然资源法》,法律出版社 1999 年版,第 24 页。

流转性，但那种流转是以无偿的行政划拨或委授为主要表现方式，缺乏平等自由、等价有偿等在权利交换过程中所本应具有的合理内核，因此，在严格意义上不能将其作为自然资源流转的外在表现形态。在我国目前市场化的条件下，在自然资源法律制度的构建中及时形成促进流转的基本思路，其基本使命在于指导和促进形成我国的自然资源要素市场，在自然资源的社会配置模式选择方面，用以市场机制为基础的权利交换和转让取代以往的以行政命令为基础的无偿委授和划拨，而使市场机制成为在自然资源配置过程中基本和主要的方式，形成以市场机制为主并有效发挥政府辅助和配合作用的自然资源配置模式，逐步实现在我国自然资源从完全由政府供给向主要由市场供给的战略转变。

从目前的情况来看，对促进流转思路的贯彻和体现，至少应围绕两个基本方面展开。首先，扭转沿袭已久的传统观念，从理论和实践两个方面肯定自然资源的价值，确认自然资源的商品属性。这一点是有效促进自然资源市场化流转的基本起点，因为自然资源只有是有价值的商品，才能为价格、供求、竞争等市场机制的基本手段作用的发挥提供基本的对象和前提，如果依然将自然资源定位于无价的“天赐物”，市场机制作用的发挥也就根本无从谈起，更不用说自然资源的市场化流转了。其次，明确自然资源所有权及各种使用权的权利内容和边界，为自然资源的市场化流转的实现创造条件。从实践中来看，自然资源的市场化流转是以自然资源各种权利的市场化交换和转让为主要表现方式的，因此，不断完善与自然资源有关的权利体系并明确各种权利的内容和边界，是有效促进自然资源流转的重要保证。

（二）有限流转

有限流转的思路，是构建自然资源流转制度在实施层面所要遵循的基本原则，它所解决的是一个可行性的问题。所以，有限流转的基本思路与上文中提到的促进流转并不矛盾，因为二者发挥作用的主要领域不相同，如果从总体上来看，二者在功能上是互补的，共同作用于我国的自然资源要素市场的促进和形成。所谓“有限流转”，主要是指对于自然资源的市场化流转而言，不能一概而论，而必须充分考虑国家所有制形式、不同类型自然资源要素之间的差异以及社会对自然资源不同的功能需求等相关因素，对自然资源流转的层次和种类在法律上进行必要的限制，以保证自然资源市场化流转过程中，各种不同利益主张的兼顾和平衡，比如国家利益、社会利益和个体利益，当前利益与长远利益，经济利益与生态利益等。应该说，这一点也正体现了自然资源法不同于大多数传统法律部门的相对独特的制度特征。

在前文强调促进流转思路的同时，提出了有限流转的思路，其原因概括而言主要在于以下两个方面：首先，基于目前我国自然资源所有权国有垄断的现实，主体的单一性实际上使得自然资源的所有权转让或者说自然资源的买卖成为不可能,而且在实践中我国也是禁止自然资源所有权的流动和转让的,尽管目前在自然资源某些特定的领域对于自然资源所有权的转让问题有所松动,但总体而言,在我国自然资源所有权的流动和转让是不现实的,这必然在客观上对自然资源的市场化流转形成一定的影响。其次,就自然资源自身的一些特点来看,在自然资源的市场化流转方面也不可能像一般的商品一样,不施加任何限制。比如,一些涉及国计民生的自然资源,或者涉及国防或国家安全的战略性自然资源,必然需要对其市场化流转的程度和范围进行必要的限制,以保证自然资源开发利用公共性、社会性及安全的实现。这从根本上是由自然资源自身的特点所决定的,也是世界各国通行的做法。

三、自然资源权利交易的层次和种类

正如前文所言,在实践中,自然资源流转是以自然资源有关权利的市场化交换和转让为主要表现方式的,也就是说,以交换和转让为主要内容的自然资源权利交易是自然资源市场化流转的基本实现途径,同时也构成了自然资源流转法律制度的主要内容。然而,自然资源与一般的物不一样,从宏观来讲,国家对其控制是无可置疑的,从微观来看,对其开发利用的期望和效用也是有不同层次的,因此自然资源的权利交易必然是有层次性的。所谓权利交易的层次性主要指可交易的程度,换句话来说也就是国家对权利交易干预的程度。从逻辑的角度来说,对同一事物,依据不同的标准可以作出不同的分类,针对自然资源的权利交易而言,同样如此。之所以需要从不同的角度对其进行分类别的研究,主要目的在于根据不同种类权利交易的特点和要求,进行不同的法律制度设计和规范。所以,自然资源的权利交易表现出了明显的层次性和种类性特征。

(一)自然资源权利交易的层次

1. 自然资源的所有权交易

所有权交易即通常所说的买卖,是最彻底的权利交易,这种交易是指随着物的转移,依附该物所设定的占有、使用、收益、处分等权利全部随之转移。这样的交易使交易主体在取得物的同时,取得该物最充分、最完整的处分权,而且只有这种充分的、完整的处分权转移才能使交易主体根据物的真实价值交付货款成为可能。这是所有权交易最一般的道理。

在我国,自然资源的所有权交易直到目前为止仍然是不允许的。传统的做法是由政府在自然资源上设定一些开发利用权利并几乎是无偿地授予各种开发利用者,以此来促进国家所有权的实现。然而这种做法的效果是可想而知的,一方面它使自然资源的开发利用缺乏经济和利益约束,造成资源的破坏浪费和国有资产的流失,另一方面,它也为行政权力的寻租和异化创造了条件。所以,为保证国家对自然资源所有权能真正在经济上得以实现以及自然资源真实价值在

开发利用中全面体现,而且基于自然资源的商品属性,我国应在一定范围内允许自然资源的所有权交易,这种权利交易虽然不能代表交易的全部内容,但它是在我国建立自然资源市场,实现自然资源市场供给和配置的前提条件和重要组成部分。

当然,这种理论上的设想是与当前大多数法律规定不相符合的,可是,任何事物都是在不断发展变化之中的,都必须根据现实情况的改变而不断地调整和加以适应。在我国之所以禁止自然资源的所有权交易,一方面主要是传统计划经济的影响,另一方面,则可能是怕对公有制基础形成冲击。可是,应该清醒看到的是传统的计划经济模式已经一去不返,而且自然资源一部分私人所有权的存在并不等于私有化,更不等于私有制,公有制的判断标准并不主要着眼于公有经济所占比重,而关键在于公有经济的控制力和决定力。放开一部分市场,在一定范围内允许自然资源的所有权交易,不仅对公有制基础没有损害,而且有助于激活自然资源市场,提高自然资源开发利用效率,确保国家所有权在经济上真正得以实现,从而促进国有资产的保值增值。

2. 自然资源各种开发利用权利的交易

自然资源开发利用权利的交易是当前及今后相当长一段时期内自然资源开发利用中最常见的权利交易行为,也是亟待深入研究并加以规范的一类行为。

自然资源开发利用权利的交易之所以在实际中广泛和大量存在,主要是基于国家管理体制和实际操作的需要。在我国虽然宪法规定自然资源所有权只能由国家和集体行使,但几乎所有的自然资源单行法规都规定,国家所有和集体所有的自然资源可以由单位和个人开发利用(包括使用、收益、采伐、勘探、开采、捕捞等活动),并规定了各种自然资源开发利用权利,如土地使用权与承包经营权、矿业权、渔业权、林业权、狩猎权等。然后,国家就通过这些开发利用权利的运作和实施,来达到对自然资源所有权实现的目的。这种制度设计的初衷在于既维持了对自然资源的国有,又力图促使其在经济上得以实现。

如果说在论及自然资源的所有权交易时,其侧重点在于理论观念的更新及权利交易体系的完备,那么对自然资源开发利用权利交易的研究则必须在充分肯定其存在的价值和作用的同时,着眼于其运作方式的改进以及交易效率的提高。就我国目前自然资源开发利用权利交易的现状而言,法律制度设计至少需要从以下几方面进行调整和完善:

首先,从"管理的交易"向"买卖的交易"转变。[①] 管理的交易带有强烈的行

① 参见〔美〕约翰·R.康芒斯:《制度经济学》,于树生译,商务印书馆1962年版,第74—81页。康芒斯认为,"管理的交易用法律上的上级命令创造财富,买卖的交易通过法律上平等的人自愿的同意转移财富的所有权。"

政干预的色彩,无法体现交易自身的特性与精神,必须被买卖的交易所替代。要达到这一目标,首先必须在交易形式上严格适用契约、招投标等方式,用法律的约束力去排除行政权力的干扰;其次,在市场准入方面不得采用歧视性原则,各方参与主体一律平等,只要具备相同资格,国有企业不比其他类型的主体具有当然的优先权。

其次,对自然资源进行科学定价。进行开发利用权利交易的初衷即在于资源价值在经济上得以实现,然而从现实情况来看,自然资源价格偏低已成为长期以来自然资源开发利用效率低下的主要原因之一。因此,必须科学看待自然资源的属性和价值,认真研究其价格构成,并尽快在法律规定中予以反映。

最后,要理顺立法思路,树立新的交易观念。交易的最终目的在于获利,只有利润才能调动参与主体的积极性,才能激活交易市场。然而,由于传统观念的影响,我国当前经济转型时期的某些法律规定却体现出了前后不一致的指导思想。比如,我国《矿产资源法》一方面允许探矿权、采矿权可以进行交易,但另一方面又禁止牟利性交易,①这样的制度安排是前后矛盾的。当然,由于牟利性交易所引起的投机市场的确是一个必须注意的问题,但也不能为此就从根本上杜绝牟利性交易,积极的态度应该是在肯定牟利性交易正当性的前提下,通过相关的制度设计把由牟利性交易所引起的投机市场的可能性降到最低。

(二)自然资源权利交易的种类

1. 设定性交易和传递性交易

根据参加权利交易双方主体不同,可将其分为设定性交易和传递性交易。所谓"设定性交易"是发生在国家和其他主体之间,国家以自然资源所有者的身份将从所有权派生而产生的开发利用权利与其他主体进行交易,此种交易是对各种开发利用权利进行初始的设定,是从无到有的过程,一般称为自然资源权利交易的一级市场,土地使用权的出让即是其最典型的表现。所谓"传递性交易"是指在各种开发利用者之间进行的交易,这种交易是各种开发利用权利在不同主体之间传递的过程,一般称为自然资源权利交易二级或二级以上市场,也是当前市场上最活跃的一种交易类型。

在我国目前并不允许所有权交易的情况下,设定性交易的存在是十分必要的,它为所有权的实现提供了一种法律允许的运作机制。在相关法律对策设计方面,其规范的重点是政府的行为。政府代表国家行使所有权,在此种交易中处于当然的优越地位,因此必须用法律去遏制政府在此寻租的倾向。应从交易的形式、交易的条件、交易的过程及交易的监管等各个环节进行可操作性的法律制

---

① 参见《矿产资源法》第6条。

度设计,而且有必要设立专门的单行法规。

2. 一般性交易和强制性交易

以是否以获利为目的为标准,可把权利交易分为一般性交易和强制性交易。一般性交易是以获利为目的的,而强制性交易则往往是基于社会公益和国家利益发生。

交易的最终目的就是获利,从这一角度来看,我们可以把一般性交易与上文提及的传递性交易归为一类,这类交易是市场上最活跃的交易类型,也是自然资源权利交易的主体部分。对此类交易的法律规范应主要着眼于防止投机市场的形成以及在私利驱动之下有损公益的交易行为。因此,首先应对各交易主体进行严格的资格审查,建立相应的市场准入制度;其次,强化国家的有效调控,如建立登记备案制度;最后,对交易的规模和种类划分不同的标准,建立相应的监管与保护机制等。

至于强制性交易,主要是处于非常时期或基于国家和社会的特殊需要,按照法律的规定,由政府采取强制性措施,使自然资源的相关权利从私人向公共发生的变动,其中最常见的就是政府各种类型的征收。此种交易主要基于社会公益,在自然资源的权利交易中并不占主流。为避免对合法权利的非法侵害,有效克服政府的主观任意性,需要法律对此种交易发生的条件、程序、补偿标准等作出明确规定。

第四节　自然资源行政管理制度

一、自然资源管理体制

自然资源管理体制,是指自然资源管理机构的结构及组织方式,即采用何种组织形式以及这些组织形式之间的分工与协调,并以何种方式完成其自然资源管理的职责。具体而言,自然资源管理体制就是划分中央、地方、相关部门、企业在自然资源开发利用和保护方面的管理范围、职责权限等相互关系的具体体现方式。自然资源管理体制的核心内容在于各管理机构的设置、职权划分以及不同管理机构之间的相互协调和配合。

科学高效的自然资源管理体制为强化自然资源保护和合理开发利用提供了可靠的组织保证,是国家贯彻落实可持续发展战略在制度安排方面的重要组成部分。一般认为,一个国家自然资源管理体制的现状直接反映了该国对自然资源问题的认识程度和水平,在很大程度上体现着该国可持续发展管理能力的强弱。因此,宏观而言,顺应我国政府提出的实施可持续发展战略的基本要求,不断健全和完善我国自然资源管理体制,是我国加强对自然资源的有效管理,保证自然资源的合理开发利用,在根本上改善和提高自然生态环境的整体质量,从而逐步实现对自然资源的可持续利用的重要途径。

就目前现状而言,我国的自然资源管理机构主要包括专门的自然资源主管部门和辅助性的自然资源管理部门两大类。

(一)专门的自然资源主管部门

在我国,专门的自然资源主管部门的设置主要是以地域和行政级别的划分为基础,以特定类型的自然资源为主要依据,兼顾自然资源行业管理和专项自然资源管理的现实需要而逐步确立和完善的。从现实中来看,主要分为中央机构和地方机构两大块。

1. 中央机构

(1)自然资源行业管理部门。主要是指具有特定自然资源行业管理职能,同时也兼有相应的自然资源管理职能的自然资源行政管理部门。我国中央一级的自然资源行业管理部门,按照现行的行政机构设置,主要有:农业部,主管种植业、渔业、牧业等,基于上述行业管理关系,同时也对土地资源、渔业资源、草原资源等具有一定的管理职能;国土资源部,主管矿产资源,同时也具有相应的矿业管理职能;国家林业局,主管林业,同时也对森林资源、野生动植物资源、[①]自然保护区等进行专门管理。

(2)专项自然资源管理部门。主要是指其管理职能主要是为了对特定类型自然资源进行管理而不包括行业管理职能的自然资源管理部门。专项自然资源管理的对象是特定的,主要是针对土地资源、水资源、海洋资源等在自然资源中处于基础性地位,并承载了多种行业的发展,对国计民生具有重要意义的特定类型的自然资源。我国中央一级的专项自然资源管理部门,按照现行的行政结构设置,主要有:国土资源部,主管土地资源和海洋资源;水利部,主管水资源。

(3)基于特定自然资源区域而设置的中央派出机构。自然资源具有生态系统的完整性、跨行政区域性和使用多元性的基本特征,其自然生态功能区域往往与人为行政区域划分和以此为基础的行政权力设置无法重合。“一方面,自然资源被行政区划分割为不同的管辖范围,由不同的主体分别行使管理权;另一方面,自然资源并不因为行政区划而改变其发展规律。”[②]因此,为最大限度地克服和避免由上述情况导致的地区和部门利益冲突,保证自然资源管理的整体性目标实现,必须在充分考虑自然资源资源分布状况的基础上,按照特别的自然资源区域设立专门的自然资源管理机构。上述情况在水资源的管理中表现得最为突出,目前我国在七大江河流域都设有专门的流域管理机构,如长江水利委员会、

---

① 其中水生野生动物资源由渔业行政主管部门主管。

② 吕忠梅:《环境法新视野》,中国政法大学出版社2000年版,第253页。

黄河水利委员会、松辽水利委员会等。除此之外,还有在森林资源管理中依据林区划分设立的专门的林区管理机构,在渔业管理中依据渔区划分设立的相应的渔区管理机构。这些江河的流域管理机构以及专门的林区和渔区管理机构,分别是水利部、国家林业局、农业部的派出机构,它们不同于一般的地方性自然资源管理部门,而是一种基于自然资源特点而形成的特殊的中央机构设置。

2. 地方机构

按照我国地方行政区划而设置的各级自然资源行政管理机构,是地方性自然资源管理机构。我国地方性自然资源行政管理机构的设置,主要是要体现行政管理的分级原则。我国地方行政区划分为省(自治区、直辖市)、市(自治州)、县、乡(镇)四级。从目前的现状来看,在我国省、市、县三级地方机构,一般都设有与中央机构相对应的各种自然资源管理的行政机构,如省水利厅、市国土资源局、县林业局等,只有个别的自然资源行政管理机构深入到了乡级,比如有的乡镇一级人民政府设立的土地管理所,以及针对森林资源管理设置的专职的护林员等。

(二) 辅助性的自然资源管理部门

辅助性的自然资源管理部门,主要是指那些基本职能并非以自然资源管理为主,但为保证对专门自然资源机构职能的顺利实现,需要积极发挥配合或协助作用的相关行政管理部门。比如根据《野生动物保护法》的有关规定,海关行政主管部门和工商行政主管部门可对某些野生动物保护实施监督管理;[①]根据《野生植物保护条例》的有关规定,国务院建设行政主管部门对城市园林、风景名胜区内的野生植物保护实施监督管理;[②]根据《渔业法》的有关规定,渔业资源增殖保护费的征收办法由国务院渔业行政主管部门会同财政部门制定,报国务院批准后施行。[③] 类似上述这些辅助性的自然资源管理部门,虽然在自然资源的行政管理中处于相对次要的位置,但它们对专门自然资源管理机构职能的顺利发挥起着不可或缺的支持作用,其重要性不可忽视。

二、自然资源行政管理的主要领域

自然资源的行政管理工作涉及面宽、内容复杂,很难在理论上对其进行面面俱到的概括和归纳。对于这个问题,只能以现行的有关法律规定为基础,对在实践中自然资源行政管理所涉及的主要领域进行概要性的介绍。概括而言,我国

---

① 参见《野生动物保护法》第 36 条、第 37 条。
② 参见《野生植物保护条例》第 8 条。
③ 参见《渔业法》第 28 条。

自然资源的行政管理工作较为集中地体现在以下几个方面:

(一) 编制各种自然资源规划

依据一定的标准和程序,在充分考虑社会经济发展需求和自然资源开发利用现状的基础上,及时编制各种自然资源规划,是各自然资源管理机构日常管理工作的重要内容。科学合理的自然资源规划,是从宏观上保证对自然资源进行可持续开发利用的重要基础性措施,也是各项自然资源行政管理工作的主要依据和前提。从我国现行的各部自然资源法律来看,绝大多数都对制定自然资源规划以专门的法律条文甚至专章作出了明确的规定。具体而言,我国目前的自然资源规划主要了包括土地利用总体规划、水资源规划、林业长远规划、水土保持规划、防沙治沙规划、草原建设保护利用规划等方面的内容。

(二) 确认自然资源权属

自然资源作为重要的社会资源,其相关权利的取得和变更必然会对社会经济的运行以及自然资源的生态保护产生不同程度的影响,这种影响的程度和范围将远远超出权利人自身。因此,需要有关的自然资源管理机构对自然资源权属的取得和变动进行必要的确认,通过登记、备案、公示等程序,使自然资源的权属处于一个明确和稳定的状态之中,既有利于自然资源权属取得和转让的公平和公正,同时也有利于社会公众的监督和自然资源管理机构对自然资源的宏观调控和日常管理。

(三) 审核和颁发各种自然资源许可证

许可证既是国家对行政管理相对人从事某种活动的一种法律上的认可,也是行政管理相对人得到法律保护的一种凭证。通过审核和颁发各种许可证加强对自然资源的管理,是自然资源管理法制化的基本实现途径,也是今后自然资源管理方式改革和优化的重要方向。对自然资源进行许可证管理,不仅使各国家的自然资源主管机关能依法处于主动的地位,而且还有效保证了对自然资源的合理利用并在此基础上维护生态系统的动态平衡。根据目前我国自然资源法的有关规定,自然资源管理中的许可证种类主要有:林木采伐许可证、捕捞许可证、采矿许可证、取水许可证、特许捕猎许可证、驯养繁殖许可证、建设用地许可证等。

(四) 征收自然资源税费

依据有关法律规定,依法征收各种自然资源税费,是实现自然资源价值、体现自然资源有偿使用的重要措施。通过征收自然资源税费形成自然资源开发利用在经济上的约束和激励机制,不仅能有效提高自然资源的开发利用效率和水平,而且还有助于筹措自然资源养护和治理所需的资金,是市场化条件下加强自然资源管理的重要方面。对此,各自然资源的单行法基本上都有相应的原则性规定,有些还进一步通过制定专门的配套法规进行细化和明确,使自然资源税费的征收工作有法可依,有效增强了该项工作的可操作性。

（五）进行自然资源行业监管

围绕自然资源开发利用形成了牧业、林业、矿业、渔业等自然资源行业,这些行业的发展状况和水平将对自然资源的赋存状况和演化发展产生根本的影响,因此,对特定自然资源行业进行必要的监管,是自然资源管理的重要内容之一。在我国由计划体制向市场体制的转轨过程中,有关自然资源管理机构对自然资源行业监管的方式和范围也在不断地发生着变化。就目前的情况来看,对自然资源行业的监管主要应集中在两个方面:其一,行业准入的管理,这个方面主要通过对从事特定自然资源行业的企业所应具备的基本资质和能力的明确规定,从源头上为行业的良性发展把好关;其二,通过设立一定的标准,对行业在发展过程中在自然资源开发利用的方式、范围以及程度等方面进行相应的规范。这些方面在我国目前的自然资源法中都有不同程度的体现。

（六）监督检查并追究有关法律责任

对法律规定的落实情况进行经常性的监督检查,是各自然资源主管机关的重要职责,也是自然资源法在实践中能够得以有效贯彻实施的基本保证。在这个方面,大多数自然资源单行法都有针对性的规定,甚至设专章详细规定了进行监督检查的主体、方式、程序等方面的内容,从立法上明确了各自然资源管理机关监督检查的职能。在监督检查的过程中,对于那些违反法律规定的行为,就需要通过法律责任的追究来进行惩戒和矫正,以维护自然资源法制的权威性和严肃性。虽然在法律责任的种类上,包括民事责任、行政责任和刑事责任三种不同的方式,但综观各自然资源单行法中法律责任一章的有关规定,行政责任在自然资源法律责任中占据了很大的比重。对于各类行政责任,当然还是由各自然资源行政主管部门予以认定并进行追究的,这也是各主管机关的职责所在。

思考题

1. 对自然资源法律制度内涵的准确理解应把握哪些方面内容?
2. 自然资源权属制度包括哪些不同层次的权利形态?
3. 构建自然资源流转制度的思路包括哪些?有限流转的具体含义是什么?
4. 简述我国自然资源管理机构的设置。

推荐阅读

1. 肖乾刚主编:《自然资源法》,法律出版社 1992 年版,第 2 章。
2. 肖国兴、肖乾刚:《自然资源法》,法律出版社 1999 年版,第 4 章。
3. 周珂:《生态环境法论》,法律出版社 2001 年版,第 10 章。

第十四章　自然资源单行立法

【导言】

自然资源是环境的重要组成部分，许多自然资源同时也是环境要素，在生态系统之中扮演重要的功能。自然资源单行立法是为了保护自然资源，实现自然资源的可持续利用而发展起来的一整套法律规范。本章将就土地、海洋、水、矿产、森林、草原以及野生动植物资源单行立法的相关知识展开论述。

第一节　土地资源法

一、土地资源概述

对作为土地资源法所调整的客体——“土地”的概念有一个清晰的认识，是明晰土地资源法相关制度设计的前提和基础。根据联合国粮农组织 1975 年发表的《土地评价纲要》的叙述，“一片土地是指地球表面的一个特定地区，其特性包含着此地面以上和以下垂直的生物圈的一切比较稳定或周期循环的要素”。江伟钰、陈方林主编的《资源环境法词典》中则表述为：“狭义的土地指裸露在陆地上的表层；广义的土地则包括耕地、水域、林地、山岭、草地、荒地、滩涂等。在环境科学领域，土地指地貌、土壤、岩石、水、气候、植被等自然要素组成的综合体。它既是一种环境要素，又是一种重要的自然资源；既是人类生存的基本环境条件，又是人类进行物质生产不可缺少的物质资料。”[①]由此可见，土地是一个由气候、土壤、地貌、岩石、水文、动植物等自然要素组成的生态综合体，而不能仅仅理解为土壤或者耕地。

土地具有重要的自然生态功能和社会经济发展功能。土地的自然生态功能表现在以下几个方面：首先，土地给人类和动植物提供了生存、繁衍的场所和空间；其次，土地为绿色植物——生态系统的生产者的生长发育提供了必需的水分和养分，而绿色植物是其他生命物质存在的基础；最后，土地具有分解、净化功能，很多废弃物和生物残体在土地系统中经过生物、物理、化学的作用，可以分解和转化为无害物质，从而起到净化环境的效果。土地的社会经济发展功能则表

① 江伟钰、陈方林主编：《资源环境法词典》，中国法制出版社 2005 年版，第 486 页。

现为,土地是人类进行物质生产(特别是农业生产)不可或缺的生产资料。

根据不同的标准,可以对土地进行不同的分类。目前,在我国的法律之中,土地的社会经济发展功能是对土地进行分类的基础和标准。根据我国《土地管理法》,土地被分为以下三种基本类型:农用地、建设用地和未利用地。农用地是指直接用于农业生产的土地,包括耕地、林地、草地、农田水利用地、养殖水面等;建设用地是指建造建筑物、构筑物的土地,包括城乡住宅和公共设施用地、工矿用地、交通水利设施用地、旅游用地、军事设施用地等;未利用地是指农用地和建设用地以外的土地。

土地具有以下特点:(1) 不可再生性。地球的土地面积是有限的,无法实现数量上的持续增长。(2) 地理位置固定性。土地位置是由其地理位置决定的,不可能移动,所以被称为“不动产”。因此,人们对土地资源的开发利用,要注意其自然条件,扬长避短,不可违背客观规律,破坏土地的自然属性,影响土地价值的真正发挥。(3) 数量有限性。一种用途用地量的增加必然导致另一种用途用地量的减少。(4) 不可替代性。一旦土地资源因为人为污染或破坏而丧失,将无法以别的环境要素替代。(5) 利用的长久性。土地资源虽然是不可再生资源,但只要在使用的过程中真正做到“合理”,注重投入,不断培育其肥力,土地资源不但不会像其他生产资料那样被“磨损”变旧甚至报废,反而可以使土质状况更好,生物生产力更高。

根据《2013 年国土资源公报》,截至 2012 年底,全国共有农用地 64 646.56 万公顷,其中耕地 13 515.85 万公顷(20.27 亿亩),林地 25 339.69 万公顷,牧草地 21 956.53 万公顷;建设用地 3 690.70 万公顷,其中城镇村及工矿用地 3 019.92 万公顷。(见图 14-1)就耕地面积来说,2012 年,全国因建设占用、灾毁、生态退耕等原因减少耕地面积 40.20 万公顷,通过土地整治、农业结构调整等增加耕地面积 32.18 万公顷,年内净减少耕地面积 8.02 万公顷。整体来看,全国耕地已连续 4 年减少。(见图 14-2)就建设用地审批来说,2013 年共批准建设用地 53.43 万公顷,其中农用地转建设用地 37.24 万公顷,占用耕地 21.96 万公顷,同比分别下降 13.1%、13.2%、15.3%。批准单独选址和城镇村建设用地同比分别下降 20.5% 和 8.5%。整体来看,建设用地审批近些年来保持正常波动。(见图 14-3)2013 年,中央累计下达土地整治资金 442.64 亿元,共验收土地整治项目 2.05 万个,总规模 240.10 万公顷,通过土地整治新增农用地 38.84 万公顷,新增耕地 34.63 万公顷,建成高标准基本农田 710.83 万公顷。

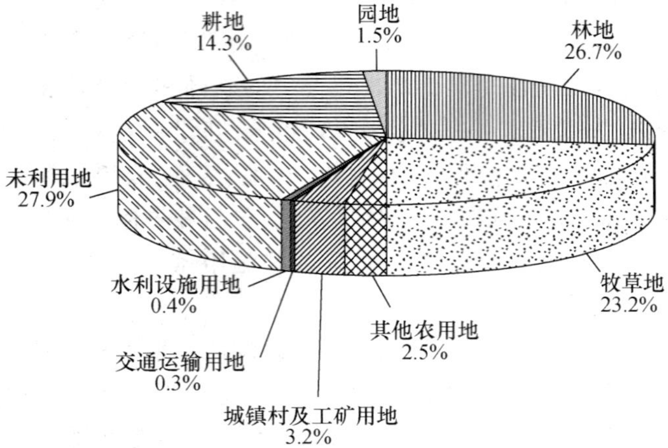

图 14-1　2012 年全国土地利用现状

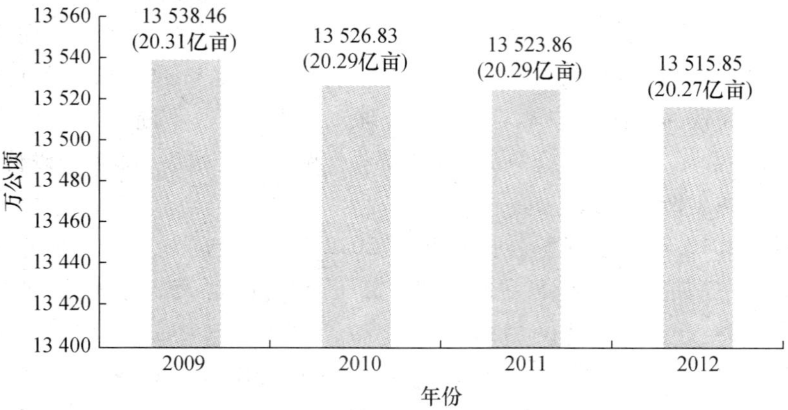

图 14-2　2009—2012 年全国耕地面积变化情况

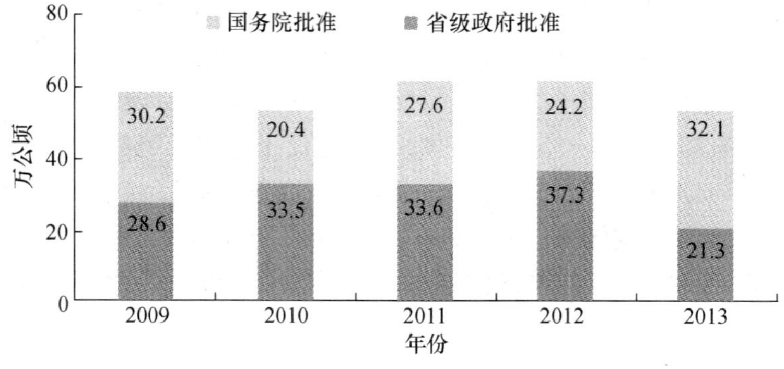

图 14-3　2009—2013 年批准建设用地变化情况

从上面的数据可以看出，尽管我国已经对土地资源利用、管理和保护投入了大量资源，取得了一定成就，但土地资源的利用和管理工作仍然十分严峻。《国务院关于土地管理和矿产资源开发利用及保护工作情况的报告》指出，我国土地资源开发利用还存在以下问题：(1) 供需矛盾突出，耕地总量保护难度加大，耕地质量值得关注。一是我国人均耕地少，优质耕地少，后备耕地资源少。我国人均耕地仅 1.35 亩，不到世界平均水平的 1/2。中低产田占耕地总面积近 70%。全国集中连片、具有一定规模的耕地后备资源少且大多分布在生态脆弱地区，补充优质耕地越来越难。二是建设用地供需矛盾突出，城镇和农村建设双向挤占耕地，违法违规占用耕地的压力依然很大。三是耕地保护补偿机制有待尽快建立。(2) 资源利用粗放，浪费现象依然突出。一是部分城镇规模过度扩张，人均建设用地高于国家标准，高于资源短缺甚至资源丰富的国家。一些开发区和新区违反规划设置，盲目扩大规模。二是农村人口向城市转移，但农村居住用地还在扩大，农村空闲住宅一般达到 10%—15%，出现了一些"空心村"。

二、我国土地资源立法沿革与概况

我国土地资源立法工作于 20 世纪 50 年代起步，其间主要经历了两个阶段。

在《土地管理法》颁布之前，我国一直缺乏专门的针对土地资源管理和保护的立法。1953 年，政务院公布了《国家建设征收土地办法》，提出了国家建设征收土地必须贯彻节约用地的原则。1957 年，国务院发布了《水土保持暂行纲要》，对水土保持工作的管理、水土保持的措施和规划以及违反规定的法律责任等作了比较详细的规定。1982 年，国务院颁发了《国家建设征收土地条例》和《水土保持工作条例》。总体来说，这些法规的效力等级参差不齐且比较低，无法满足管理和保护土地资源工作的需要。

1986 年 6 月 25 日，第六届全国人大常委会第十六次会议审议通过了《土地管理法》。该法比较全面地对土地资源的开发利用和保护工作作出了科学的规定，自 1987 年 1 月 1 日起正式施行。它的公布和实施，结束了我国长期以来主要依靠行政手段和多部门分散管理土地的局面，城乡土地开始进入依法、统一运用综合手段全面、科学管理的轨道。该法后来又于 1988 年进行了第一次修正，于 1998 年进行了修订，于 2004 年进行了第二次修正，以应对不断发展变化的形势。其后，国家又相继出台了一系列的法律法规。到目前为止，我国土地资源法律领域已经基本形成了一个完整的法律体系。

目前，我国土地方面的法律法规主要有：《土地管理法》《城市房地产管理法》(1994 年通过，2007 年修正)、《城乡规划法》(2007 年通过)、《农村土地承包法》(2002 年通过)、《水土保持法》(1991 年通过，2010 年修订)，以及《土地管理法实施条例》《水土保持法实施条例》《基本农田保护条例》《土地复垦条例》等。

此外,还有一系列关于土地的行政规章、地方法规和地方政府规章。近些年来出台的涉及土地资源保护的行政规章有国土资源部分别于2012年、2014年发布的《土地复垦条例实施办法》《节约集约利用土地规定》。此外,我国《宪法》《森林法》《草原法》《渔业法》等相关立法也对土地的开发利用及保护管理作出了规定。

三、土地资源法的主要内容

(一)土地权属制度

土地权属制度是土地资源管理制度的基础。我国的土地权属制度主要由《宪法》《物权法》《土地管理法》等法律加以规定。土地权属制度主要包括土地所有权和土地使用权两个部分。

1. 土地所有权

《土地管理法》第2条第1款明确规定:"中华人民共和国实行土地的社会主义公有制,即全民所有制和劳动群众集体所有制。"因此,我国的土地所有权可分为国家土地所有权和集体土地所有权两种,两种所有权在主体的范围、客体的范围、取得方式、权利变动方面各有不同。

(1)国家土地所有权

根据相关法律规定,城市市区的土地属于国家所有,农村和城市郊区的土地在具有相应法律规定的情况下也属于国家所有。

国家所有土地的所有权由国务院代表国家行使,地方各级人民政府不是国家土地所有权的代表,无权擅自处置国有土地,只能依法根据国务院的授权处置国有土地。国务院作为国家土地所有权的代表,有权决定国有土地收益的分配办法。

(2)集体土地所有权

根据有关法律规定,集体所有土地的范围为:第一,除由法律规定属于国家所有以外的农村和城市郊区土地,也就是说,农村和城市郊区的土地原则上属于集体所有,而如果法律规定属于国家所有的,则属于国家所有。第二,宅基地和自留地、自留山。"农民集体所有的宅基地,主要是指农民用于建造住房及其附属设施的一定范围内的土地,自留地是指我国农业合作化以后农民集体经济组织分配给本集体经济组织成员(村民)长期使用的土地,自留山是指农民集体经济组织分配给其成员长期使用的少量的柴山和荒坡。"①

2. 土地使用权

《土地管理法》规定:国有土地和农民集体所有的土地,可以依法确定给单

---

① 卞耀武主编:《中华人民共和国土地管理法释义》,法律出版社1998年版,第60页。

位或个人使用。这是关于土地使用权的概括性规定。根据该规定,土地使用权分为国有土地使用权和农民集体所有土地使用权。

根据土地使用权目的的不同,可以将国有土地使用权和集体土地使用权分为承包经营从事农业生产的土地使用权和建设用地的土地使用权。对于建设用地的土地使用权,因使用权主体不同,可以作进一步细分:国有土地使用权包括单位个人的使用权,比如全民和集体所有制单位对国有土地的使用权、社会团体对国有土地的使用权、外商投资企业对国有土地的使用权、境内外个人对国有土地的使用权等;农民集体土地的使用权包括全民所有制单位和建设单位对农民集体所有土地的临时使用权、农民对宅基地的使用权、乡镇企业对农民集体土地的使用权、乡(镇)和村公共设施公益事业建设对农民集体所有土地的使用权等。

单位和个人依法使用的国有土地,由县级以上人民政府登记造册,核发证书,确认使用权。其中,中央国家机关使用国有土地的具体登记发证机关由国务院确定。农民集体所有的土地依法用于非农业建设的,由县级人民政府登记造册,核发证书,确认建设用地使用权。

根据现行的有关法律规定,取得土地使用权的方式主要有:承包经营、土地使用权出让、土地使用权划拨、土地使用权转让等。

(二) 土地利用总体规划制度

《土地管理法》第 17 条第 1 款规定:"各级人民政府应当依据国民经济和社会发展规划、国土整治和资源环境保护的要求、土地供给能力以及各项建设对土地的需求,组织编制土地利用总体规划。"土地利用规划制度是保证对土地资源合理安排和保护的重要制度,是土地资源保护工作的基础。它主要包括以下几个部分:土地利用总体规划的编制要求、编制原则、编制与审批、修改以及其他规划与土地利用总体规划的关系等。

土地利用总体规划的编制要求是:下级土地利用总体规划应当依据上一级土地利用总体规划编制;地方各级人民政府编制的土地利用总体规划中的建设用地总量不得超过上一级土地利用总体规划确定的控制指标,耕地保有量不得低于上一级土地利用总体规划确定的控制指标。对于各级人民政府的土地利用总体规划,法律有不同的要求:省、自治区、直辖市人民政府编制的土地利用总体规划,应当确保本行政区域内耕地总量不减少;县级土地利用总体规划应当划分土地利用区,明确土地用途;乡(镇)土地利用总体规划应当划分土地利用区,根据土地使用条件,确定每一块土地的用途,并予以公告。

土地利用总体规划的编制原则是:严格保护基本农田,控制非农业建设占用农用地;提高土地利用率;统筹安排各类、各区域用地;保护和改善生态环境,保障土地的可持续利用;占用耕地与开发复垦耕地相平衡。

土地利用总体规划的编制在不同层级上由不同的机关执行:全国土地利用总体规划,由国务院土地行政主管部门会同国务院有关部门编制;省、自治区、直辖市的土地利用总体规划,由省、自治区、直辖市人民政府组织本级土地行政主管部门和其他有关部门编制;省、自治区人民政府所在地的市、人口在100万以上的城市以及国务院指定的城市的土地利用总体规划,由各该市人民政府组织本级土地行政主管部门和其他有关部门编制;上述规定以外的土地利用规划的编制,由有关人民政府组织本级土地行政主管部门和其他有关部门编制,其中乡(镇)土地利用总体规划,由乡(镇)人民政府编制。土地利用总体规划实行分级审批,一经批准,必须严格执行。对于各级土地利用总体规划,批准的主体也有相应的差别:全国土地利用总体规划,由国务院批准;省、自治区、直辖市的土地利用总体规划,报国务院批准;省、自治区人民政府所在地的市、人口在100万以上的城市以及国务院指定的城市的土地利用总体规划,经省、自治区人民政府审查同意后,报国务院批准;上述规定以外的土地利用总体规划,逐级上报省、自治区、直辖市人民政府批准,其中乡(镇)土地利用总体规划可以由省级人民政府授权的设区的市、自治州人民政府批准。

经批准的土地利用总体规划的修改,须经原批准机关批准。经国务院批准的大型能源、交通、水利等基础设施建设用地,需要改变土地利用总体规划的,根据国务院的批准文件修改土地利用总体规划。经省、自治区、直辖市人民政府批准的能源、交通、水利等基础设施建设用地,需要改变土地利用总体规划的,属于省级人民政府土地利用总体规划批准权限内的,根据省级人民政府的批准文件修改土地利用总体规划。

《土地管理法》还对土地利用总体规划和其他规划之间的衔接进行了规定。城市总体规划、村庄和集镇规划,应当与土地利用总体规划相衔接,城市总体规划、村庄和集镇规划中建设用地规模不得超过土地利用总体规划确定的城市和村庄、集镇建设用地规模。江河、湖泊综合治理和开发利用规划,应当与土地利用总体规划相衔接。在江河、湖泊、水库的管理和保护范围以及蓄洪滞洪区内,土地利用应当符合江河、湖泊综合治理和开发利用规划,符合河道、湖泊行洪、蓄洪和输水的要求。

此外,《土地管理法》及其实施条例还对土地利用规划的执行作了一些规定:各级人民政府应当加强土地利用计划管理,实行建设用地总量控制。土地利用年度计划一经批准下达,必须严格执行。土地利用年度计划应该包括农用地转用计划指标、耕地保有量计划指标以及土地开发整理计划指标。省、自治区、直辖市人民政府应当将土地利用年度计划的执行情况列为国民经济和社会发展计划执行情况的内容,向同级人民代表大会报告。

（三）土地用途管制制度

《土地管理法》第4条第1款规定："国家实行土地用途管制制度。"土地用途管制制度的总体要求是：国家对改变土地用途实行管制，严格限制农用地转为建设用地，控制建设用地总量，对耕地实行特殊保护。使用土地单位和个人必须严格按照总体规划确定的用途使用土地，未经批准不得改变用途。

对土地类型的合理分类是土地用途管制制度的基础。依照《土地管理法》规定，土地利用总体规划应当将土地划分为农用地、建设用地和未利用地。此外，《土地管理法实施条例》第10条第2款还对乡镇土地规划的分类和管制作了具体规定："县级和乡（镇）土地利用总体规划应当根据需要，划定基本农田保护区、土地开垦区、建设用地区和禁止开垦区等；其中，乡（镇）土地利用总体规划还应当根据土地使用条件，确定每一块土地的用途。"土地被确定了特定的用途以后，除法律另有规定的情况外，必须严格按照该用途使用。

从《土地管理法》的有关规定看，土地用途管制制度的主要内容应该包括严格限制农用地转为建设用地、控制建设用地总量以及对耕地实行特殊保护。其中，严格限制农用地转为建设用地是土地用途管制制度的重点，也是目前我国土地资源管理工作的重心。下面着重介绍限制农用地转为建设用地的相关制度规定，耕地的保护和建设用地的相关制度随后将单独介绍。

农用地转为建设用地的相关法律规定如下：建设占用土地，涉及农用地转为建设用地的，应当符合土地利用总体规划和土地利用年度计划中确定的农用地转用指标；城市和村庄、集镇建设占用土地，涉及农用地转用的，还应当符合城市规划和村庄、集镇规划。不符合规定的，不得批准农用地转为建设用地。对农用地转为建设用地的审批，法律规定：建设占用土地，涉及农用地转为建设用地的，应当报省级以上人民政府批准。直辖市和省、自治区人民政府所在地的市以及其他设区的市为实施城市规划而统一开发土地，省、自治区、直辖市人民政府批准的道路、管线工程和大型基础设施建设项目、国务院批准的建设项目占用土地，涉及农用地转为建设用地的，由国务院批准。其他的建设项目占用土地，在土地利用总体规划确定的城市和村庄、集镇建设用地规模范围内，为实施该规划而将农用地转为建设用地的，按土地利用年度分批次由原批准土地利用总体规划的机关批准。在已批准的农用地转用范围内，具体建设项目用地可以由市、县人民政府批准。涉及农用地转为建设用地的，由省、自治区、直辖市人民政府批准。

在土地利用总体规划确定的城市建设用地范围内，为实施城市规划占用土地的，按照下列规定办理：（1）市、县人民政府按照土地利用年度计划拟订农用地转用方案、补充耕地方案、征用土地方案，分批次逐级上报有批准权的人民政府。（2）有批准权的人民政府土地行政主管部门对农用地转用方案、补充耕地方案、征用土地方案进行审查,提出审查意见,报有批准权的人民政府批准。其中,补充耕地方案由批准农用地转用方案的人民政府在批准农用地转用方案时一并批准。(3)农用地转用方案、补充耕地方案、征用土地方案经批准后,由市、县人民政府组织实施,按具体建设项目分别供地。

此外,法律对征收农用地的程序也作了规定。对于征收农用地的,应当先行办理农用地转用审批。其中,经国务院批准农用地转用的,直接办理征地审批手续,不再另行办理征地审批。经省、自治区、直辖市人民政府批准农用地转用的,在规定的征地批准权限内,直接办理征地审批手续,不再另行办理征地审批;超过规定的征地批准权限的,应当按规定另行办理征地审批。

为了保证土地用途管制制度的实施,国家建立了土地调查制度、土地统计制度,并对土地利用状况进行动态监测。

(四)耕地保护制度

耕地保护制度是土地管理的中心所在,也是土地用途控制制度的主要目的。耕地保护制度在《土地管理法》中由专章加以规定。

国家实行占用耕地补偿制度。非农业建设经批准占用耕地的,按照“占多少,垦多少”的原则,由占用耕地的单位负责开垦与所占用耕地的数量和质量相当的耕地;没有条件开垦或者开垦的耕地不符合要求的,应当按照省、自治区、直辖市的规定缴纳耕地开垦费,专款用于开垦新的耕地。对于该制度的具体执行,法律规定:省、自治区、直辖市人民政府应当制定开垦耕地计划,监督占用耕地的单位按照计划开垦耕地或者按照计划组织开垦耕地,并进行验收。省、自治区、直辖市人民政府应当严格执行土地利用总体规划和土地利用年度计划,采取措施,确保本行政区域内耕地总量不减少;耕地总量减少的,由国务院责令在规定期限内组织开垦与所减少耕地的数量与质量相当的耕地,并由国务院土地行政主管部门会同农业行政主管部门验收。个别省、直辖市确因土地后备资源匮乏,新增建设用地后,新开垦耕地的数量不足以补偿所占用耕地的数量的,必须报经国务院批准减免本行政区域内开垦耕地的数量,进行易地开垦。县级以上地方人民政府可以要求占用耕地的单位将所占用耕地耕作层的土壤用于新开垦耕地、劣质地或者其他耕地的土壤改良。

国家实行基本农田保护制度。按照《基本农田保护条例》第 2 条的规定,基本农田是指按照一定时期人口和社会经济发展对农产品的需求,依据土地利用总体规划确定的不得占用的耕地。下列耕地应当根据土地利用总体规划划入基本农田保护区,严格管理:经国务院有关主管部门或者县级以上地方人民政府批准确定的粮、棉、油生产基地内的耕地;有良好的水利与水土保持设施的耕地,正在实施改造计划以及可以改造的中、低产田;蔬菜生产基地;农业科研、教学试验田;国务院规定应当划入基本农田保护区的其他耕地。各省、自治区、直辖市划定的基本农田应当占本行政区域内耕地的80%以上。基本农田保护区以乡(镇)为单位进行划区定界,由县级人民政府土地行政主管部门会同同级农业行政主管部门组织实施。基本农田的保护方针是全面规划、合理利用、用养结合、严格保护。基本农田保护的权责规定如下:国务院土地行政主管部门和农业行政主管部门按照国务院规定的职责分工,依照《基本农田保护条例》负责全国的基本农田保护管理工作;县级以上地方各级人民政府土地行政主管部门和农业行政主管部门按照本级人民政府规定的职责分工,依照《基本农田保护条例》负责本行政区域内的基本农田保护管理工作;乡(镇)人民政府负责本行政区域内的基本农田保护管理工作。

此外,还有一些防治农田污染、防止农田被占用的一般规定。各级人民政府应当采取措施,维护排灌工程设施,改良土壤,提高地力,防止土地荒漠化、盐渍化、水土流失和污染土地。非农业建设必须节约使用土地,可以利用荒地的,不得占用耕地;可以利用劣地的,不得占用好地。禁止占用耕地建窑、建坟或者擅自在耕地上建房、挖砂、采石、采矿、取土等。禁止占用基本农田发展林果业和挖塘养鱼。禁止任何单位和个人闲置、荒芜耕地。已经办理审批手续的非农业建设占用耕地,一年内不用而又可以耕种并收获的,应当由原耕种该幅耕地的集体或者个人恢复耕种,也可以由用地单位组织耕种;一年以上未动工建设的,应当按照省、自治区、直辖市的规定缴纳闲置费;连续两年未使用的,经原批准机关批准,由县级以上人民政府无偿收回用地单位的土地使用权;该幅土地原为农民集体所有的,应当交由原农村集体经济组织恢复耕种。

(五) 建设用地使用制度

建设用地的相关规定比较庞杂,其中农用地转为建设用地的审批以及国有土地使用权的相关规定在前面已有论述,在此不再赘述。

任何单位和个人进行建设,需要使用土地的,必须依法申请使用国有土地;但是,兴办乡镇企业和村民建设住宅经依法批准使用本集体经济组织农民集体所有的土地的,或者乡(镇)村公共设施和公益事业建设经依法批准使用农民集体所有的土地的除外。

1. 征用土地的一般规定

征地,是指因建设需要将属于农民集体所有的土地强制转变为国有土地的行为。成为国有土地后,建设单位才能申请使用。征地必须经国务院或省级人民政府批准,省级以下政府无权批准。其中,须经国务院批准方可征收的土地为:基本农田;基本农田以外的耕地超过35公顷的;其他土地超过70公顷的。征收其他土地的,由省、自治区、直辖市人民政府批准,并报国务院备案。

征收土地的,要按照被征收土地的原用途给予补偿。征收耕地的补偿费用包括土地补偿费、安置补助费以及地上附着物和青苗的补偿费。征收耕地的土地补偿费标准为该耕地被征收前三年平均年产值的6—10倍。征收耕地的安置补偿费标准按照需要安置的农业人口数计算,每个人口的补偿费为该耕地被征收前三年平均年产值的4—6倍;但是,每公顷被征耕地的安置补偿费最高不得超过被征收前三年平均年产值的15倍。如果上述两种补偿费尚不能维持需要安置的农民的原有生活水平,经省、自治区、直辖市人民政府批准,可以适当增加安置补助费。但是,两者的总和不能超过土地被征收前三年平均年产值的30倍。征收城市郊区的菜地,还应当缴纳新菜地开发建设基金。

2. 农村建设用地的规定

乡镇企业、乡(镇)村公共设施、公益事业、农村村民住宅等乡(镇)村建设,应当按照村庄和集镇规划,合理布局,综合开发,配套建设;建设用地,应当符合乡(镇)土地利用总体规划和土地利用年度计划,并依照相关法律规定办理审批手续。

农村村民一户只能拥有一处宅基地,其宅基地的面积不得超过省、自治区、直辖市规定的标准。农村村民建住宅,应当符合乡(镇)土地利用总体规划,并尽量使用原有的宅基地和村内空闲地。农村村民住宅用地,经乡(镇)人民政府审核,由县级人民政府批准;其中,涉及占用农用地的,依照《土地管理法》第44条的规定办理审批手续。农村村民出卖、出租住房后,再申请宅基地的,不予批准。农民集体所有的土地的使用权不得出让、转让或者出租用于非农业建设;但是,符合土地利用总体规划并依法取得建设用地的企业,因破产、兼并等情形致使土地使用权依法发生转移的除外。有下列情形之一的,农村集体经济组织报经原批准用地的人民政府批准,可以收回土地使用权:为乡(镇)村公共设施和公益事业建设,需要使用土地的,但是对土地使用权人应当给予适当补偿;不按照批准的用途使用土地的;因撤销、迁移等原因而停止使用土地的。

(六) 土地复垦制度

土地复垦,是指对生产建设活动和自然灾害损毁的土地,采取整治措施,使其达到可供利用状态的活动。按照《土地管理法》的规定,因挖损、塌陷、压占等造成土地破坏,用地单位和个人应当按照国家有关规定负责复垦;没有条件复垦或者复垦不符合要求的,应当缴纳土地复垦费,专项用于土地复垦。复垦的土地应当优先用于农业。2011年2月,国务院通过了《土地复垦条例》,对土地复垦制度进行了系统的规定。

1. 一般规定

(1) 土地复垦的责任主体

生产建设活动损毁的土地,按照"谁损毁,谁复垦"的原则,由生产建设单位或者个人(以下称"土地复垦义务人")负责复垦。由于历史原因无法确定土地复垦义务人的生产建设活动损毁的土地(以下称"历史遗留损毁土地"),由县级以上人民政府负责组织复垦。自然灾害损毁的土地,由县级以上人民政府负责组织复垦。

(2) 土地复垦的基本原则

土地复垦应当坚持科学规划、因地制宜、综合治理、经济可行、合理利用的原则。复垦的土地应当优先用于农业。

(3) 土地复垦的管理体制

国务院国土资源主管部门负责全国土地复垦的监督管理工作。县级以上地方人民政府国土资源主管部门负责本行政区域土地复垦的监督管理工作。县级以上人民政府其他有关部门依照《土地复垦条例》的规定和各自的职责做好土地复垦有关工作。

(4) 土地复垦的标准

编制土地复垦方案、实施土地复垦工程、进行土地复垦验收等活动,应当遵守土地复垦国家标准;没有国家标准的,应当遵守土地复垦行业标准。制定土地复垦国家标准和行业标准,应当根据土地损毁的类型、程度、自然地理条件和复垦的可行性等因素,分类确定不同类型损毁土地的复垦方式、目标和要求等。

2. 土地复垦的实施

(1) 应当进行复垦土地的范围

应当进行复垦的土地包括:露天采矿、烧制砖瓦、挖沙取土等地表挖掘所损毁的土地;地下采矿等造成地表塌陷的土地;堆放采矿剥离物、废石、矿渣、粉煤灰等固体废弃物压占的土地;能源、交通、水利等基础设施建设和其他生产建设活动临时占用所损毁的土地。

(2) 土地复垦方案

土地复垦方案应当包括下列内容:项目概况和项目区土地利用状况;损毁土地的分析预测和土地复垦的可行性评价;土地复垦的目标任务;土地复垦应当达到的质量要求和采取的措施;土地复垦工程和投资估(概)算;土地复垦费用的安排;土地复垦工作计划与进度安排;国务院国土资源主管部门规定的其他内容。

(3) 土地复垦费

土地复垦义务人不复垦,或者复垦验收中经整改仍不合格的,应当缴纳土地复垦费,由有关国土资源主管部门代为组织复垦。确定土地复垦费的数额,应当综合考虑损毁前的土地类型、实际损毁面积、损毁程度、复垦标准、复垦用途和完成复垦任务所需的工程量等因素。土地复垦费的具体征收使用管理办法,由国务院财政、价格主管部门商国务院有关部门制定。土地复垦义务人缴纳的土地复垦费专项用于土地复垦,任何单位和个人不得截留、挤占、挪用。

(4) 历史遗留损毁土地和自然灾害损毁土地的复垦

国家对历史遗留损毁土地和自然灾害损毁土地的复垦按项目实施管理。县级以上人民政府国土资源主管部门应当根据土地复垦专项规划和年度土地复垦资金安排情况确定年度复垦项目。

3. 土地复垦的验收

土地复垦义务人按照土地复垦方案的要求完成土地复垦任务后,应当按照国务院国土资源主管部门的规定向所在地县级以上地方人民政府国土资源主管部门申请验收,接到申请的国土资源主管部门应当会同同级农业、林业、环境保护等有关部门进行验收。负责组织验收的国土资源主管部门应当会同有关部门在接到土地复垦验收申请之日起60个工作日内完成验收。经验收合格的,向土地复垦义务人出具验收合格确认书;经验收不合格的,向土地复垦义务人出具书面整改意见,列明需要整改的事项,由土地复垦义务人整改完成后重新申请验收。

政府投资的土地复垦项目竣工后,负责组织实施土地复垦项目的国土资源主管部门应当依照《土地复垦条例》第28条第2款的规定进行初步验收。初步验收完成后,负责组织实施土地复垦项目的国土资源主管部门应当按照国务院国土资源主管部门的规定向上级人民政府国土资源主管部门申请最终验收。上级人民政府国土资源主管部门应当会同有关部门及时组织验收。

土地权利人自行复垦或者社会投资进行复垦的土地复垦项目竣工后,由负责组织实施土地复垦项目的国土资源主管部门会同有关部门进行验收。

4. 激励措施

土地复垦义务人在规定的期限内将生产建设活动损毁的耕地、林地、牧草地等农用地复垦恢复原状的,依照国家有关税收法律法规的规定退还已经缴纳的耕地占用税。

社会投资复垦的历史遗留损毁土地或者自然灾害损毁土地,属于无使用权人的国有土地的,经县级以上人民政府依法批准,可以确定给投资单位或者个人长期从事种植业、林业、畜牧业或者渔业生产。

社会投资复垦的历史遗留损毁土地或者自然灾害损毁土地,属于农民集体所有土地或者有使用权人的国有土地的,有关国土资源主管部门应当组织投资单位或者个人与土地权利人签订土地复垦协议,明确复垦的目标任务以及复垦后的土地使用和收益分配。

历史遗留损毁和自然灾害损毁的国有土地的使用权人,以及历史遗留损毁和自然灾害损毁的农民集体所有土地的所有权人、使用权人,自行将损毁土地复垦为耕地的,由县级以上地方人民政府给予补贴。

县级以上地方人民政府将历史遗留损毁和自然灾害损毁的建设用地复垦为

耕地的，按照国家有关规定可以作为本省、自治区、直辖市内进行非农建设占用耕地时的补充耕地指标。

（七）节约集约利用土地制度

节约集约利用土地，是指通过规模引导、布局优化、标准控制、市场配置、盘活利用等手段，达到节约土地、减量用地、提升用地强度、促进低效废弃地再利用、优化土地利用结构和布局、提高土地利用效率的各项行为与活动。2014 年 3 月，国土资源部通过了《节约集约利用土地规定》。该规定要求通过规模引导、布局优化、标准控制、市场配置、盘活利用、监督考评手段，加强土地节约利用管理。该规定的出台，标志着土地节约集约利用有了正式的、完善的制度保障。

1. 一般规定

土地管理和利用应当遵循下列原则：坚持节约优先的原则，各项建设少占地、不占或者少占耕地，珍惜和合理利用每一寸土地；坚持合理使用的原则，盘活存量土地资源，构建符合资源国情的城乡土地利用新格局；坚持市场配置的原则，妥善处理好政府与市场的关系，充分发挥市场在土地资源配置中的决定性作用；坚持改革创新的原则，探索土地管理新机制，创新节约集约用地新模式。

县级以上地方国土资源主管部门应当加强与发展改革、财政、城乡规划、环境保护等部门的沟通协调，将土地节约集约利用的目标和政策措施纳入地方经济社会发展总体框架、相关规划和考核评价体系。

国土资源主管部门应当建立节约集约用地制度，开展节约集约用地活动，组织制定节地标准体系和相关标准规范，探索节约集约用地新机制，鼓励采用节约集约用地新技术和新模式，促进土地利用效率的提高。

2. 规模引导

国家通过土地利用总体规划，确定建设用地的规模、布局、结构和时序安排，对建设用地实行总量控制。土地利用总体规划确定的约束性指标和分区管制规定不得突破。下级土地利用总体规划不得突破上级土地利用总体规划确定的约束性指标。

土地利用总体规划对各区域、各行业发展用地规模和布局具有统筹作用。产业发展、城乡建设、基础设施布局、生态环境建设等相关规划，应当与土地利用总体规划相衔接，所确定的建设用地规模和布局必须符合土地利用总体规划的安排。相关规划超出土地利用总体规划确定的建设用地规模的，应当及时调整或者修改，核减用地规模，调整用地布局。

国土资源主管部门应当通过规划、计划、用地标准、市场引导等手段，有效控制特大城市新增建设用地规模，适度增加集约用地程度高、发展潜力大的地区和中小城市、县城建设用地供给，合理保障民生用地需求。

3. 布局优化

城乡土地利用应当体现布局优化的原则。引导工业向开发区集中、人口向城镇集中、住宅向社区集中,推动农村人口向中心村、中心镇集聚,产业向功能区集中,耕地向适度规模经营集中。禁止在土地利用总体规划和城乡规划确定的城镇建设用地范围之外设立各类城市新区、开发区和工业园区。鼓励线性基础设施并线规划和建设,促进集约布局和节约用地。

国土资源主管部门应当在土地利用总体规划中划定城市开发边界和禁止建设的边界,实行建设用地空间管制。城市建设用地应当因地制宜采取组团式、串联式、卫星城式布局,避免占用优质耕地。

市、县国土资源主管部门应当加强与城乡规划主管部门的协商,促进现有城镇用地内部结构调整优化,控制生产用地,保障生活用地,提高生态用地的比例,加大城镇建设使用存量用地的比例,促进城镇用地效率的提高。

鼓励建设项目用地优化设计、分层布局,鼓励充分利用地上、地下空间。建设用地使用权在地上、地下分层设立的,其取得方式和使用年期参照在地表设立的建设用地使用权的相关规定。出让分层设立的建设用地使用权,应当根据当地基准地价和不动产实际交易情况,评估确定分层出让的建设用地最低价标准。

促进整体设计、合理布局的建设项目用地节约集约开发。对不同用途高度关联、需要整体规划建设、确实难以分割供应的综合用途建设项目用地,市、县国土资源主管部门可以按照一宗土地实行整体出让供应,综合确定出让底价。综合用途建设项目用地供应,包含需要通过招标拍卖挂牌的方式出让的,整宗土地应当采用招标拍卖挂牌的方式出让。

4. 标准控制

国家实行建设项目用地标准控制制度。国土资源部会同有关部门制定工程建设项目用地控制指标、工业项目建设用地控制指标、房地产开发用地宗地规模和容积率等建设项目用地控制标准。地方国土资源主管部门可以根据本地实际,制定和实施更加节约集约的地方性建设项目用地控制标准。

建设项目应当严格按照建设项目用地控制标准进行测算、设计和施工。市、县国土资源主管部门应当加强对用地者和勘察设计单位落实建设项目用地控制标准的督促和指导。建设项目用地审查、供应和使用,应当符合建设项目用地控制标准和供地政策。对违反建设项目用地控制标准和供地政策使用土地的,县级以上国土资源主管部门应当责令纠正,并依法予以处理。

国家和地方尚未出台建设项目用地控制标准的建设项目,或者因安全生产、特殊工艺、地形地貌等原因,确实需要超标准建设的项目,县级以上国土资源主管部门应当组织开展建设项目用地评价,并将其作为建设用地供应的依据。

国土资源部会同有关部门根据国家经济社会发展状况和宏观产业政策,制定《禁止用地项目目录》和《限制用地项目目录》，促进土地节约集约利用。国土资源主管部门为限制用地的建设项目办理建设用地供应手续必须符合规定的条件；不得为禁止用地的建设项目办理建设用地供应手续。

5. 市场配置

各类有偿使用的土地供应应当充分贯彻市场配置的原则，通过运用土地租金和价格杠杆，促进土地节约集约利用。

国家扩大国有土地有偿使用范围，减少非公益性用地划拨。除军事、保障性住房和涉及国家安全和公共秩序的特殊用地可以以划拨方式供应外，国家机关办公和交通、能源、水利等基础设施（产业）、城市基础设施以及各类社会事业用地中的经营性用地，实行有偿使用。

经营性用地应当以招标拍卖挂牌的方式确定土地使用者和土地价格。各类有偿使用的土地供应不得低于国家规定的用地最低价标准。禁止以土地换项目、先征后返、补贴、奖励等形式变相减免土地出让价款。

市、县国土资源主管部门可以采取先出租后出让、在法定最高年期内缩短出让年期等方式出让土地。采取先出租后出让方式供应工业用地的，应当符合国土资源部规定的行业目录。

鼓励土地使用者在符合规划的前提下，通过厂房加层、厂区改造、内部用地整理等途径提高土地利用率。在符合规划、不改变用途的前提下，现有工业用地提高土地利用率和增加容积率的，不再增收土地价款。

符合节约集约用地要求、属于国家鼓励产业的工业用地，可以实行差别化的地价政策。分期建设的大中型工业项目，可以预留规划范围，根据建设进度，实行分期供地。

市、县国土资源主管部门供应工业用地，应当将工业项目投资强度、容积率、建筑系数、绿地率、非生产设施占地比例等控制性指标纳入土地使用条件。

市、县国土资源主管部门在有偿供应各类建设用地时，应当在建设用地使用权出让、出租合同中明确节约集约用地的规定。在供应住宅用地时，应当将最低容积率限制、单位土地面积的住房建设套数和住宅建设套型等规划条件写入建设用地使用权出让合同。

6. 盘活利用

国家鼓励土地整治。县级以上地方国土资源主管部门应当会同有关部门，依据土地利用总体规划和土地整治规划，对田、水、路、林、村进行综合治理，对历史遗留的工矿等废弃地进行复垦利用，对城乡低效利用土地进行再开发，提高土地利用效率和效益，促进土地节约集约利用。

农用地整治应当促进耕地集中连片，增加有效耕地面积，提升耕地质量，改善生产条件和生态环境，优化用地结构和布局。宜农未利用地开发，应当根据环境和资源承载能力,坚持有利于保护和改善生态环境的原则,因地制宜适度开展。

高标准基本农田建设,应当严格控制田间基础设施占地规模,合理缩减田间基础设施占地率。对基础设施占地率超过国家高标准基本农田建设相关标准规范要求的,县级以上地方国土资源主管部门不得通过项目验收。

县级以上地方国土资源主管部门可以依据国家有关规定,统筹开展农村建设用地整治、历史遗留工矿废弃地和自然灾害毁损土地的整治,提高建设用地利用效率和效益,改善人民群众生产生活条件和生态环境。

县级以上地方国土资源主管部门在本级人民政府的领导下,会同有关部门建立城镇低效用地再开发、废弃地再利用的激励机制,对布局散乱、利用粗放、用途不合理、闲置浪费等低效用地进行再开发,对因采矿损毁、交通改线、居民点搬迁、产业调整形成的废弃地实行复垦再利用,促进土地优化利用。

鼓励社会资金参与城镇低效用地、废弃地再开发和利用。鼓励土地使用者自行开发或者合作开发。

第二节 海域资源法

一、海洋和海洋资源概述

海洋即海和洋的总称,是指地球上除大陆以外的辽阔水域,其中中心部分称为“洋”,约占海洋总面积的89%;边缘的部分称为“海”,约占海洋总面积的11%。海洋资源是指在一定技术经济条件下,海洋中的一切对人类有用或有使用价值的物质和能量,主要包括海域资源、海洋生物资源、海洋矿产资源、海洋旅游和自然人文遗迹资源等。本节主要介绍海域资源。根据我国《海域使用管理法》的规定,海域是指中华人民共和国内水、领海的水面、水体、海床和底土。从狭义角度而言,海域主要是强调海洋分布的地域和空间;从广义角度而言,海域就是海域内所有的资源,可以与海洋资源在相同意义上使用。

海洋资源是全球生命支持系统的一个重要组成部分,也是一种有助于保持社会经济可持续发展的宝贵财富。开发和利用海洋资源是解决人类面临的人口膨胀、资源短缺、环境恶化的重要途径之一。因此,合理开发利用、保护和改善海洋资源对于各国解决可持续发展问题具有重要的战略意义。

我国海域辽阔,领海面积达38万平方公里,大陆岸线和岛屿岸线达3.2万多公里。海域是我国海洋经济法发展的重要载体。据《2013中国国土资源公报》,2013年,我国新增渔业用海323 707.11公顷,新增工业用海12 776.40公顷,新增交通运输用海10 151.91公顷,新增旅游娱乐用海2 584.88公顷,新增海底工程用海 495.19 公顷,新增排污倾倒用海 29.20 公顷,新增造地工程用海 3 257.61 公顷,新增特殊用海 1 316.63 公顷,新增其他用海 660.40 公顷。2013 年,全国海洋生产总值为 54 313 亿元,比上年增长 7.6%,海洋生产总值占国内生产总值的 9.5%,海洋经济发展迅速。

但是,我国海域资源使用仍然存在一些问题,特别是影响海洋可持续开发利用的环境和资源问题越来越突出。海洋综合管理机制尚未建立,行业用海矛盾影响着海域的综合开发效益,海洋资源开发利用的不合理造成资源与环境的破坏和严重浪费;沿海地区经济发展和海上开发活动对于海洋环境的压力越来越大;海洋生物资源过度开发和破坏严重,海洋生态系统遭到不同程度的破坏,海洋资源开发利用水平低、不充分,海洋灾害种类多、危害大。据《2013 中国国土资源公报》显示,在海洋环境方面,2013 年,我国陆源排污压力巨大,陆源入海排污口达标排放率依然较低。近岸局部海域污染严重,15% 的近岸海域水质劣于第四类海水水质标准,约 1.8 万平方千米海域呈重度富营养化状态。77% 实施监测的河口、海湾等典型海洋生态系统处于亚健康和不健康状态。海洋环境灾害仍呈多发态势。蓬莱 19-3 油田溢油事故和大连新港"7·16"油污染事件对邻近海域生态环境造成的影响依然存在。在海洋灾害方面,2013 年,共发生 115 次风暴潮、海浪和赤潮等海洋灾害,灾害造成直接经济损失 163.48 亿元,死亡(含失踪)121 人。

二、我国海域资源立法沿革与概况

在《海域使用管理法》出台之前,我国并没有专门的海域资源管理和保护的立法,有关海域资源使用和管理的规定散见于一些法律、法规、法律性文件以及我国批准参加的国际条约之中。这些包括:1990 年 9 月 20 日,国家海洋局发布实施《海洋石油勘探开发环境保护管理条例实施办法》。1992 年 2 月 25 日,全国人大常委会审议通过的《领海及毗连区法》颁布施行。1995 年 3 月,国家海洋局发布《中国海洋 21 世纪议程》和《中国海洋 21 世纪议程行动计划》。5 月 15 日,全国人大常委会决定批准《联合国海洋法公约》。5 月 29 日,国家海洋局发布实施《海洋自然保护区管理办法》。1998 年 6 月 26 日,第九届全国人大会常委会第三次会议通过《专属经济区和大陆架法》。

2001 年 10 月 27 日,第九届全国人大常委会第二十四次会议通过了《海域使用管理法》。该法的颁布,进一步完善了我国的海洋资源开发、利用、保护与管理制度,标志着我国海洋资源的开发利用和管理进入到一个新的发展阶段。

目前,我国海域规划和立法工作正处在持续推进之中。2008 年,国家出台了首部海洋资源总体规划《国家海洋事业发展规划纲要》,印发了《全国科技兴海规划纲要(2008 年—2015 年)》。2012 年,国务院发布了《全国海洋经济发展

“十二五”规划》,国家海洋局和国家标准化管理委员会联合发布了《全国海洋标准化“十二五”发展规划》。2013 年,国家海洋局又发布了《国家海洋事业发展“十二五”规划》,并发布了《海域使用管理违法违纪行为处分规定》。

三、海域资源法的主要内容

(一) 海域权属制度

海域权属制度是海域管理和保护的基础。我国的海域权属制度主要由《宪法》和《海域使用管理法》加以规定。我国海域权属制度目前存在的主要问题表现为,“在传统战争惯性思维、计划经济体制和‘一大二公’思想的影响下,对海域资源的规范只偏重于行政管理模式,而忽视了海域的权属及其财产价值。”①因此,针对海域公共属性的制度设计及其行政管理固然重要,但在我国市场化取向的改革进程中,随着对海域开发利用的规模和深度不断拓展,对于开发利用过程中出现的日趋复杂的利益格局,必须在充分认识海域财产属性的基础上,加强对海域权属的理论分析和制度设计。

海域权包括海域所有权和海域使用权两个层次的权利形态。

1. 海域所有权

在我国,海域所有权的权利归属经历了一个从模糊到明晰的发展过程。

长期以来,由于受我国传统的“靠山吃山,靠海吃海”观念的影响,社会成员对于海域所有权的归属存在着一些错误的认识,在实践中甚至出现了一些与法律规定相背离的情况。最典型的例子是,个别地方政府或者有关职能部门擅自将海域的所有权确定为本地所有或者某集体经济组织所有,导致用海单位在需要使用海域时,直接向乡镇和农民集体经济组织购买或者租用。个别乡镇竟然公然拍卖海域或者滩涂。也有村民错误地认为,祖祖辈辈生活在海边,海就是村里的。产生这些错误的认识和行为,既有观念上的原因,也有立法上的问题。

我国《宪法》第 9 条第 1 款对自然资源的法律地位有明确的概括性规定:“矿藏、水流、森林、山岭、草原、荒地、滩涂等自然资源,都属于国家所有,即全民所有;由法律规定属于集体所有的森林和山岭、草原、荒地、滩涂除外。”该条款在立法技术上主要采用了列举式的方法,该方法的优点在于指向明确、重点突出,但也有明显的局限性,即无法全面涵盖立法所指事项应包含的外延。《宪法》第 9 条对自然资源的规定主要反映了在立法时对主要的自然资源类型的认识。但是,随着社会的发展进步和科学技术水平的提高,自然资源的外延必然也将随之扩大,这些都应该在立法中及时予以体现。尽管目前将海域作为一类重要的自然资源类型,无论在理论上还是在实践中并无太大异议,但是,《宪法》作

① 张璐:《“蓝色国土”的财产属性及其物权化》,载《环境保护》2006 年第 9A 期。

为一国法律的基本依据,对海域的所有权问题的规定并不明确。

因此,为进一步明确《宪法》在自然资源所有权方面的原则性规定,《海域管理法》第3条明确规定:"海域属于国家所有,国务院代表国家行使海域所有权。任何单位或者个人不得侵占、买卖或者以其他形式非法转让海域。个人和单位使用海域,必须依法取得海域使用权。"

上述规定明确了海域的国家所有权,具体包含以下内容:第一,海域所有权属于国家。从法律上说,所有权的内容包括占有权、使用权、收益权、处分权,这也是所有权的四项权能。第二,海域使用权的产生是以国家海域所有权为前提的,海域使用权来源于海域所有权,这种关系决定了海域使用权的基本属性。第三,海域使用权是一种自然资源使用权,它是指非所有人依照法律的规定,为一定的目的使用国家所有的海洋资源。这一特点直接影响了海域使用的性质。第四,海域所有权属于国家,这种权利是不能转移的,可以取得的是其使用权。这是海域使用管理法律制度的一个基本界限。或者说,在这项制度中只涉及取得的海域使用权,不涉及取得所有权的问题。第五,授予海域使用权的主体是代表国家行使海域所有权的国务院,而海域使用权的客体是国家所有的海洋资源,这也是由所有权的归属所决定的。至于使用权的具体授予,则依照法律规定的权限,由有关行政机关执行。

2. 海域使用权

海域使用权是一种自然资源使用权,是指非所有人依照法律规定,为一定的目的使用国家所有的海域。根据《海域使用管理法》的有关规定,海域使用权中的"使用",包括两层特定的基本含义:第一,必须是排他性地使用特定海域。这里的"排他性",是指某一特定范围内的海域,只能确定给某一海域使用人使用。也就是说,某一特定范围内的海域,只能授予某一海域使用人享有海域使用权。第二,要持续使用3个月以上。如果是不足3个月的排他性用海活动,可能对国防安全、海上交通安全和其他用海活动造成重大影响的,只需依法办理临时海域使用证;对于那些不足3个月的非排他性用海活动,比如海洋捕捞、海上运输等,则无须取得海域使用权。

(二)海域管理体制

国务院海洋行政主管部门负责全国海域使用的监督管理。沿海县级以上地方人民政府海洋行政主管部门根据授权,负责本行政区毗邻海域使用的监督管理。

(三)海域功能区划制度

海洋功能区,是指根据海洋的自然资源条件、环境状况和地理位置,考虑到海洋开发利用现状和社会经济发展的需要,划定的具有特定主导功能的区域。海洋功能区划,是开发利用、保护和综合管理海洋的一项基础性工作,也是管理和利用海域资源的基础和依据。其主要内容包括海洋功能区划的编制、海洋功能区划编制的原则、海洋功能区划的审批、海洋功能区划与其他规划之间的协调等。

国务院海洋行政主管部门会同国务院有关部门和沿海省、自治区、直辖市人民政府,编制全国海洋功能区划。沿海县级以上地方人民政府海洋行政主管部门会同本级人民政府有关部门,依据上一级海洋功能区划,编制地方海洋功能区划。

海洋功能区划按照下列原则编制:按照海域的区位、自然资源和自然环境等自然属性,科学确定海域功能;根据经济和社会发展的需要,统筹安排各有关行业用海;保护和改善生态环境,保障海域可持续利用,促进海洋经济的发展;保障海上交通安全;保障国防安全,保证军事用海需要。

海洋功能区划实行分级审批。全国海洋功能区划,报国务院批准。沿海省、自治区、直辖市海洋功能区划,经该省、自治区、直辖市人民政府审核同意后,报国务院批准。沿海市、县海洋功能区划,经该市、县人民政府审核同意后,报所在的省、自治区、直辖市人民政府批准,报国务院海洋行政主管部门备案。海洋功能区划经批准后,应当向社会公布;但是,涉及国家秘密的部分除外。

养殖、盐业、交通、旅游等行业规划涉及海域使用的,应当符合海洋功能区划。沿海土地利用总体规划、城市规划、港口规划涉及海域使用的,应当与海洋功能区划相衔接。

(四) 海域使用权的有偿取得制度

海域的所有权是属于国家的,而海域使用权的权利人则是成分多样的单位和个人。因此,所有权和使用权的分离,必须通过使用权的有偿取得,保障国家海域所有权在经济上得到实现。基于上述原因,《海域使用管理法》第 33 条第 1、2 款明确规定:“国家实行海域有偿使用制度。单位和个人使用海域,应当按照国务院的规定缴纳海域使用金。海域使用金应当按照国务院的规定上缴财政。”

海域使用权的有偿取得是原则,但基于法律的特殊规定,海域使用金可以免缴和减缴。法定免缴的情形有:军事用海;公务船舶专用码头用海;非经营性的航道、锚地等交通基础设施用海;教学、科研、防灾减灾、海难搜救打捞等非经营性公益事业用海。对于上述法定免缴海域使用金的用海项目,在其海域使用权的用途、转让、出租和抵押等方面,法律有专门的规定进行规范。经批准减缴或者免缴的情形有:公用设施用海、国家重大建设项目用海、养殖用海。减缴或者免缴海域使用权的具体办法,由国务院财政部门和海洋行政主管部门共同制定。

(五) 海域使用监督检查

海域使用监督检查是保证海域资源管理法律得以产生实效的重要制度。海域使用监督检查的规定主要有：

海洋行政主管部门应当加强队伍建设，提高海域使用管理监督检查人员的政治、业务素质。海域使用管理监督检查人员必须秉公执法，忠于职守，清正廉洁，文明服务，并依法接受监督。海洋行政主管部门及其工作人员不得参与和从事与海域使用有关的生产经营活动。

县级以上人民政府海洋行政主管部门履行监督检查职责时，有权采取下列措施：要求被检查单位或者个人提供海域使用的有关文件和资料；要求被检查单位或者个人就海域使用的有关问题作出说明；进入被检查单位或者个人占用的海域现场进行勘查；责令当事人停止正在进行的违法行为。海域使用管理监督检查人员履行监督检查职责时，应当出示有效执法证件。

有关单位和个人对海洋行政主管部门的监督检查应当予以配合，不得拒绝、妨碍监督检查人员依法执行公务。

第三节　水资源法

一、水与水资源概述

水与土地、森林、草原一样，既是一种重要的环境要素，也是一种重要的自然资源。水面积约占地球总面积的71%，水总量约有139亿立方米。但是，97.5%的水是海洋中的咸水，淡水大部分是人类不能直接利用的南北极冰盖、高山冰川、750米以下深层地下水，而能参与全球水循环，在陆地上逐年可以得到恢复和更新的淡水资源，数量不到总水量的1%。这部分淡水与人类关系最密切，在目前经济技术条件下，具有实际利用价值，在环境科学中被称为“水资源”。

法学意义上的水资源又不同于普通意义上的水。我国《水法》第2条第2款规定：“本法所称水资源，包括地表水和地下水。”这是法律所调整的水资源的范围。地表水包括河流、冰川、湖泊、沼泽等水体中的水。地下水是地下含水层动态含水量，由地表水的下渗水和降水补给。土壤含水未包括在内。将陆地水体的地表水和地下水共同纳入水资源的范围之中，主要是考虑地表水与地下水之间相互联系且相互转化，不能人为分割，必须加强统一的配置、管理和保护。因此，海洋之中的海水、矿产资源之中的矿泉水、卤水，都不属于水资源法管辖的范围，而由其他特别法所调整。

水资源的主要特点有：(1) 流动性。地表水和地下水之间、陆地水和海洋水之间、江河左右岸之间、上下游之间，水都是可以流动和交换的，水量和水质相互都有影响。(2) 时空分布不均性。由于降水量年度之间、季节之间、地区之间的差异往往很大，因此水资源时间、空间的分布往往不均匀。(3) 可重复利用性。

人类使用的水大部分没有消耗掉,而是又返回水体。(4) 可再生性。自然界的水形成一个大的循环系统,蒸发、利用消耗的水可以从降水得到补充。(5) 多功能性。水不但可以用于生活、灌溉、渔业养殖、工业发电、航运,而且对维持生态系统平衡发挥巨大作用。(6) 利害双重性。水既能兴利,造福人类,又能为害,水量过大会引发洪涝灾害,缺水了又会形成干旱。

我国是一个缺水大国,水资源总量约 2.8 万亿立方米,人均水资源占有量 2 200 立方米左右,仅为世界人均水量的 1/4。[①] 全国常年缺水量 300 亿—400 亿立方米,受旱减产粮食 200 亿—300 亿公斤。668 座城市中,有 400 多座缺水。由于水资源在空间上分配的不平衡性,北方地区缺水主要表现为水量型缺水。南方地区尽管水量充足,但是由于严重水污染导致水环境的恶化,水的使用价值大幅度下降,也存在较为严重的水质型缺水的状况。此外,我国也是一个水利灾害严重的国家,洪涝灾害、干旱频发。

二、我国水资源立法沿革与概况

新中国成立后,在六十多年的发展历程中,水资源立法有了巨大的发展。总体来说,水资源立法的发展是以 1978 年十一届三中全会为分界点的。

新中国成立后到 1978 年,开发利用水资源的决策的依据往往限于某一地区或局部的直接利益,很少进行以整条河流或整个流域为目标的开发利用规划,区域之间缺乏协调。在这一阶段,水资源可利用量远大于社会经济发展对水的需求量;同时,社会经济发展对水的需求量相对较少,节水的观念还没有成为社会成员的共识。此时,我国有关水资源管理活动的依据主要是行政性的规范文件。比如,1957 年,国务院制定了《水土保持暂行纲要》,专门对保护水资源、防止水土流失等作出规定。1961 年,中央批转了林业部、原水利电力部《关于加强水利管理工作的十条意见》。1962 年 3 月,中共中央批准原水利电力部《关于五省一市平原地区水利问题处理原则的报告》。同年 11 月,中共中央、国务院发出《关于继续解决边界水利问题的通知》。1965 年,国务院批准原水利电力部《水利工程水费征收使用和管理试行办法》。在这个阶段,缺乏高层级的专门性立法对水资源的利用和管理进行详细的规定,水资源立法工作仍处在起步阶段。

1978 年十一届三中全会以后,我国开始强调水资源开发利用要与生产力布局及产业结构的调整紧密结合,进行统一的管理和可持续的开发利用。规划目标要求从宏观上统筹考虑社会、经济、环境等各个方面的因素,使水资源开发、保护和管理有机结合,使水资源与人口、经济、环境协调发展,争取实现水资源总供

---

① 水资源总量是动态变动的。据《2012 年中国水资源公报》,2012 年,全国水资源总量为 29 528.8 亿立方米,比常年值偏多 6.6%。

给与总需求的基本平衡。由于这一阶段人口迅速增长,经济快速发展,对水资源的需求量越来越大,部分地区水资源紧缺现象日趋严重,并出现越来越严重的水环境问题。水的问题日益引起人们的广泛关注,水的资源意识和有限性为社会所普遍接受。为解决水资源短缺问题,政府开展了大量工作,采取了一系列措施,包括开展水资源法律体系建设。在这一阶段,我国先后颁布实施了《水法》《水土保持法》《水土保持法实施条例》《防洪法》《水利工程水费核定、计收和管理办法》《防汛条例》《取水许可和水资源费征收管理条例》《水利建设基金筹集和使用管理暂行办法》等一系列法律、法规,水资源管理机构也得到了加强。水资源开发利用和保护工作在这一阶段进入法制化轨道。

2002 年 8 月 29 日,第九届全国人大常委会第二十九次会议最终审议通过了《水法(修正案)》,并自 2002 年 10 月 1 日起施行。该法对旧《水法》进行了重大修改,进一步完善了我国水资源开发利用和保护制度。这是我国目前最为重要的水资源利用和管理的专门性立法。

目前,我国水资源方面的法律、法规主要有:《水法》(1988 年 7 月 1 日通过,2002 年 8 月 29 日审议修订通过,2002 年 10 月 1 日起施行)、《水土保持法》(1991 年 6 月 29 日通过)、《防洪法》(1988 年通过)、《河道管理条例》《水文条例》《取水许可和水资源费征收管理条例》《水利建设基金筹集和使用管理暂行办法》等,此外,各地也根据本地区水资源的具体情况制定了相应的地方性法规、地方政府规章。

2010 年以后,随着我国经济的快速发展,水资源开发利用形势愈发严峻。为了从根本上扭转水资源管理的被动局面,我国逐渐加快了水资源管理制度的改革。2010 年 12 月 31 日,中共中央、国务院发布了《关于加快水利改革发展的决定》(中发〔2011〕1 号)(以下简称《决定》),要求确立用水总量控制、用水效率控制以及水功能区限制纳污"三条红线",建立包括用水总量控制制度、用水效率控制制度、水功能区限制纳污制度以及水资源管理考核制度在内的"最严格的"水资源管理制度,以扭转当前水资源管理滞后的局面。2012 年 1 月 11 日,为进一步贯彻《决定》的相关精神和要求,国务院又发布了《关于实行最严格水资源管理制度的意见》(国发〔2012〕3 号),对建立最严格水资源管理制度提出了更为具体和细致的要求。2013 年 1 月 2 日,依据上述政策性文件,国务院办公厅出台了《实行最严格水资源管理制度考核办法》,对水资源管理考核的基本原则、主体、对象、方法、程序、时间以及具体奖惩措施进行了较为具体的规定。2014 年 2 月,水利部等十部门联合印发《实行最严格水资源管理制度考核工作实施方案》,正式启动了最严格水资源管理考核问责。水资源管理保护工作正在快速发展。

三、水法的主要内容

(一) 水资源权属制度

水资源权主要是从水资源权属的意义来说的,主要是指包括水资源所有权和水资源使用权两个层次的权利形态。其中,水资源使用权主要是指因占有、使用水资源而产生的相关财产权益。

“水资源权”和“水权”是两个具有一定关联性但不同的概念。本书所称“水资源权”侧重于对水资源权属在权利结构和内容设计上的分析,而水权则不同。就我国目前对水权的研究现状来看,对水权的性质和范围至今没有形成相对一致的结论性意见。总的来说,水权在权利客体方面要比本书所称的“水资源权”宽泛。除了水资源外,有不少学者在水权的权利类型设计上还将水权的权利客体指向商品水。因此,本书不在相同意义上使用“水资源权”和“水权”两个概念。

1. 水资源所有权

我国现行《水法》第 3 条明确规定:“水资源属国家所有。水资源的所有权由国务院代表国家行使。农村集体经济组织的水塘和农村集体经济组织修建管理的水库中的水,归各该农村集体组织使用。”因此,我国实行的是单一的水资源所有权,即属国家所有。对水资源的国有垄断,不仅遵照和体现了我国《宪法》在自然资源权属方面有关规定的精神,而且是基于我国现有的严峻的水资源形势,为保障我国水资源的合理开发、利用、节约、保护,满足各方面对水资源日益增长的需求,对立法在水资源权属制度设计方面的必然要求。当前,世界各国都普遍面临着水资源短缺和水环境污染的威胁。基于这样的基本现实,各国也都普遍认为,必须将水资源作为一种公共资源和公共财产,由政府加强对水资源开发利用的控制和管理。我国水资源单一的国家所有权,顺应了当今世界各国在水资源管理和控制方面的发展趋势。

水资源的所有权由国务院代表国家行使。这是《水法》在 2002 年修订后新增加的内容,在此之前并没有这方面的规定。根据民法在所有权方面的一般理论,水资源所有权由国务院代表国家行使,是指国务院代表国家(即全民)依法行使对国有水源的占有、使用、收益、处分的权利。在立法中明确规定水资源的所有权由国务院代表国家行使,是 2002 年修订《水法》在水资源所有权制度设计上的重大进步,具有重要的理论和实践价值,其意义在于:一是明确了地方各级人民政府不是国有水资源的所有权代表,无权擅自调配、处置水资源,只能依法或者根据国务院的授权调配、处置水资源;二是赋予国务院行使国有水资源资产管理的职能,水资源有偿使用的收益权归中央人民政府,国务院有权决定国有水资源有偿使用收益的分配办法。明确水资源的所有权由国务院代表国家行使,为进一步改革和完善我国的水资源管理体制,加强水资源的统一管理,优化水资源的配置,确立了坚实的法制基础。[①]

根据现行的法律规定,我国是不存在集体水资源所有权的。但是,从我国水资源所有权制度发展沿革的过程来看,集体水资源所有权经历了一个从无到有的过程。结合我国《水法》的修订和完善,对我国集体水资源所有权问题进行分析,将有助于更加全面和完整地理解我国的水资源所有权制度。

我国 1988 年颁布实施的《水法》(以下简称"原《水法》")第 3 条第 1、2 款规定:"水资源属于国家所有,即全民所有。农业集体经济组织所有的水塘、水库中的水,属于集体所有。"根据原《水法》的上述规定,在现行《水法》之前,我国实行的是二元的水资源所有权体制,即国家水资源所有权和集体水资源所有权并存。尽管集体水资源所有权的客体是特定的,非常有限,但集体水资源所有权是存在的。但是,随着形势的发展变化,我国水资源日益紧缺,跨省水污染形势日趋严峻,迫切需要强化国家对水资源的宏观管理,加强省际水量分配、跨流域调水、跨省水污染防治和合理分配水资源。这就需要在法律规定上进一步明确水资源属于国家所有,并且只能由国务院代表国家行使水资源的所有权,增强国家以所有者的身份对水资源的开发利用和合理配置进行必要干预的合法性。基于上述原因,现行《水法》将原《水法》的上述规定修改为:"水资源属于国家所有。水资源的所有权由国务院代表国家行使。农村集体经济组织的水塘和由农村集体经济组织修建管理的水库中的水,归各该农村集体组织使用。"从而明确在法律上确立了我国现行的水资源国家所有权的一元体制。

我国现行《水法》虽然在法律上取消了水资源的集体所有权,但是为了尊重历史习惯,充分保护农村集体经济组织和农民兴办农田水利设施、合理开发利用水资源的积极性及其相关合法权益,并切实保护农村集体经济组织和农民已有的用水权益,避免增加农民在农业用水上的负担,以促进农业和农村经济的持续、稳定、健康发展,从以下三个方面对农村集体经济组织和农民对水资源的非所有利用进行了明确的规定:第一,农村集体经济组织及其成员使用本集体经济组织的水塘、水库中的水不实行取水许可制度和有偿使用制度;第二,农村集体经济组织或者其成员依法在本集体经济组织所有的集体土地或者承包土地上投资兴建水工程设施的,按照谁投资建设谁管理和谁受益的原则,对水工程设施及其蓄水进行管理和合理使用;第三,农村集体经济组织修建水库应当经县级以上地方人民政府水行政主管部门批准。上述规定在确定国家水资源所有权完整和统一的前提下,充分保护了农村集体经济组织的农民现有的用水权益,保持了我国水资源所有权制度的延续性和稳定性。

---

① 参见黄建初主编:《中华人民共和国水法释义》,法律出版社 2003 年版,第 10 页。

2．水资源使用权

水资源使用权，是指依法对水资源占有、使用以及由此而产生的相关财产权益。根据我国现行的有关法律规定，我国的水资源使用权主要表现为取水权。在我国现行的水资源单一国家所有权的体制下，从法律上确定取水权，是实现对水资源非所有开发利用的重要制度保障。根据《水法》及相关法律、法规的规定，在我国取水权的取得主要有两种方式：经许可取得取水权和非经许可取得取水权。

（1）经许可取得取水权

《水法》第 7 条规定，国家对水资源依法实行取水许可制度和有偿使用制度。根据该规定，取得取水许可证和缴纳水资源费是取得取水权的前提条件。

取水许可是将水资源开发利用纳入法制轨道，促进水资源的保护、节约和优化配置，加强国家对水资源统一管理的重要手段。《取水许可与水资源费征收使用管理条例》第 38 条规定：县级以上人民政府水行政主管部门按照分级管理权限，负责取水许可制度的组织实施和监督管理。国务院水行政主管部门在国家确定的重要江河、湖泊设立的流域管理机构，依照本条例规定和国务院水行政主管部门授权，负责所管辖范围内取水许可制度的组织实施和监督管理。具有审批权的行政主管部门颁发的取水许可证应包括以下内容：取水单位或者个人的名称（姓名）；取水期限；取水量和取水用途；水源类型；取水、退水地点及退水方式、退水量。相关单位和个人只有依照法定的条件和程序取得取水许可证后，才取得取水权，而且必须在取水许可证规定的范围内行使取水权。

获得取水权的单位或者个人必须缴纳水资源费。征收水资源费，对实现国家作为水资源所有者的权益，提高水资源利用效率，促进水资源的合理开发利用，具有重要的意义。把缴纳水资源费作为取得取水权的前提条件，从根本上扭转了在我国原有计划经济体制下，对水资源采取行政调配、无偿使用方式所形成的“喝大锅水”的局面。在水资源费的征收标准方面，由省、自治区、直辖市人民政府价格主管部门会同同级财政部门、水行政主管部门制定，报本级人民政府批准，并报国务院价格主管部门、财政部门和水行政主管部门备案。其中，由流域管理机构审批取水的中央直属和跨省、自治区、直辖市水利工程的水资源费征收标准，由国务院价格主管部门会同国务院财政部门、水行政主管部门制定。

为充分发挥市场机制的作用，体现水资源的商品属性，实现水资源的合理配置，提高水资源的利用效率，对于通过取水许可和以缴纳水资源费取得的取水权，可以按照一定的条件和程序进行转让。《取水许可与水资源费征收管理条例》第 27 条规定：依法获得取水权的单位或者个人，通过调整产品和产业结构、改革工艺、节水等措施节约水资源的，在取水许可的有效期和取水限额内，经原审批机关批准，可以依法有偿转让其节约的水资源，并到原审批机关办理取水权变更手续。

（2）非经许可取得取水权

根据我国现行的有关法律规定，经许可取得取水权是一般原则。但是，在法律有特别规定的情况下，非经许可也可以取得取水权。根据《取水许可与水资源费征收使用管理条例》第4条的规定，非经许可取得取水权的情形有以下几种：农村集体经济组织及其成员使用本集体经济组织的水塘、水库中的水的；家庭生活和零星散养、圈养畜禽饮用等少量取水的；为保障矿井等地下工程施工安全和生产安全必须进行临时应急取（排）水的；为消除对公共安全或者公共利益的危害临时应急取水的；为农业抗旱和维护生态与环境必须临时应急取水的。

对于非经许可取得的取水权，有关行政主管部门也有一定的管理措施，但非经许可取得的取水权不缴纳水资源费。

（二）水资源管理制度

水资源管理制度是国家管理水资源的组织体系和权限划分的基本制度，是实现国家治水方针、政策、目标的组织制度。

按照我国《水法》的规定，国家对水资源实行流域管理与行政区域管理相结合的管理体制。国务院水行政主管部门负责全国水资源的统一管理和监督工作。国务院水行政主管部门在国家确定的重要江河、湖泊设立的流域管理机构，在所管辖的范围内行使法律、行政法规规定的和国务院水行政主管部门授予的水资源管理和监督职责。县级以上地方人民政府水行政主管部门按照规定的权限，负责本行政区域内水资源的统一管理和监督工作。国务院有关部门按照职责分工，负责水资源开发、利用、节约和保护的有关工作。县级以上地方人民政府有关部门按照职责分工，负责本行政区域内水资源开发、利用、节约和保护的有关工作。

（三）水资源规划制度

与其他资源一样，水资源的利用也要进行相应的规划，这是合理利用和保护水资源的前提和基础。按照我国《水法》的相关规定，开发、利用、节约、保护水资源和防治水害，应当按照流域、区域统一制定规划。规划分为流域规划和区域规划。流域规划包括流域综合规划和流域专业规划；区域规划包括区域综合规划和区域专业规划。综合规划，是指根据经济社会发展需要和水资源开发利用现状编制的开发、利用、节约、保护水资源和防治水害的总体部署；专业规划，是指防洪、治涝、灌溉、航运、供水、水力发电、竹木流放、渔业、水资源保护、水土保持、防沙治沙、节约用水等规划。

流域范围内的区域规划应当服从流域规划，专业规划应当服从综合规划。流域综合规划和区域综合规划以及与土地利用关系密切的专业规划，应当与国民经济和社会发展规划以及土地利用总体规划、城市总体规划和环境保护规划相协调,兼顾各地区、各行业的需要。

制定规划,必须进行水资源综合科学考察和调查评价。水资源综合科学考察和调查评价,由县级以上人民政府水行政主管部门会同同级有关部门组织进行。国家确定的重要江河、湖泊的流域综合规划,由国务院水行政主管部门会同国务院有关部门和有关省、自治区、直辖市人民政府编制,报国务院批准。跨省、自治区、直辖市的其他江河、湖泊的流域综合规划和区域综合规划,由有关流域管理机构会同江河、湖泊所在地的省、自治区、直辖市人民政府水行政主管部门和有关部门编制,分别经有关省、自治区、直辖市人民政府审查提出意见后,报国务院水行政主管部门审核;国务院水行政主管部门征求国务院有关部门意见后,报国务院或者其授权的部门批准。上述江河、湖泊以外的其他江河、湖泊的流域综合规划和区域综合规划,由县级以上地方人民政府水行政主管部门会同同级有关部门和有关地方人民政府编制,报本级人民政府或者其授权的部门批准,并报上一级水行政主管部门备案。专业规划由县级以上人民政府有关部门编制,征求同级其他有关部门意见后,报本级人民政府批准。其中,防洪规划、水土保持规划的编制、批准,依照《防洪法》和《水土保持法》的有关规定执行。

规划一经批准,必须严格执行。经批准的规划需要修改时,必须按照规划编制程序经原批准机关批准。

除此之外,建设水工程,必须符合流域综合规划。在国家确定的重要江河、湖泊和跨省、自治区、直辖市的江河、湖泊上建设水工程,其工程可行性研究报告报请批准前,有关流域管理机构应当对水工程的建设是否符合流域综合规划进行审查并签署意见;在其他江河、湖泊上建设水工程,其工程可行性研究报告报请批准前,县级以上地方人民政府水行政主管部门应当按照管理权限对水工程的建设是否符合流域综合规划进行审查并签署意见。水工程建设涉及防洪的,依照《防洪法》的有关规定执行;涉及其他地区和行业的,建设单位应当事先征求有关地区和部门的意见。

(四) 水资源开发、利用的规定

水资源的开发、利用必须坚持一系列原则和方法,这样才能使水资源既得到合理的利用,又能得到充分的保护。

开发、利用水资源,应当坚持兴利与除害相结合,兼顾上下游、左右岸和有关地区之间的利益,充分发挥水资源的综合效益,并服从防洪的总体安排。开发、利用水资源,应当首先满足城乡居民生活用水,并兼顾农业、工业、生态环境用水以及航运等需要。跨流域调水,应当进行全面规划和科学论证,统筹兼顾调出和调入流域的用水需要,防止对生态环境造成破坏。任何单位和个人引水、截(蓄)水、排水,不得损害公共利益和他人的合法权益。

在干旱、半干旱地区以及水资源短缺地区开发、利用水资源,应当充分考虑生态环境用水需要。在水资源不足的地区,应当对城市规模和建设耗水量大的工业、农业和服务业项目加以限制。在水资源短缺的地区,国家鼓励对雨水和微咸水的收集、开发、利用和对海水的利用、淡化。

国家鼓励开发、利用水能资源。在水能丰富的河流,应当有计划地进行多目标梯级开发。建设水力发电站,应当保护生态环境,兼顾防洪、供水、灌溉、航运、竹木流放和渔业等方面的需要。在水生生物洄游通道、通航或者竹木流放的河流上修建永久性拦河闸坝,建设单位应当同时修建过鱼、过船、过木设施,或者经国务院授权的部门批准采取其他补救措施,并妥善安排施工和蓄水期间的水生生物保护、航运和竹木流放,所需费用由建设单位承担。

地方各级人民政府应当结合本地区水资源的实际情况,按照地表水与地下水统一调度开发、开源与节流相结合、节流优先和污水处理再利用的原则,合理组织开发、综合利用水资源。同时,地方各级人民政府应当加强对灌溉、排涝、水土保持工作的领导,促进农业生产发展;在容易发生盐碱化和渍害的地区,应当采取措施,控制和降低地下水的水位。

对于农村集体经济组织修建水利设施,法律规定:农村集体经济组织或者其成员依法在本集体经济组织所有的集体土地或者承包土地上投资兴建水工程设施的,按照谁投资建设谁管理和谁受益的原则,对水工程设施及其蓄水进行管理和合理使用。农村集体经济组织修建水库应当经县级以上地方人民政府水行政主管部门批准。

(五) 水资源、水域和水工程的保护

水资源的保护主要包括维持流量、水位、地下水以及防止水体污染等。这方面的规定主要有:县级以上人民政府水行政主管部门、流域管理机构以及其他有关部门在制定水资源开发、利用规划和调度水资源时,应当注意维持江河的合理流量和湖泊、水库以及地下水的合理水位,维护水体的自然净化能力。从事水资源开发、利用、节约、保护和防治水害等水事活动,应当遵守经批准的规划;因违反规划造成江河和湖泊水域使用功能降低、地下水超采、地面沉降、水体污染的,应当承担治理责任。开采矿藏或者建设地下工程,因疏干排水导致地下水水位下降、水源枯竭或者地面塌陷,采矿单位或者建设单位应当采取补救措施;对他人生活和生产造成损失的,依法给予补偿。在地下水超采地区,县级以上地方人民政府应当采取措施,严格控制开采地下水。在地下水严重超采地区,经省、自治区、直辖市人民政府批准,可以划定地下水禁止开采或者限制开采区。在沿海地区开采地下水,应当经过科学论证,并采取措施,防止地面沉降和海水入侵。

水域的保护主要包括水域功能区划和饮用水水源保护区制度。水域功能区划的主要规定有:国务院水行政主管部门会同国务院环境保护行政主管部门、有关部门和有关省、自治区、直辖市人民政府,按照流域综合规划、水资源保护规划

和经济社会发展要求,拟定国家确定的重要江河、湖泊的水功能区划,报国务院批准。跨省、自治区、直辖市的其他江河、湖泊的水功能区划,由有关流域管理机构会同江河、湖泊所在地的省、自治区、直辖市人民政府水行政主管部门、环境保护行政主管部门和其他有关部门拟定,分别经有关省、自治区、直辖市人民政府审查提出意见后,由国务院水行政主管部门会同国务院环境保护行政主管部门审核,报国务院或者其授权的部门批准。上述规定以外的其他江河、湖泊的水功能区划,由县级以上地方人民政府水行政主管部门会同同级人民政府环境保护行政主管部门和有关部门拟定,报同级人民政府或者其授权的部门批准,并报上一级水行政主管部门和环境保护行政主管部门备案。县级以上人民政府水行政主管部门或者流域管理机构应当按照水功能区对水质的要求和水体的自然净化能力,核定该水域的纳污能力,向环境保护行政主管部门提出该水域的限制排污总量意见。县级以上地方人民政府水行政主管部门和流域管理机构应当对水功能区的水质状况进行监测,发现重点污染物排放总量超过控制指标的,或者水功能区的水质未达到水域使用功能对水质的要求的,应当及时报告有关人民政府采取治理措施,并向环境保护行政主管部门通报。饮用水水源保护区制度的规定主要有:省、自治区、直辖市人民政府应当划定饮用水水源保护区,并采取措施,防止水源枯竭和水体污染,保证城乡居民饮用水安全。禁止在饮用水水源保护区内设置排污口。在江河、湖泊新建、改建或者扩大排污口,应当经过有管辖权的水行政主管部门或者流域管理机构同意,由环境保护行政主管部门负责对该建设项目的环境影响报告书进行审批。从事工程建设,占用农业灌溉水源、灌排工程设施,或者对原有灌溉用水、供水水源有不利影响的,建设单位应当采取相应的补救措施;造成损失的,依法给予补偿。

水工程的保护主要是指对河道、堤防、护岸、防汛设施、水文监测设施、水文地质监测设施和导航、助航设施等水利设施的保护。首先是对于河道,法律规定:禁止在江河、湖泊、水库、运河、渠道内弃置、堆放阻碍行洪的物体和种植阻碍行洪的林木及高秆作物。禁止在河道管理范围内建设妨碍行洪的建筑物、构筑物以及从事影响河势稳定、危害河岸堤防安全和其他妨碍河道行洪的活动。在河道管理范围内建设桥梁、码头和其他拦河、跨河、临河建筑物、构筑物,铺设跨河管道、电缆,应当符合国家规定的防洪标准和其他有关的技术要求,工程建设方案应当依照《防洪法》的有关规定报经有关水行政主管部门审查同意。因建设前述工程设施,需要扩建、改建、拆除或者损坏原有水工程设施的,建设单位应当负担扩建、改建的费用和损失补偿。但是,原有工程设施属于违法工程的除外。国家对于河道采砂实行许可制度。在河道管理范围内采砂,影响河势稳定或者危及堤防安全的,有关县级以上人民政府水行政主管部门应当划定禁采区和规定禁采期,并予以公告。其次是对于围湖造地,法律规定:禁止围湖造地。

已经围垦的,应当按照国家规定的防洪标准有计划地退地还湖。确需围垦的,应当经过科学论证,经省、自治区、直辖市人民政府水行政主管部门或者国务院水行政主管部门同意后,报本级人民政府批准。最后是对于其他水工程,法律分别规定了国家、地方政府、单位和个人的义务:国家对水工程实施保护。国家所有的水工程应当按照国务院的规定划定工程管理和保护范围。国务院水行政主管部门或者流域管理机构管理的水工程,由主管部门或者流域管理机构商有关省、自治区、直辖市人民政府划定工程管理和保护范围。除此以外的其他水工程,应当按照省、自治区、直辖市人民政府的规定,划定工程保护范围和保护职责。县级以上地方人民政府应当采取措施,保障本行政区域内水工程,特别是水坝和堤防的安全,限期消除险情。水行政主管部门应当加强对水工程安全的监督管理。单位和个人有保护水工程的义务,不得侵占、毁坏堤防、护岸、防汛、水文监测、水文地质监测等工程设施。在水工程保护范围内,禁止从事影响水工程运行和危害水工程安全的爆破、打井、采石、取土等活动。

（六）水资源配置的相关规定

为了保护水资源,加强节约用水管理,保护和合理利用水资源,促进国民经济和社会发展,必须加强用水管理。用水管理主要包括这样一些措施:

1. 实行水中长期供求规划和制定水量分配方案

水资源配置首先要进行相应的规划,必须制定水中长期供求规划。国务院发展计划主管部门和国务院水行政主管部门负责全国水资源的宏观调配。全国的和跨省、自治区、直辖市的水中长期供求规划,由国务院水行政主管部门会同有关部门制订,经国务院发展计划主管部门审查批准后执行。地方的水中长期供求规划,由县级以上地方人民政府水行政主管部门会同同级有关部门依据上一级水中长期供求规划和本地区的实际情况制订,经本级人民政府发展计划主管部门审查批准后执行。水中长期供求规划应当依据水的供求现状、国民经济和社会发展规划、流域规划、区域规划,按照水资源供需协调、综合平衡、保护生态、厉行节约、合理开源的原则制定。其次,以流域规划和水中长期供求规划为依据,调蓄径流和分配水量,应当以流域为单元制定水量分配方案。跨省、自治区、直辖市的水量分配方案和旱情紧急情况下的水量调度预案,由流域管理机构商有关省、自治区、直辖市人民政府制订,报国务院或者其授权的部门批准后执行。其他跨行政区域的水量分配方案和旱情紧急情况下的水量调度预案,由共同的上一级人民政府水行政主管部门商有关地方人民政府制订,报本级人民政府批准后执行。水量分配方案和旱情紧急情况下的水量调度预案经批准后,有关地方人民政府必须执行。在不同行政区域之间的边界河流上建设水资源开发、利用项目,应当符合该流域经批准的水量分配方案,由有关县级以上地方人民政府报共同的上一级人民政府水行政主管部门或者有关流域管理机构批准。

县级以上地方人民政府水行政主管部门或者流域管理机构应当根据批准的水量分配方案和年度预测来水量，制定年度水量分配方案和调度计划，实施水量统一调度；有关地方人民政府必须服从。国家确定的重要江河、湖泊的年度水量分配方案，应当纳入国家的国民经济和社会发展年度计划。

2. 总量控制和定额管理相结合的制度

省、自治区、直辖市人民政府有关行业主管部门应当制订本行政区域内行业用水定额，报同级水行政主管部门和质量监督检验行政主管部门审核同意后，由省、自治区、直辖市人民政府公布，并报国务院水行政主管部门和国务院质量监督检验行政主管部门备案。县级以上地方人民政府发展计划主管部门会同同级水行政主管部门，根据用水定额、经济技术条件以及水量分配方案确定的可供本行政区域使用的水量，制定年度用水计划，对本行政区域内的年度用水实行总量控制。

3. 取水许可和有偿使用制度

直接从江河、湖泊或者地下取用水资源的单位和个人，应当按照国家取水许可制度和水资源有偿使用制度的规定，向水行政主管部门或者流域管理机构申请领取取水许可证，并缴纳水资源费，取得取水权。但是，家庭生活和零星散养、圈养畜禽饮用等少量取水的除外。另外，农村集体经济组织及其成员使用本集体经济组织的水塘、水库中的水的除外。用水应当计量，并按照批准的用水计划用水。用水实行计量收费和超定额累进加价制度。使用水工程供应的水，应当按照国家规定向供水单位缴纳水费。供水价格应当按照补偿成本、合理收益、优质优价、公平负担的原则确定。具体办法由省级以上人民政府价格主管部门会同同级水行政主管部门或者其他供水行政主管部门依据职权制定。

4. 节约用水的相关规定

节约用水是优化水资源配置，保证水资源总量的重要制度。应当将国家激励和市场调控相结合，用多种手段促进节水目标的实现。目前，我国节约水资源的相关规定有：各级人民政府应当推行节水灌溉方式和节水技术，对农业蓄水、输水工程采取必要的防渗漏措施，提高农业用水效率。工业用水应当采用先进技术、工艺和设备，增加循环用水次数，提高水的重复利用率。国家逐步淘汰落后的、耗水量高的工艺、设备和产品，具体名录由国务院经济综合主管部门会同国务院水行政主管部门和有关部门制定并公布。生产者、销售者或者生产经营中的使用者应当在规定的时间内停止生产、销售或者使用列入名录的工艺、设备和产品。城市人民政府应当因地制宜采取有效措施，推广节水型生活用水器具，降低城市供水管网漏失率，提高生活用水效率；加强城市污水集中处理，鼓励使用再生水，提高污水再生利用率。新建、扩建、改建建设项目，应当制订节水措施方案，配套建设节水设施。节水设施应当与主体工程同时设计、同时施工、同时投产。供水企业和自建供水设施的单位应当加强供水设施的维护管理,减少水的漏失。

四、最严格水资源管理制度

最严格水资源管理制度是近年来水资源管理改革最为核心的内容。最严格水资源管理制度包括用水总量控制制度、用水效率控制制度、水功能区限制纳污制度,其目的是保障用水总量控制、用水效率控制以及水功能区限制纳污"三条红线"。按照《国务院实行最严格水资源管理制度的意见》的要求,"三条红线"的具体目标为:确立水资源开发利用控制红线,到 2030 年全国用水总量控制在 7 000 亿立方米以内;确立用水效率控制红线,到 2030 年用水效率达到或接近世界先进水平,万元工业增加值用水量(以 2000 年不变价计,下同)降低到 40 立方米以下,农田灌溉水有效利用系数提高到 0.6 以上;确立水功能区限制纳污红线,到 2030 年主要污染物入河湖总量控制在水功能区纳污能力范围之内,水功能区水质达标率提高到 95% 以上。[①] 目前,水资源管理制度仍然属于政策性的制度措施。但是,从当前水资源管理制度的总体发展方向来看,这几项制度未来必然会通过立法的修改被纳入水资源法的基本法律制度范畴。

(一) 用水总量控制制度

1. 严格水资源管理和水资源论证

开发、利用水资源,应当符合主体功能区的要求,按照流域和区域统一制定规划,充分发挥水资源的多种功能和综合效益。建设水工程,必须符合流域综合规划和防洪规划,由有关水行政主管部门或流域管理机构按照管理权限进行审查并签署意见。加强相关规划和项目建设布局水资源论证工作,国民经济和社会发展规划以及城市总体规划的编制、重大建设项目的布局,应当与当地水资源条件和防洪要求相适应。严格执行建设项目水资源论证制度,对未依法完成水资源论证工作的建设项目,审批机关不予批准,建设单位不得擅自开工建设和投产使用,对违反规定的,一律责令停止。

2. 严格控制流域和区域取用水总量

加快制定主要江河流域水量分配方案,建立覆盖流域和省、市、县三级行政区域的取用水总量控制指标体系,实施流域和区域取用水总量控制。各省、自治区、直辖市要按照江河流域水量分配方案或取用水总量控制指标,制定年度用水计划,依法对本行政区域内的年度用水实行总量管理。建立健全水权制度,积极培育水市场,鼓励开展水权交易,运用市场机制合理配置水资源。

---

① 《意见》所确立的"三条红线"目标的依据是国务院 2010 年 11 月批复的《全国水资源综合规划(2010—2030)》提出的 2030 年水资源管理目标。

3．严格实施取水许可

严格规范取水许可审批管理，对取用水总量已达到或超过控制指标的地区，暂停审批建设项目新增取水；对取用水总量接近控制指标的地区，限制审批建设项目新增取水。对不符合国家产业政策或列入国家产业结构调整指导目录中淘汰类的，产品不符合行业用水定额标准的，在城市公共供水管网能够满足用水需要却通过自备取水设施取用地下水的，以及地下水已严重超采的地区取用地下水的建设项目取水申请，审批机关不予批准。

4．严格水资源有偿使用

合理调整水资源费征收标准，扩大征收范围，严格水资源费征收、使用和管理。各省、自治区、直辖市要抓紧完善水资源费征收、使用和管理的规章制度，严格按照规定的征收范围、对象、标准和程序征收，确保应收尽收，任何单位和个人不得擅自减免、缓征或停征水资源费。水资源费主要用于水资源节约、保护和管理，严格依法查处挤占挪用水资源费的行为。

5．严格地下水管理和保护

加强地下水动态监测，实行地下水取用水总量控制和水位控制。各省、自治区、直辖市人民政府要尽快核定并公布地下水禁采和限采范围。在地下水超采区，禁止农业、工业建设项目和服务业新增取用地下水，并逐步削减超采量，实现地下水采补平衡。深层承压地下水原则上只能作为应急和战略储备水源。依法规范机井建设审批管理，限期关闭在城市公共供水管网覆盖范围内的自备水井。抓紧编制并实施全国地下水利用与保护规划以及南水北调东中线受水区、地面沉降区、海水入侵区地下水压采方案，逐步削减开采量。

6．强化水资源统一调度

流域管理机构和县级以上地方人民政府水行政主管部门要依法制订和完善水资源调度方案、应急调度预案和调度计划，对水资源实行统一调度。区域水资源调度应当服从流域水资源统一调度，水力发电、供水、航运等调度应当服从流域水资源统一调度。水资源调度方案、应急调度预案和调度计划一经批准，有关地方人民政府和部门等必须服从。

(二) 用水效率控制制度

1．全面加强节约用水管理

各级人民政府要切实履行推进节水型社会建设的责任，把节约用水贯穿于经济社会发展和群众生活生产全过程，建立健全有利于节约用水的体制和机制。稳步推进水价改革。各项引水、调水、取水、供用水工程建设必须首先考虑节水要求。水资源短缺、生态脆弱地区要严格控制城市规模过度扩张，限制高耗水工业项目建设和高耗水服务业发展，遏制农业粗放用水。

2. 强化用水定额管理

加快制定高耗水工业和服务业用水定额国家标准。各省、自治区、直辖市人民政府要根据用水效率控制红线确定的目标，及时组织修订本行政区域内各行业用水定额。对纳入取水许可管理的单位和其他用水大户实行计划用水管理，建立用水单位重点监控名录，强化用水监控管理。新建、扩建和改建建设项目应制订节水措施方案，保证节水设施与主体工程同时设计、同时施工、同时投产，对违反"三同时"制度的，由县级以上地方人民政府有关部门或流域管理机构责令停止取用水并限期整改。

3. 加快推进节水技术改造

制定节水强制性标准，逐步实行用水产品用水效率标识管理，禁止生产和销售不符合节水强制性标准的产品。加大农业节水力度，完善和落实节水灌溉的产业支持、技术服务、财政补贴等政策措施，大力发展管道输水、喷灌、微灌等高效节水灌溉。加大工业节水技术改造，建设工业节水示范工程。充分考虑不同工业行业和工业企业的用水状况和节水潜力，合理确定节水目标。有关部门要抓紧制定并公布落后的、耗水量高的用水工艺、设备和产品淘汰名录。加大城市生活节水工作力度，开展节水示范工作，逐步淘汰公共建筑中不符合节水标准的用水设备及产品，大力推广使用生活节水器具，着力降低供水管网漏损率。鼓励并积极发展污水处理回用、雨水和微咸水开发利用、海水淡化和直接利用等非常规水源开发利用。加快城市污水处理回用管网建设，逐步提高城市污水处理回用比例。非常规水源开发、利用纳入水资源统一配置。

（三）水功能区限制纳污制度

1. 严格水功能区监督管理

完善水功能区监督管理制度，建立水功能区水质达标评价体系，加强水功能区动态监测和科学管理。水功能区布局要服从和服务于所在区域的主体功能定位，符合主体功能区的发展方向和开发原则。从严核定水域纳污容量，严格控制入河湖排污总量。各级人民政府要把限制排污总量作为水污染防治和污染减排工作的重要依据。切实加强水污染防控，加强工业污染源控制，加大主要污染物减排力度，提高城市污水处理率，改善重点流域水环境质量，防治江河湖库富营养化。流域管理机构要加强重要江河湖泊的省界水质水量监测。严格入河湖排污口监督管理，对排污量超出水功能区限排总量的地区，限制审批新增取水和入河湖排污口。

2. 加强饮用水水源保护

各省、自治区、直辖市人民政府要依法划定饮用水水源保护区，开展重要饮用水水源地安全保障达标建设。禁止在饮用水水源保护区内设置排污口，对已设置的，由县级以上地方人民政府责令限期拆除。县级以上地方人民政府要完善饮用水水源地核准和安全评估制度,公布重要饮用水水源地名录。加快实施全国城市饮用水水源地安全保障规划和农村饮水安全工程规划。加强水土流失治理,防治面源污染,禁止破坏水源涵养林。强化饮用水水源应急管理,完善饮用水水源地突发事件应急预案,建立备用水源。

3. 推进水生态系统保护与修复

开发、利用水资源应维持河流合理流量和湖泊、水库以及地下水的合理水位,充分考虑基本生态用水需求,维护河湖健康生态。编制全国水生态系统保护与修复规划,加强重要生态保护区、水源涵养区、江河源头区和湿地的保护,开展内源污染整治,推进生态脆弱河流和地区水生态修复。研究建立生态用水及河流生态评价指标体系,定期组织开展全国重要河湖健康评估,建立健全水生态补偿机制。

第四节 矿产资源法

一、矿产资源概述

"矿产资源,是指在地质运动过程中形成的,蕴藏于地壳之中的,能为人们用于生产和生活的各种矿物质的总称。其包括各种呈固态、液态或气态的金属、非金属矿产、燃料矿产和地下热能等。"①

《矿产资源法实施细则》把矿产资源分成四类:(1) 能源矿产,包括煤、石油、天然气、煤成气、地热、油页岩、铀、钍等;(2) 金属矿产,指从其中可以提取出金属元素的矿产资源;(3) 非金属矿产,从其中可以提取非金属元素,有些可以供直接利用;(4) 水气矿产,包括地下水、矿泉水、二氧化碳气、硫化氢气、氦气、氡气。其中,地下水资源具有水资源和矿产资源的双重属性,其勘查适用《矿产资源法》,其开发、利用、保护和管理则适用《水法》和有关的行政法规。

矿产资源具有下列特点:(1) 不可再生性。矿产资源是地壳形成后经过长期地质年代(几千万年、几亿甚至几十亿年)的地质作用才形成的,无法再生,无法更新,一旦被人类开发、利用,其储量就会减少,直至耗竭。因此,矿产资源属于传统意义上的"可耗竭的自然资源"。(2) 有限性。由于人类长期以来对矿产任意开采和挥霍无度,很多种矿产储量急剧下降,金、汞、银、钨、铜、锡等需求量增长很快,这些资源离耗竭已不太遥远。(3) 赋存状态多样性。矿产资源大多数埋藏在地下,处于不同的深度,地质条件复杂多样,一般必须经过勘查、开采

① 江伟钰、陈方林主编:《资源环境法词典》,中国法制出版社 2005 年版,第 273 页。

和加工，才能为人类所利用。

我国的矿产资源种类非常丰富且储量十分充足，这为社会和经济的发展提供了充足的资本。（见表 14-1）《2013 中国国土资源公报》显示，2013 年，主要矿产查明资源储量保持增长。其中，天然气查明资源储量比 2012 年增长 8.9%；铅、钨、钼和贵金属等矿产查明资源储量增幅超过 10%；铁、锰、铜、锑、磷等矿产查明资源储量也均有不同幅度的增长。（见表 14-2）与此同时，我国主要矿产品的国内供应能力进一步提升。（见表 14-3）

表 14-1　2012 年底我国主要矿产查明资源储量①

矿种	单位	查明资源储量	矿种	单位	查明资源储量
煤炭	亿吨	14 208.0	锌	金属万吨	12 355.8
石油	亿吨	33.3	钨	WO_3 万吨	696.9
天然气	万亿立方米	4.4	锡	金属万吨	411.7
铁	矿石亿吨	775.3	钼	金属万吨	2 131.9
铜	金属万吨	9 036.9	金	金属吨	8 196.2
铝	矿石亿吨	38.2	硫铁矿	矿石亿吨	56.9
铅	金属万吨	6 173.5	磷	矿石亿吨	200.7

注：石油、天然气为剩余技术可采储量。

表 14-2　2013 年我国主要矿产勘查新增查明资源储量

矿种	单位	新增查明资源储量	矿种	单位	新增查明资源储量
煤	亿吨	520.7	锡	金属万吨	7.7
石油	亿吨	10.8	钼	金属万吨	307.1
天然气	亿立方米	6 159.1	锑	金属万吨	17.3
铁	矿石亿吨	41.3	金	金属吨	761.4
铜	金属万吨	314.0	银	金属吨	16 982.5
铅	金属万吨	538.6	硫铁矿	矿石万吨	8 490.5
锌	金属万吨	1 183.2	磷	矿石亿吨	4.7
铝	矿石亿吨	2.6	钾盐	矿石万吨	1 109.0
钨	WO_3 万吨	17.4			

注：石油、天然气为地质储量。

① 参见《2013 中国国土资源公报》。

表 14-3 2013 年我国主要矿产品产量

矿产品	单位	产量	增减变化(%)
一次能源	亿吨标准煤	34.0	2.4
原煤	亿吨	36.8	0.8
原油	亿吨	2.09	1.8
天然气	亿立方米	1 170.5	9.4
粗钢	亿吨	7.8	7.6
黄金	吨	428.2	6.2
10 种有色金属	万吨	4 054.9	9.7
磷矿石	万吨	10 851.0	13.5
原盐	万吨	6 460.3	2.5
水泥	亿吨	24.2	9.3

资料来源:国家统计局、中国黄金协会。

尽管我国矿产资源产量持续增长,但矿产资源及其开发、利用还存在一些问题。2012 年《国务院关于土地管理和矿产资源开发利用及保护工作情况的报告》指出,我国矿产资源开发还存在以下问题:一是矿产资源总量大、人均少,一般矿多、大宗战略性矿产少,贫矿多、小矿多、共伴生矿多;人均探明矿产资源储量只占世界平均水平的 58%,居世界的第 53 位。二是一些重要矿产对外依存度高。石油、铁、铜、铝、钾盐等对外依存度均超过 50%。矿产地和资源储备不足。三是矿山环境和安全生产问题比较突出。

二、我国矿产资源立法沿革与概况

我国矿产资源法制建设可以大致分为三个阶段,即新中国成立初期的矿业法制建设创立期(1950—1965 年)、"文化大革命"时期的矿业法制建设停滞期(1966—1978 年)、改革开放后矿业法制建设高峰期(1979 年至今)。[①]

第一个阶段,为了尽快恢复旧矿区生产和探采新矿区,根据当时国家经济条件及公私并重、公私合营的经济结构,政务院于 1950 年 12 月 22 日通过了《矿业暂行条例》。此外,针对矿产资源保护,1965 年底,国务院公布了《矿产资源保护试行条例》。这一时期,除了这两部重要的法律外,政府还颁布了一系列其他的法规、规章。其中,矿产资源勘查管理方面的法规较多,而其他如开发、综合利用、监管方面的法律很少,还没有形成一个完整的矿业资源法律体系。

进入"文化大革命"时期,矿业资源立法基本上处于空白状态,全国的矿业法制建设进入停滞时期。

① 参见傅英主编:《中国矿业法制史》,中国大地出版社 2001 年版,第 56 页。

改革开放后,国家开始重视矿产资源开发、利用的监督管理工作和有关环境污染的治理工作。我国于1986年制定颁布了《矿产资源法》。这是这一时期最为重要的立法。到1996年,我国对《矿产资源法》作出了修改。根据《矿产资源法》的规定,国务院及其主管部门于1987年制定了《矿产资源勘查登记管理暂行办法》《全民所有制矿山企业采矿登记管理暂行办法》(1990年修改)、《矿产资源监督管理暂行办法》《石油及天然气勘查、开采登记管理暂行办法》;1990年制定了《中外合作开采陆上石油资源缴纳矿区使用费暂行规定》;1994年制定了《矿产资源法实施细则》《矿产资源补偿费征收管理办法》等行政法规;1996年制定了针对煤炭资源开发、利用和保护的《煤炭法》。这一系列配套的法律、法规共同构成了比较完整的矿产资源法律体系,为矿产资源管理工作提供了法律上的依据。

目前,我国矿产资源方面的法律、法规主要有:《矿产资源法》(1986年通过,1996年修正)、《矿山安全法》(1992年通过)、《煤炭法》(1996年通过),以及《对外合作开采海洋石油资源条例》《对外合作开采陆上石油资源条例》《矿产资源监督管理暂行办法》《矿产资源补偿费征收管理规定》《矿产资源法实施细则》《矿产资源勘查区块登记管理办法》《探矿权采矿权转让管理办法》等。除此之外,还有一系列的关于矿产资源的行政规章、地方法规和地方政府规章。此外,《宪法》《刑法》等相关立法也对矿产资源的开发、利用和保护作出了相应的规定,有效地保证了矿产资源的合理利用和保护。

三、矿产资源法的主要内容

(一)矿业资源权属制度

矿产资源权主要是从矿产资源权属的意义来说的,主要包括矿产资源所有权和矿业权两个层次的权利形态,其中矿业权包括探矿权和采矿权。矿产资源是一种典型的不可再生资源,而且是国民经济发展的重要物质基础。因此,在法律上明确界定矿产资源的权属,是形成和建立有序的矿产资源开发秩序的基本前提。

1. 矿产资源所有权

《矿产资源法》第3条第1款规定:“矿产资源属于国家所有,由国务院行使国家对矿产资源的所有权。地表或者地下的矿产资源的国家所有权,不因其所依附的土地的所有权或者使用权的不同而改变。”因此,我国现行立法确立的是矿产资源的一元所有权,即矿产资源国家所有权。

矿产资源国家所有权的特征为:第一,主体的唯一性。不同于我国土地、草原、森林等自然资源,所有权主体除了国家之外,还包括农业集体经济组织。矿产资源所有权的唯一主体是国家,其他任何组织和个人都不能成为矿产资源所有权的主体。未经国家授予一定的矿业权,任何单位和个人都不得进行矿藏勘探和采掘,也不得任意侵占、买卖、出租或以其他形式转让矿产资源。第二,客体的无限性。我国《矿产资源法》未对矿产资源的种类加以列举,而是概括性地规定:"矿产资源属于国家所有。"因此,任何一种矿产资源,包括已探明的或者未探明的矿产资源,现在可以采掘的或者将来可以采掘的矿产资源,均为国家所有。第三,权利的独立性。矿产资源虽然附着于地面或赋存于地下,但不因土地的所有权或者使用权的不同而改变其国家所有的属性。无论是集体所有的土地还是各种社会主体所使用的土地,其地面或者地下蕴藏的矿产资源均属于国家所有,矿产资源的所有权与所依附的土地的权属是互相独立的两类权利。[①]

2. 矿业权

(1) 探矿权

探矿权,是指在依法取得的勘查许可证规定的范围内,勘查矿产资源的权利。取得勘查许可证的单位或者个人称为"探矿权人"。

探矿权人享有下列权利:按照勘查许可证规定的区域、期限、工作对象进行勘查;在勘查作业区及相邻区域架设供电、供水、通讯管线,但是不得影响或者损害原有的供电、供水设施和通讯管线;在勘查作业区及相邻区域通行;根据工程需要临时使用土地;优先取得勘查作业区内新发现矿种的探矿权;优先取得勘查作业区内矿产资源的采矿权;自行销售勘查中按照批准的工程设计施工回收的矿产品,但是国务院规定由指定单位统一收购的矿产品除外。探矿权人应当履行下列义务:在规定的期限内开始施工,并在勘查许可证规定的期限内完成勘查工作;向勘查登记管理机关报告开工等情况;按照探矿工程设计施工,不得擅自进行采矿活动;在查明主要矿种的同时,对共生、伴生矿产资源进行综合勘查、综合评价;编写矿产资源勘查报告,提交有关部门审批;按照国务院有关规定汇交矿产资源勘查成果档案资料;遵守有关法律、法规关于劳动安全、土地复垦和环境保护的规定;勘查作业完毕,及时封、填探矿作业遗留的井、硐或者采取其他措施,消除安全隐患。

(2) 采矿权

采矿权,是指在依法取得的采矿许可证规定的范围内,开采矿产资源和获得所开采的矿产品的权利。取得采矿许可证的单位或者个人称为"采矿权人"。

采矿权人享有下列权利:按照采矿许可证规定的开采范围和期限从事开采活动;自行销售矿产品,但是国务院规定由指定的单位统一收购的矿产品除外;在矿区范围内建设采矿所需的生产和生活设施;根据生产建设的需要依法取得土地使用权;法律、法规规定的其他权利。采矿权人应当履行下列义务:在批准

① 参见肖乾刚主编:《自然资源法》,法律出版社 1992 年版,第 124 页。

的期限内进行矿山建设或者开采;有效保护、合理开采、综合利用矿产资源;依法缴纳资源税和矿产资源补偿费;遵守国家有关劳动安全、水土保持、土地复垦和环境保护的法律、法规;接受地质矿产主管部门和有关主管部门的监督管理,按照规定填报矿产储量表和矿产资源开发利用情况统计报告。

(3) 探矿权和采矿权的取得

国家对矿产资源的勘查、开采实行许可证制度。勘查矿产资源,必须依法申请登记,领取勘查许可证,取得探矿权;开采矿产资源,必须依法申请登记,领取采矿许可证,取得采矿权。

国家实行探矿权、采矿权有偿取得的制度,开采矿产资源,必须按照国家有关规定缴纳资源税和资源补偿费。但是,国家对探矿权、采矿权有偿取得的费用,可以根据不同情况规定予以减缴、免缴。具体办法和实施步骤由国务院规定。

(4) 探矿权和采矿权的转让

根据我国现行的法律规定,探矿权和采矿权可以转让,但必须按照下列规定:探矿权人有权在划定的勘查作业区内进行规定的勘查作业,有权优先取得勘查作业区内矿产资源的采矿权。探矿权人在完成规定的最低勘查投入后,经依法批准,可以将探矿权转让他人。已经取得采矿权的矿山企业,因企业合并、分立,与他人合资、合作经营,或者因企业资产出售以及有其他变更企业资产产权的情形,需要变更采矿权主体的,经依法批准,可以将采矿权转让他人采矿。

探矿权与采矿权转让的审批规定如下:国务院地质矿产主管部门和省、自治区、直辖市人民政府地质矿产主管部门是探矿权、采矿权转让的审批管理机关。国务院地质矿产主管部门负责由其审批发证的探矿权、采矿权转让的审批。省、自治区、直辖市人民政府地质矿产主管部门负责国务院地质矿产主管部门负责审批的以外的探矿权、采矿权转让的审批。

转让探矿权需要满足一定的条件,这些条件包括:自颁发勘查许可证之日起满2年,或者在勘查作业区内发现可供进一步勘查或者开采的矿产资源;完成规定的最低勘查投入;探矿权属无争议;按照国家有关规定已经缴纳探矿权使用费、探矿权价款;国务院地质矿产主管部门规定的其他条件。

转让采矿权应当具备的条件包括:矿山企业投入采矿生产满1年;采矿权属无争议;按照国家有关规定已经缴纳采矿权使用费、采矿权价款、矿产资源补偿费和资源税;国务院地质矿产主管部门规定的其他条件。国有矿山企业在申请转让采矿权前,应当征得矿山企业主管部门的同意。

另外,探矿权或者采矿权的受让人,也应当符合法律中有关探矿权或者采矿权申请人条件的规定。

(二) 矿产资源监督管理体制

我国矿产资源监督管理体制是主管和协管相结合的监督管理体制。即国务院地质矿产主管部门主管全国矿产资源勘查、开采的监督管理工作。国务院有关主管部门协助国务院地质矿产主管部门进行矿产资源勘查、开采的监督管理工作。省、自治区、直辖市人民政府地质矿产主管部门主管本行政区域内矿产资源勘查、开采的监督管理工作。省、自治区、直辖市人民政府有关主管部门协助同级地质矿产主管部门进行矿产资源勘查、开采的监督管理工作。

除此之外,按照《矿产资源法实施细则》的规定,设区的市人民政府、自治州人民政府和县级人民政府及其负责管理矿产资源的部门,依法对本级人民政府批准开办的国有矿山企业和本行政区域内的集体所有制矿山企业、私营矿山企业、个体采矿者以及在本行政区域内从事勘查施工的单位和个人进行监督管理,依法保护探矿权人、采矿权人的合法权益。

上级地质矿产主管部门有权对下级地质矿产主管部门违法的或者不适当的矿产资源勘查、开采管理行政行为予以改变或者撤销。

(三) 矿产资源规划制度

矿产资源规划是有关部门按照法定程序编制的国家对一定时期矿产资源勘查和开发、利用所作出的整体安排。全国矿产资源规划,在国务院计划行政主管部门指导下,由国务院地质矿产主管部门根据国民经济和社会发展中、长期规划,组织国务院有关主管部门和省、自治区、直辖市人民政府编制,报国务院批准后施行。全国矿产资源规划应当对全国矿产资源的分配作出统筹安排,合理划定中央与省、自治区、直辖市人民政府审批、开发矿产资源的范围。根据内容不同,全国矿产资源规划可分为矿产资源勘查规划和矿产资源开发规划。

全国矿产资源中、长期勘查规划,在国务院计划行政主管部门指导下,由国务院地质矿产主管部门根据国民经济和社会发展中、长期规划,在国务院有关主管部门勘查规划的基础上组织编制。全国矿产资源年度勘查计划和省、自治区、直辖市矿产资源年度勘查计划,分别由国务院地质矿产主管部门和省、自治区、直辖市人民政府地质矿产主管部门组织有关主管部门,根据全国矿产资源中、长期勘查规划编制,经同级人民政府计划行政主管部门批准后施行。

矿产资源开发规划是对矿区的开发建设布局进行统筹安排的规划。矿产资源开发规划分为行业开发规划和地区开发规划。矿产资源行业开发规划由国务院有关主管部门根据全国矿产资源规划中分配给本部门的矿产资源编制实施。矿产资源地区开发规划由省、自治区、直辖市人民政府根据全国矿产资源规划中分配给本省、自治区、直辖市的矿产资源编制实施;并作出统筹安排,合理划定省、市、县级人民政府审批、开发矿产资源的范围。矿产资源行业开发规划和地区开发规划应当报送国务院计划行政主管部门、地质矿产主管部门备案。国务院计划行政主管部门、地质矿产主管部门,对不符合全国矿产资源规划的行业开发规划和地区开发规划,应当予以纠正。

（四）矿产资源勘查管理制度

勘查矿产资源,必须依法申请、经批准取得探矿权,并办理登记。但是,已经依法申请取得采矿权的矿山企业在划定的矿区范围内为本企业的生产而进行的勘查除外。国家对矿产资源勘查实行统一的区块登记管理制度。矿产资源勘查登记工作,由国务院地质矿产主管部门负责;特定矿种的矿产资源勘查登记工作,可以由国务院授权有关主管部门负责。

区域地质调查按照国家统一规划进行。区域地质调查的报告和图件按照国家规定验收,提供有关部门使用。矿产资源普查在完成主要矿种普查任务的同时,应当对工作区内包括共生或者伴生矿产的成矿地质条件和矿床工业远景作出初步综合评价。矿床勘探必须对矿区内具有工业价值的共生和伴生矿产进行综合评价,并计算其储量。未作综合评价的勘探报告不予批准。但是,国务院计划部门另有规定的矿床勘探项目除外。普查、勘探易损坏的特种非金属矿产、流体矿产、易燃易爆易溶矿产和含有放射性元素的矿产,必须采用省级以上人民政府有关主管部门规定的普查、勘探方法,并有必要的技术装备和安全措施。矿产资源勘查的原始地质编录和图件,岩矿心、测试样品和其他实物标本资料,各种勘查标志,应当按照有关规定保护和保存。矿床勘探报告及其他有价值的勘查资料,按照国务院规定实行有偿使用。

（五）矿产资源开采管理制度

矿产资源开采管理制度,主要包括矿产资源开采的审批、对矿山企业的管理以及对开采的具体要求三个部分。

按照法律的规定,审批和颁发采矿许可证的权力分别由中央政府和地方政府享有。具体来说,开采下列矿产资源的,由国务院地质矿产主管部门审批,并颁发采矿许可证:国家规划矿区和对国民经济具有重要价值的矿区内的矿产资源;前项规定区域以外可供开采的矿产储量规模在大型以上的矿产资源;国家规定实行保护性开采的特定矿种;领海及中国管辖的其他海域的矿产资源;国务院规定的其他矿产资源。开采石油、天然气、放射性矿产等特定矿种的,可以由国务院授权的有关主管部门审批,并颁发采矿许可证。上述规定以外的矿产资源,其可供开采的矿产的储量规模为中型的,由省、自治区、直辖市人民政府地质矿产主管部门审批和颁发采矿许可证,并且由省、自治区、直辖市人民政府地质矿产主管部门汇总向国务院地质矿产主管部门备案。矿产储量规模的大型、中型的划分标准,由国务院矿产储量审批机构规定。许可证颁发之后,矿山企业变更矿区范围,必须报请原审批机关批准,并报请原颁发采矿许可证的机关重新核发采矿许可证。

除此之外,国家对国家规划矿区、对国民经济具有重要价值的矿区和国家规定实行保护性开采的特定矿种,实行有计划的开采;未经国务院有关主管部门批准,任何单位和个人不得开采。

非经国务院授权的有关主管部门同意,不得在下列地区开采矿产资源:港口、机场、国防工程设施圈定地区以内;重要工业区、大型水利工程设施、城镇市政工程设施附近一定距离以内;铁路、重要公路两侧一定距离以内;重要河流、堤坝两侧一定距离以内;国家规定的自然保护区、重要风景区,国家重点保护的不能移动的历史文物和名胜古迹所在地;国家规定不得开采矿产资源的其他地区。

开采矿产资源,必须采取合理的开采顺序、开采方法和选矿工艺。矿山企业的开采回采率、采矿贫化率和选矿回收率应当达到设计要求。在开采主要矿产的同时,对具有工业价值的共生和伴生矿产应当统一规划,综合开采,综合利用,防止浪费;对暂时不能综合开采或者必须同时采出而暂时还不能综合利用的矿产以及含有有用组分的尾矿,应当采取有效的保护措施,防止损失破坏。开采矿产资源,必须遵守国家劳动安全卫生规定,具备保障安全生产的必要条件。开采矿产资源,必须遵守有关环境保护的法律规定,防止污染环境。开采矿产资源,应当节约用地。耕地、草原、林地因采矿受到破坏的,矿山企业应当因地制宜地采取复垦利用、植树种草或者其他利用措施。开采矿产资源给他人生产、生活造成损失的,应当负责赔偿,并采取必要的补救措施。在建设铁路、工厂、水库、输油管道、输电线路和各种大型建筑物或者建筑群之前,建设单位必须向所在省、自治区、直辖市地质矿产主管部门了解拟建工程所在地区的矿产资源分布和开采情况。非经国务院授权的部门批准,不得压覆重要矿床。国务院规定由指定的单位统一收购的矿产品,任何其他单位或者个人不得收购;开采者不得向非指定单位销售。

(六)集体所有制矿山企业、私营矿山企业和个体采矿者的特殊规定

由于我国特殊的国情,《矿产资源法》专门对集体所有制矿山企业、私营矿山企业和个体采矿者的管理进行了规定。

国家对集体所有制矿山企业和个体采矿者实行积极扶持、合理规划、正确引导、加强管理的方针,鼓励集体所有制矿山企业开采国家指定范围内的矿产资源,允许个人采挖零星分散资源和只能用作普通建筑材料的砂、石、粘土以及为生活自用采挖少量矿产。同时,国家依法保护集体所有制矿山企业、私营矿山企业和个体采矿者的合法权益,依法对集体所有制矿山企业、私营矿山企业和个体采矿者进行监督管理。

对于集体所有制矿山企业、私营矿山企业和个体采矿者可以开采的矿产资

源的范围,《矿产资源法实施细则》进行了详细的规定。集体所有制矿山企业和私营矿山企业可以开采下列矿产资源:不适于国家建设大、中型矿山的矿床及矿点;经国有矿山企业同意,并经其上级主管部门批准,在其矿区范围内划出的边缘零星矿产;矿山闭坑后,经原矿山企业主管部门确认可以安全开采并不会引起严重环境后果的残留矿体;国家规划可以由集体所有制矿山企业开采的其他矿产资源。个体采矿者可以采挖下列矿产资源:零星分散的小矿体或者矿点;只能用作普通建筑材料的砂、石、粘土。矿产储量规模适宜由矿山企业开采的矿产资源、国家规定实行保护性开采的特定矿种和国家规定禁止个人开采的其他矿产资源,个人不得开采。

对于集体所有制矿山企业、私营矿山企业和国有矿山企业之间的关系问题,法律规定:国务院和国务院有关主管部门批准开办的矿山企业矿区范围内已有的集体矿山企业,应当关闭或者到指定的其他地点开采,由矿山建设单位给予合理的补偿,并妥善安置群众生活;也可以按照该矿山企业的统筹安排,实行联合经营。国家设立国家规划矿区、对国民经济具有重要价值的矿区时,对应当撤出的原采矿权人,国家按照有关规定给予合理补偿。

（七）矿产资源有偿使用制度

总体而言,随着我国市场化取向改革的启动和深入进展,针对矿产资源的配置,逐步实现了从无偿委受到有偿利用的转变。从实现方式上看,针对矿产资源的有偿使用,在立法方面,“根据现行法律法规的规定,我国专门对矿产资源征收的税费,主要体现了对矿产资源的有偿使用性。”①除了资源税外,为体现对矿产资源的有偿利用,在相关立法中还有针对性收费制度,包括矿产资源补偿费、探矿权使用费、采矿权使用费、探矿权价款、采矿权价款等。其中,矿产资源补偿费与矿产资源的有偿利用的关系最为紧密。因为该收费是国家凭借对矿产资源的所有权对矿山企业征收的,直接体现矿业权人所开采矿产资源的价值。② 其他的收费或者价款,虽然从其相关的立法中也有关于有偿的规定,③但其有偿所指向的对象主要是针对采矿权和探矿权,间接地体现矿业权人所开采的矿产资源的价值。

---

①　李显冬主编:《中国矿业立法研究》,中国人民公安大学出版社 2006 年版,第 247 页。

②　实践中,矿业界对矿产资源补偿费的设立意图和目的有不同的认识:一种认为这是一种所有权性质的收费,是矿产资源国家所有权的权益体现;另一种认为其用途是弥补国家勘探资金的不足,主要用于补充国家投入的勘查经费。参见李晓峰:《中国矿业法律制度与操作实务》,法律出版社 2007 年版,第 67 页。

③　参见《矿产资源勘查区块登记管理办法》第 12 条;《矿产资源开采登记管理办法》第 9、10 条。

第五节 森林资源法

一、森林资源概述

“从生态学的角度上来看,森林是一种生态系统,指有一定密度、占一定面积的树木和其他木本植物为主的植物群落。”①森林资源则更强调森林的经济价值,即作为生产资料和劳动对象的功能。我国《森林法实施条例》第2条规定:“森林资源,包括森林、林木、林地以及依托森林、林木、林地生存的野生动物、植物和微生物。森林,包括乔木林和竹林。林木,包括树木和竹子。林地,包括郁闭度0.2以上的乔木林地以及竹林地、灌木林地、疏林地、采伐迹地、火烧迹地、未成林造林地、苗圃地和县级以上人民政府规划的宜林地。”

我国《森林法》将森林分为以下五类:(1) 防护林:以防护为主要目的的森林、林木和灌木丛,包括水源涵养林,水土保持林,防风固沙林,农田、牧场防护林,护岸林,护路林;(2) 用材林:以生产木材为主要目的的森林和林木,包括以生产竹材为主要目的的竹林;(3) 经济林:以生产果品,食用油料、饮料、调料,工业原料和药材等为主要目的的林木;(4) 薪炭林:以生产燃料为主要目的的林木;(5) 特种用途林:以国防、环境保护、科学实验等为主要目的的森林和林木,包括国防林、实验林、母树林、环境保护林、风景林,名胜古迹和革命纪念地的林木,自然保护区的森林。

森林资源具有以下特点:(1) 生长的周期性。一方面,森林抚育需要经历较长的时间,生长周期长,并容易遭受自然灾害和人为破坏;另一方面,这也决定了需要储蓄大量森林后备资源,以保证其可持续发展。(2) 可永续利用性。森林资源是可再生资源,包括自然再生和人工培育再生,只要坚持森林的生长规律性并做到“生产经营规模小于生长规模”,便有可能达到永续利用的目的。(3) 利用的多功能性。作为人类可以利用的资源之一,森林具有巨大的经济效益。作为生物圈重要组成部分和人类生存环境的决定性因素之一,森林还具有无可争议的生态效益。在改善人类生存环境质量方面,森林具有蓄水保土、调节气候、改善环境等重要作用。

近年来,我国持续推进森林资源保护工作。《2013年中国林业发展报告》显示,2012年,我国造林绿化工作全面推进,社会造林和工程造林齐头并进。全年完成造林面积559.58万公顷,其中人工造林382.07万公顷,飞播造林13.64万公顷,无林地和疏林地新封山育林163.87万公顷,全国共有6亿人次参加各种

① 江伟钰、陈方林主编:《资源环境法词典》,中国法制出版社2005年版,第386页。

形式的义务植树活动，植树 26 亿株。此外，2012 年，森林资源保护还取得以下进展：林业防沙治沙取得重要进展，湿地和生物多样性保护成效明显；林业重点生态工程深入实施，国家生态安全屏障进一步稳固；国家林业重点生态工程深入实施，共完成造林面积 275.39 万公顷，占全部造林面积的 49.21%；林业产业增速较快，产业结构趋向优化；林业产业持续快速增长，全年实现林业产业总产值 3.95 万亿元（按现价计算），比 2011 年增加 8 854 亿元，增长 28.94%。

第八次全国森林资源清查主要结果（2009—2013 年）显示，全国森林面积 2.08 亿公顷，森林覆盖率 21.63%，森林蓄积 151.37 亿立方米；人工林面积 0.69 亿公顷，蓄积 24.83 亿立方米。在第七次资源清查和第八次资源清查之间，森林资源发展呈现以下特点：一是森林总量持续增长。森林面积由 1.95 亿公顷增加到 2.08 亿公顷，净增 1 223 万公顷；森林覆盖率由 20.36% 提高到 21.63%，提高 1.27 个百分点；森林蓄积由 137.21 亿立方米增加到 151.37 亿立方米，净增 14.16 亿立方米。二是森林质量不断提高。森林每公顷蓄积量增加 3.91 立方米，达到 89.79 立方米。随着森林总量增加、结构改善和质量提高，森林生态功能进一步增强。全国森林植被总碳储量 84.27 亿吨，年涵养水源量 5 807.09 亿立方米，年固土量 81.91 亿吨，年保肥量 4.30 亿吨，年吸收污染物量 0.38 亿吨，年滞尘量 58.45 亿吨。三是天然林稳步增加。天然林面积从原来的 11 969 万公顷增加到 12 184 万公顷，增加了 215 万公顷；天然林蓄积从原来的 114.02 亿立方米增加到 122.96 亿立方米，增加了 8.94 亿立方米。四是人工林快速发展。人工林面积从原来的 6 169 万公顷增加到 6 933 万公顷，增加了 764 万公顷；人工林蓄积从原来的 19.61 亿立方米增加到 24.83 亿立方米，增加了 5.22 亿立方米。人工林面积继续居世界首位。

然而，总体而言，我国森林资源总量不足、质量不高、分布不均。我国仍然是一个缺林少绿、生态脆弱的国家，森林覆盖率远低于全球 31% 的平均水平，人均森林面积仅为世界人均水平的 1/4，人均森林蓄积只有世界人均水平的 1/7，森林资源总量相对不足、质量不高、分布不均的状况仍未得到根本改变，林业发展还面临着巨大的压力和挑战。

二、我国森林资源立法沿革与概况

与其他资源立法一样，我国森林资源立法也经历了一个从无到有、从零散的法律规定到完备的法律体系的过程。

1979 年，第五届全国人大常委会第六次会议通过《森林法〈试行〉》。这次立法为以后的专门的森林资源立法做好了准备。

20 世纪 80 年代中期以后，我国加快了森林资源立法的步伐，并逐步建立起比较完备的森林资源法律体系。1984 年 9 月 20 日，第六届全国人大常委会第七次会议通过《森林法》,这是我国第一部自然资源方面的立法。1998 年 4 月,第九届全国人大常委会第二次会议对《森林法》进行了修订。1986 年 5 月 10 日,林业部发布《森林法实施细则》。1987 年 9 月 10 日,林业部发布《森林采伐更新管理办法》。1988 年 1 月 16 日,国务院发布《森林防火条例》。1989 年 11 月 17 日,国务院第五十次常务会议通过《森林病虫害防治条例》。

1994 年 1 月 2 日,林业部颁布施行《森林公园管理办法》,对在森林公园内林木的采伐、林地征占用以及破坏野生动植物资源的处罚作了规定。同年 12 月 1 日颁布施行的《自然保护区条例》,对在保护区进行砍伐、放牧、标本采集、狩猎、捕捞、采药、开垦、烧荒、开矿、采石、挖沙等活动进行了规定。

2000 年 1 月 29 日,国务院根据《森林法》制定并发布施行《森林法实施条例》,对森林经营管理、森林保护、植树造林、森林采伐、法律责任作出规定。

目前,我国森林资源方面的法律、法规主要有《森林法》《森林法实施条例》。此外,还有一系列的关于森林的行政规章、地方法规和地方政府规章,例如《森林资源监督工作管理办法》《中央财政森林生态效益补偿基金管理办法》《森林资源资产评估管理暂行规定》《森林资源资产抵押登记办法》等。《宪法》《刑法》等相关立法也对森林资源的开发和利用保护作出了相应的规定。

三、森林资源法的主要内容

(一)森林权属制度

在我国,森林资源的所有权可以由国家、集体以及个人享有。除法律规定属于集体所有的以外,森林资源属于全民所有,即国家所有。我国《宪法》规定,矿藏、水流、森林、山岭、草原、荒地、滩涂等自然资源,都属于国家所有,即全民所有;由法律规定属于集体所有的森林和山岭、草原、荒地、滩涂除外。我国《森林法》也规定,森林资源属于国家所有,由法律规定属于集体所有的除外。国家所有的和集体所有的森林、林木和林地,个人所有的林木和使用的林地,由县级以上地方人民政府登记造册,发放证书,确认所有权或者使用权。国务院可以授权国务院林业主管部门,对国务院确定的国家所有的重点林区的森林、林木和林地登记造册,发放证书,并通知有关地方人民政府。森林、林木、林地的所有者和使用者的合法权益,受法律保护,任何单位和个人不得侵犯。

除了国家所有的森林资源外,《森林法》还对其他种类的森林资源的权属作出了明确的规定:国有企业事业单位、机关、团体、部队营造的林木,由营造单位经营并按照国家规定支配林木收益。集体所有制单位营造的林木,归该单位所有。农村居民在房前屋后、自留地、自留山种植的林木,归个人所有。城镇居民和职工在自有房屋的庭院内种植的林木,归个人所有。集体或者个人承包国家所有和集体所有的宜林荒山荒地造林的,承包后种植的林木归承包的集体或者个人所有,承包合同另有规定的,按照承包合同的规定执行。

依照法律的规定,森林资源权属可以依法转让。权属转让是指在法律允许的范围内,森林资源所有权或使用权的全部或部分转让问题。随着社会主义市场经济的发展,实践中出现了幼林转让、中幼林合营、林地出租造林、林地使用权以及林木折价入股等多种森林资源流转形式。这对优化生产要素配置、盘活森林资源资产、促进林业发展起了重要作用。为了更好地指导、促进林业的改革和发展,必须从法律上肯定森林资源流转等行为并加以规范。《森林法》规定,下列森林、林木、林地使用权可以依法转让,也可以依法作价入股或者作为合资、合作造林、经营林木的出资、合作条件,但不得将林地改为非林地:用材林、经济林、薪炭林;用材林、经济林、薪炭林的林地使用权;用材林、经济林、薪炭林的采伐迹地、火烧迹地的林地使用权;国务院规定的其他森林、林木和其他林地使用权。依照前述规定转让、作价入股或者作为合资、合作造林、经营林木的出资、合作条件的,已经取得的林木采伐许可证可以同时转让,同时转让双方都必须遵守本法关于森林、林木采伐和更新造林的规定。除了上述条款规定的情形外,其他森林、林木和其他林地使用权不得转让。权属转让的限制性条件之一,是不得将林地改作非林地。

(二) 森林管理体制

国务院林业主管部门主管全国林业工作。目前管理林业工作的部门是国家林业局,属于国务院直属机构。县级以上地方人民政府林业主管部门,主管本地区的林业工作。乡级人民政府设专职或者兼职人员负责林业工作。

(三) 森林经营管理的有关规定

各级林业主管部门依照本法规定,对森林资源的保护、利用、更新,实行管理和监督。森林资源的经营管理主要包括森林资源的清查和建档、林业规划的编制和森林经营方案的制定三个方面。

1. 森林资源的清查和建档

森林资源的清查和建档是森林资源经营管理的基础和前提。法律规定,各级林业主管部门负责组织森林资源清查,建立资源档案制度,掌握资源变化情况。国务院林业主管部门应当定期监测全国森林资源消长和森林生态环境变化的情况。

2. 林业规划的编制

各级人民政府应当制定林业长远规划。制定林业长远规划,应当遵循下列原则:保护生态环境和促进经济的可持续发展;以现有的森林资源为基础;与土地利用总体规划、水土保持规划、城市规划、村庄和集镇规划相协调。林业长远规划应当包括下列内容:林业发展目标、林种比例、林地保护利用规划、植树造林规划。

全国林业长远规划由国务院林业主管部门会同其他有关部门编制,报国务院批准后施行。地方各级林业长远规划由县级以上地方人民政府林业主管部门会同其他有关部门编制,报本级人民政府批准后施行。下级林业长远规划应当根据上一级林业长远规划编制。

林业长远规划的调整、修改,应当报经原批准机关批准。

3. 森林经营方案的制定

森林经营方案,是指林业单位或有森林经营任务的单位,根据林业长远规划或在林业长远规划指导下编制的科学经营森林的具体方案。国有林业企业事业单位和自然保护区,应当根据林业长远规划,编制森林经营方案,报上级主管部门批准后实行。林业主管部门应当指导农村集体经济组织和国有的农场、牧场、工矿企业等单位编制森林经营方案。

(四)森林保护的相关规定

1. 建立护林组织

地方各级人民政府应当组织有关部门建立护林组织,负责护林工作;根据实际需要在大面积林区增加护林设施,加强森林保护;督促有林的和林区的基层单位,订立护林公约,组织群众护林,划定护林责任区,配备专职或者兼职护林员。护林员可以由县级或者乡级人民政府委任。护林员的主要职责是:巡护森林,制止破坏森林资源的行为。对造成森林资源破坏的,护林员有权要求当地有关部门处理。

2. 设立森林公安机关

依照国家有关规定在林区设立的森林公安机关,负责维护辖区社会治安秩序,保护辖区内的森林资源,并可以依照《森林法》规定,在国务院林业主管部门授权的范围内,代行行政处罚权。

3. 森林防火制度

为了有效地控制森林火灾,我国《森林法》及《森林防火条例》都对森林火灾的防治作出了相应的规定。森林防火工作的总体方针是“预防为主,积极消灭”。武装森林警察部队执行国家赋予的预防和扑救森林火灾的任务。地方各级人民政府应当切实做好森林火灾的预防和扑救工作:规定森林防火期,在森林防火期内,禁止在林区野外用火;因特殊情况需要用火的,必须经过县级人民政府或者县级人民政府授权的机关批准;在林区设置防火设施;发生森林火灾,必须立即组织当地军民和有关部门扑救;因扑救森林火灾负伤、致残、牺牲的,国家职工由所在单位给予医疗、抚恤;非国家职工由起火单位按照国务院有关主管部门的规定给予医疗、抚恤,起火单位对起火没有责任或者确实无力负担的,由当地人民政府给予医疗、抚恤。

4．森林病虫害防治制度

森林病虫害对森林资源的危害十分巨大。因此，《森林法》专门对森林病虫害防治作出了原则性的规定。此外，《森林病虫害防治条例》还对森林病虫害防治工作进行了全面、细致的规定。森林病虫害防治的基本方针是“预防为主，综合治理”，基本原则是“谁经营，谁防治”。各级林业主管部门负责组织森林病虫害防治工作。林业主管部门负责规定林木种苗的检疫对象，划定疫区和保护区，对林木种苗进行检疫。县级以上人民政府林业主管部门应当根据森林病虫害测报中心和测报点对测报对象的调查和监测情况，定期发布长期、中期、短期森林病虫害预报，并及时提出防治方案。森林经营者应当选用良种，营造混交林，实行科学育林，提高防御森林病虫害的能力。发生森林病虫害时，有关部门、森林经营者应当采取综合防治措施，及时进行除治。发生严重森林病虫害时，当地人民政府应当采取紧急除治措施，防止蔓延，消除隐患。国务院林业主管部门负责确定全国林木种苗检疫对象。省、自治区、直辖市人民政府林业主管部门根据本地区的需要，可以确定本省、自治区、直辖市的林木种苗补充检疫对象，报国务院林业主管部门备案。

5．禁止毁林

禁止毁林开垦和毁林采石、采砂、采土以及其他毁林行为。禁止在幼林地和特种用途林内砍柴、放牧。进入森林和森林边缘地区的人员，不得擅自移动或者损坏为林业服务的标志。禁止毁林开垦、毁林采种和违反操作技术规程采脂、挖笋、掘根、剥树皮及过度修枝的毁林行为。

6．建立自然保护区

国务院林业主管部门和省、自治区、直辖市人民政府，应当在不同自然地带的典型森林生态地区、珍贵动物和植物生长繁殖的林区、天然热带雨林区和具有特殊保护价值的其他天然林区，划定自然保护区，加强保护管理。对自然保护区以外的珍贵树木和林区内具有特殊价值的植物资源，应当认真保护；未经省、自治区、直辖市林业主管部门批准，不得采伐和采集。

7．封山育林制度

新造幼林地和其他必须封山育林的地方，由当地人民政府组织封山育林。封山育林区和封山育林期由当地人民政府因地制宜地划定。在封山育林区内，禁止或者限制开荒、砍柴和放牧等活动。

（五）植树造林的相关规定

植树造林是增加森林面积和提高森林覆盖率的主要途径，不仅对生态具有积极的意义，对于森林资源的补充和可持续利用也具有相当重要的作用。

各级人民政府应当制定植树造林规划，因地制宜地确定本地区提高森林覆盖率的奋斗目标。各级人民政府应当组织各行各业和城乡居民完成植树造林规划确定的任务。宜林荒山荒地,属于国家所有的,由林业主管部门和其他主管部门组织造林;属于集体所有的,由集体经济组织组织造林。铁路公路两旁、江河两侧、湖泊水库周围,由各有关主管单位因地制宜地组织造林;工矿区,机关、学校用地,部队营区以及农场、牧场、渔场经营地区,由各该单位负责造林。国家所有和集体所有的宜林荒山荒地可以由集体或者个人承包造林。

(六) 森林采伐的相关规定

国家根据用材林的消耗量低于生长量的原则,严格控制森林年采伐量。国家所有的森林和林木以国有林业企业事业单位、农场、厂矿为单位,集体所有的森林和林木、个人所有的林木以县为单位,制定年采伐限额,由省、自治区、直辖市林业主管部门汇总,经同级人民政府审核后,报国务院批准。其中,重点林区的年森林采伐限额,由国务院林业主管部门审核后,报国务院批准。国务院批准的年森林采伐限额,每5年核定一次。

国家制定统一的年度木材生产计划。年度木材生产计划不得超过批准的年采伐限额。计划管理的范围由国务院规定。采伐森林、林木作为商品销售的,必须纳入国家年度木材生产计划;但是,农村居民采伐自留山上个人所有的薪炭林和自留地、房前屋后个人所有的零星林木除外。

采伐森林和林木必须遵守下列规定:(1) 成熟的用材林应当根据不同情况,分别采取择伐、皆伐和渐伐方式,皆伐应当严格控制,并在采伐的当年或者次年内完成更新造林;(2) 防护林和特种用途林中的国防林、母树林、环境保护林、风景林,只准进行抚育和更新性质的采伐;(3) 特种用途林中的名胜古迹和革命纪念地的林木、自然保护区的森林,严禁采伐。

采伐林木必须申请采伐许可证,按许可证的规定进行采伐;农村居民采伐自留地和房前屋后个人所有的零星林木除外。国有林业企业事业单位、机关、团体、部队、学校和其他国有企业事业单位采伐林木,由所在地县级以上林业主管部门依照有关规定审核发放采伐许可证。铁路、公路的护路林和城镇林木的更新采伐,由有关主管部门依照有关规定审核发放采伐许可证。农村集体经济组织采伐林木,由县级林业主管部门依照有关规定审核发放采伐许可证。农村居民采伐自留山和个人承包集体的林木,由县级林业主管部门或者其委托的乡、镇人民政府依照有关规定审核发放采伐许可证。采伐以生产竹材为主要目的的竹林,适用以上各相关规定。审核发放采伐许可证的部门,不得超过批准的年采伐限额发放采伐许可证。

国有林业企业事业单位申请采伐许可证时,必须提出伐区调查设计文件。其他单位申请采伐许可证时,必须提出有关采伐的目的、地点、林种、林况、面积、蓄积、方式和更新措施等内容的文件。对伐区作业不符合规定的单位,发放采伐许可证的部门有权收缴采伐许可证,中止其采伐,直到纠正为止。

采伐林木的单位或者个人,必须按照采伐许可证规定的面积、株数、树种、期限完成更新造林任务,更新造林的面积和株数不得少于采伐的面积和株数。

第六节 草 原 法

一、草原和草原资源概述

草原,“是以中温、旱生或半旱生的密从禾草为主的植物和相应的动物等构成的一个地带性的生态系统。”①我国《草原法》所称“草原”,是指天然草原和人工草地。天然草原包括草地、草山和草坡;人工草地包括改良草地和退耕还草地,不包括城镇草地。

草原类似森林,同样具有多种重要的生态和社会发展功能。草原的生态功能表现在:第一,维持生物多样性的生态功能。草原自身就是一个完整的生态系统,其生态多样性价值不可估量。第二,涵养水资源的功能。草地与湿地一样,是一个天然的蓄水库,接纳大量的降水,涵养地下水,防止水土流失,对全球水循环具有积极意义。第三,保护野生动植物的功能。草地是野生动物保护和得以发展的栖息地,草原动植物的经济效益也十分可观。第四,生态调节的功能。草地对空气中的二氧化碳、氮、氧的气体平衡起着重要的调节作用。草地释放出大量的氧气,吸收大量的二氧化碳,消除人口密集的城市地区产生的二氧化碳。草地的经济价值表现在:第一,旅游资源的功能。草原特有的民族特色是宝贵的旅游资源,旅游业的发展潜力极大。第二,畜牧业饲草基地的功能。这是草地最为重要的经济功能。

我国草原面积近4亿公顷,占世界草原面积(34.8亿公顷,联合国粮农组织资料)的8.7%,仅次于澳大利亚,居世界第二位。草原是我国国土的主体,占我陆地面积的41.7%,是耕地面积(约1.22亿公顷)的3.2倍、森林面积(1.59亿公顷)的2.5倍,是耕地和森林面积之和的1.42倍。② 近年来,我国稳步推进草原保护工作,取得较大进展。2013年农业部发布的《中国草原发展报告》显示,2006—2011年,国家在草原生态保护建设方面的投入逐年增加,6年间累计投入中央资金351.9亿元。其中,国家累计投入中央资金139亿元,用于实施退牧还草工程、京津风沙源治理工程、西南岩溶地区草地治理试点工程等一系列草原保护建设工程,取得了良好的生态、经济和社会效益,草原生态发生了一些趋好性变化,草原生态环境加剧恶化的势头初步得到遏制。6年间,中央财政共投入草

---

① 江伟钰、陈方林主编:《资源环境法词典》,中国法制出版社2005年版,第22页。

② 参见刘加文:《从数字看草原》,http://www.grassland.gov.cn/grasslandweb/llyj/ShowArticle.asp?ArticleID=220,2009年8月28日访问。

原鼠害防治补助经费1.8亿元，完成防治面积3 844万公顷次；中央财政共投入经费5.4亿元，用于补助草原虫害防治工作，共完成防治面积2 907万公顷次。6年间，全国重点天然草原超载率逐年下降。

二、我国草地资源立法沿革与概况

我国草原资源立法的发展相对来说比较缓慢。1979年《环境保护法（试行）》第14条作出了纲领性规定："保护和发展牧草资源。积极规划和进行草原建设，合理放牧，保护和改善草原的再生能力，防止草原退化，严禁滥垦草原，防止草原火灾。"但是，我国一直没有专门的草原保护立法。

直到1985年，全国人大常委会通过了《草原法》。这是我国第一个关于草原保护的专门法律。2002年12月28日，第九届全国人大常委会第三十一次会议对《草原法》进行了修订。

除此之外，1993年，国务院发布了《草原防火条例》。近年来，国务院还针对草原野生草药保护等问题发布了一系列的行政法规、法律性文件。

目前，我国草原资源方面的立法主要是《草原法》，此外还有一些行政规章和地方性法规、地方政府规章对草原防火、草原开垦、草原利用规划作出了细致的规定。

三、草原资源法的主要内容

（一）草原资源权属制度

草原资源权属制度是草原资源管理和保护的基础，明确草原使用的"责、权、利"关系，有利于合理地配置草原资源，提高草原资源的利用效率，维持草原的可持续利用。草原资源的所有权和使用权实行登记制度。依法登记的草原所有权和使用权受法律保护，任何单位或者个人不得侵犯。

1. 草原资源所有权

草原属于国家所有，由法律规定属于集体所有的除外。国家所有的草原，由国务院代表国家行使所有权。集体所有的草原，由县级人民政府登记，核发所有权证，确认草原所有权。任何单位或者个人不得侵占、买卖或者以其他形式非法转让草原。依法改变草原权属的，应当办理草原权属变更登记手续。

2. 草原资源使用权

国家所有的草原，可以依法确定给全民所有制单位、集体经济组织等使用。依法确定给全民所有制单位、集体经济组织等使用的国家所有的草原，由县级以上人民政府登记，核发使用权证，确认草原使用权。未确定使用权的国家所有的草原，由县级以上人民政府登记造册，并负责保护管理。

集体所有的草原或者依法确定给集体经济组织使用的国家所有的草原，可以由本集体经济组织内的家庭或者联户承包经营。承包经营草原,发包方和承包方应当签订书面合同。草原承包合同的内容应当包括双方的权利和义务、承包草原四至界限、面积和等级、承包期和起止日期、承包草原用途和违约责任等。承包期届满,原承包经营者在同等条件下享有优先承包权。承包经营草原的单位和个人,应当履行保护、建设和按照承包合同约定的用途合理利用草原的义务。草原承包经营权受法律保护,可以按照自愿、有偿的原则依法转让。

（二）草原资源监督管理体制

国务院草原行政主管部门主管全国草原监督管理工作。县级以上地方人民政府草原行政主管部门主管本行政区域内草原监督管理工作。乡(镇)人民政府应当加强对本行政区域内草原保护、建设和利用情况的监督检查,根据需要可以设专职或者兼职人员负责具体监督检查工作。

（三）草原规划制度

国家对草原保护、建设、利用实行统一规划制度。国务院草原行政主管部门会同国务院有关部门编制全国草原保护、建设、利用规划,报国务院批准后实施。县级以上地方人民政府草原行政主管部门会同同级有关部门依据上一级草原保护、建设、利用规划编制本行政区域的草原保护、建设、利用规划,报本级人民政府批准后实施。经批准的草原保护、建设、利用规划确需调整或者修改时,须经原批准机关批准。

编制草原保护、建设、利用规划,应当依据国民经济和社会发展规划并遵循下列原则:改善生态环境,维护生物多样性,促进草原的可持续利用;以现有草原为基础,因地制宜,统筹规划,分类指导;保护为主,加强建设,分批改良,合理利用;生态效益、经济效益、社会效益相结合。

草原保护、建设、利用规划应当包括:草原保护、建设、利用的目标和措施,草原功能分区和各项建设的总体部署,各项专业规划等。

草原保护、建设、利用规划应当与土地利用总体规划相衔接,与环境保护规划、水土保持规划、防沙治沙规划、水资源规划、林业长远规划、城市总体规划、村庄和集镇规划以及其他有关规划相协调。

草原保护、建设、利用规划一经批准,必须严格执行。

为了保证草原规划制度的顺利实施,《草原法》还规定了相关的配套制度,包括草原调查制度,草原统计制度,草原生产、生态监测预警系统。

草原调查制度是一项重要的草原管理制度。县级以上人民政府草原行政主管部门会同同级有关部门定期进行草原调查;草原所有者或者使用者应当支持、配合调查,并提供有关资料。

草原统计资料是各级人民政府编制草原保护、建设、利用规划的依据。县级以上人民政府草原行政主管部门和同级统计部门共同制定草原统计调查办法,依法对草原的面积、等级、产草量、载畜量等进行统计,定期发布草原统计资料。

此外,县级以上人民政府草原行政主管部门对草原的面积、等级、植被构成、生产能力、自然灾害、生物灾害等草原基本状况实行动态监测,及时为本级政府和有关部门提供动态监测和预警信息服务。

(四) 草原资源建设的相关规定

草原资源是一种可以人工培育的可再生资源。因此,只要将建设和养护相结合,就可以达到可持续利用的目的。草原资源建设是保护草原资源的重要途径。草原建设,最为重要的是政府要进行一定的扶持和帮助。

县级以上人民政府应当增加草原建设的投入,支持草原建设。国家鼓励单位和个人投资建设草原,按照“谁投资谁受益”的原则保护草原投资建设者的合法权益。国家鼓励与支持人工草地建设、天然草原改良和饲草饲料基地建设,稳定和提高草原生产能力。

县级以上人民政府应当支持、鼓励和引导农牧民开展草原围栏、饲草饲料储备、牲畜圈舍、牧民定居点等生产生活设施的建设。县级以上地方人民政府应当支持草原水利设施建设,发展草原节水灌溉,改善人畜饮水条件。

县级以上人民政府应当按照草原保护、建设、利用规划加强草种基地建设,鼓励选育、引进、推广优良草品种。县级以上人民政府应当根据草原保护、建设、利用规划,在本级国民经济和社会发展计划中安排资金用于草原改良、人工种草和草种生产,任何单位或者个人不得截留、挪用;县级以上人民政府财政部门和审计部门应当加强监督管理。县级以上人民政府草原行政主管部门应当依法加强对草种生产、加工、检疫、检验的监督管理,保证草种质量。

县级以上人民政府应当有计划地进行火情监测、防火物资储备、防火隔离带等草原防火设施的建设,确保防火需要。

对退化、沙化、盐碱化、石漠化和水土流失的草原,地方各级人民政府应当按照草原保护、建设、利用规划,划定治理区,组织专项治理。

(五) 草原资源保护的相关规定

草原资源的保护也是实现草原资源可持续利用的重要途径。草原资源保护主要有基本草原保护、建立草原自然保护区、草畜平衡、禁牧、休牧几项制度。

国家实行基本草原保护制度。下列草原应当划为基本草原,实施严格管理:重要放牧场;割草地;用于畜牧业生产的人工草地、退耕还草地以及改良草地、草种基地;对调节气候、涵养水源、保持水土、防风固沙具有特殊作用的草原;作为国家重点保护野生动植物生存环境的草原;草原科研、教学试验基地;国务院规定应当划为基本草原的其他草原。

国务院草原行政主管部门或者省、自治区、直辖市人民政府可以按照自然保护区管理的有关规定在下列地区建立草原自然保护区:具有代表性的草原类型;

珍稀濒危野生动植物分布区；具有重要生态功能和经济科研价值的草原。县级以上人民政府应当依法加强对草原珍稀濒危野生植物和种质资源的保护、管理。

国家对草原实行以草定畜、草畜平衡制度。县级以上地方人民政府草原行政主管部门应当按照国务院草原行政主管部门制定的草原载畜量标准，结合当地实际情况，定期核定草原载畜量。各级人民政府应当采取有效措施，防止超载过牧。

国家支持依法实行退耕还草和禁牧、休牧。对严重退化、沙化、盐碱化、石漠化的草原和生态脆弱区的草原，实行禁牧、休牧制度。具体办法由国务院或者省、自治区、直辖市人民政府制定。对在国务院批准规划范围内实施退耕还草的农牧民，按照国家规定给予粮食、现金、草种费补助。退耕还草完成后，由县级以上人民政府草原行政主管部门核实登记，依法履行土地用途变更手续，发放草原权属证书。

除此之外，我国《草原法》还对草原开垦、草原防火、草原病虫害防治等问题作出了规定。

国家禁止开垦草原。对水土流失严重、有沙化趋势、需要改善生态环境的已垦草原，应当有计划、有步骤地退耕还草；已造成沙化、盐碱化、石漠化的，应当限期治理。禁止在荒漠、半荒漠和严重退化、沙化、盐碱化、石漠化、水土流失的草原以及生态脆弱区的草原上采挖植物和从事破坏草原植被的其他活动。

草原防火工作贯彻预防为主、防消结合的方针。各级人民政府应当建立草原防火责任制，规定草原防火期，制定草原防火扑火预案，切实做好草原火灾的预防和扑救工作。

县级以上地方人民政府应当做好草原鼠害、病虫害和毒害草防治的组织管理工作。县级以上地方人民政府草原行政主管部门应当采取措施，加强草原鼠害、病虫害和毒害草监测预警、调查以及防治工作，组织研究和推广综合防治的办法。禁止在草原上使用剧毒、高残留以及可能导致二次中毒的农药。

最后，《草原法》还专门针对第三人使用草原开采矿产资源、进行旅游开发等活动进行了规定。

在草原上从事采土、采砂、采石等作业活动，应当报县级人民政府草原行政主管部门批准；开采矿产资源的，并应当依法办理有关手续。经批准在草原上从事上述活动的，应当在规定的时间、区域内，按照准许的采挖方式作业，并采取保护草原植被的措施。在他人使用的草原上从事上述活动的，还应当事先征得草原使用者的同意。

在草原上开展经营性旅游活动，应当符合有关草原保护、建设、利用规划，并事先征得县级以上地方人民政府草原行政主管部门的同意，方可办理有关手续。在草原上开展经营性旅游活动，不得侵犯草原所有者、使用者和承包经营者的合法权益,不得破坏草原植被。

除抢险救灾和牧民搬迁的机动车辆外,禁止机动车辆离开道路在草原上行驶,破坏草原植被;因从事地质勘探、科学考察等活动确需离开道路在草原上行驶的,应当向县级人民政府草原行政主管部门提交行驶区域和行驶路线方案,经确认后执行。

第七节 野生动植物资源法

一、野生动植物资源概述

野生动物和野生植物(包括海洋生物资源)都属于特殊的生物资源。野生动物指生存于自然状态下,非人工驯养的各种哺乳动物、鸟类、爬行动物、两栖动物、鱼类、软体动物、昆虫动物及其他动物。野生动物资源则是指除人工饲养的家禽、家畜外的一切对人类有用的野生动物的总和。野生动物资源是可以再生的自然资源,只要合理开发、注意保护,就可以永续利用。我国《野生动物保护法》所称的“野生动物”,是指珍贵、濒危的陆生、水生野生动物和有益的或者有重要经济、科学研究价值的陆生野生动物。

野生动物可分为四类:(1) 珍贵的、稀有的、濒于绝灭的野生动物,如大熊猫、虎等;(2) 有益野生动物,指那些有益于农、林、牧业及卫生、保健事业的野生动物,如食肉鸟类、蛙类、益虫、益兽等;(3) 经济价值较高的野生动物,指那些可作为渔业、狩猎业的野生动物;(4) 有害野生动物,如害鼠及各种带菌动物等。

野生植物是指在自然状态下生长且无法证明为人工栽培的植物,可分为藻类、菌类、地衣、苔藓、蕨类和种子植物。它是自然界能量转化和物质循环的重要环节,是重要的环境要素之一。我国《野生植物保护条例》所称“野生植物”,是指原生地天然生长的珍贵植物和原生地天然生长并具有重要经济、科学研究、文化价值的濒危、稀有植物。药用野生植物和城市园林、自然保护区、风景名胜区内的野生植物的保护,同时适用上述法规。

我国幅员辽阔,地貌复杂,湖泊众多,气候多样。丰富的自然地理环境孕育了无数的珍稀野生动物,使我国成为世界上野生动物种类最为丰富的国家之一。我国野生动植物资源十分丰富,全国有脊椎动物 6 482 种,约占世界脊椎动物种类的 10%,其中:兽类 581 种,鸟类 1 332 种,爬行类 412 种,两栖类 295 种,鱼类 3 862 种。我国有许多特有的野生动物,其中:特有的兽类 86 种,鸟类 80 种,两栖类 163 种,爬行类 126 种。全国约有高等植物 3 万多种,居世界前三位,其中特有植物约 1.7 万余种,如银杉、珙桐、银杏、百山祖冷杉、香果树等,均为我国特有的珍稀濒危野生植物种类。①

二、我国野生动植物资源立法沿革与概况

由于野生动物和野生植物具有不同的特点，其保护的难度也有差异，我国并没有统一的野生生物资源保护的立法，而是对野生动物和野生植物的保护进行分别立法。这与国际环境法上的《生物多样性公约》《濒危野生动植物物种国际贸易公约》将动植物统一列为生物资源的方法相区别。

我国第一次有针对动植物资源保护的立法是在1950年，政府发布了《关于稀有生物保护办法》。进入改革开放的新时期，1979年《环境保护法（试行）》首次把"保护、发展和合理利用野生动物、野生植物资源""对于珍贵和稀有的野生动物、野生植物，严禁捕猎、采伐"列为法律规定。

随后，国家颁布了一系列的野生动植物保护的法律、法规、规章制度。在野生动物保护立法方面，1979年，国务院出台了《水产资源保护条例》；1988年，《野生动物保护法》通过并实施；1992年和1993年，《陆生野生动物保护实施条例》《水生野生动物保护实施条例》相继出台。在野生植物保护立法方面，1996年颁布的《野生植物保护条例》是植物保护最为重要的法规。

目前，我国野生动物资源的法律、法规主要有：《野生动物保护法》（2004年修订）、《国家重点保护野生动物驯养繁殖许可证管理办法》《陆生野生动物保护实施条例》《水生野生动物保护实施条例》《陆生野生动物资源保护管理费收费办法》等。我国关于野生植物资源的立法主要有：《野生植物保护条例》《植物新品种保护条例》《野生药材资源保护管理条例》等。其他相关的法律如《森林法》《草原法》，也对野生植物的保护作出了相关的规定。

此外，我国还加入或签订了一些相关的国际公约和协定，如《濒危野生动植物种国际贸易公约》《关于特别是作为水禽栖息地的国际重要湿地公约》《生物多样性公约》《中华人民共和国政府和日本国政府保护候鸟及其栖息环境的协定》《中华人民共和国政府和澳大利亚政府保护候鸟及其栖息环境的协定》等。各地方根据本地的实际，也制定了野生动物管理的地方性法规或规章。这些都是我国野生动物保护和管理工作的重要依据。

三、野生动物资源保护的主要内容

（一）野生动物权属的规定

根据《野生动物保护法》第3条的规定，野生动物资源属于国家所有。因

① 参见《野生动植物资源状况》，http://www.forestry.gov.cn//portal/main/s/4048/content-637109.html，2013年9月21日访问。

此,国家应该承担起保护和管理野生动物资源的责任。同时,禁止任何组织或个人侵占、哄抢、私分、截留和破坏野生动物资源。

(二)野生动物资源管理体制

目前,我国野生动物管理体制是根据野生动物的不同分类,实行多部门分别管理。按照法律的规定,国务院林业、渔业行政主管部门分别主管全国陆生、水生野生动物管理工作。省、自治区、直辖市政府林业行政主管部门主管本行政区域内陆生野生动物管理工作。自治州、县和市政府陆生野生动物管理工作的行政主管部门,由省、自治区、直辖市政府确定。县级以上地方政府渔业行政主管部门主管本行政区域内水生野生动物管理工作。

此外,法律还对各级政府保护野生动物资源的职责作出了规定。各级政府应当加强对野生动物资源的管理,制定保护、发展和合理利用野生动物资源的规划和措施。

(三)野生动物保护

国家保护野生动物及其生存环境,禁止任何单位和个人非法猎捕或者破坏。野生动物保护主要包括划分野生动物保护级别、建立野生动物自然保护区、野生动物监测、救护等。

1. 划分野生动物保护级别

国家对珍贵、濒危的野生动物实行重点保护。国家重点保护的野生动物分为一级保护野生动物和二级保护野生动物。国家重点保护的野生动物名录及其调整,由国务院野生动物行政主管部门制定,报国务院批准公布。地方重点保护野生动物,是指国家重点保护野生动物以外,由省、自治区、直辖市重点保护的野生动物。地方重点保护的野生动物名录,由省、自治区、直辖市政府制定并公布,报国务院备案。国家保护的有益的或者有重要经济、科学研究价值的陆生野生动物名录及其调整,由国务院野生动物行政主管部门制定并公布。

2. 自然保护区制度

国务院野生动物行政主管部门和省、自治区、直辖市政府,应当在国家和地方重点保护野生动物的主要生息繁衍的地区和水域,划定自然保护区,加强对国家和地方重点保护野生动物及其生存环境的保护管理。自然保护区的划定和管理,按照国务院有关规定办理。

3. 其他制度和规定

对野生动物进行监测,是保证及时对野生动物进行保护和救护的前提。因此,法律规定,各级野生动物行政主管部门应当监视、监测环境对野生动物的影响。由于环境影响对野生动物造成危害时,野生动物行政主管部门应当会同有关部门进行调查处理。

建设项目往往会对环境产生重大的影响,尤其是野生动物所生存的生态环境往往比较脆弱。因此,法律规定,建设项目对国家或者地方重点保护野生动物的生存环境产生不利影响的,建设单位应当提交环境影响报告书;环境保护部门在审批时,应当征求同级野生动物行政主管部门的意见。

尽管对野生动物的管理和保护应该坚持不干涉自然规律的原则,但是由于野生动物资源的珍稀性,法律规定,国家和地方重点保护野生动物受到自然灾害威胁时,当地政府应当及时采取拯救措施。

在保护野生动物的同时,也要坚持依靠群众的原则。为了保护群众的积极性,避免人与动物争利,法律规定,因保护国家和地方重点保护野生动物,造成农作物或者其他损失的,由当地政府给予补偿。补偿办法由省、自治区、直辖市政府制定。

（四）野生动物管理

野生动物管理和野生动物保护的区别在于,前者仅针对国家重点保护的野生动物,而后者则针对所有的野生动物资源。因此,野生动物管理更加具有广泛性和普适性。野生动物管理主要包括对野生动物的捕猎、驯养繁殖、经营利用、运输以及进出口的规定。此外,《陆生野生动物保护实施条例》还对外来野生动物的管理及涉外管理作出了规定。

1. 野生动物猎捕、狩猎管理的法律规定

法律规定,猎捕国家重点保护野生动物实行特许猎捕证制度。禁止猎捕、杀害国家重点保护野生动物。因科学研究、驯养繁殖、展览或者其他特殊情况,需要捕捉、捕捞国家一级保护野生动物的,必须向国务院野生动物行政主管部门申请特许猎捕证;猎捕国家二级保护野生动物的,必须向省、自治区、直辖市政府野生动物行政主管部门申请特许猎捕证。这里的例外情况是指:为进行野生动物科学考察、资源调查,必须猎捕的;为驯养繁殖国家重点保护野生动物,必须从野外获取种源的;为承担省级以上科学研究项目或者国家医药生产任务,必须从野外获取国家重点保护野生动物的;为宣传、普及野生动物知识或者教学、展览的需要,必须从野外获取国家重点保护野生动物的;因国事活动的需要,必须从野外获取国家重点保护野生动物的;为调控国家重点保护野生动物种群数量和结构,经科学论证必须猎捕的;因其他特殊情况,必须捕捉、猎捕国家重点保护野生动物的。

有下列情形之一的,不予发放特许猎捕证:申请猎捕者有条件以合法的非猎捕方式获得国家重点保护野生动物的种源、产品或者达到所需目的的;猎捕申请不符合国家有关规定或者申请使用的猎捕工具、方法以及猎捕时间、地点不当的;根据野生动物资源现状不宜捕捉、猎捕的。

法律规定,猎捕非国家重点保护野生动物实行狩猎证制度。《野生动物保护法》第18条规定:“猎捕非国家重点保护野生动物的,必须取得狩猎证,并且

服从猎捕量限额管理。持枪猎捕的,必须取得县、市公安机关核发的持枪证。”狩猎证由省、自治区、直辖市人民政府林业行政主管部门按照国务院林业行政主管部门的规定印制,县级以上地方人民政府野生动物行政主管部门或者其授权的单位核发。狩猎证每年验证一次。

2. 野生动物驯养繁殖管理的法律规定

野生动物驯养繁殖是增加野生动物资源的重要途径。国家鼓励驯养繁殖野生动物。驯养繁殖国家重点保护野生动物的,应当持有驯养繁殖许可证。以生产经营为主要目的驯养繁殖国家重点保护野生动物的,必须凭驯养繁殖许可证向工商行政管理部门申请登记注册。

驯养繁殖国家重点保护野生动物的单位和个人可以凭驯养繁殖许可证向政府指定的收购单位,按照规定出售国家重点保护野生动物或者其产品。未经批准,取得驯养繁殖许可证的单位和个人不得出售、利用其驯养繁殖的国家重点保护野生动物或者其产品。

3. 野生动物经营利用的法律规定

禁止出售、收购国家重点保护野生动物或者其产品。因科学研究、驯养繁殖、展览等特殊情况,需要出售、收购、利用国家一级保护野生动物或者其产品的,必须经国务院野生动物行政主管部门或者其授权的单位批准;需要出售、收购、利用国家二级保护野生动物或者其产品的,必须经省、自治区、直辖市政府野生动物行政主管部门或者其授权的单位批准。

禁止在集贸市场出售、收购国家重点保护野生动物或者其产品。持有狩猎证的单位和个人需要出售依法获得的非国家重点保护野生动物或者其产品的,应当按照狩猎证规定的种类、数量向经核准登记的单位出售,或者在当地人民政府有关部门指定的集贸市场出售。对进入集贸市场的野生动物或者其产品,由工商行政管理部门进行监督管理;在集贸市场以外经营野生动物或者其产品,由野生动物行政主管部门、工商行政管理部门或者其授权的单位进行监督管理。

4. 野生动物运输的法律规定

运输、携带国家重点保护野生动物或者其产品出县境的,必须经省、自治区、直辖市政府野生动物行政主管部门或者其授权的单位批准。经营利用野生动物或者其产品的,应当缴纳野生动物资源保护管理费。

5. 野生动物进出口的有关规定

出口国家重点保护野生动物或者其产品的,以及进出口中国参加的国际公约所限制进出口的野生动物或者其产品的,必须经国务院野生动物行政主管部门或者国务院批准,并取得国家濒危物种进出口管理机构核发的允许进出口证明书。

6. 外来野生动物管理

从国外或者外省、自治区、直辖市引进野生动物进行驯养繁殖的，应当采取适当措施，防止其逃至野外。擅自将引进的野生动物放生于野外或者因管理不当使其逃至野外的，由野生动物行政主管部门责令限期捕回或者采取其他补救措施。

从国外引进的珍贵、濒危野生动物，经国务院林业行政主管部门核准，可以视为国家重点保护野生动物；从国外引进的其他野生动物，经省、自治区、直辖市人民政府林业行政主管部门核准，可以视为地方重点保护野生动物。

7. 涉外管理的规定

外国人在中国境内对国家重点保护野生动物进行野外考察、标本采集或者在野外拍摄电影、录像的，必须向国家重点保护野生动物所在地的省、自治区、直辖市人民政府林业行政主管部门提出申请，经其审核后，报国务院林业行政主管部门或者其授权的单位批准。

外国人在中国境内狩猎，必须在国务院林业行政主管部门批准的对外国人开放的狩猎场所内进行，并遵守中国有关法律、法规的规定。建立对外国人开放的猎捕场所，应当报国务院野生动物行政主管部门备案。

四、野生植物资源保护的主要内容

（一）总体规定

国家对野生植物资源实行加强保护、积极发展、合理利用的方针。国家保护依法开发利用和经营管理野生植物资源单位和个人的合法权益。国家鼓励和支持野生植物科学研究、野生植物的就地保护和迁地保护。在野生植物资源保护、科学研究、培育利用和宣传教育方面成绩显著的单位和个人，由人民政府给予奖励。任何单位和个人都有保护野生植物资源的义务，对侵占或者破坏野生植物及其生长环境的行为有权检举和控告。

（二）野生植物资源监督管理体制

国务院林业行政主管部门主管全国林区内野生植物和林区外珍贵野生树木的监督管理工作。国务院农业行政主管部门主管全国其他野生植物的监督管理工作。

国务院建设行政部门负责城市园林、风景名胜区内野生植物的监督管理工作。国务院环境保护部门负责对全国野生植物环境保护工作的协调和监督。国务院其他有关部门依照职责分工负责有关的野生植物保护工作。

县级以上地方人民政府负责野生植物管理工作的部门及其职责，由省、自治区、直辖市人民政府根据当地具体情况规定。

(三) 野生植物保护

野生植物的保护主要包括重点保护野生植物级别的划分、自然保护区及保护点、保护标志制度以及其他的一些制度。

《野生植物保护条例》将其所保护的野生植物分为两大类,即国家重点保护野生植物和地方重点保护野生植物。国家重点保护野生植物分为国家一级保护野生植物和国家二级保护野生植物。地方重点保护野生植物,是指国家重点保护野生植物以外,由省、自治区、直辖市保护的野生植物。

在国家重点保护野生植物物种和地方重点保护野生植物物种的天然集中分布区域,应当依照有关法律、行政法规的规定,建立自然保护区;在其他区域,县级以上地方人民政府野生植物行政主管部门和其他有关部门可以根据实际情况建立国家重点保护野生植物和地方重点保护野生植物的保护点或者设立保护标志。

其他规定主要有野生植物的监测、建设项目的规定以及对野生植物的其他保护措施。

(四) 野生植物管理

野生植物的管理主要包括对野生植物监测、采集、经营利用、进出口以及涉外管理的规定。

思考题

1. 简述我国土地权属制度。我国土地用途管制制度的重点是什么?农用地转为建设用地应该满足哪些条件?

2. 海域使用金法定免缴的情形包括哪些?

3. 我国现行《水法》对农村集体经济组织和农民对水资源的非所有利用作了哪些规定?

4. 最严格水资源管理制度包括哪些内容?

5. 简述探矿权和采矿权的内容。

6. 简述森林资源权属制度。

推荐阅读

1. 肖国兴、肖乾刚:《自然资源法》,法律出版社 1999 年版。

2. 〔英〕艾琳·麦克哈格等编:《能源与自然资源中的财产与法律》,胡德胜、魏铁军译,北京大学出版社 2014 年版。

3. 崔建远:《自然资源物权法律制度研究》,法律出版社 2012 年版。

第四编

特殊区域保护法

第十五章　特殊区域保护法概述

【导言】

相对于一般区域环境而言，特殊区域环境在环境保护、科学、文化、教育、历史、旅游等方面具有特殊价值和意义，且一经破坏往往难以恢复，因此需要国家采取更为严格的措施加以保护。本章将介绍特殊区域环境相关概念、我国特殊区域环境立法概况及其历史沿革等内容。

第一节　特殊区域环境概述

一、区域环境的概念

与大气、水、土地、草原、海洋等以单个环境要素命名的环境不同，区域环境是指占有特定地域空间，具有相对独立的结构和特征，因而需要进行特殊保护，由各种自然因素或人工因素组成的综合体。区域环境是一个相对独立的生态系统，有着独特的环境结构和生态系统特征。不同的区域环境所产生的环境问题和环保要求也各不相同。区分不同区域环境并实施不同的环保措施是加强区域环境保护的基本要求。

根据环境构成的不同，可以将区域环境划分为：城市环境、农村环境、原生态环境、人文遗迹等。根据功能的不同，可以将区域环境划分为：资源保护区环境、科学保护区环境、农业区域环境、风景名胜区环境、旅游区域环境、自然遗迹地环境等。

二、特殊区域环境

（一）特殊区域环境的概念

特殊区域，是指依照法定程序批准建立并受到国家法律、法规、规章特殊保护，在科学、文化、教育、历史、美学、旅游等方面具有特殊价值和重大意义的区域环境的总称。所谓“特殊保护”，是指对这些区域，国家制定专门的法律、法规、规章，设置专门的管理机构进行保护。与一般区域环境相比，特殊区域环境的要求更高，采取的保护措施更严格。

各国法律对特殊区域环境的界定不尽相同。例如，日本法律规定，特殊区域环境包括原生自然环境保护区、自然环境保护区、都道府县自然保护区、国立公园、国定公园、都道府县自然公园等。美国则把国家公园、自然保护区、国家野生动物庇护区规定为特殊区域予以保护。苏联有关法律规定,国家自然保护区、国家自然公园、国家禁区、自然遗迹、疗养地等属于特殊区域。1978 年,国际自然资源和自然资源保护同盟则把形形色色的保护区域划分为科学保护区、国家公园、自然纪念物保护区、管理保护区、景观保护区、资源保护区、人类学保护区、资源经营保护区、生物圈保护区、世界遗产保护地共 10 种类型的保护区。①

(二) 特殊区域环境的特点

1. 区域性

各种特殊区域环境都是具有独特的结构并占据特定地域空间的相对独立区域,这是发挥其各种具体价值的空间载体。

2. 典型性

特殊区域环境大多保有丰富的物种、多样的自然景观,是某一自然生态系统的典型代表,具有高度的科研价值,同时对于保护生态系统的平衡也起到了很大作用。不少特殊区域环境的人文资源丰富,是研究某一历史时期或历史事件的重要线索。

3. 不可再生性

特殊区域环境中,有些是大自然在特殊条件下经过漫长时间而形成的自然遗产,有些则是特定历史条件下人类社会所创造并遗留下的人文遗迹,一旦遭到破坏便难以恢复,甚至是永远消失。

三、保护特殊区域环境的意义

1. 科学研究和文化教育的需要

在一些特殊自然区域内,保留着一些自然环境的天然"本底",可以为人类研究自然界的发展演变规律和人类对自然界的影响提供客观依据,为人类研究历史文化发展历程提供基本条件。在一些人文遗迹中,蕴含着丰富的文化资源,因而具有特殊的教育意义。

2. 有利于保护和改善环境,维护生态平衡

特殊区域环境本身具有保持水土、涵养水源、调节气候、改善生活环境和生态环境、促进农牧业生产发展等生态效能,对改善区域环境质量具有显著作用。此外,特殊区域环境还具有保护生物多样性的功能。

3. 有利于促进经济、社会的可持续发展

特殊区域环境因其保留着优美的自然景观和丰富的历史文化遗产,可供人

① 参见金鉴明等编著:《自然保护概论》,中国环境科学出版社 1991 年版,第 238—242 页。

们旅游和观赏，是发展旅游业的重要场所。随着旅游业的发展，必然推动地区的交通、轻工、工商、建筑、园林、餐饮等相关行业的发展，从而促进地区经济、社会的可持续发展。

第二节 特殊区域环境保护法

一、特殊区域环境保护法的概念和特征

特殊区域环境保护法，是指有关特殊区域环境资源的开发、利用、保护、改善和管理的各种法律规范的总和。由于特殊区域环境的特殊性和重要性，在这些区域，除了要适用环境保护法、污染防治单行法以及自然资源保护单行法等一般性的环境保护法律外，国家还针对不同特殊区域环境的特点制定了专门适用于该特殊区域的法律规范，如《自然保护区条例》《风景名胜区条例》等。与一般的环境法相比，特殊区域环境保护法具有以下特点：

1. 保护方法的特殊性

特殊区域环境保护法以规范特殊区域环境的管理方式和保护手段为主要内容，通常规定建立特殊区域环境保护区的标准和程序，由有关机关发布特殊区域环境保护区名录，并设置管理机关对这些特殊区域环境进行专门管理。一般区域环境保护法则无须建立这样的特别程序和设置专门管理机关。

2. 重环境保护，轻开发利用

由于特殊区域环境具有不可再生性，特殊区域环境保护法所规定的保护措施比一般区域环境保护法更为严格。如为保护生物多样性而设立的自然保护区，其管理必须以保存物种为中心。这种保存就不再是通常意义上的保护，一般不允许开发利用。

3. 内部的差异性

特殊区域环境保护法因各类特殊区域设置目的与功能的不同而存在差异。即使在同一类型区域环境内部，立法也会区分不同类型而采取不同的保护措施。因此，特殊区域环境保护法中经常出现多个针对同一类型区域的规定，如同为自然保护区却又分为森林类型、野生动物保护类型、海洋生物保护类型等。此外，针对不同类型的自然保护区，法律的规定也有所区别。

4. 分散于不同的单行立法，与其他环境保护法律衔接配合

特殊区域环境保护法与各种环境要素保护法相互衔接配合。在特殊区域环境保护法中，既要遵守各环境保护法的一般规定，也要遵守特殊规定。各环境要素保护法中对特殊区域的环境保护也作了相应的规定，而特殊区域环境保护法则规定得更为明确和具体。

二、我国特殊区域环境保护立法概况

我国自古就有朴素的环境保护思想。早在公元前2000年左右,我国就已经制定出被认为是世界上第一部自然保护法的《田律》,并设立了世界上最早的自然保护区"禁苑",禁止入内砍伐捕猎。① 此后,历朝历代几乎都建立了类似于现代意义的自然保护区、风景名胜区、国家公园性质的特殊环境区域,如周朝的"灵台"、汉朝的"上林苑"、晋朝的"灵禽苑"等,并通过立法和设立专门机关加以保护。可以说,这些都是我国古代特殊区域环境保护法的雏形,也是中华民族对保护生存环境的朴素思考。

但是,我国现代意义上的区域环境保护却起步较晚。直至1956年第一届全国人民代表大会第三次会议审议通过92号提案《请政府在全国各省(区)划定天然森林禁伐区,保存自然植被以供科学研究的需要》,我国区域环境保护才正式开始。受此提案影响,同年10月召开的第七次全国林业会议通过了《天然森林禁伐区(自然保护区)划定草案》,对自然保护区的划定对象、划定方法、划定标准进行了规定。此后不久,国务院陆续批准广东鼎湖山、海南尖峰岭、云南西双版纳、吉林长白山、黑龙江风林等作为我国首批自然保护区。

目前,我国特殊区域环境保护法已经形成一个较为完整、层次清晰的法律体系,可分为以下三个部分:

(一)特殊区域环境保护的专门性立法

专门性立法主要包括《森林和野生动物类型自然保护区管理办法》(1985年)、《自然保护区条例》(1994年)、《森林公园管理办法》(1994年)、《风景名胜区条例》(2006年)、《国家城市湿地公园管理办法(试行)》(2005年)、《国家湿地公园管理办法(试行)》(2010年)、《海岛保护法》(2009年)等。

(二)其他法律、法规中有关特殊区域环境保护的零散规定

除专门性立法之外,在《环境保护法》《森林法》《野生动物保护法》《海洋环境保护法》《矿产资源法》《水污染防治法》《大气污染防治法》等法律、法规中,也有关于特殊区域环境保护的零散规定。

(三)我国参加的与特殊区域环境保护有关的国际公约

我国自20世纪80年代以来就积极参与各种环境保护行动,并参与了多项与特殊区域环境保护有关的国际公约,主要包括1981年加入的《濒危野生动植物物种国际贸易公约》、1985年加入的《保护世界文化和自然遗产公约》、1992年加入的《生物多样性公约》《关于特别是作为水禽栖息地的国际重要湿地公

---

① 参见杨巨中:《世界上最早的自然保护法典——云梦秦简〈田律〉刍议》,载《人文杂志》2000年第5期。

约》等。这些国际公约也是我国特殊区域环境保护法的重要组成部分，对我国的人文遗迹保护、濒危物种保护、生物多样性、湿地保护以及自然保护区的发展起到了巨大的推动作用。

思考题

1. 什么是区域环境和特殊区域环境？
2. 保护特殊区域环境有什么意义？
3. 特殊区域环境保护法的特点有哪些？

推荐阅读

1. 吕忠梅:《环境法学》(第二版),法律出版社2008年版。
2. 周珂:《环境法》,中国人民大学出版社2005年版。

第十六章　特殊区域保护单行立法

【导言】

我国特殊区域保护单行立法主要涉及自然保护区、风景名胜区、国家公园、人文遗迹、湿地、海岛六个方面的相关法律规定。本章对这六个方面的单行立法所涉及的一些基本概念和主要法律制度进行简要介绍。

第一节　自然保护区法

一、自然保护区概述

（一）自然保护区的含义

世界自然保护联盟（IUCN）1994 年在《保护区管理类型指南》中将自然保护区定义为“主要致力于生物多样性和有关自然和文化资源的管护，并通过法律和其他手段进行管理的陆地或海域”，并将自然保护区划分为严格的自然保护区、国家公园、自然遗迹、栖息地或者物种管理区、保护景观或海域景观、资源管理保护区六类。IUCN 的这个定义和分类是广义的自然保护区，囊括了几乎所有类型的保护区和保护地，代表了国际上对自然保护区概念的一般观点。

与上述 IUCN 的定义不同，我国目前所指的自然保护区是狭义的概念。根据《自然保护区条例》的规定，自然保护区是指“对有代表性的自然生态系统、珍稀濒危野生动植物物种的天然集中分布区、有特殊意义的自然遗迹等保护对象所在的陆地、陆地水体或者海域，依法划出一定面积予以特殊保护和管理的区域”。由上述规定可知，自然保护区是依照法定程序建立的，其目的在于有效保护和管理在科学、文化、教育、历史等方面具有重要意义和特殊价值的自然地域，是对生态环境和自然资源进行特殊保护和管理的一种地域保护形式。

（二）自然保护区的分类

根据自然保护区自然资源的特点和保护对象的性质，我国将现有的自然保护区分为生态系统类别、野生生物类别和自然遗迹类别三大类别九种类型：①

---

① 参见国家林业局野生动植物保护司、国家林业局政策法规司编：《中国自然保护区立法研究》，中国林业出版社 2007 年版，第 44—45 页。

1. 生态系统类别自然保护区

即为保存或维持某一特定的典型生态系统而建立的自然保护区。它以具有代表性、典型性和完整性的生物群落和非生物环境共同组成的生态系统为保护对象,包括森林生态系统、草原和草甸生态系统、荒漠生态系统、内陆湿地和水域生态系统、海洋和海岸生态系统五种自然保护区。

2. 野生生物类别自然保护区

即为保护某一特定的野生动植物种而建立的自然保护区。它是珍稀濒危物种的分布集中地区,包括野生动物和野生植物两种自然保护区。

3. 自然遗迹类别自然保护区

即为保存某一特定的自然历史遗迹而建立的自然保护区。它包括地质遗迹和古生物遗迹两种自然保护区。

(三) 建立自然保护区的意义

1. 保存生态系统的天然“本底”,为衡量人类活动提供评价标准

各种生态系统是生物与环境长期相互作用的结果。在各种自然地带保留下来的具有代表性的天然生态系统或原始景观地段,都是极为珍贵的自然界原始“本底”,为衡量人类活动结果的优劣提供了客观标准,同时也为研究某些自然生态系统的演化、发展规律提供了资料。

2. 保护生物多样性

生物多样性是人类社会赖以生存和发展的基础,可分为遗传多样性、物种多样性和生态系统多样性三个层次。随着人口的增长和生产力的发展,自然生态系统遭到人类干扰和破坏的程度逐渐加剧,基因和物种灭绝的速度大大加快。建立自然保护区是就地保护生物多样性的有效措施。在保护区内,包括各种珍稀濒危物种在内的生物物种及其生活环境都得到了有效保护,减缓了物种灭绝的速度。自然保护区因而成为生物物种及其基因的天然贮存库,为后代的永续利用提供了保障。

3. 为科学研究提供天然基地

如前所述,在自然保护区中保存有生态系统的天然“本底”、完整的生态系统、丰富的物种及其赖以生存的自然环境,这就为动物学、植物学、生态学、地质学等众多学科提供了科学研究的天然基地。

4. 有助于保护和改善环境,保持地区生态平衡

自然保护区大多保留了完好的天然植被及其组成的自然生态系统,这有助于保持水土,涵养水源,保护和改善生态环境,维护地区生态平衡和国家生态安全,促进人与自然的和谐发展。

5. 满足公众的精神文化需要

自然保护区具有重要的科普教育和休闲娱乐功能。许多自然保护区已经成

为普及科学知识、进行生物多样性保护教育和弘扬人与自然和谐共存的生态文化的重要场所。同时,自然保护区大多具有极具观赏性的自然景观,是重要的生态旅游资源,在保护优先、严格管理和控制的前提下开展生态系统旅游也已经成为各国的通行做法。

二、我国自然保护区发展概况

我国现代自然保护区建设起点较晚,迄今只有五十多年的发展历史,经历了数量从无到有、规模从小到大、功能从单一到综合的发展历程,大致可以分为四个阶段:①

(一) 创建阶段(1956—1965 年)

1956 年,林业部制定《天然森林禁伐区(自然保护区)划定草案》,对自然保护区的划定对象、划定办法和划定标准作出了规范。在此草案的基础上,1956 年,我国在广东省肇庆市建立了第一个自然保护区——鼎湖山自然保护区。此后不久,国务院陆续批准建立了以保护原始森林和珍贵野生动物为主要功能的黑龙江风林、云南西双版纳、浙江天目山等自然保护区,作为我国第一批自然保护区。由于当时各方并未充分认识到建立自然保护区的意义,因而建设速度并不快。截至 1965 年底,我国共建立了 19 个自然保护区,面积为 64.8 万公顷,约占国土面积的 0.07% 。②

(二) 停滞和缓慢发展阶段(1966—1978 年)

“文化大革命”时期,我国自然保护区建设事业受到严重影响,不仅未能建立新的自然保护区,一些已经建立的自然保护区也遭到破坏甚至撤销,保护区内捕猎、砍伐活动猖獗,资源和环境破坏严重,科研工作几乎停滞。直至 1973 年,农林部制定了《自然保护区暂行条例(草案)》和《中国省级自然保护区规划》,自然保护区建设才得以缓慢恢复。截至 1978 年底,我国共建立自然保护区 34 个,总面积 71 万公顷,约占国土面积的 0.13% 。

(三) 快速发展阶段(1979—1999 年)

改革开放以后,自然保护区事业逐渐步入正轨,国家先后颁布了《森林法》《中国自然保护纲要》《草原法》《野生动物保护法》《森林和野生动物类型自然保护区管理办法》等一系列政策法规,特别是 1994 年颁布了第一个关于自然保护区的正式综合性法规——《自然保护区条例》,就自然保护区的建设和管理作出专门规定,为我国自然保护区的建设提供了法律依据,大大促进了我国自然保

① 参见国家林业局野生动植物保护司、国家林业局政策法规司编:《中国自然保护区立法研究》,中国林业出版社 2007 年版,第 2—4 页。

② 统计不含香港、澳门和台湾地区面积。占国土面积的比例是指陆地自然保护区面积占陆地国土面积的比例。

护区建设事业的发展。截至1999年底,我国共建立各类自然保护区1276处,总面积达1.23亿公顷,约占国土面积的12.8%。

(四)跨越式发展阶段(2000年至今)

1999年以来,国家实施了一系列生态建设工程,将自然保护区建设放在首要位置,为自然保护区事业注入新的活力,推动其跨越式发展。这不仅表现在保护区数量的快速增长和规模的不断扩大上,而且保护区的管控能力也大为提升。截至2013年,全国(不含港澳和台湾地区)共建立自然保护区2669个,总面积149.65万平方公里,陆地自然保护区面积约占全国土地面积的14.93%。其中,国家级自然保护区总数363个,面积94.15万平方公里,占全国自然保护区总数的13.6%,总面积的63%。30多处国家级自然保护区已被联合国教科文组织的"人与生物圈计划"列为国际生物圈保护区,20多个保护区成为世界自然遗产的组成部分。

三、我国自然保护区立法概况

早在1979年,林业部、中国科学院、国家科委、国家农委、国务院环境保护领导小组、农业部、国家水产总局、地质部就联合发出《关于加强自然保护区管理、区划和科学考察工作的通知》。1985年,经国务院批准,林业部公布了《森林和野生动物类型自然保护区管理办法》。1991年,国务院办公厅转发《国家环境保护局关于国家级自然保护区申报审批意见报告的通知》。1994年,国务院颁布《自然保护区条例》。这是我国目前唯一一部有关自然保护区的行政法规,成为我国自然保护区立法的核心。

此后,各有关部门也纷纷出台相关管理办法,对各种不同类型自然保护区的保护和自然保护区的日常管理工作作出详细规定,主要包括《地质遗迹保护管理规定》(1995年)、《海洋自然保护区管理办法》(1995年)、《自然保护区土地管理办法》(1995年)、《水生动植物自然保护区管理办法》(1997年)、《国家级自然保护区监督检查办法》(2006年)。另外,在《环境保护法》《海洋环境保护法》《森林法》《野生动物保护法》等法律中也都包含有关自然保护区的规定。

四、有关自然保护区的法律规定

(一)自然保护区管理体制的规定

自然保护区管理体制,是指国家关于自然保护区管理机构的设置及其职责权限的划分。国外自然保护区管理体制大致可以分为三种类型:[①](1)由专门部门统一管理。如英国在1949年成立的自然管理委员会,后由按地理分区重新组建

① 参见王灿发:《国外自然保护区立法比较与我国立法的完善》,载《环境保护》2006年第21期。

的自然保护管理机构所取代,如英格兰自然保护委员会。(2) 由环境保护区部门主管。如澳大利亚联邦保护区是由其环境部下设的澳大利亚公园局负责管理。(3) 多部门分散管理模式。如美国的保护区,主要由联邦内政部和商业部负责。

根据《自然保护区条例》的规定,我国确立了综合管理与分部门管理相结合的管理体制。国务院环境保护行政主管部门负责全国自然保护区的综合管理。国务院林业、农业、地质矿产、水利、海洋等有关行政主管部门在各自的职责范围内,主管有关自然保护区。县级以上地方人民政府负责自然保护区管理部门的设置和职责,由省、自治区、直辖市人民政府根据当地具体情况确定。

(二) 自然保护区规划的规定

自然保护区规划制度是对自然保护区进行现状分析、设立发展目标及拟定实施方案的规划工作的法定化和制度化,是指导自然保护区建设和管理工作的重要依据。我国自然保护区规划分为发展规划和建设规划两种。

发展规划是对各类自然保护区的建立、保护和管理的总体规划。《自然保护区条例》第 17 条第 1 款规定:“国务院环境保护行政主管部门应当会同国务院有关自然保护区行政主管部门,在对全国自然环境和自然资源状况进行调查和评价的基础上,拟订国家自然保护区发展规划,经国务院计划部门综合平衡后,报国务院批准实施。”

建设规划是对某一具体自然保护区的建设和保护管理的规划,由自然保护区管理机构或者该自然保护区行政主管部门组织编制,按照规定的程序纳入国家的、地方的或者部门的投资计划,并组织实施。

(三) 自然保护区建设的规定

1. 建立自然保护区的条件

《自然保护区条例》第 10 条规定,凡具有下列条件之一的,应当建立自然保护区:(1) 典型的自然地理区域、有代表性的自然生态系统区域以及已经遭受破坏但经保护能够恢复的同类自然生态系统区域;(2) 珍稀、濒危野生动植物物种的天然集中分布区域;(3) 具有特殊保护价值的海域、海岸、岛屿、湿地、内陆水域、森林、草原和荒漠;(4) 具有重大科学文化价值的地质构造、著名溶洞、化石分布区、冰川、火山、温泉等自然遗迹;(5) 经国务院或者省、自治区、直辖市人民政府批准,需要予以特殊保护的其他自然区域。

2. 自然保护区的设立

根据自然保护区的价值和在国际、国内影响力的大小,我国将自然保护区分为国家级自然保护区和地方级自然保护区。截至 2013 年,我国已经建立了 363 个国家级自然保护区和 2 306 个地方级自然保护区。

(1) 国家级自然保护区

国家级自然保护区是指在国内外有典型意义、在科学上有重大国际影响或者有特殊科学研究价值的自然保护区。建立国家级自然保护区,由自然保护区所在地的省、自治区、直辖市人民政府或者国务院有关自然保护区行政主管部门提出申请,经国家级自然保护区评审委员会评审后,由国务院环境保护行政主管部门进行协调并提出审批建议,报国务院批准。

(2) 地方级自然保护区

地方级自然保护区是指除国家级自然保护区之外的其他具有典型意义或者重要科学研究价值的自然保护区。地方级自然保护区还可以进一步分级,一般可根据批准建立自然保护区的人民政府的行政级别不同,分为省级(自治区、直辖市级)、市级(州级)和县级(旗级)三个级别,具体办法由国务院有关自然保护区行政主管部门或者省级人民政府根据实际情况规定,并报国务院环境保护行政主管部门备案。

3. 自然保护区的变更和撤销

自然保护区的撤销指的是解除自然保护区的法律地位的行为,而自然保护区的变更则是指自然保护区的范围、管理级别或者性质的变化。[①] 我国立法对自然保护区的撤销和变更规定了严格的条件和审批程序:自然保护区的撤销及其性质、范围、界线的调整或者改变,应当经原批准建立自然保护区的人民政府批准。任何单位和个人,不得擅自移动自然保护区的标界。

(四) 自然保护区管理的规定

1. 自然保护区管理机构及其职责

国家级自然保护区,由其所在地的省、自治区、直辖市人民政府有关自然保护区行政主管部门或者国务院有关自然保护区行政主管部门或者国务院有关自然保护区行政主管部门管理。地方级自然保护区,由其所在地的县级以上人民政府有关自然保护区行政主管部门管理。根据《自然保护区条例》的规定,有关自然保护区行政主管部门应当在自然保护区内设立专门的管理机构,配备专业技术人员,负责自然保护区的具体管理工作。自然保护区管理机构的主要职责是:(1) 贯彻执行国家有关自然保护的法律、法规和方针、政策;(2) 制定自然保护区的各项管理制度,统一管理自然保护区;(3) 调查自然资源并建立档案,组织环境监测,保护自然保护区内的自然环境和自然资源;(4) 组织或者协助有关部门开展自然保护区的科学研究工作;(5) 进行自然保护的宣传教育;(6) 在不影响保护自然保护区的自然环境和自然资源的前提下,组织开展参观、旅游等活动。

此外,自然保护区所在地的公安机关,可以根据需要在自然保护区设置公安

---

① 参见国家林业局野生动植物保护司、国家林业局政策法规司编:《中国自然保护区立法研究》,中国林业出版社 2007 年版,第 116 页。

派出机构,维护自然保护区内的治安秩序。

2. 自然保护区管理标准的制定

全国自然保护区管理的技术规范和标准,由国务院环境保护区行政主管部门组织国务院有关自然保护区行政主管部门制定。国务院有关自然保护行政主管部门可以按照职责分工,制定有关类型自然保护区管理的技术规范,报国务院环境保护行政主管部门备案。

3. 自然保护区的资金机制

目前,我国自然保护区的建设与管理资金主要来源于以下四个方面:①

(1) 自然保护区所在地的县级以上人民政府的财政拨款,这是我国自然保护区建设与管理的主要资金来源;

(2) 国家自然保护区行政主管部门对国家级自然保护区的资金补助;

(3) 国内外组织和个人的捐赠;

(4) 自然保护区依法经批准后通过发展不影响保护目标的旅游、生物资源的开发等经济活动自筹。

4. 自然保护区分区管理制度

为了对自然保护区实行有效保护和科学管理,需要对自然保护区进行功能分区,实行分区保护管理。我国《自然保护区条例》将自然保护区划分为核心区、缓冲区和实验区,对于未划分功能区的自然保护区比照核心区和缓冲区的规定管理。

自然保护区内保存完好的天然状态的生态系统以及珍稀、濒危野生动植物的集中分布地,应当划为核心区。核心区采取最为严格的保护管理措施,除因科学研究需要并依法经批准外,禁止任何单位和个人进入。

核心区外围可以划定一定面积的缓冲区,只准进入从事科学研究观测活动,禁止开展旅游和生产经营活动。

缓冲区外围划为实验区,可以进入从事科学实验、教学实习、参观考察、旅游以及驯化、繁殖珍稀、濒危野生动植物等活动。严禁开设与自然保护区保护方向不一致的参观、旅游项目。

原批准建立自然保护区的人民政府认为必要时,可以在自然保护区的外围划定一定面积的外围保护地带。当地居民可以在这一地带照常生产、生活,但不得从事危害自然保护区功能的活动。

5. 对自然保护区内开展活动的限制

(1) 在自然保护区内的单位、居民和经批准进入自然保护区的人员,必须遵

① 参见国家林业局野生动植物保护司、国家林业局政策法规司编:《中国自然保护区立法研究》,中国林业出版社2007年版,第184页。

守自然保护区的各项管理制度，接受自然保护区管理机构的管理。

（2）禁止在自然保护区内进行砍伐、放牧、狩猎、捕捞、采药、开垦、烧荒、开矿、采石、采沙等活动；但是，法律、行政法规另有规定的除外。

（3）禁止任何人进入自然保护区的核心区。因科学研究需要，必须进入核心区从事科学研究观测、调查活动的，应当按规定申请批准。

（4）禁止在自然保护区的缓冲区开展旅游和生产经营活动。因教学科研的目的，需要进入自然保护区的缓冲区从事非破坏性的科学研究、教学实习和标本采集活动的，应当按规定申请批准。

6. 对自然保护区开展参观、旅游活动的管理

在国家级自然保护区的实验区开展参观、旅游活动的，由自然保护区管理机构提出方案，经省、自治区、直辖市人民政府有关自然保护区行政主管部门审核后，报国务院有关自然保护区行政主管部门批准；在地方级自然保护区的实验区开展参观、旅游活动的，由自然保护区管理机构提出方案，经省、自治区、直辖市人民政府主管部门批准。

在自然保护区组织参观、旅游活动的，必须按照批准的方案进行，并加强管理；进入自然保护区参观、旅游的单位和个人，应当服从自然保护区管理机构的管理。严禁开设与自然保护方向不一致的参观、旅游项目。

7. 对自然保护区建设生产设施等的管理

在自然保护区的核心区和缓冲区内，不得建设任何生产设施。

在自然保护区的实验区内，不得建设污染环境、破坏资源或者景观的生产设施；建设其他项目，其污染物排放不得超过国家或地方规定的污染物排放标准。在自然保护区的实验区已经建成的设施，其污染物排放超过国家和地方规定的排放标准的，应当限期治理；造成损害的，必须采取补救措施。

在自然保护区的外围保护地带建设的项目，不得损害自然保护区内的环境质量；已造成损害的，应当限期治理。

8. 对自然保护区污染和破坏事故的报告和处理

因发生事故或者其他突发性事件，造成或者可能造成自然保护区污染或者破坏的单位和个人，必须立即采取措施处理，及时通报可能受到危害的单位和居民，并向自然保护区管理机构、当地环境保护行政主管部门和自然保护区行政主管部门报告，接受调查处理。

（五）国家级自然保护区监督检查的规定

2006 年，国家环境保护总局公布了《国家级自然保护区监督检查办法》。其内容包括国家级自然保护区的建设和管理状况的定期评估和执法检查。其目的在于，加强对国家级自然保护区的监督管理，防止不合理的资源开发和工程建设的影响和破坏，促进保护区建设和管理水平的不断提高。

国务院环境保护行政主管部门组织对国家级自然保护区的建设和管理状况进行定期评估。评估结果分为优、良、中、差四个等级,并在媒体上予以公布。国家级自然保护区执法检查的主要内容包括:自然保护区的设立、范围和功能区的调整以及名称的更改是否符合有关规定;是否存在法律法规禁止的活动;是否存在违法的建设项目及超标排污情况;是否存在破坏、侵占、非法转让自然保护区的土地或者其他自然资源的行为;旅游活动方案是否经过批准,是否符合法律法规规定的建设规划要求;管理机构是否依法履行职责;建设和管理经费的使用是否符合国家有关规定等。[①] 对于保护对象受到严重破坏、不再符合国家级自然保护区条件的地区,依法予以降级,以确保自然保护区保护目标的实现和保护功能的发挥。

第二节 风景名胜区保护法

一、风景名胜区概述

(一) 风景名胜区的概念

"风景名胜区"是我国独创的一个区域环境概念。《风景名胜区条例》第2条规定,风景名胜区是指具有观赏、文化或者科学价值,自然景观、人文景观比较集中,环境优美,可供人们游览或者进行科学、文化活动的区域。

旅游区是与风景名胜区是较为相似的概念,但二者仍然存在差异,主要表现在三个方面。一是性质不同。风景名胜区是国家宝贵的自然和文化遗迹,具有明显的社会公益性;旅游区则是指以旅游观光、娱乐为主的综合性实体。二是目的不同。风景名胜区是一项资源保护型的社会公益事业,主要是以满足人们不断提高的物质和文化生活需要,不以追求和获取最大经济利益为目的,强调保护优先、持续利用;而旅游业则是新型产业,其最终目的是追求获取最大的经济效益,往往忽视资源保护。三是保护力度不同。风景名胜区的保护、建设和管理,按照批准的规划实施,具有法律效力;而旅游区既无法定的管理机构,也无法定的管理权限。

(二) 风景名胜区的分类

我国风景名胜区类型众多,可以根据不同标准进行分类。

1. 按等级分类

根据风景名胜区的风景资源的代表性不同,可将其划分为国家级风景名胜区和省级风景名胜区。这也是我国风景名胜区的法定分类。

---

① 参见《国家级自然保护区监督检查办法》第13条。

国家级风景名胜区,是指其自然景观反映重要自然变化过程或人文景观能够反映重大历史文化发展过程,基本处于自然状态或保持历史原貌,具有国家代表性的风景名胜区。与此相对应,省级风景名胜区,是指其自然景观能够反映重要自然变化过程或人文景观能够反映重大历史文化发展过程,基本处于自然状态或保持历史原貌,具有区域代表性的风景名胜区。

2. 按形成原因分类

根据风景名胜区的主要风景资源形成的原因,可将其分为天然风景名胜区和人工风景名胜区。天然风景名胜区,是指人为干预较少,主要景观是由自然环境天然形成的风景名胜区,如长江三峡风景名胜区、泰山风景名胜区等。人工风景名胜区,是指主要景观是由人工建造而成的风景名胜区,如八达岭长城风景名胜区、上海豫园景区等。

3. 按景观特征分类

根据风景名胜区的景观特征,可将其分为山岳型风景名胜区、峡谷型风景名胜区、岩洞型风景名胜区、江河型风景名胜区、湖泊型风景名胜区、海滨型风景名胜区、森林型风景名胜区、草原型风景名胜区、史迹型风景名胜区、综合性风景名胜区等。

4. 按功能分类

根据风景名胜区的功能,可将其分为观光型风景名胜区、游憩型风景名胜区、休假型风景名胜区、民俗型风景名胜区、生态型风景名胜区、综合型风景名胜区。

(三) 保护风景名胜区的意义

1. 是维护国土风貌、优化生态环境的重要保证

我国绚丽多彩的国土风貌是国家和民族的宝贵财富,通过建立风景名胜区,使其受到法律保护,制止可能导致污染、破坏的人为活动。

2. 是开展科学研究、文化教育的重要场所

天然风景名胜区是得以保留的原生自然风景孤岛,是人们回归大自然的理想地域,更是研究自然科学的天然实验室和博物馆;而人工风景名胜区则蕴含着丰富的历史文化知识,通过游览这些风景名胜区,有助于激发爱国热情,促进社会主义精神文明建设事业的发展。

3. 是扩大对外开放,促进旅游事业发展的物质基础

改革开放以来,国内、国际旅游业得到蓬勃发展,丰富了人们的精神文化生活,推动了地区和地区之间的经济交流,繁荣和振兴了地方经济。

二、我国风景名胜区的产生和发展

我国风景名胜区源于古代的名山大川和旅游胜地,当时盛行的古代园林就

是现代风景名胜区的雏形之一。早在商周时期,就有人利用自然的山脉、水泉、树木、鸟兽进行造园活动。春秋战国时期,园林已经初具规模。留存至今的古代自然山水园林,如黄山、庐山、太湖、西湖、滇池等,已发展成为风景名胜区。

新中国成立初期,风景名胜区未能得到良好的保护。"文化大革命"期间,风景名胜区更是遭到严重破坏。1979 年,国务院以第 70 号文件的形式,明确提出在全国建立风景名胜体系,进行分级管理,由城市建设部门主管景区的建设和管理。1982 年,国务院发布《关于审定第一批国家重点风景名胜区的请示的通知》,批准公布了包括承德避暑山庄外八庙风景名胜区、杭州西湖风景名胜区、西双版纳风景名胜区等在内的我国首批 44 个国家重点风景名胜区。此后,国务院又分别于 1988 年、1944 年、2002 年、2004 年审定公布了第二、三、四、五批国家重点风景名胜区名单。

截至 2012 年底,我国共有 225 个国家级风景名胜区,面积约为 10.36 万平方公里;737 个省级风景名胜区,面积约 9.01 万平方公里,风景名胜区总面积约为 19.37 万平方公里,占我国陆地总面积的 2.02%,基本形成了国家级、省级风景名胜区的管理体系。其中,泰山、黄山、武陵源、九寨沟等 16 处风景名胜区被联合国教科文组织列为世界自然遗产、世界自然与文化双遗产;五大连池风景名胜区等 30 个单位被列为首批中国国家自然遗产、自然与文化双遗产预备目录。

三、我国风景名胜区立法概况

为了加强对风景名胜区的保护,国务院于 1985 年颁布了《风景名胜区管理暂行条例》,并于 2006 年加以修改,颁布实施了《风景名胜区条例》。这是我国目前关于风景名胜区保护和管理的基本法律规范。与《风景名胜区管理暂行条例》相比,《风景名胜区条例》具有以下特点:(1) 增加了风景名胜区实行科学规划、统一管理、严格保护、永续利用的原则;(2) 风景名胜区的分级由国家级、省级、市县级三级改为国家级、省级两级;(3) 新设立的风景名胜区与自然保护区不得重合或交叉,已设立的并有重合交叉的,二者的规划应当相协调;(4) 保护风景名胜区内的土地、森林等自然资源和房屋财产的所有权人、使用权人的合法权益,造成损失的,依法给予补偿;(5) 加大了对违法行为的处罚力度。

此外,建设部先后出台了《风景名胜区管理暂行条例实施办法》(1987 年)、《风景名胜区环境卫生管理标准》(1992 年)、《风景名胜区建设管理规定》(1993 年)、《风景名胜区管理处罚规定》(1994 年)、《风景名胜区安全管理标准》(1995 年)、《国家重点风景名胜区审查评分标准》(2004 年)、《国家级风景名胜区监管信息系统建设管理办法(试行)》(2007 年)。

除了这些专门立法外,在《环境保护法》《城乡规划法》《矿产资源法》以及《国务院关于环境保护若干问题的决定》(1996 年)、《国务院办公厅关于加强和改造城乡规划工作的通知》(2000 年)等法律、法规中,也有关于风景名胜区保护的规定。

四、保护风景名胜区的法律规定

(一) 风景名胜区保护和管理原则的规定

《风景名胜区条例》第 3 条规定:"国家对风景名胜区实行科学规划、统一管理、严格保护、永续利用的原则。""科学规划"是做好风景名胜区工作的前提和基础。制定规划必须根据国家的规定和风景名胜区的特点,因地制宜地突出风景名胜区的特色。"统一管理"则要求建立统一的监督管理部门和监督管理制度,明确主管部门和其他有关部门的职责分工,各负其责,相互配合。"严格保护"要求对风景名胜区的景观和自然环境实行严格保护,不得破坏或随意改变。"永续利用"是风景名胜资源保护的最终目的。要实现永续利用,必须把经济利益和生态效益结合起来,以严格保护风景名胜资源为前提,适当开展一些风景名胜资源的开发、利用活动。这项原则四个方面的要求阐明了风景名胜区规划、管理、保护和利用之间的辩证关系,是风景名胜区各项工作应遵循的行为准则。

(二) 风景名胜区监督管理体制

国务院建设主管部门负责全国风景名胜区的监督管理工作。国务院其他有关部门按照国务院规定的职责分工,负责风景名胜区的有关监督管理工作。省、自治区人民政府建设主管部门和直辖市人民政府风景名胜区主管部门,负责本行政区域内风景名胜区的监督管理工作。省、自治区、直辖市人民政府其他有关部门按照规定的职责分工,负责风景名胜区的有关监督管理工作。风景名胜区所在地县级以上地方人民政府设置的风景名胜区管理机构,负责风景名胜区的保护、利用和统一管理。

(三) 风景名胜区的设立和撤销

1. 风景名胜区的设立原则

设立风景名胜区,应当有利于保护和合理利用风景名胜资源。新设立的风景名胜区与自然保护区不得重合或者交叉;已设立的风景名胜区与自然保护区重合或者交叉的,风景名胜区规划与自然保护区规划应当相协调。

2. 设立风景名胜区的条件

自然景观和人文景观能够反映重要自然变化过程和重大历史文化发展过程,基本处于自然状态或者保持历史原貌,具有国家代表性的,可以申请设立国家级风景名胜区;具有区域代表性的,可以申请设立省级风景名胜区。

3. 设立风景名胜区的程序

(1) 设立国家级风景名胜区,由省、自治区、直辖市人民政府提出申请,国务院建设部门会同国务院环境保护主管部门、林业主管部门、文物主管部门等有关部门组织论证,提出审查意见,报国务院批准公布;设立省级风景名胜区,由县级人民政府提出申请,省、自治区人民政府建设主管部门或者直辖市人民政府风景名胜区主管部门,会同其他有关部门组织论证,提出审查意见,报省、自治区、直辖市人民政府批准公布。

(2) 申请设立风景名胜区应当提交包含下列内容的有关材料:风景名胜资源的基本状况;拟设立风景名胜区的范围以及核心景区的范围;拟设立风景名胜区的性质和保护目标;拟设立风景名胜区的游览条件;与拟设立风景名胜区内的土地、森林等自然资源和房屋等财产的所有权人、使用权人协商的内容和结果。

(3) 申请设立风景名胜区的人民政府应当在报请审批前,与风景名胜区内的土地、森林等自然资源和房屋等财产的所有权人、使用权人充分协商。因设立风景名胜区对风景名胜区内的土地、森林等自然资源和房屋等财产的所有权人、使用权人造成损失的,应当依法给予补偿。

4. 国家重点风景名胜区的撤销

建设部对国家重点风景名胜区实行定期检查,对未按要求编制总体规划或严重违背总体规划、造成风景资源破坏的风景名胜区提出警告和书面整改意见。国家重点风景名胜区在接到整改意见后,必须在限期内进行整改,并取得明显成效。对于不进行整改或整改无效、已不具备国家重点风景名胜区条件的,由建设部报请国务院撤销其命名。

(四) 风景名胜区规划制度

1. 规划的效力

风景名胜区规划是做好风景名胜区工作的前提,是风景名胜区保护、利用和管理的重要依据。风景名胜区的单位和个人应当遵守经批准的风景名胜区规划,服从规划管理。风景名胜区规划未经批准的,不得在风景名胜区内进行各类建设活动。

2. 规划的种类和内容

我国风景名胜区规划分为总体规划和详细规划。其中,总体规划的内容应当包括:风景资源评价;生态资源保护措施、重大建设项目布局、开发利用强度;风景名胜区的功能结构和空间布局;禁止开发和限制开发的范围;风景名胜区的游客容量;有关专项规划。详细规划应当根据核心景区和其他景区的不同要求编制,内容包括:确定基础设施、旅游设施、文化设施等建设项目的选址、布局与规模,并明确建设用地范围和规划设计条件。

3. 编制规划的原则

风景名胜区规划应当按照经审定的风景名胜区范围、性质和保护目标,依照国家有关法律、法规和技术规范编制。其中,风景名胜区总体规划的编制,应当体现人与自然和谐相处、区域协调发展和经济社会全面进步的要求,坚持保护优先、开发服从保护的原则,突出风景名胜资源的自然特性、文化内涵和地方特色。风景名胜区详细规划,应当符合风景名胜区总体规划。

4．规划的编制、审批机关

国家级风景名胜区规划由省、自治区政府建设主管部门或者直辖市人民政府风景名胜区主管部门组织编制。其中总体规划由国务院审批,详细规划由国务院建设主管部门审批。

省级风景名胜区规划由县级人民政府组织编制。其中,总体规划由省、自治区、直辖市人民政府审查后,报国务院审批;详细规划由省、自治区人民政府建设主管部门或者直辖市人民政府风景名胜区主管部门审批。

5．规划的具体编制程序

编制风景名胜区规划,应当采用招标等公平竞争的方式选择具有相应资质等级的单位承担,并应当广泛征求有关部门、公众和专家的意见。

6．规划的监测管理

我国建有风景名胜区管理信息系统,对风景名胜区规划实施情况进行动态监测。国家级风景名胜区所在地的风景名胜区管理机构应当每年向国务院建设主管部门报送风景名胜区的规划实施情况。国务院建设主管部门应当对国家级风景名胜区的规划实施情况进行监督检查和评估,对发现的问题及时进行纠正和处理。

7．规划的修改

经批准的风景名胜区规划不得擅自修改。确需对风景名胜区总体规划中的风景名胜区范围、性质、保护目标、生态资源保护措施、重大建设项目布局、开发利用强度以及风景名胜区的功能结构、空间布局、游客容量进行修改的,应当报原审批机关批准;对其他内容进行修改的,应当报原审批机关备案。风景名胜区详细规划确需修改的,应当报原审批机关批准。

8．有关总体规划的时间规定

风景名胜区应当自设立之日起 2 年内编制完成总体规划。总体规划的规划期一般为 20 年。在规划期届满前两年,规划的组织编制机关应当组织专家对规划进行评估,作出是否重新编制规划的决定。在新规划批准前,原规划继续有效。

(五) 风景名胜区保护措施的规定

1．禁止性规定

(1) 在风景名胜区内禁止进行下列活动:开山、采石、开矿、开荒、修坟立碑等破坏景观、植被和地形地貌的活动;修建储存爆炸性、易燃性、放射性、毒害性、腐蚀性物品的设施;在景物或设施上刻画、涂污;乱扔垃圾。

(2) 禁止违反风景名胜区规划,在风景名胜区内设立各类开发区和在核心景区内建设宾馆、招待所、培训中心、疗养院以及与风景名胜区资源保护无关的其他建筑物;已经建设的,应当按照风景名胜区规划,逐步迁出。

2. 限制性行为的规定

在风景名胜区内进行下列活动,应当经风景名胜区管理机构审核后,依照有关法律、法规的规定报有关主管部门批准:设置、张贴商业广告;举行大型游乐等活动;改变水资源、水环境自然状态的活动;其他影响生态和景观的活动。

3. 建设活动的规定

在风景名胜区内从事建设活动,应当经风景名胜区管理机构审核后,依法办理审批手续。在国家级风景名胜区内修建缆车、索道等重大建设工程,项目的选址方案应当报国务院建设主管部门核准。风景名胜区内的建设项目应当符合风景名胜区规划,并与景观相协调,不得破坏景观、污染环境、妨碍游览。

(六) 风景名胜区利用和管理方面的规定

1. 风景名胜区管理机构应当根据风景名胜区的特点,保护民族民间传统文化,开展健康有益的游览观光和文化娱乐活动,普及历史文化和科学知识;应当根据风景名胜区规划,合理利用风景名胜资源,改善交通、服务设施和游览条件;应当在风景名胜区内设置名胜区标志和路标、安全警示等标牌。

2. 风景名胜区内宗教活动场所的管理,依照国家有关宗教活动场所管理的规定执行。风景名胜区内涉及自然资源保护、利用、管理和文物保护以及自然保护区管理的,还应当执行国家有关法律、法规的规定。

3. 风景名胜区管理机构应当建立健全安全保障制度,加强安全管理,保障游览安全,并督促风景名胜区内的经营单位接受有关部门依据法律、法规进行的监督检查。禁止超过允许容量接纳游客和在没有安全保障的区域开展游览活动。

4. 风景名胜区内的交通、服务等项目,应当由风景名胜区管理机构依照有关法律、法规和风景名胜区规划,采用招标等公平竞争的方式确定经营者。风景名胜区管理机构应当与经营者签订合同,依法确定各自的权利义务。经营者应当缴纳风景名胜资源有偿使用费。

5. 进入风景名胜区的门票,由风景名胜区管理机构负责出售,门票价格依照有关价格的法律、法规的规定执行。风景名胜区的门票收入和风景名胜区资源有偿使用费,实行收支两条线管理。风景名胜区的门票收入和风景名胜资源有偿使用费应当专门用于风景名胜资源的保护和管理以及风景名胜区内财产的所有权人、使用权人损失的补偿。

6. 风景名胜区管理机构不得从事以营利为目的的经营活动,不得将规划、管理和监督等行政管理职能委托给企业或者个人行使。风景名胜区管理机构的工作人员，不得在风景名胜区内的企业兼职。

第三节　国家公园保护法

一、国家公园概述

国家公园，一般是指以保护自然生态系统和自然景观的原始状态，同时又作为科学研究、科学普及和供公众游览娱乐，了解和观赏大自然其他景观的场所。[①] 各国对国家公园的命名不尽相同，欧美国家一般多称“国家公园”，保加利亚称“人民公园”。我国现阶段建立和发展的主要是森林公园和地质公园。美国于1872年建立了世界上第一个国家公园——黄石公园。第二次世界大战后，由于生态保护运动的广泛开展以及世界各国旅游业的兴起，国家公园得到了长足的发展。一百多年来，国家公园的理念已为世界各国所接受，并成为全人类的共同事业。本节将介绍我国森林公园和地质公园保护的有关法律规定。

二、保护森林公园的法律规定

（一）森林公园的概念及其与相关概念的区别

1. 森林公园的概念

根据我国《森林公园管理办法》的规定，森林公园是指森林景观优美，自然景观和人文景观集中，具有一定规模，可供人们游览、休息或进行科学、文化、教育活动的场所。

在1999年发布的《中国森林公园风景资源质量等级评定》中，进一步明确了森林公园所必须具备的四项条件：第一，具有一定面积和界线的区域范围；第二，以森林景观为背景或依托；第三，具有旅游开发价值，有一定数量和质量的自然景观或人文景观，区域内可为人们提供游憩、健身、科学研究和文化教育活动；第四，经法定程序申报和批准。凡达不到上述要求的，都不能称为“森林公园”。

建立森林公园具有重要意义。一方面，这是保存和合理利用森林风景资源的需要。合理开发、充分利用这些风景资源，对丰富人们的文化精神生活，扩大对外开放、增收创汇，促进地方经济发展，提高当地人民的生活水平等，具有重要的作用。另一方面，这也是发展森林旅游业的需要。森林旅游业是独具特色的新兴旅游业，是一项投资少、见效快、社会效益好的绿色产业，有助于陶冶情操，唤起人们热爱大自然、保护大自然的热情。

---

① IUCN对“国家公园”的定义是：特殊的自然陆地和（或）海洋区域，这些区域被用于为当代或后代保护一个或多个生态系统的完整性，排除与保护目标相抵触的开采和占有行为。

2. 森林公园与自然保护区、风景名胜区的区别

(1) 保护对象和保护目的上的区别

根据《自然保护区条例》对自然保护区的定义，我国自然保护区的保护对象主要是具有代表性的自然生态系统、珍稀濒危野生动植物物种的天然集中分布区、有特殊意义的自然遗迹等。

自然保护区是保护措施最为严格的特殊区域环境，以绝对保护为目标，尽可能地减少保护对象受到外界的干扰与破坏，以达到保存或维持某一特定的典型生态系统、保护某一特定的野生动植物物种、保存某一特定的自然历史遗迹的目的。

风景名胜区的保护对象是珍贵的自然风景资源和人文风景资源，以保护这些珍贵的风景资源并进行合理的利用，尤其是以进行旅游开发为目的。由于保护与开发并重，对风景名胜区采取的保护措施没有自然保护区严格。

森林公园的保护对象是具有旅游开发价值的、具有一定规模的森林风景资源，遵循保护与开发并重的原则。森林公园与风景名胜区的区别主要体现在：森林公园的景观以自然景观为主，其中森林风景占绝对比例，森林风景资源必须具有一定的规模和质量；而风景名胜区的景观既包括自然景观，也包括人工景观，即使在自然风景名胜区，对森林资源的质量、规模、比例也并无特殊要求。此外，在功能上，风景名胜区的主要功能是供人们观赏和游玩，而森林公园除此之外还有疗养、保健、科学考察以及养育森林资源等功能。

(2) 管理上的区别

首先，管理机构不同。自然保护区的管理机构为各级环境保护行政主管部门，风景名胜区的管理机构为各级建设行政主管部门，森林公园的管理机构为各级林业行政主管部门。

其次，设立要求不同。自然保护区由省级以上人民政府批准设立，风景名胜区也必须由各级人民政府划定和批准设立，两者均需解决机构、编制和经费等问题，审批程序复杂；而森林公园则由各级政府的林业行政主管部门批准建立，程序简单，且机构和人员是在林业部门内部进行调配，灵活性很强。

(二) 我国森林公园发展概况

我国森林公园的发展历史可以追溯到古代的皇家园圃和围场，虽然名称不同，但具有现代森林公园的某些景观特征、性质和功能。国民政府曾在个别地方兴建森林公园，但面积小、时间短，加上社会动荡，多是徒有虚名。如陕西省森务局于 1937 年建立的省立南山森林公园，于 1942 年停办。新中国成立后，特别是党的十一届三中全会以后，森林公园才得以发展。林业部于 1980 年发出了《关于风景名胜地区国营林场保护山林和开发旅游事业的通知》，开始组建森林公园。1982 年，林业部批准湖南张家界作为我国第一个森林公园。

21 世纪以来,我国森林公园的建设进入一个新的发展阶段,不仅森林公园的数量迅速增加,配套的旅游设施和服务质量也蓬勃发展。截至 2011 年底,国内已建立国家级、省级和县(市)级森林公园共 2 747 处,其中国家级森林公园 746 处,规划总面积达 1 700 多万公顷,占国土面积的 17.8%。森林公园范围遍布除港、澳、台地区以外的 31 个省、区、市,以国家级森林公园为骨干,国家级、省级、市(县)级森林公园相结合的森林风景资源保护利用和森林公园建设发展框架日益完善。

(三) 森林公园保护的法律规定

目前,我国已初步形成以 1994 年林业部发布的《森林公园管理办法》为核心,以地方性森林公园法规、规章和相关标准为补充的森林公园法律体系。此外,在《森林法》《环境保护法》等法律中也有关于森林公园的条款。

1. 森林公园管理体制

国家林业局主管全国森林公园工作。县级以上地方人民政府林业主管部门主管本行政区域内的森林公园工作。

在国有林业局、国有林场、国有苗圃、集体林场等单位经营范围内建立森林公园的,应当依法设立经营管理机构;但在国有林场、国有苗圃经营范围内建立森林公园的,国有林场、国有苗圃经营管理机构也是森林公园的经营管理机构,其性质仍然属于事业单位。

森林公园经营管理机构负责森林公园的规划、建设、经营和管理,对依法确定由其管理的森林、林木、林地、野生动植物、水域、景点景物、各类设施等,享有经营管理权,其合法权益受法律保护,任何单位和个人不得侵犯。

2. 森林公园分级管理制度

我国森林公园分为三级:森林景观特别优美,人文景物比较集中,观赏、科学、文化价值高,地理位置特殊,具有一定的区域代表性,旅游服务设施齐全,有较高的知名度的,可以设立为国家级森林公园;森林景观优美,人文景物相对集中,观赏、科学、文化价值较高,在本行政区域内具有代表性,具备必要的旅游服务设施,有一定的知名度的,可以设立为省级森林公园;森林景观有特色,景点景物有一定观赏、科学、文化价值,在当地知名度较高的,可以设立为市、县级森林公园。

3. 森林公园设立、撤销、变更的法律程序

建立森林公园必须事先做好森林公园风景资源的调查和评价工作,然后依照法定程序进行申报、审批和公布。

建立国家级森林公园,由省级林业主管部门提出书面申请、可行性研究报告和图表、照片等资料,报国家林业局审批。国家级森林公园的总体规划设计,由森林公园经营管理机构组织具有规划设计资格的单位负责编制,报省级林业主管部门审批,并报国家林业局备案。修改总体规划设计必须经原审批单位批准。

建立省级森林公园和市、县级森林公园,由相应的省级或市、县级林业主管部门审批。经批准成立省级森林公园和市、县级森林公园,由省级林业主管部门将有关材料报国家林业局备案。

森林公园的撤销、合并或经营范围变更,必须经原审批单位批准。未经国家林业局批准,不得将林业主管部门管理的森林公园变更为非林业主管部门管理。此外,在国家级森林公园经营管理范围内,不得再建立自然保护区、风景名胜区、地质公园等;确有必要的,必须经国家林业局批准后方可建立。

4. 有关森林公园建设和保护的规定

森林公园的开发建设,可以由森林公园经营管理机构单独进行;由森林公园经营管理机构同其他单位或个人以合资、合作等方式联合进行的,不得改变森林公园经营管理机构的隶属关系。

森林公园的设施和景点建设,必须按照总体规划设计进行。在珍贵景物、重要景点和核心景区,除必要的保护和附属设施外,不得建设宾馆、招待所、疗养院和其他工程设施。

禁止在森林公园实施毁林开垦和毁林采石、采砂、采土以及其他毁林行为。采伐森林公园的林木,必须遵守有关林业法规、经营方案和技术规程的规定。

5. 有关森林公园管理的规定

占用、征用或者转让森林公园经营范围内的林地,必须征得森林公园经营管理机构同意,并按照《森林法》及其实施细则等有关规定,办理占用、征用或转让手续,按法定审批权限报人民政府批准,交纳有关费用。依此规定占用、征用或者转让国有林地的,必须经省级林业主管部门审核同意。

森林公园经营管理机构经有关部门批准可以收取门票及有关费用。在森林公园设立商业网点,必须经森林公园经营管理机构同意,并按国家和有关部门规定向森林公园经营管理机构交纳有关费用。

森林公园经营范围内的单位、居民和进入森林公园内的游人,应当保护森林公园的各项设施,遵守有关管理制度。

森林公园经营管理机构应当按照规定设置防火、卫生、环保、安全等设施和标志,维护旅游秩序;按照林业法规的规定,做好植树造林、森林防火、森林病虫害防治、林木林地和野生动植物资源保护等工作。

森林公园的治安管理工作,由所在地林业公安机关负责。

三、保护地质公园的法律规定

(一)地质公园的概念、类型和保护地质公园的意义

1. 地质公园的概念

为了更好地保护地质遗产,联合国教科文组织在 2000 年而提出“地质公

园”的概念,它是指具有特殊价值和典型意义,以保护地质遗迹景观为核心内容,依法批准建立,可供人们游览观光、文化娱乐以及进行历史、文化教育的场所。其中,地质遗迹是指在漫长的地质演化过程中,由于地球的内外力地质作用所形成、发展并遗留下来的珍贵的不可再生的地质自然遗产。

2. 地质公园的类型

(1) 按地质公园的等级,可以分为世界地质公园、国家地质公园、省级地质公园和市(县)级地质公园四个等级。

(2) 按地质公园的面积,可以分为特大型、大型、中型、小型四类地质公园。

(3) 按地质公园的性质,可以分为地质地貌型地质公园、古生物化石地质公园、地质灾害型地质公园、典型地质构造地质公园、典型地层剖面地质公园。

3. 保护地质公园的意义

(1) 保护地质公园是保护地质遗产的需要。地质公园内一般都具有珍贵的地质遗产资源,是世界遗产的重要组成部分。地质遗产资源的不可再生性决定了其保护的重要性,如黄山、黄龙、九寨沟、张家界等,既是世界遗产,又是国家地质公园所在地。

(2) 保护地质公园是满足人民群众特别是旅游者文化享受和文化教育的需要。地质公园内含有珍贵的地质遗产景观,是天然的自然博物馆和地质博物馆。

(3) 保护地质公园有利于发展地方经济和增加当地财政收入。

(4) 保护地质公园是创新资源利用和生态建设的新模式。① 制定和实施地质公园规划和计划,可以对地质遗产的开发、利用,从单纯的物质产品形式拓展到物质文化、精神文化享受并举,从损耗性的物质资源开发、利用转变到地质遗迹景观保护开发协调利用,拓宽地质遗迹资源保护利用方式。

(二) 我国地质公园发展概况

国土资源部2001年公布了首批11个国家地质公园名单,同年又公布了第二批33个国家地质公园名单,2004年公布了第三批41个国家地质公园名单。2004年,第一届世界地质公园大会在北京召开,通过了保护地质遗迹、促进可持续发展的《北京宣言》。世界地质公园计划的实施,在全球范围内确立了地质遗迹保护的两种切实有效的途径,即建立地质遗迹保护区和建立地质公园。截至2013年底,我国共建立240个国家地质公园。2004年联合国教科文组织在巴黎召开的世界地质公园评议会上,我国黄山地质公园、庐山地质公园、云台山地质公园、石林地质公园、丹霞山地质公园、张家界地质公园、五大连池地质公园、嵩山地质公园被联合国批准为世界地质公园。2006年,第二届世界地质公园大会上,我国的泰山、王屋山—黛眉山、雷琼、房山、镜迫湖和伏牛山6处被宣布为世

① 参见李玉辉:《地质公园研究》,商务印书馆2006年版,第20—21页。

界地质公园。此后,龙虎山、自贡、秦岭终南山、阿拉善沙漠、乐业—凤山、宁德等地先后被宣布为世界地质公园。截至2014年底,全世界已建立111个世界地质公园,其中我国有31处,占比超过1/4。

(三)保护地质公园的法律规定

到目前为止,我国尚未出台专门保护地质公园的法律、法规,但已颁布的法律、法规中有不少涉及地质遗迹保护的内容。2014年修订的《环境保护法》第29条规定,具有重大科学文化价值的地质构造、著名溶洞和化石分布区、冰川、火山、温泉等自然遗迹,以及人文遗迹、古树名木,应当采取措施予以保护,严禁破坏。《海洋环境保护法》第20条规定,保护有重大科学文化价值的海洋自然历史遗迹和自然景观。1995年地质矿产部发布的《地质遗迹保护管理规定》适用于地质公园,现简介如下:

1. 地质遗迹保护区发展规划的规定

国务院地质矿产行政主管部门拟定国家地质遗迹保护区发展规划,经国务院环境保护行政主管部门审查签署意见,由国务院计划部门综合平衡后报国务院批准实施。县级以上人民政府地质矿产行政主管部门拟定本辖区内地质遗迹保护区发展规划,经同级环境保护行政主管部门审查签署意见,由同级计划部门综合平衡后报同级人民政府批准实施。

2. 地质遗迹保护的规定

地质遗迹是国家的宝贵财富,应当实行"积极保护、合理开发"的原则。下列地质遗迹应当予以保护:(1)对追溯地质历史具有重大科学研究价值的典型地质构造剖面和构造形迹;(2)对地球演化和生物进化具有重要科学文化价值的古人类与古脊椎动物、无脊椎动物、微体古生物、古生物等化石与产地以及重要古生物活动遗迹;(3)具有重大科学研究和观赏价值的岩溶、丹霞、黄土、雅丹、花岗岩奇峰、石英砂岩峰林、火山、冰川、陨石、鸣沙、海岸等奇特地质景观;(4)具有特殊科学研究和观赏价值的岩石、矿物、宝玉石及其典型产地;(5)有独特医疗、保健作用或科学研究价值的温泉、矿泉、矿泥、地下水活动痕迹以及有特殊地质意义的瀑布、湖泊、奇泉;(6)具有科学研究意义的典型地震、地裂、塌陷、沉降、崩塌、滑坡、泥石流等地质灾害遗迹;(7)需要保护的其他地质遗迹。

3. 地质遗迹保护区建设的规定

对具有国际、国内和区域性典型意义的地质遗迹,可以建立国家级、省级、县级地质遗迹保护区、地质遗迹保护段、地质遗迹保护点或者地质公园。

4. 地质遗迹保护区管理的规定

(1)地质遗迹保护区管理机构的主要职责:贯彻执行国家有关地质遗迹保护的方针、政策和法律、法规;制定管理制度,管理在保护区内从事的各种活动,包括有关科研、教学、旅游等活动;对保护的内容进行监测、维护,防止遗迹被破坏和污染；开展地质遗迹保护的宣传、教育活动。

（2）致害活动的管理措施：任何单位和个人不得在保护区内及可能对地质遗迹造成影响的一定范围内进行采石、取土、开矿、放牧、砍伐以及其他对保护对象有损害的活动。未经管理机构批准，不得在保护区内采集标本和化石。

（3）建筑设施的管理措施：不得在保护区内修建与地质遗迹保护无关的厂房或其他建筑设施；对已建成并可能对地质遗迹造成污染或破坏的设施，应限期治理或停业外迁。

（4）对在保护区内从事科研、教学及旅游活动的管理：管理机构可以根据地质遗迹的保护程度，批准单位或个人在保护区范围内从事科研、教学及旅游活动。所取得的科研成果应向地质遗迹保护管理机构提交副本存档。

第四节　人文遗迹保护法

一、人文遗迹的概念

根据1972年《保护世界文化和自然遗产公约》的规定，人文遗迹主要包括文物、建筑群及遗址。其中，文物是指从历史、艺术或科学角度看，具有突出的普遍价值的建筑物、碑雕和碑画，具有考古性质成分或结构、铭文、窟洞以及联合体；建筑群是指从历史、艺术或科学角度看，在建筑式样、分布均匀或与环境风景结合方面具有突出的普遍价值的单立或连接的建筑群；遗址是指从历史、审美、人种学或人类学角度看，具有突出的普遍价值的人类工程或自然与人联合工程以及考古地址等地方。

作为人类历史发展的见证、人类文明的结晶，人文遗迹包含着巨大的历史、文化、艺术、科学、环境和经济价值，是稀缺的、不可再生的珍贵资源，是全人类、全社会的共同财富。但是，与此同时，战争冲突、自然灾害、环境污染、建设破坏、旅游压力以及保护措施的缺失，都在严重威胁着分布在世界各地的人文遗迹。为了更好地认识、保护和利用人文遗迹，世界各国纷纷开展研究，并采取立法措施加以保护。

二、我国人文遗迹发展概况

我国是历史悠久的文明古国，幅员辽阔，民族众多，人文资源十分丰富，人文遗迹遍布全国各地。这些人文遗迹中蕴含着中华民族特有的精神价值、思维方式和想象力，体现着中华民族的生命力和创造力，是各民族智慧的结晶，也是全人类文明的瑰宝。保护和利用好人文遗迹对于继承和发扬中华民族的优秀文化传统，增进民族团结和维护国家统一，增强民族自信心和凝聚力，促进社会主义先进文化建设和构建社会主义和谐社会都具有重要而深远的意义。①

新中国成立后,政府十分重视人文遗迹保护工作,颁布了一系列保护文物的法令,并积极制定相关的政策法规,取得了丰硕的成果。截至2014年底,我国共评定7批共计4 291处重点文物保护单位、126座国家历史文化名城、5批共计174处全国重点烈士纪念建筑物保护单位;1995年加入《保护世界文化和自然遗产公约》后,至2014年我国共拥有47处世界遗产,其中33处为世界文化遗产,排名世界第二。除此之外,我国还加入了其他三个与人文遗迹保护相关的国际公约,分别是1989年加入的《关于禁止和防止非法进出口文化财产和非法转让其所有权的方法的公约》、1997年加入的《国际统一司法协会关于被盗或者非法出口文物的公约》以及1999年加入的《武装冲突情况下保护文化财产公约》。

三、我国人文遗迹保护立法概况

为了加强对人文遗迹的保护,国务院于1982年颁布了《文物保护法》,并先后于1991年、2002年和2007年加以修订,成为我国人文遗迹保护法律体系的核心法律规范。

此外,《水下文物保护管理条例》(1989年)、《中国文物古迹保护准则》(2000年)、《文物保护法是实施条例》(2003年)、《世界文化遗产保护管理办法》(2006年)、《历史文化名城名镇名村保护条例》(2008年)以及《国务院关于加强文化遗产保护的通知》(2005年)等行政法规、部门规章及规范性文件,也是我国人文遗迹保护法律体系的重要组成部分。

除了这些专门立法,我国《宪法》《环境保护法》《刑法》《矿产资源法》等法律、法规也对各自领域内有关人文遗迹保护的活动作出了规范。这些法律规范明确了我国人文遗迹保护的范围、原则、管理体制及各主体的权利和义务等事项,并对各种具体的人文遗迹进行了专门规定,为我国人文遗迹的全面保护和可持续发展奠定了基础。

四、有关文物保护的法律规定

(一)文物保护的范围

在我国境内,下列文物受国家保护:

(1)具有历史、艺术、科学价值的古文化遗址、古墓葬、古建筑、石窟寺和石刻、壁画;

(2)与重大历史事件、革命运动或者著名人物有关的以及具有重要纪念意义、教育意义或史料价值的近代现代重要史迹、实物、代表性建筑;

---

① 参见《国务院关于加强文化遗产保护的通知》。

(3) 历史上各时代珍贵的艺术品、工艺美术品；

(4) 历史上各时代重要的文献资料以及具有历史、艺术、科学价值的手稿和图书资料等；

(5) 反映历史上各时代、各民族社会制度、社会生产、社会生活的代表性实物。

此外，具有科学价值的古脊椎动物化石和古人类化石同文物一样受到国家法律保护。

(二) 文物分类分级制度

总体上，我国文物可分为不可移动文物和可移动文物两大类。

不可移动文物主要包括古文化遗址、古墓葬、古建筑、石窟寺、石刻、壁画、近代现代重要史迹和代表性建筑等。根据它们的历史、艺术、科学价值，可进一步分成三级：全国重点文物保护单位、省级文物保护单位，以及市、县级文物保护单位。

可移动文物主要包括历史上各时代重要实物、艺术品、文献、手稿、图书资料、代表性实物等，可分为珍贵文物和一般文物。其中，珍贵文物又可进一步分为一级文物、二级文物、三级文物。

(三) 文物权属制度

我国文物权属制度包括国家所有、集体所有和私人所有三种制度，每一种所有权都依法受到保护。

1. 国家所有的文物

我国境内地下、内水和领海中遗存的一切文物，属于国家所有。

属于国家所有的不可移动文物包括：古文化遗址、古墓葬、石窟寺。国家指定保护的纪念建筑物、古建筑、石刻、壁画、近代现代代表性建筑等其他不可移动文物，除国家另有规定的以外，也属于国家所有。国有不可移动文物不得转让、抵押，其所有权不因其所依附的土地所有权或使用权的改变而改变；建立博物馆、保管所或辟为参观游览场所的国有文物保护单位，不得作为企业资产经营。

属于国家所有的可移动文物包括：我国境内出土的文物，国家另有规定的除外；国有文物收藏单位以及其他国家机关、部队和国有企业、事业组织等收藏、保管的文物；国家征集、购买的文物；公民、法人和其他组织捐赠给国家的文物；法律规定属于国家所有的其他文物。属于国家所有的可移动文物的所有权不因其保管、收藏单位的终止或变更而变更。

2. 集体和私人所有的文物

属于集体所有和私人所有的纪念建筑物、古建筑和祖传文物以及依法取得的其他文物，其所有权受法律保护。文物的所有者必须遵守国家有关文物保护的法律、法规的规定。

此外,集体所有或私人所有的不可移动文物转让、抵押或改变用途的,应当根据其级别报相应的文物行政部门备案;由当地人民政府出资帮助修缮的,应当报相应的文物行政部门批准;不得转让、抵押给外国人。

(四)文物工作方针

我国文物工作应当贯彻“保护为主、抢救第一、合理利用、加强管理”的方针。这一方针是在2002年修订《文物保护法》时加入的,在此之前只是我国文物工作的政策方针,通过修订法律将其上升为法定方针,对于指导各级人民政府正确处理经济建设、社会发展、旅游发展等与文物保护的关系具有十分重要的意义。

(五)管理体制

国务院文物行政部门主管全国文物保护保护工作。地方各级人民政府负责本行政区域内的文物保护工作。县级以上人民政府承担文物保护工作的部门对本行政区域内的文物保护实施监督管理。县级以上人民政府有关行政部门在各自的职责范围内,负责有关的文物保护工作。公安机关、工商行政管理部门、海关、城乡建设规划部门和其他有关国家机关,应当依法认真履行所承担的保护文物的职责,维护文物管理秩序。

(六)“五纳入”制度

这一制度要求县级以上人民政府将文物保护工作纳入本级国民经济和社会发展规划、城乡建设规划、本级政府财政预算、体制改革和各级领导责任制。

(七)历史文化名城、街区、村镇制度

保存文物特别丰富并且具有重大历史价值或者革命纪念意义的城市,由国务院核定公布为历史文化名城;保存文物特别丰富并且具有重大历史价值或者革命纪念意义的城镇、街道、村庄,由省、自治区、直辖市人民政府核定公布为历史文化街区、村镇,并报国务院备案。

历史文化名城和历史文化街区、村镇所在地的县级以上地方人民政府应当组织编制专门的历史文化名城和历史文化街区、村镇保护规划,并纳入城市总体规划。

(八)文物保护单位附近的工程建设的限制性规定

文物保护单位的保护范围内不得进行其他建设工程或爆破、钻探、挖掘等作业。但是,因特殊情况需要在文物保护单位的保护范围内进行其他建设工程或者爆破、钻探、挖掘等作业的,必须保证文物保护单位的安全,并经核定公布该文物保护单位的人民政府核准,在批准前应当征得上一级人民政府文物行政部门同意;在全国重点文物保护单位的保护范围内进行其他建设工程或者爆破、钻探、挖掘等作业的,必须经省、自治区、直辖市人民政府批准,在批准前应当征得国务院文物行政部门同意。

根据保护文物的实际需要，经省、自治区、直辖市人民政府批准，可以在文物保护单位周围划出一定的建设控制地带，并予以公布。在文物保护单位的建设控制地带内进行建设工程，不得破坏文物保护单位的历史风貌；工程设计方案应当根据文物保护单位的级别，经相应的文物行政部门同意后，报城乡建设规划部门批准。

在文物保护单位的保护范围和建设控制地带内，不得建设污染文物保护单位及其环境的设施，不得进行可能影响文物保护单位安全及其环境的活动。对已有的污染文物保护单位及其环境的设施，应当限期治理。

建设工程选址，应当尽可能避开不可移动文物；因特殊情况不能避开的，对文物保护单位应当尽可能实施原址保护。无法实施原址保护，必须迁移异地保护或者拆除的，应当报省、自治区、直辖市人民政府批准；迁移或者拆除省级文物保护单位的，批准前须征得国务院文物行政部门同意。全国重点文物保护单位不得拆除；需要迁移的，须由省、自治区、直辖市人民政府报国务院批准。

第五节　湿地保护法

一、湿地的概念和保护湿地的意义

（一）湿地的概念

1971年在伊朗拉姆萨尔会议上通过的《关于特别是作为水禽栖息地的国际重要湿地公约》（以下简称《湿地公约》）中，对湿地作出了科学的定义：不问其为天然或人工、长久或暂时性的沼泽地，泥炭地或水域地带，带有静止或流动的淡水、半咸水或咸水水体，包括低潮时水深不超过6米的水域；同时，还包括邻接湿地河湖沿岸、沿海区域以及位于湿地范围内的岛屿或低潮时水深不超过6米的海水水体。我国湿地主管部门（国家林业局）将湿地定义为：天然或人工、长久或暂时性沼泽地、湿原、泥炭地或水域地带，带有静止或流动淡水、半咸水水体者，包括低潮时水深不超过6米的海域。

湿地是处于陆地生态系统和水生生态系统之间的过渡性自然综合体，它与森林、海洋并称为全球三大生态系统，被喻为“地球肾”“生命摇篮”“物种基因库”等，是自然界生物多样性最丰富的自然景观和人类最重要的生存环境之一。

（二）保护湿地的意义

湿地具有重要的生态功能、经济功能和社会功能。它具有保持水源、净化水系、蓄洪防旱、防风护堤、调节气候和保护生物多样性等作用。同时，湿地能够提供可直接利用的水源，是我国工农业生产和城乡生活用水的重要来源。湿地营养物资丰富，具有发展农业、畜牧业的巨大潜力。同时，湿地可以为人类提供大量的动植物资源和多种矿产资源。此外,湿地拥有独特的景观和丰富的鸟类,可为人们提供旅游、观赏、娱乐和科研、教学的场所。

二、我国湿地保护概况

我国是世界上湿地类型齐全、分布广泛、生物多样性最丰富的国家之一,湿地面积居亚洲第一位、世界第四位。在《湿地公约》中所规定的天然湿地和人工湿地在我国均有分布。同时,我国还有世界上独一无二的青藏高原湿地。我国建立的湿地自然保护区有352处,其中札龙(黑龙江)、向海(吉林)、鄱阳湖(江西)、洞庭湖(湖南)、鸟岛(青海)、东寨港(海南)、米埔(香港)7处被列入第一批国际重要湿地名录。我国现在已有30处湿地被列入国际重要湿地名录。

我国政府高度重视湿地保护管理工作,自1992年加入《湿地公约》后,加大了湿地保护力度,并将湿地保护与合理利用列入《中国21世纪议程》和《中国生物多样性保护行动计划》的优先发展领域。我国从1995年起,历时8年,完成了全国湿地资源调查,为实施湿地保护工程和加强湿地保护管理提供了科学依据。2000年颁布实施的《全国湿地保护工程规划》中提出,将在10年内新建湿地保护区333个,使保护面积占天然湿地90%以上,使国际重要湿地达到80处。2004年,国务院办公厅发出了《关于加强湿地保护管理的通知》,把湿地保护纳入各级政府的重要议程。2005年国务院批准的《全国湿地保护工程实施规划(2005—2010年)》,提出到2010年通过加大湿地自然保护区建设和管理等措施,使我国50%的自然湿地面积萎缩和功能退化趋势得到初步遏制。长期以来,由于对湿地的生态价值认识不足,加上保护管理能力薄弱,很多地方仍然存在重开垦围湖造地和随意侵占湿地现象,致使湿地面积锐减,湿地功能下降。例如,湖北省在20世纪50年代拥有天然湖泊1 066个,而在90年代只剩下325个,面积只有原来的32%。近年来,湖泊调蓄功能下降,洪涝灾害加剧。因此,我国的湿地保护工作仍然任重道远。

三、湿地保护的法律规定

目前,我国尚未制定专门的湿地保护法律、法规,但已颁布的有关法律、法规涉及湿地资源的保护和合理利用。2014年修订的《环境保护法》第29条第2款规定:“各级人民政府对具有代表性的各种类型的自然生态系统区域,珍稀、濒危的野生动植物自然分布区域,重要的水源涵养区域……应当采取措施予以保护,严禁破坏。”《水法》中关于禁止围湖造田和围垦河道的规定,有力地保护了湿地水资源。《土地管理法》《农业法》《草原法》《渔业法》《野生动物保护法》的有关规定,也涉及湿地相关要素的保护。《自然保护区条例》第10条第3项规定,“具有特殊保护价值的海域、海洋、岛屿、湿地、内陆水域、森林、草原和荒漠”

应当建立自然保护区。《海洋自然保护区管理办法》第 6 条第 4 款规定，“具有特殊保护价值的海域、海岸、岛屿、湿地”应当建立海洋自然保护区。另外，有的省、市还专门制定了湿地保护的地方性法规，如《黑龙江湿地保护条例》《甘肃湿地保护条例》《江西省鄱阳湖湿地保护条例》《上海市九段沙湿地自然保护区管理办法》等。2004 年，国务院办公厅发出了《关于加强湿地保护管理的通知》，主要包括以下内容：

第一，进一步提高认识，把湿地保护作为改善生态的重要任务来抓。正确处理好湿地保护与开发利用、近期利益与长远效益的关系，绝不能以破坏湿地资源，牺牲生态为代价换取短期经济利益，切实抓紧做好湿地保护工作。

第二，采取有效措施，坚决制止随意侵占和破坏湿地的行为。坚持保护优先的原则，对现有自然湿地资源实行普遍保护。严格控制开发占用自然湿地，凡是列入国际重要湿地和国家重要湿地名录，以及位于自然保护区内的自然湿地，一律禁止开垦占用或者随意改变用途。依法做好湿地登记、确权、发证等基础工作。强化对自然湿地开发利用的管理，组织力量对违法占用、开垦、填埋以及污染自然湿地的情况进行检查，依法制止、打击各种破坏湿地的违法行为等。

第三，抓好规划编制工作，促进湿地保护事业健康发展。国务院林业行政主管部门要尽快会同有关部门编制全国湿地保护工程实施规划，明确建设目标任务和具体措施。各地要抓紧编制本地区经济和社会发展规划，明确奋斗目标、建设布局、重点项目和政策措施，并纳入本地区的湿地保护规划，认真组织实施。

第四，采取多种形式，加快推进自然湿地的抢救性保护。各地要从抢救性保护的要求出发，按照有关法律、法规，采取积极措施在适宜地区抓紧建立一批各种级别的湿地自然保护区，特别是对那些生态地位重要或者受到严重破坏的自然湿地，更要果断地划定保护区域，实行严格有效的保护。对不具备条件划建自然保护区的，也要因地制宜，采取建立湿地保护区、各种类型湿地公园、湿地多用途管理区域或划定野生动植物栖息地等多种形式加强保护管理。

第五，加强对湿地保护管理工作的组织领导。

四、保护湿地公园的法律规定

（一）湿地公园的概念和保护意义

1. 湿地公园的概念

湿地公园，是指以保护湿地生态系统、合理利用湿地资源为目的，可供开展湿地保护、恢复、宣传、教育、科研、监测、生态旅游等活动的特定区域。国家鼓励公民、法人和其他组织捐资或资源参与湿地公园保护工作。

城市湿地公园，是指利用纳入城市绿地系统规划的适宜作为公园的天然湿地，通过合理的利用，形成集保护、科普、休闲等功能于一体的公园。

2. 保护湿地公园的意义

(1) 保护湿地公园是保护湿地生态系统的需要。保护湿地生态系统,对于维护生态平衡、改善生态状况、实现人与自然和谐相处、促进经济社会全面协调和可持续发展,具有十分重要的意义。

(2) 保护湿地公园是合理利用湿地资源的需要。在湿地公园内,具有丰富的生物多样性以及优美的自然景观和人文景观。例如,杭州西溪国家湿地公园总面积约为11.5平方公里,比西湖面积还大,是我国国内唯一的集城市湿地、农耕湿地和文化湿地于一体的罕见湿地。保护和合理利用湿地资源,对于保护生物多样性和自然及文化遗产、丰富人们的精神文化生活等都具有重要意义。

(二) 保护湿地公园的法律规定

2005年,建设部颁布了《国家城市湿地公园管理办法(试行)》;2010年,国家林业局发布了《国家湿地公园管理办法(试行)》。它们的主要内容如下:

1. 湿地公园保护利用原则的规定

(1) 建设国家湿地公园,应当遵循"保护优先、科学修复、合理利用、持续发展"的基本原则。①

(2) 国家城市湿地公园保护、利用应遵循下列原则:① 严格遵守国家与湿地保护有关的法律、法规,认真执行国家有关政策;遵守《关于特别是作为水禽栖息地的国际重要湿地公约》的有关规定。② 坚持生态效益为主,维护生态平衡,保护湿地区域内生物多样性及湿地生态系统结构与功能的完整性与自然性。③ 在全面保护的基础上,进行合理开发利用,充分发挥湿地的社会效益。湿地公园的建设以不破坏湿地的自然良性演替为前提。②

2. 湿地公园监督管理体制的规定

(1) 国家林业局依照国家有关规定组织实施建立国家湿地公园,并对其进行指导、监督和管理。县级以上地方人民政府林业主管部门负责本辖区的国家湿地公园的指导和监督。

(2) 国家城市湿地公园所在地县级以上人民政府应当设立专门的管理机构,统一负责国家城市湿地公园的保护、利用和管理工作。

3. 湿地公园建设的规定

湿地公园建设是国家生态建设的重要组成部分,属于社会公益事业。

(1) 设立国家湿地公园和国家城市湿地公园的条件

设立国家湿地公园应当符合下列条件:① 湿地生态系统在全国或区域范围内具有典型性;或者区域地位重要,湿地主体功能具有示范性;或者湿地生物多

---

① 参见《国家湿地公园管理办法(试行)》第4条。

② 参见《国家城市湿地公园管理办法(试行)》第13条。

样性丰富；或者生物物种独特；② 自然景观优美和（或者）具有较高历史文化价值；③ 具有重要或特殊的科学研究、宣传教育价值。

设立国家城市湿地公园应当符合下列条件：① 能供人们观赏、游览，开展科普教育和进行科学文化活动，并具有较高保护、观赏、文化和科学价值；② 纳入城市绿地系统规划范围；③ 占地500亩以上能够作为公园；④ 具有天然湿地类型，或具有一定的影响及代表性。

（2）申请建立国家湿地公园和国家城市湿地公园应当提交的材料

申请建立国家湿地公园应当提交下列材料：① 所在地县级以上（含县级）人民政府同意建立国家湿地公园的文件；跨行政区域的，需要提交其同属上级人民政府同意建立国家湿地公园的文件；② 拟建立国家湿地公园的总体规划及其电子文本；③ 拟建立国家湿地公园管理机构的证明文件或者承诺建立机构的文件；④ 县级以上人民政府出具的拟建立国家湿地公园土地权属清晰、无争议，以及相关权利人同意纳入湿地公园管理的证明文件；⑤ 县级以上人民政府出具的拟建国家湿地公园相关权利主体无争议的证明材料；⑥ 反映拟建国家湿地公园现状的图片资料和影像资料；⑦ 所在地省级林业主管部门出具的申请文件、申报书，以及对总体规划的专家评审意见。

申请设立国家城市湿地公园应当提交下列材料：① 省、自治区建设行政主管部门或直辖市人民政府关于申报列为国家城市湿地公园的请示；② 城市湿地公园的资源调查评价报告；③ 国家城市湿地公园申报书；④ 城市湿地公园的位置图、地形图、资源分布图、土地利用现状图等资料；⑤ 湿地现状以及重要资源的图纸、照片、影像和其他相关材料。

（3）建立国家湿地公园和国家城市湿地公园的审批程序：① 建立国家湿地公园由省级林业主管部门向国家林业局提出申请。② 国家城市湿地公园的申报，由城市人民政府提出，经省、自治区建设厅审查同意后，报建设部。

（4）国家湿地公园的分区。《国家湿地公园管理办法（试行）》第14条规定，国家湿地公园可分为湿地保育区、恢复重建区、宣教展示区、合理利用区和管理服务区等，实行分区管理。

4. 湿地公园保护管理的规定

（1）国家湿地公园的保护管理。其一，设置宣教设施，建立和完善解说系统，宣传湿地功能和价值，提高公众的湿地保护意识。其二，定期组织开展湿地资源调查和动态监测，建立档案，并根据监测情况采取相应的保护管理措施。其三，禁止擅自占用、征用国家湿地公园的土地。确需占用、征用的，用地单位应当征求国家林业局意见后，方可依法办理相关手续。其四，除国家另有规定外，国家湿地公园内禁止下列行为：开（围）垦湿地，开矿、采石、取土、修坟以及生产性放牧等；从事房地产、度假村、高尔夫球场等任何不符合主体功能定位的建设项目和开发活动;商品性采伐林木;猎捕鸟类和捡拾鸟卵等行为。

(2) 国家城市湿地公园的保护管理。其一,国家城市湿地公园以及保护地带的重要地段,不得设立开发区、度假区,不得出让土地,严禁出租、转让湿地资源;禁止建设污染环境、破坏生态的项目和设施。其二,采取有力措施,严禁破坏水体,切实保护好动植物的生长条件和生存环境。其三,禁止任何单位和个人在国家城市湿地公园内从事挖湖采砂、围湖造田、开荒取土等改变地貌和破坏环境、景观的活动。

第六节 海岛保护法

一、海岛的概念和保护海岛的意义

(一) 海岛的概念

《海岛保护法》所称"海岛",是指四面环海水并在高潮时高于水面的自然形成的陆地区域,包括有居民海岛和无居民海岛。[①] 从上述规定可以看出,海岛与内陆岛、半岛、人工岛、低潮高地相区别。低潮高地是指在低潮时四面环海水并高于水面,但在高潮时没入水中的自然形成的陆地区域。海岛是海洋的重要组成部分,它在海洋生态系统中起着重要的作用,是我国经济和社会发展中的一个特殊区域。

根据《海洋保护法》第 2 条第 3 款,海岛保护包括海岛及其周边海域生态系统保护、无居民海岛自然资源保护和特殊用途海岛保护三个方面。

(二) 海岛保护的意义

第一,海岛保护是保护海岛生态系统,维护海岛及其周边海域生态平衡的需要。生态系统之所以保持相对平衡稳定状态,是由于其内部具有自动调节、恢复稳定状态的能力。与陆地相比,海岛面积狭小,地理环境特殊,生态脆弱。如果盲目开发、利用海岛资源,滥捕、滥猎海岛上的珍惜生物资源,任意在海岛上倾倒垃圾和有毒有害废物,必将严重损害海岛生态系统,破坏海岛及其周边海域的生态平衡。

第二,海岛保护是合理开发、利用海岛自然资源,促进海岛经济社会持续发展的需要。海岛及其周边环境蕴藏着丰富的自然资源,在国家可持续发展中占有重要的地位。

第三,海岛保护是维护国家海洋权益的要求。海岛具有独特的区位优势,我国大部分领海基点都划在海岛上。作为领海基点的海岛一旦被破坏或消失,将

① 参见《海岛保护法》第 2 条。

直接危及国家主权及海洋权益。

二、我国海岛保护概况

我国是海洋大国，海域辽阔，海岛众多，面积500平方米以上的海岛就有6 900多个，小于500平方米的海岛有上万个，此外还有众多的低潮高地。与陆地相比，海岛的面积通常较小，生态环境脆弱，易遭破坏，且难以恢复。所以，很多国家都重视通过立法手段保护海岛。国外海岛保护立法主要有两种模式：一是对海岛专门立法。例如，韩国的《岛屿促进法》《无人岛屿保护和管理法》，日本的《孤岛振兴法》，印度尼西亚的《海岸带和小岛管理法》等。二是海岛保护、利用和管理制度在相关立法中加以规定。例如，美国《联邦海岸带管理法》适用于美国领土的岛屿；新西兰《领海和专属经济区法》对管理领海和专属经济区内的人工岛屿的建设和使用作了规定；法国《城市化法》中规定，禁止在海滩、泻潮洲兴建公路等。我国也十分重视海岛的保护与管理工作，20世纪90年代以来，在全国海岛综合调查的基础上，先后开展了三批海岛开发、保护和管理试点。2003年，国家海洋局、民政局和总参部联合发布了《无居民海岛保护与利用管理规定》。沿海地方人大和政府也很重视海岛管理工作，如福建省、浙江省人大常委会分别批准了《厦门市无居民海岛保护与利用管理办法》《宁波市无居民海岛保护管理条例》等。由于这些法规、规章和规范性文件位阶较低，难以满足海岛保护的需要，2009年12月26日，第十一届全国人大常委会第十二次会议通过了《海岛保护法》，并自2010年3月1日起施行。

三、海岛保护的法律规定

（一）海岛保护和利用原则的规定

《海岛保护法》第3条第1款规定："国家对海岛实行科学规划、保护优先、合理开发、永续利用的原则。""科学规划"就是政府及其有关部门首先应当制定海岛保护规划，作为海岛保护和开发利用的依据；"保护优先"是把海岛保护、生态建设放在优先位置；"合理利用"是指在开发海岛中，合理利用海岛资源，不能搞掠夺式开发利用；"永续利用"是指开发利用海岛要保证海岛的永续利用，造福子孙后代。

（二）海岛保护管理体制的规定

《海岛保护法》第5条规定："国务院海洋主管部门和国务院其他有关部门依照法律和国务院规定的职责分工，负责全国有居民海岛及其周边海域生态保护工作。沿海县级以上地方人民政府海洋主管部门和其他有关部门按照各自的职责，负责本行政区域内有居民海岛及其周边海域生态保护工作。国务院海洋主管部门负责全国无居民海岛保护和开发利用的管理工作。沿海县级以上人民政府海洋主管部门负责本行政区域内无居民海岛保护和开发利用管理的有关工作。”

(三)海岛保护规划的规定

1. 制定规划的原则

(1)有利于保护和改善海岛及其周边海域生态系统;

(2)促进海岛经济社会可持续发展。

2. 公众参与和信息公开

(1)海岛保护规划应当具有科学性,而充分的专家论证和广泛的社会公众参与是规划科学性的有效保障;

(2)为了保障公众知晓海岛保护规划信息,防止政府及有关部门、建设单位随意改变规划,规划经批准后应当及时向社会公布,便于公众获取和了解(涉及国家秘密的除外)。

3. 规划的编制和审批

(1)国家海岛保护规划的编制和审批

根据《海岛保护法》第9条,国务院海洋主管部门会同本级人民政府有关部门、军事机关,依据国民经济和社会发展规划、全国海洋功能区划,组织编制全国海岛保护规划,报国务院审批。

全国海岛保护规划应当按照海岛的区位、自然资源、环境等自然属性及保护、利用状况,确定海岛分类保护的原则和可利用的无居民海岛,以及需要重点修复的海岛等。

全国海岛保护规划应当与全国城镇体系规划和全国土地利用总体规划相衔接。

(2)省级海岛保护规划的编制和审批

根据《海岛保护法》第10条,沿海省、自治区人民政府海洋主管部门会同本级人民政府有关部门、军事机关,依据全国海岛保护规划、省域城镇体系规划和省、自治区土地利用总体规划,组织编制省域海岛保护规划,报省、自治区人民政府审批,并报国务院备案。

沿海直辖市人民政府组织编制的城市总体规划,应当包括本行政区域内海岛保护专项规划。

省域海岛保护规划和直辖市海岛保护专项规划,应当规定海岛分类保护的具体措施。

(3)县(市)级海岛保护规划的编制和审批

根据《海岛保护法》第11、12条,省、自治区人民政府根据实际情况,可以要求本行政区域内的沿海城市、县、镇人民政府组织编制海岛保护专项规划,并纳入城市总体规划、镇总体规划;可以要求沿海县人民政府组织编制县域海岛保护规划。

沿海城市、镇海岛保护专项规划和县域海岛保护规划，应当符合全国海岛保护规划和省域海岛保护规划。

编制沿海城市、镇海岛保护专项规划，应当征求上一级人民政府海洋主管部门的意见。

县域海岛保护规划报省、自治区人民政府审批，并报国务院海洋主管部门备案。

沿海县级人民政府可以组织编制全国海岛保护规划确定的可利用无居民海岛的保护和利用规划。

4. 规划的修改

修改海岛规划，应该按照上述《海岛保护法》第 9、10、11 条规定的审批程序报经批准。

（四）海岛保护的规定

《海岛保护法》第三章分别对有居民海岛生态系统的保护、无居民海岛的保护、特殊用途海岛的保护作出了具体规定，主要内容如下：

1. 一般规定

（1）保护海岛的自然资源、自然景观以及历史、人文遗迹；（2）保护海岛植被和淡水资源；（3）支持利用海岛开展科学研究活动；（4）依法保护管理海岛生物物种；（5）国家支持在海岛建立可再生能源开发利用、生态建设等实验基地；（6）安排海岛保护专项资金；（7）保护设置在海岛的军事设施和公益设施。

2. 有居民海岛生态系统的保护

（1）开发、建设应当遵守有关法律、法规的规定；（2）开发、建设依法进行环境影响评价；（3）进行工程建设应当坚持先规划后建设、生态设施保护优先建设或者与工程项目同步建设的原则；（4）严格限制在海岛沙滩建造建筑物或者设施以及采挖海砂的活动；（5）严格限制填海、围海行为和填海连岛工程建设。

3. 无居民海岛的保护

（1）严格禁止和限制有关活动。未经批准利用的无居民海岛，应当维持现状；禁止采石、挖海砂、采伐林木以及进行生产、建设、旅游等活动。严格限制在无居民海岛采集生物和非生物样本；因教学、科学研究确需采集的，应当报经海岛所在县级以上地方人民政府海洋主管部门批准。（2）从事全国海岛保护规划确定的可利用无居民海岛的开发利用活动，应当采取严格的生态保护措施。（3）依法缴纳使用金。（4）建造建筑物或者设施，应当与周围植被和景观相协调。(5) 开展旅游活动,不得建造居民定居场所和从事生产性养殖活动。

4. 特殊用途海岛的保护

(1) 国家对具有特殊用途或者特殊保护价值的海岛,实行特别保护。(2) 禁止在领海基点保护范围内进行工程建设以及其他不利的活动。(3) 禁止破坏国防用途无居民海岛的自然地形、地貌和有居民海岛国防用途区域及其周边的地形、地貌;禁止将国防用途无居民岛屿用于与国防无关的目的。(4) 对具有特殊保护价值的海岛及其周围海域,可以设立海洋自然保护区或者海洋特别保护区。

(五) 监督检查的规定

监督检查机构及其职责:(1) 县级以上人民政府有关部门应当依法对有居民海岛保护和开发、建设进行监督检查;(2) 海洋主管部门应当依法对无居民海岛保护和合理利用情况进行监督检查;(3) 海洋主管部门及其海监机构依法对周边海域生态系统保护情况进行监督检查。

海洋主管部门依法进行监督检查时,有权采取下列措施:(1) 要求被检查单位和个人就海岛利用的有关问题作出说明,提供海岛利用的有关文件和资料;(2) 进入被检查单位和个人所利用的海岛实施现场检查。

检查人员在履行检查职责时,应当出示有效的执法证件。有关单位和个人对检查工作应当予以配合,如实反映情况,提供有关文件和资料等;不得拒绝或者阻碍检查工作。

对检查人员的职业要求:(1) 必须忠于职守、秉公执法、清正廉洁、文明服务,并依法接受监督;(2) 在依法查处违法行为时,发现国家机关工作人员有违法行为应当给予处分的,应当向其任免机关或者监察机关提出处分建议。

思考题

1. 什么是自然保护区?建立自然保护区有什么意义?

2. 我国风景名胜区的法定分类是什么?设立风景名胜区的原则和条件是什么?

3. 什么是森林公园?什么是地质公园?请简述森林公园的管理体制和分级管理制度。

4. 请简述我国文物保护的法律规定。

5. 什么是湿地保护?进行湿地保护有何意义?

6. 什么是海岛保护?进行海岛保护有何意义?

推荐阅读

1. 王灿发:《国外自然保护区立法比较与我国立法的完善》,载《环境保护》2006 年第 21 期。

2. 国家林业局野生动植物保护司、国家林业局政策法规司编:《中国自然保护区立法研究》,中国林业出版社 2007 年版。

3. 朱建国、王曦等编著:《中国湿地保护立法研究》,法律出版社 2004 年版。